中華古籍保護計劃

ZHONG HUA GU JI BAO HU JI HUA CHENG GUO

·成果·

台州市黄岩區圖書館古籍普查登記目録

全國古籍普查登記目録·浙江台州

國家圖書館出版社
National Library of China Publishing House

圖書在版編目(CIP)數據

台州市黄岩區圖書館古籍普查登記目録/台州市黄岩區圖書館編. --北京:國家圖書館出版社,2018.10
(全國古籍普查登記目録)
ISBN 978-7-5013-6567-8

Ⅰ.①台… Ⅱ.①台… Ⅲ.①公共圖書館—古籍—圖書館目録—台州 Ⅳ.①Z838

中國版本圖書館 CIP 數據核字(2018)第 217597 號

書　　名　台州市黄岩區圖書館古籍普查登記目録
著　　者　台州市黄岩區圖書館　編
責任編輯　趙　嫄

出　　版　國家圖書館出版社(100034　北京市西城區文津街 7 號)
(原書目文獻出版社　北京圖書館出版社)
發　　行　010-66114536　66126153　66151313　66175620
66121706(傳真)　66126156(門市部)
E-mail　nlcpress@ nlc. cn(郵購)
Website　www. nlcpress. com→投稿中心
經　　銷　新華書店
印　　裝　河北三河弘翰印務有限公司
版　　次　2018 年 10 月第 1 版　2018 年 10 月第 1 次印刷

開　　本　787×1092(毫米)　1/16
印　　張　20.5
字　　數　400 千字

書　　號　ISBN 978-7-5013-6567-8
定　　價　200.00 圓

《全國古籍普查登記目録》

工作委員會

《全國古籍普查登記目録》

序　言

全國古籍普查登記工作是“中華古籍保護計劃”的首要任務，是全面開展古籍搶救、保護和利用工作的基礎，也是有史以來第一次由政府組織、參加收藏單位最多的全國性古籍普查登記工作。

2007年國務院辦公廳發布《關於進一步加强古籍保護工作的意見》（國辦發[2007]6號），明確了古籍保護工作的首要任務是對全國公共圖書館、博物館和教育、宗教、民族、文物等系統的古籍收藏和保護狀況進行全面普查，建立中華古籍聯合目録和古籍數字資源庫。2011年12月，文化部下發《文化部辦公廳關於加快推進全國古籍普查登記工作的通知》（文辦發[2011]518號），進一步落實了全國古籍普查登記工作。根據文化部2011年518號文件精神，國家古籍保護中心擬訂了《全國古籍普查登記工作方案》，進一步規範了古籍普查登記工作的範圍、内容、原則、步驟、辦法、成果和經費。目前進行的全國古籍普查登記工作的中心任務是通過每部古籍的身份證——“古籍普查登記編號”和相關信息，建立古籍總臺賬，全面瞭解全國古籍存藏情况，開展全國古籍保護的基礎性工作，加强各級政府對古籍的管理、保護和利用。

《全國古籍普查登記工作方案》規定了全國古籍普查登記工作的三個主要步驟：一、開展古籍普查登記工作；二、在古籍普查登記基礎上，編纂出版館藏古籍普查登記目録，形成《全國古籍普查登記目録》；三、在古籍普查登記工作基本完成的前提下，由省級古籍保護中心負責編纂出版本省古籍分類聯合目録《中華古籍總目》分省卷，由國家古籍保護中心負責編纂出版《中華古籍總目》統編卷。

在黨和政府領導下，在各地區、各有關部門和全社會共同努力下，古籍普查登記工作得以扎實推進。古籍普查已在除臺、港、澳之外的全國各省級行政區域開展，普查内容除漢文古籍外，還包括各少數民族文字古籍，特别是於2010年分别啓動了新疆古籍保護和西藏古籍保護專項，因地制宜，開展古籍普查登記工作；國家古籍保護中心研製的“全國古籍普查登記平臺”已覆蓋到全國各省級古籍保護中心，并進一步研發了“中華古籍索引庫”，爲及時展現古籍普查成果提供有力支持；截至目前，已有11375部古籍進入《國家珍貴古籍名録》，浙江、江蘇、山東、河北等省公布了省級《珍貴古籍名録》，古籍分級保護機制初步形成。

《全國古籍普查登記目録》是古籍普查工作的階段性成果，旨在摸清家底，揭示館藏，反映古籍的基本信息。原則上每申報單位獨立成册，館藏量少不能獨立成册者，則在本省範圍内幾個館目合并成册。無論獨立成册還是合并成册，均編製獨立的書名筆畫索引附於書後。著録的必填基本項目有：古籍普查登記編號、索書號、題名卷數、著者（含著作方式）、版本、册數及存缺卷數。其他擴展項目有：分類、批校題跋、版式、裝幀形式、叢書子目、書影、破損狀况等。有條件的收藏單位多著録的一些擴展項目，也反映在《全國古籍普查登記目録》上。目録編排按古籍普查登記編號排序，内在順序給予各古籍收藏單位較大自由度，可按分類排列古籍普查登記編號，也可按排架號、按同書名等排列古籍普查登記編號，以反映各館特色。

此次全國古籍普查登記工作，克服了古籍數量多、普查人員少、普查難度大等各種困難，也得到了全國古籍保護工作者的極大支持。在古籍普查登記過程中，國家古籍保護中心、各省古籍保護中心爲此舉辦了多期古籍普查、古籍鑒定、古籍普查目録審校等培訓班，全國共1600餘家單位參加了培訓，爲古籍普查登記工作培養了大量人才。同時在古籍普查登記工作中，也鍛煉了普查員的實踐能力，爲將來古籍保護事業發展奠定了良好的基礎。

《全國古籍普查登記目録》的出版，將摸清我國古籍家底，爲古籍保護和利用工作提供依據，也將是古籍保護長期工作的一個里程碑。

國家古籍保護中心
2013年10月

《全國古籍普查登記目録》

編纂凡例

一、收録範圍爲我國境内各收藏機構或個人所藏,産生於 1912 年以前,具有文物價值、學術價值和藝術價值的文獻典籍,包括漢文古籍和少數民族文字古籍以及甲骨、簡帛、敦煌遺書、碑帖拓本、古地圖等文獻。其中,部分文獻的收録年限適當延伸。

二、以各收藏機構爲分冊依據,篇幅較小者,適當合并出版。

三、一部古籍一條款目,複本亦單獨著録。

四、著録基本要求爲客觀登記、規範描述。

五、著録款目包括古籍普查登記編號、索書號、題名卷數、著者、版本、冊數、存缺卷等。古籍普查登記編號的組成方式是:省級行政區劃代碼—單位代碼—古籍普查登記順序號。

六、以古籍普查登記編號順序排序。

《浙江省古籍普查登記目録》

工作委員會

主　任：金興盛

副主任：葉　菁

委　員：倪　巍　徐曉軍　賈曉東　雷祥雄　劉曉清

徐　潔　李儉英　孫維容　張愛琴　張純芳

金琴龍　樓　婷　陳泉標　鍾世杰　應　雄

陸深海　吕振興　徐兼明

《浙江省古籍普查登記目録》

編纂委員會

主　編： 徐曉軍

副主編： 童聖江　曹海花　褚樹青　莊立臻　徐益波
胡海榮　沈紅梅　劉　偉　王以儉　孫旭霞
占　劍　孫國茂　毛　旭　季彤曦

統校和編纂工作小組組長： 曹海花（浙江圖書館）

統校和編纂工作小組成員： 秦華英（浙江圖書館）
呂　芳（浙江圖書館）
干亦鈴（寧波市圖書館）
劉　雲（寧波市天一閣博物館）
周慧惠（寧波市天一閣博物館）
馬曉紅（餘姚市文物保護管理所）
陳瑾淵（温州市圖書館）
王　昉（温州市圖書館）
沈秋燕（嘉興市圖書館）
丁嫻明（嘉興市圖書館）
唐　微（紹興圖書館）
丁　瑛（紹興圖書館）
毛　慧（衢州市博物館）

《浙江省古籍普查登記目録》

序言

浙江文化底藴深厚，書籍刻印歷史悠久，前賢留下的著述浩如烟海，藏書雅閣及私人藏書爲數衆多，古籍資源十分豐富，幾乎縣縣有古籍，是全國古籍藏量較多的省份之一，是中華文化中具有獨特地域特色的重要一脉。保護好這些珍貴的古籍，對促進文化傳承、弘揚民族精神、維護國家統一及社會穩定具有重要作用。同時，加强古籍保護工作，也是加快建設文化大省、文化强省，努力推動文化浙江建設和社會主義文化大發展大繁榮的必然要求。

（一）

爲搶救、保護我國的珍貴古籍，繼承和弘揚優秀傳統文化，國務院辦公廳印發了《關於進一步加强古籍保護工作的意見》（國辦發［2007］6號），全國古籍普查登記工作是瞭解全國古籍存藏情况、建立古籍總臺賬、開展全國古籍保護的基礎性工作。爲認真貫徹落實"國辦發［2007］6號"文件精神，切實加强全省古籍的搶救、保護，浙江省人民政府辦公廳印發《關於進一步加强古籍保護工作的意見》（浙政辦發［2009］54號），提出2009年起要在全省範圍内開展古籍普查登記工作。2012年，浙江省古籍保護工作聯席會議下發《關於印發〈浙江省"中華古籍保護計劃"實施方案〉的通知》（浙文社［2012］30號），提出在"十二五"末基本完成全省古籍普查工作的目標。

試點先行、摸底調查、制定方案，建立制度、統籌指揮，引進人員、有效培訓、壯大隊伍，配置設備、補助經費、保障到位，編製手册、明確款目、統一規則，著録完整、審核到位、保證質量，設立項目、表揚先進，在省委省政府的高度重視及其各部門的大力支持下，在國家古籍保護中心的積極指導和省文化廳的正確領導下，通過以上種種措施，"秉持浙江精神，幹在實處、走在前列、勇立潮頭"，全省公共圖書館、文物、教育、檔案、衛生五大系統共計95家公藏單位通力合作，到2017年4月底基本完成了全省的古籍普查登記工作。

通過普查，摸清了全省古籍文化遺産家底，揭示了全省各地區文化脉絡，形成了統一的古籍信息數據庫，建立了一支遍布全省的古籍保護隊伍，爲下一步有針對性地開展古籍保護工作奠定堅實的基礎。鑒於全省在古籍普查和其他古籍保護工作中的突出表現，2014年，浙江圖書館、嘉興市圖書館、雲和縣圖書館獲得"全國古籍保護工作先進單位"稱號，浙江圖書館徐曉軍和曹海花、温州市圖書館王妍、紹興圖書館唐微、平湖市圖書館馬慧、衢州市博物館程勤等6人獲得“全國古籍保護工作先進個人”稱號。

(二)

全國古籍普查登記範圍爲1912年以前産生的文獻典籍。由於近代以來浙江私人藏書相當發達,民國期間也刻印了大量典籍,民國文獻在各藏書單位(尤其是基層單位)所藏歷史文獻中占據了相當大的比重。這些文獻形成了浙江文獻典藏的重要特色,是浙江傳統文化的重要組成部分。爲更加全面地掌握本省歷史文獻文化遺産現狀,浙江省將民國時期傳統裝幀書籍也納入普查範圍。

按照《全國古籍普查登記手册》要求,登記每部古籍的基本項目,必登項目有索書號、題名卷數、著者、版本、册數、存缺卷數,選登項目有分類、批校題跋、版式、裝幀形式、叢書子目、書影、破損狀况等内容。浙江省的古籍普查工作一直高標準、嚴要求,自始至終堅持平臺項目全著録,堅持文字信息和書影信息雙著録,登記每部書的索書號、分類、題名卷數、著者、卷數統計、版本、版式、裝幀、裝具、序跋、刻工、批校題跋、鈐印、叢書子目、定級及書影、定損及書影等16大項74小項的信息。

普查統計顯示,截至2017年4月30日,全省95家單位共藏有傳統裝幀書籍337405部2506633册,其中不分卷者計31737部96822册,分卷者計305668部2409811册11433371卷(實存8223803卷):古籍(含域外本)219862部1754943册,不分卷者15777部54901册,分卷者204085部1700042册7934703卷;民國時期傳統裝幀書籍117543部751690册,不分卷者15960部41921册,分卷者101583部709769册3498668卷。

從版本定級來看,全省四級文獻最多,部數、册數數量占比分别爲84.75%、78.69%。三級次之,部數、册數數量占比13.12%、15.96%。一級、二級文獻共計5689部111722册,量雖不多,極爲珍貴,其破損程度較輕,基本都配置了裝具且裝具狀况良好,這是古籍分級保護體系的有力體現。

從文獻類型來看,古籍普查平臺采用六部分類,在傳統的經、史、子、集四部外加上類叢部、新學。從册數來看,全省文獻類叢部數量最多,占比29.40%,這其中很大一部分原因在於民國時期刊印了不少大型叢書。史部、集部、子部、經部分居第二至五位,數量占比分别爲28.98%、18.00%、13.49%、9.24%。新學數量最少,還不到1%。

從版本類型來看,全省古籍版本類型豐富,數量最多的是刻本,部數占比51.01%、册數占比55.03%。部數排在第二至四位的是鉛印本、石印本、抄本,分别占比17.71%、16.58%、5.19%。册數排在第二至四位的是鉛印本、石印本、影印本,分别占比14.27%、12.40%、11.38%,這與將民國時期傳統裝幀書籍納入古籍普查範圍有極大關係。稿、抄本部數占比6.9%、册數占比4.04%,總體占比不是很高,但在一、二級文獻中稿、抄本的比例比較高,一級中部數占比20.49%、册數占比70.25%,二級中部數占比13.16%、册數占比6.57%。

從版本年代來看，全省藏書從南北朝以迄民國，并有部分日本、朝鮮、越南本。其中，元及元以前共計 244 部 3357 冊。明、清、民國共計 2486788 冊，數量占比 99.21%：明代占比 5.95%、清代占比 63.27%、民國占比 29.99%。日本、朝鮮、越南三國本共計 1877 部 14522 冊，部數、冊數占比分别爲 0.56%、0.58%。

從批校題跋來看，337405 部文獻中有姓名可考的批校題跋共計 15374 部，其中集部批校題跋最多，占全部批校題跋的 38.73%、占集部文獻的 6.16%。稿本的批校題跋在相對應的版本類型中比例最高，爲 16.18%。且稿本中有多人批校題跋的量最多，多者一部稿本中的批校題跋者達 25 人，如浙江圖書館藏沈蕉青稿本《燈青茶嫩草》三卷中有孫麟趾等 25 人的批校題跋。從各館藏書的批校題跋者來看，有鮮明的館域特色，從一個側面體現了各館的文獻來源。

從鈐印來看，337405 部文獻中有 51509 部有收藏鈐印，各級文獻鈐印比例隨級别的增高而加大，一至四級文獻的鈐印占比分别爲 50.67%、49.38%、26.00%、12.90%。收藏鈐印從一個方面體現了某書的遞藏源流，鈐印多於 1 方者有 24840 部，鈐印多者達 54 方，如寧波市天一閣博物館藏清初毛氏汲古閣影宋抄本《集韻》十卷上鈐毛晋、毛扆、段玉裁、朱鼎煦四人共計 54 方印。

在普查的過程中，我們還利用普查成果積極申報《國家珍貴古籍名録》、評選《浙江省珍貴古籍名録》，建立珍貴古籍分級保護體系。截至目前，全省共有 871 部珍貴古籍入選第一至五批《國家珍貴古籍名録》，有 609 部古籍入選第一至三批《浙江省珍貴古籍名録》。

（三）

普查登記著録工作結束後，省古籍保護中心於 2016 年 6 月成立由浙江圖書館、寧波市圖書館、寧波市天一閣博物館、餘姚市文物保護管理所、温州市圖書館、嘉興市圖書館、紹興圖書館、衢州市博物館 8 家單位的 14 名普查業務骨幹組成的浙江省古籍普查登記目録統校和編纂工作小組，開始全省普查數據的統校和古籍普查登記目録的編纂工作。

浙江省的普查登記目録是將古籍和民國書籍分開的，全省統一規劃，分别出版《浙江省古籍普查登記目録》和《浙江省民國時期傳統裝幀書籍普查登記目録》。根據《全國古籍普查登記目録審校要求》《古籍普查登記表格整理規範》的要求，省古籍保護中心制定《浙江省古籍普查登記目録編纂工作方案》《浙江省古籍普查數據統校細則》，用於指導全省的數據統校和登記目録的編纂。統校和編纂工作程序如下：導出普查平臺上的數據，切分爲古籍、民國兩張表，按照設定的普查編號、索書號、分類、題名卷數、著者、版本、批校題跋、冊數、存缺卷這幾項登記目録的出版款目對表格進行整理，整理後按照題名進行排列分給各統校員進行統校，統校結束後的數據按行政區域進行彙總交由分區負責人進行覆核，覆核結束後由省古籍保護中心一一寄給各館進行修改確認，經各館確認後由分區負責人進行最後審定。

在統校的過程中，爲了保證全省數據著録的一致，我們積極利用我國古籍整理研究的重大成果《中國古籍總目》（以下簡稱《總目》），每條書目一一對核《總目》，《總目》收者即標注《總目》頁碼，《總目》未收某版本者標注“無此版本”，《總目》未收者標注“無”，《總目》所收即浙江某館所藏者特殊標注，《總目》著録與普查信息有差异或一時無法判斷者標注“存疑”。拿浙江圖書館的近 7 萬條古籍數據來看，據不完全統計，除去複本，《總目》所收即浙江圖書館所藏者有 1100 多種，《總目》未收某一明確版本者有 3200 多種，《總目》未收者有 8300 多種。

全省 95 家單位中有 93 家單位有古籍數據，總條數計 22 萬條左右。根據分區域出版和達到一定條數可以單獨成書的原則，全省的古籍普查登記目録大致分爲以下 26 種：浙江圖書館，浙江大學圖書館，浙江省博物館，浙江省中醫藥研究院等四家收藏單位，杭州圖書館，西泠印社社務委員會等十家收藏單位、浙江省瑞安中學等八家收藏單位，寧波市圖書館，寧波市天一閣博物館，寧波市奉化區文物保護管理所等六家收藏單位、舟山市圖書館等二家收藏單位，温州市圖書館，瑞安市博物館（玉海樓），嘉興市圖書館，平湖市圖書館，嘉善縣圖書館，海寧市圖書館等六家收藏單位，湖州市圖書館等七家收藏單位、常山縣圖書館等二家收藏單位，紹興圖書館，嵊州市圖書館，紹興市上虞區圖書館等八家收藏單位，東陽市博物館，金華市博物館等九家收藏單位，衢州市博物館，台州市黄岩區圖書館，臨海市圖書館，臨海市博物館等六家收藏單位，麗水市圖書館等八家收藏單位。目前全省的古籍普查登記目録有多種已進入出版流程（爲保障普查編號的唯一性、終身有效性，各館數據以原普查編號從低到高的順序進行排列，由於浙江省古籍普查範圍包括古籍、民國時期傳統裝幀書籍、域外漢文古籍，著録時幾種文獻交替進行，而出版時是分開的，加之普查平臺系統出現的跳號情況，所以會出現普查編號不連貫的情況，特此説明），民國時期傳統裝幀書籍普查登記目録的編纂亦接近尾聲。普查登記工作和普查登記目録的編纂爲接下來《中華古籍總目·浙江卷》的編纂打下了良好的基礎。

浙江省古籍普查工作得到了各方的關心和支持。感謝各兄弟省份古籍同行的熱情幫助，感謝李致忠、張志清、吴格、陳先行、陳紅彦、陳荔京、羅琳、王清原、唱春蓮、李德生、石洪運、賈秀麗、范邦瑾等專家學者的悉心指導，藉力於此，普查工作纔得以順利完成。

條數多，分布廣，又出於衆手，儘管工作中我們一直爭取做到最好，但無論是已經著録的平臺數據還是即將付梓的登記目録，都難免存在紕漏，希望業界同仁不吝賜教，俾臻完善。

浙江省古籍保護中心

2018 年 4 月

《台州市黄岩區圖書館古籍普查登記目録》

編委會

主　　編：盧　勇

編　　委：王　芸　金悠悠　樊　迪

《台州市黄岩區圖書館古籍普查登記目録》

前　言

台州市黄岩區圖書館古籍傳承自黄岩九峰書院。2007 年 6 月,九峰書院的古籍由黄岩區博物館移交我館管理。此後,我館逐步開始資産登記、古籍庫房建設等工作。古籍普查項目於 2011 年底立項,立項後我館即開始購買普查設備、培訓普查人員,爲項目投入人力物力。截至 2015 年 5 月,已完成館藏全部古籍的普查工作。

普查工作開展之前,我們衹粗略統計過館藏古籍數量,所以普查工作是一個邊著録邊整理的過程。項目原申報古籍普查數量爲 43593 册。完工後,據古籍普查平臺的統計,普查總數爲 5454 部 44803 册,比預計多出 1210 册。

我館收藏民國以前古籍共 3688 部 35692 册。其中,善本共計 127 部 1164 册,占總量的 2.6%。所藏古籍中,稿本《台學統》一百卷、稿本《六書古訓》等 5 部古籍入選第一批《國家珍貴古籍名録》,另外有 17 部入選《浙江省珍貴古籍名録》。所藏古籍中有 28 部 97 册爲鄉賢王棻著述,有整理開發的價值。目前一部分文獻已數字化爲《王棻專題數據庫》,《中外和戰議·辨章》已由江蘇廣陵書社影印出版,《台學統》點校版將於 2018 年正式出版。

我館歷來十分重視古籍保存保護問題,在館舍庫房硬件設施較爲落後的情況下,努力按照古籍庫房的建設要求,完善庫房保存條件。2012 年 1 月建立了《黄岩區圖書館古籍書庫管理制度》和《黄岩區圖書館古籍閱覽室讀者須知》等制度,并新增了 48 隻樟木櫃。2013 年我館被評爲浙江省重點古籍保護單位。2014 年,通過了第一批浙江省古籍修復站評審。

在做好古籍保護工作的基礎上,我館也非常重視古籍普查工作,專門抽調骨幹開展古籍普查。普查員王芸、金悠悠、樊迪三位同志多次參加由浙江省古籍保護中心組織的古籍普查和修復的培訓。三位同志工作認真負責,工作中注重討論、交流,形成良好的學習氛圍,保證了普查工作的高效進行。2015 年 5 月,我們完成了館藏全部古籍的普查工作,比預計時間提前 7 個月。

《台州市黄岩區圖書館古籍普查登記目録》即將出版,由於時間緊張、人手不足等因素,難免有錯漏之處,懇請讀者批評指正。

台州市黄岩區圖書館

2018 年 9 月

目　録

330000－1720－0000001　善00008　子部/儒家類/儒學之屬/性理

朱子大全私抄十二卷　(明)王宗沭輯　明嘉靖三十二年(1553)王宗沭刻本　十二册

330000－1720－0000002　善00009　經部/小學類/文字之屬/字書

六書古訓　(清)王棻撰　稿本　十一册　存四種

330000－1720－0000003　善00010　集部/總集類/彙編之屬

韓柳文一百卷　(明)游居敬編　明嘉靖十六年(1537)南平游居敬刻本　十二册

330000－1720－0000004　善00011　史部/傳記類/總傳之屬/儒林

台學統一百卷　(清)王棻輯　稿本　王舟瑤批　三十六册

330000－1720－0000005　善00012　集部/總集類/選集之屬/斷代

唐文粹一百卷　(宋)姚鉉輯　明嘉靖五年至八年(1526－1529)晉府養德書院刻本　二十册

330000－1720－0000006　善00004　經部/四書類/總義之屬

四書注人物考不分卷　(清)王棻撰　稿本　一册

330000－1720－0000007　善00001　史部/政書類/考工之屬/營造

作室解一卷附朝制考一卷　(清)金鷹揚撰　清抄本　一册

330000－1720－0000008　善00002　經部/易類/傳説之屬

周易參變十卷　(清)林琨注　清抄本　十册

330000－1720－0000009　善00003　史部/傳記類/日記之屬

臥虎山人日記不分卷(清光緒十五年正月初一至二十五年九月晦日)　(清)王棻撰　稿本　八册

330000－1720－0000010　善00005　集部/總集類/選集之屬/通代

漢魏詩紀二十卷　(明)馮惟訥輯　**談藝録一卷**　(明)徐禎卿撰　明嘉靖三十八年(1559)徐禎卿刻本　三册　存十一卷(漢詩紀一至三、魏詩紀四至九、吴詩紀,談藝録)

330000－1720－0000011　善00006　集部/別集類/清別集

穉軒居士初稿十六卷　(清)王棻撰　清咸豐至光緒十三年(1887)稿本　十五册　存十五卷(一、三至十六)

330000－1720－0000012　善00007　史部/編年類/斷代之屬

明年表一卷附明辯亡論　(清)王棻續編　清光緒十五年(1889)稿本　一册

330000－1720－0000013　善00013　史部/地理類/專志之屬/祠墓

欽定文廟祀位一卷附文廟彙考　(清)王棻輯　稿本　一册

330000－1720－0000014　善00014　經部/易類/傳説之屬

周易古義三卷附一卷　(清)姜丹書撰　清黄巖王棻玩芳草堂抄本　清王棻批校並題記　二册

330000－1720－0000015　善00015　經部/禮記類/傳説之屬

孫氏禮記集解校注一卷　(清)王棻撰　稿本　一册

330000－1720－0000016　善00016　史部/目録類/總録之屬/地方

擬刻台州遺書序錄一卷　(清)王棻輯撰　稿本　一册

330000－1720－0000017　善00017　史部/目録類/總録之屬/地方

擬刻台州遺書序錄一卷　(清)王棻輯撰　稿本　一册

330000－1720－0000018　善00018　集部/總集類/郡邑之屬

赤城詩集六卷　(明)謝鐸　(明)黃孔昭輯　明成化十八年(1482)林一中福建建陽書坊刻本　清王棻批點並跋　一冊

330000－1720－0000019　善00019　子部/雜著類/雜考之屬

辨章三卷　(清)王棻撰　稿本　清王彥威、清丁立誠觀款　徐元釗校並題記　一冊

330000－1720－0000020　善00020　史部/政書類/通制之屬

大統平議一卷首一卷附一卷附錄一卷大禮平議四卷明大禮駁議二卷　(清)王棻撰　清光緒稿本　四冊

330000－1720－0000021　善00021　史部/政書類/考工之屬/營造

作室解一卷附朝制考一卷　(清)金鷹揚撰　清光緒黃巖王氏玩芳草堂抄本　清王棻批校、題簽並記　一冊

330000－1720－0000022　善00022　史部/傳記類/別傳之屬/年譜

臥虎山人[王棻]年譜一卷　(清)王棻撰　清光緒稿本　一冊

330000－1720－0000023　善00023　史部/傳記類/總傳之屬/通代

草莽私乘一卷　(明)陶宗儀輯　清抄本　清王棻批校　一冊

330000－1720－0000024　善00024　史部/金石類/郡邑之屬/文字

仙居金石補一卷　(清)王棻編　清光緒稿本　一冊

330000－1720－0000025　善00025　史部/傳記類/別傳之屬/年譜

杜清獻公[範]年譜一卷　(清)王棻撰　清同治十三年(1874)稿本　一冊

330000－1720－0000026　善00026　集部/別集類/清別集

柔橋集一卷　(清)王棻撰　清同治十年(1871)稿本　一冊

330000－1720－0000027　善00027　集部/別集類/明別集

桃溪集不分卷　(明)謝鐸撰　清光緒二十年(1894)抄本　清王宗儒題記　王舟瑤批校並題記　佚名過錄清王棻跋　二冊

330000－1720－0000028　善00028　史部/傳記類/日記之屬

研精覃思室日鈔不分卷(清光緒三年八月一日至十二月三十日)　王詠霓撰　清光緒三年(1877)稿本　一冊

330000－1720－0000029　善00029　集部/別集類/明別集

桃溪淨稿四十五卷　(明)謝鐸撰　清光緒二十三年(1897)太平陳氏抄本　陳樹鈞跋　四冊

330000－1720－0000030　善00030　史部/地理類/遊記之屬/紀勝

游志續編二卷　(明)陶宗儀撰　清同治十年(1871)黃巖王棻抄本　清王棻、清蔡篪、清葛詠裳校並題記　清黃瑞、芝裳、王舟瑤校　二冊

330000－1720－0000031　善00031　子部/雜著類/雜編之屬

耨軒褉錄一卷　(清)王棻錄　稿本　一冊

330000－1720－0000032　善00032　史部/詔令奏議類/奏議之屬

刑垣疏稿二卷附錄一卷　(明)吳執御撰　明崇禎六年(1633)刻清康熙重修本(卷上配清抄本)　清王棻題簽、題記並跋　清郭叶寅題記　二冊　缺一卷(附錄)

330000－1720－0000033　善00033　經部/書類/傳說之屬

尚書後案三十卷附後辨一卷　(清)王鳴盛撰　清乾隆四十五年(1780)東吳王鳴盛刻本　清王棻題簽並批　六冊

330000－1720－0000034　善00034　史部/詔令奏議類/奏議之屬

刑垣疏稿二卷附錄一卷　(明)吳執御撰　明

崇禎六年(1633)刻清康熙重修本　清王棻題簽並記　一冊　存一卷(下)

330000－1720－0000035　善00035　集部/別集類/宋別集
杜清獻公集校注一卷清獻集佚篇攷一卷　(清)王棻　王詠霓撰　稿本　一冊

330000－1720－0000036　善00036　史部/政書類/邦交之屬
中外和戰議十六卷　(清)王棻輯　清光緒十五年(1889)稿本　五冊

330000－1720－0000037　善00037　集部/總集類/選集之屬/斷代
元文類七十卷目錄三卷　(元)蘇天爵編　明末脩德堂刻本　十六冊

330000－1720－0000038　善00038　集部/別集類/明別集
五嶽遊草十二卷　(明)王士性撰著　(清)馮甦輯　清康熙三十年(1691)臨海馮甦刻安雅堂洪氏補修本　六冊

330000－1720－0000039　善00039　史部/地理類/方志之屬/郡縣志
[康熙]黄巖縣志八卷　(清)劉寬修　(清)平遇　(清)潘最纂　清康熙三十八年(1699)刻本　王舟瑤批　五冊　存五卷(一至三、五、八)

330000－1720－0000040　善00040　子部/雜著類/雜説之屬
輟耕錄三十卷　(明)陶宗儀撰　明末刻本　七冊

330000－1720－0000041　善00041　集部/別集類/唐五代別集
分類補註李太白詩二十五卷　(唐)李白撰　(宋)楊齊賢集註　(元)蕭士贇補註　**唐翰林李太白年譜一卷**　(宋)薛仲邕撰　明嘉靖二十五年(1546)玉几山人刻本　二冊　存三卷(一、二十四至二十五)

330000－1720－0000042　善00042　集部/別集類/宋別集
東坡先生全集七十五卷　(宋)蘇軾撰　**東坡先生年譜一卷**　(宋)王宗稷編　明萬曆三十四年(1606)茅維刻本　九冊　存三十卷(四至七、十三至十九、二十八至四十六)

330000－1720－0000043　善00043　集部/別集類/明別集
空同集六十四卷　(明)李夢陽撰　明萬曆二十九年(1601)東明李思孝京兆刻本　八冊　存三十三卷(一至三十三)

330000－1720－0000044　善00044　集部/別集類/宋別集
水心文集二十九卷　(宋)葉適撰　明末刻本　八冊

330000－1720－0000045　善00045　集部/別集類/明別集
敬所王先生文集三十卷　(明)王宗沐撰　明萬曆元年(1573)豫章劉良弼刻本　五冊　存二十一卷(一至二、十一至十二、十八至二十、二十三至三十四、二十九至三十)

330000－1720－0000046　善00046　集部/別集類/明別集
方正學先生遜志齋集二十四卷拾補一卷外紀一卷　(明)方孝孺撰　(明)張紹謙纂　**遜志齋集校勘記一卷**　(清)盛朝彥錄　清同治十一年至十二年(1872－1873)吳縣孫熹刻光緒黄巖王棻印本　清王棻批校　清方來題簽、批點、跋並過錄清王棻校　十六冊

330000－1720－0000047　善00047　集部/總集類/彙編之屬
李杜全集　(明)許自昌編　明萬曆三十年(1602)長洲許自昌刻本　六冊　存一種

330000－1720－0000048　善00048　集部/別集類/明別集
畏齋存稿一卷　(明)林鶚撰　清光緒抄本　清王棻題簽並記　一冊

330000－1720－0000049　善00049　集部/別集類/明別集
趙大司馬集四卷寵光錄一卷　(明)趙大佑著

清同治十年(1871)黃巖李苑西抄本　清李苑西校、題記並過錄清郭協寅跋　二冊

330000－1720－0000050　善00050　集部/別集類/明別集

海峰堂前稿十八卷　(明)葉良佩撰　清光緒二十三年(1897)陳樹鈞抄本　陳樹鈞校並跋　三冊　存九卷(一至三、十三至十八)

330000－1720－0000051　善00051　集部/別集類/明別集

海峰堂前稿十八卷　(明)葉良佩撰　明嘉靖三十年(1551)魏濠刻本　二冊　存六卷(四至六、十至十二)

330000－1720－0000052　善00052　集部/別集類/明別集

海峯堂前稿十八卷　(明)葉良佩撰　**海峯堂詩稿輯補一卷海峯堂稿輯補一卷**　(明)葉良佩撰　(清)王棻輯　清光緒十九年(1893)黃巖王棻抄本　清王棻批校並題記　二冊　存八卷(四至六、十至十二,海峯堂詩稿輯補、海峯堂稿輯補)

330000－1720－0000053　善00053　集部/別集類/明別集

葉海峰文一卷文補一卷詩一卷　(明)葉良佩撰　清光緒十七年(1891)黃巖王棻抄本　清王棻評校並跋　一冊

330000－1720－0000054　善00054　集部/別集類/明別集

白雲樓類詩乙集四十卷　(明)陳公綸撰　清抄本　清王棻校　一冊　存八卷(一至八)

330000－1720－0000055　善00055　集部/別集類/明別集

容菴集十卷周易傳義存疑一卷附書一卷　(明)應大猷撰　清光緒十三年(1887)黃巖王氏玩芳草堂抄本　清王棻批校並題記　四冊

330000－1720－0000056　善00056　子部/工藝類/日用器物之屬/陶瓷

陶說六卷　(清)朱琰述　清抄本　一冊　存三卷(四至六)

330000－1720－0000057　善00057　集部/總集類/酬唱之屬

題𣡈㟙詩集一卷　(清)□□輯　清抄本　一冊

330000－1720－0000058　善00058　集部/別集類/元別集

丹邱生稾一卷拾遺一卷　(元)柯九思撰　(清)王棻輯　清光緒十七年(1891)黃巖王氏抄本　清王棻批校並題記　楊晨校　一冊

330000－1720－0000059　善00059　集部/別集類/清別集

忘憂草一卷　(清)李鶴生撰　清末抄本　林東坪題簽並跋　一冊

330000－1720－0000060　善00060　集部/總集類/選集之屬/通代

五朝詩善鳴集十二卷　(清)陸次雲輯　清康熙二十六年(1687)蓉江懷古堂刻本　三冊　存三卷(元詩善鳴集、明詩善鳴集一至二)

330000－1720－0000061　善00061　集部/楚辭類

楚辭集註八卷辯證二卷後語六卷　(宋)朱熹撰　明萬曆二十五年(1597)吉府刻本　三冊　缺四卷(五至八)

330000－1720－0000062　善00062　類叢部/類書類/通類之屬

初學記三十卷　(唐)徐堅等輯　明晉陵楊鑨九洲書屋刻本(卷八至十一配明刻本)　十冊

330000－1720－0000063　善00063　集部/別集類/明別集

寒玉集十一卷　(明)陳函煇撰　明崇禎刻本　清王棻題簽並記　四冊

330000－1720－0000064　善00064　集部/別集類/元別集

陳剛中詩集三卷附錄一卷　(元)陳孚撰　清光緒十七年(1891)黃巖王棻抄本　清王棻校、題記並跋　一冊

330000－1720－0000065　善00065　集部/別集類/清別集

張子晤蕉詩文選最一卷附輓詩一卷　(清)張晤蕉撰　清康熙四十二年(1703)寄雲堂木活字印本　一冊

330000－1720－0000066　善00066　集部/別集類/宋別集

閬風集十二卷　(宋)舒岳祥撰　清竹書堂抄本　清王棻批校並題記　王舟瑤校　二冊

330000－1720－0000067　善00067　集部/別集類/宋別集

重刻黃文節山谷先生文集三十卷外集十四卷別集二十卷　(宋)黃庭堅撰　**年譜十五卷**　(宋)黃㽦撰　明萬曆三十二年至四十二年(1604－1614)方沆、周希令、李友梅刻本　六冊　存三十卷(文集一至三十)

330000－1720－0000068　善00068　集部/別集類/明別集

東瀛遺稿□□卷　(明)王啓撰　明抄本　清王棻題簽並記　二冊　存三卷(九至十一)

330000－1720－0000069　善00069　集部/總集類/彙編之屬

韓柳全集一百四卷　(明)蔣之翹編　明崇禎六年(1633)蔣之翹三徑艸堂刻本　二十四冊

330000－1720－0000070　善00070　集部/總集類/選集之屬/斷代

東欐獻徵錄二種　(清)王棻輯　稿本　二冊　存四卷(縞紵集一至二、清芬集一至二)

330000－1720－0000071　善00071　集部/總集類/氏族之屬

醉丹軒詩鈔　(清)□□輯　稿本　王詠霓批點並題記　一冊　存八種

330000－1720－0000072　善00072　史部/傳記類/總傳之屬/家乘

郭氏人文錄三卷　(清)郭協寅輯　稿本　王詠霓題記　一冊

330000－1720－0000073　善00073　集部/別集類/清別集

蘊苑詩鈔　(清)應溯穎撰　稿本　三冊　存二種

330000－1720－0000074　善00074　集部/別集類/清別集

梅菴遺集三卷　(清)王維祺撰　(清)王棻編　清末黃巖王楙抄本　王楙跋　一冊

330000－1720－0000075　善00075　子部/小說家類/雜事之屬

回頭一想四卷再想四卷再想想四卷　(清)戚學標撰　清抄本　六冊

330000－1720－0000076　善00076　集部/別集類/清別集

梅庵先生遺集二種二卷　(清)王棻編　清同治五年(1866)稿本　清俞樾、清王彥威跋　一冊

330000－1720－0000077　善00077　子部/雜著類/雜纂之屬

林下偶談四卷　(宋)吳子良撰　清光緒抄本　清王棻校並題記　王舟瑤批校並題記　一冊

330000－1720－0000078　善00078　集部/別集類/明別集

王靜學先生文集三卷首一卷末一卷　(明)王叔英撰　(清)王棻校定　清光緒稿本(卷二配清康熙刻本)　王舟瑤批校　二冊

330000－1720－0000079　善00079　集部/總集類/選集之屬

蘭忻集詩鈔二卷　(清)王蘭皋手選　**蘭忻集續編一卷**　(清)周耕墨手輯　清周耕墨抄本　清王棻題記　一冊

330000－1720－0000080　善00080　集部/別集類/清別集

蒿菴詩鈔五卷　(清)馮甦撰　(清)洪承澤編　清抄本　一冊

330000－1720－0000081　善00081　集部/別集類/清別集

北山文續鈔一卷詩續鈔一卷　(清)姜文衡撰　(清)王棻編　清同治六年(1867)稿本　一冊

330000－1720－0000082　善00082　集部/別

集類/清别集
忍冬軒存草四卷　(清)柯夏卿撰　(清)柯洽輯　清抄本　王舟瑶批　二册

330000－1720－0000083　善00083　類叢部/叢書類/彙編之屬
麗癖手鈔八種　(清)張湅輯　清抄本　清王棻題記並跋　王舟瑶批校　佚名過録清張濬題記　一册

330000－1720－0000084　善00084　集部/别集類/清别集
深詣齋詩鈔三卷　(清)黄鐎撰　(清)王棻編　清光緒稿本　一册

330000－1720－0000085　善00085　集部/總集類/郡邑之屬
台詩三録八卷附刻三卷　(清)宋世犖輯　清王棻抄本　清王棻批校　四册

330000－1720－0000086　善00086　集部/别集類/清别集
沈子寱業一卷　(清)沈礎撰　清咸豐九年(1859)李蓉卡抄本　清王棻跋並批校　陳夢賚跋　一册

330000－1720－0000087　善00087　集部/别集類/清别集
缶鳴詩集一卷　(清)王駉一撰　清抄本　清王棻題簽並記　一册

330000－1720－0000088　普00325　子部/儒家類/儒家之屬
孔氏家語十卷　(三國魏)王肅注　清刻本　一册　存五卷(六至十)

330000－1720－0000089　善00088　史部/傳記類/别傳之屬/事狀
巡憲楊公保台實績録一卷　(清)章安紳士輯　清同治十年(1871)臨海葛詠裳抄本　清葛詠裳批校　清王棻批並跋　王舟瑶校　一册

330000－1720－0000090　普00326　子部/儒家類/儒家之屬
孔氏家語十卷　(三國魏)王肅注　清光緒上海同文書局石印本　四册　存八卷(一至六、九至十)

330000－1720－0000091　善00089　集部/别集類/清别集
燕京雜咏一卷　(清)王玉生撰　稿本　一册

330000－1720－0000092　善00090　集部/别集類/清别集
餐桐室詩鈔一卷　(清)李元熹撰　稿本　清陳潤時題記　一册

330000－1720－0000093　善00091　集部/别集類/清别集
丹崖碎玉二卷　(清)王晉咸纂　稿本　清王棻、清王旭東跋　王舟瑶題記　二册

330000－1720－0000094　善00092　集部/别集類/明别集
白雲稿十一卷　(明)朱右撰　清光緒二十年(1894)黄巖王氏抄本　清王棻校　王舟瑶批校　二册

330000－1720－0000095　善00093　集部/别集類/元别集
羽庭集八卷附録一卷　(元)劉仁本撰　清抄本　清王棻、王舟瑶、楊晨題記　二册

330000－1720－0000096　善00094　集部/别集類/清别集
周耕墨先生手鈔褋文一卷褋詩一卷　(清)周山輯　清周山抄本　清王棻題簽並記　王舟瑶批並題記　一册

330000－1720－0000097　善00095　子部/法家類
韓子迂評二十卷　(明)門無子撰　**附録一卷**　明萬曆六年(1578)門無子刻十一年(1583)重修本　四册

330000－1720－0000098　善00096　類叢部/類書類/通類之屬
新編古今事文類聚前集六十卷後集五十卷續集二十八卷别集三十二卷　(宋)祝穆編　**新編古今事文類聚新集三十六卷外集十五卷**　(元)富大用編　**新編古今事文類聚遺集十五卷**　(元)祝淵編　明萬曆三十二年(1604)金

陵唐富春德壽堂刻本　八十冊

330000－1720－0000099　善00097　集部/別集類/明別集

選寒喜集二卷　(明)陳函煇撰　清宋經畬等抄本　清宋經畬題簽並記　王詠霓批校並題記　二冊

330000－1720－0000100　善00098　類叢部/叢書類/彙編之屬

經訓堂叢書二十一種　(清)畢沅編　清乾隆至嘉慶鎮洋畢氏刻本　四冊　存一種

330000－1720－0000101　善00099　集部/別集類/清別集

南沙文集八卷附二卷　(清)洪若皐撰　清康熙刻洪蒙煊補版本(附卷二原缺)　六冊　存六卷(一至四、七至八)

330000－1720－0000102　善00127　史部/職官類/官箴之屬

學治臆說二卷續說一卷　(清)汪輝祖撰　清嘉慶十八年(1813)刻本　一冊

330000－1720－0000103　善00100　集部/總集類/選集之屬/通代

瀛奎律髓四十九卷　(元)方回輯　清康熙五十年至五十一年(1711－1712)吳寶芝黃葉邨莊刻本　十冊

330000－1720－0000104　善00101　史部/紀傳類/正史之屬

漢書一百卷　(漢)班固撰　(唐)顔師古注　明崇禎十五年(1642)毛氏汲古閣刻十七史本　清王棻批校並跋　二十六冊

330000－1720－0000105　善00102　史部/紀傳類/正史之屬

十七史一千五百七十四卷　(明)毛晉編　明崇禎至清順治琴川毛氏汲古閣刻本　十二冊　存一種

330000－1720－0000106　善00103　類叢部/類書類/通類之屬

潛確居類書一百二十卷　(明)陳仁錫輯　明崇禎三年至五年(1630－1632)潭城徐觀我刻本　五十一冊

330000－1720－0000107　善00104　史部/地理類/方志之屬/郡縣志

[熙寧]長安志二十卷　(宋)宋敏求纂　**長安志圖三卷**　(元)李好文撰　(清)畢沅校　清光緒十七年(1891)思賢講舍刻本　四冊

330000－1720－0000108　善00105　集部/別集類/清別集

南沙文集八卷附二卷　(清)洪若皐撰　清康熙刻洪蒙煊補版本(附卷二原缺)　八冊　存八卷(一至八)

330000－1720－0000109　善00106　集部/別集類/明別集

一所金先生集十二卷　(明)金賁亨撰　清同治十一年(1872)李苑西、林舜輔、王棻抄本　清王棻題簽並記　清李苑西、清林舜輔、清王棻校　三冊

330000－1720－0000110　善00107　類叢部/類書類/通類之屬

新刊唐荆川先生稗編一百二十卷目錄三卷　(明)唐順之輯　明萬曆九年(1581)茅一相文霞閣刻本　三十二冊

330000－1720－0000111　善00108　集部/總集類/彙編之屬

唐宋八大家文鈔一百六十六卷　(明)茅坤編　明崇禎四年(1631)茅著刻本(宋大家歐陽文忠公文抄卷五至八配清抄本、卷九至十配清康熙刻本)　三十冊　存七種

330000－1720－0000112　善00109　史部/地理類/方志之屬/郡縣志

平泉志賸不分卷　(清)戚學標撰　稿本　一冊

330000－1720－0000113　善00110　史部/編年類/通代之屬

資治通鑑綱目五十九卷　(宋)朱熹撰　(明)陳仁錫評　**資治通鑑綱目續編一卷**　(明)陳桱撰　(明)陳仁錫評　**資治通鑑綱目前編二十五卷**　(明)南軒撰　(明)陳仁錫評　**續資**

治通鑑綱目二十七卷　（明）商輅等撰　（明）陳仁錫評　清嘉慶八年（1803）宏道堂刻本　二十册　存十五卷（續資治通鑑綱目一至十五）

330000－1720－0000114　善 00111　史部/政書類/通制之屬

文獻通考三百四十八卷　（元）馬端臨撰　明刻遞修本　八十册

330000－1720－0000115　善 00112　經部/叢編

十三經註疏三百三十三卷　明崇禎元年至十二年（1628－1639）毛氏汲古閣刻本（爾雅註疏卷一至十一配清刻本、孝經註疏卷四至九配清嘉慶二十年武寧盧浙刻本）　九十三册　存十一種

330000－1720－0000116　善 00113　集部/總集類/選集之屬/通代

文選六十卷　（南朝梁）蕭統輯　（唐）李善注　（清）何焯評　清刻朱墨套印本　三十一册　缺二卷（十七至十八）

330000－1720－0000117　善 00114　經部/書類/傳說之屬

古文尚書攷二卷　（清）惠棟撰　清乾隆五十七年（1792）刻本　一册

330000－1720－0000118　善 00115　集部/總集類/選集之屬/通代

古文淵鑒六十四卷　（清）徐乾學等輯注　清刻五色套印本　三十一册　缺二卷（四十七至四十八）

330000－1720－0000119　善 00116　史部/目録類/專録之屬

經義考三百卷　（清）朱彝尊撰　**總目二卷**　（清）盧見曾編　清康熙秀水朱氏曝書亭刻乾隆十九年至二十年（1754－1755）德州盧見曾續刻本（卷二百八十六、二百九十九至三百原缺）　四十八册

330000－1720－0000120　善 00117　史部/政書類

三通七百四十八卷　清乾隆十二年至十四年（1747－1749）武英殿刻本　四十册　存二百卷（通典一至二百）

330000－1720－0000121　普 00001　集部/別集類

函雅堂集四十卷　王詠霓撰　清光緒二十二年（1896）刻本　八册　存三十二卷（一至十二、十七至三十六）

330000－1720－0000122　普 00002　集部/別集類

函雅堂集四十卷　王詠霓撰　清光緒二十二年（1896）刻本　九册　存三十六卷（一至三十六）

330000－1720－0000123　普 00003　集部/別集類

函雅堂集四十卷　王詠霓撰　清光緒二十二年（1896）刻本　九册　存三十六卷（一至三十六）

330000－1720－0000124　普 00004　類叢部/叢書類/郡邑之屬

台州叢書續編十三種　（清）王棻等輯　清光緒王棻等刻本　八册　存二種

330000－1720－0000125　普 00005　類叢部/叢書類/郡邑之屬

台州叢書九種　（清）宋世犖輯　清嘉慶至道光臨海宋氏刻本　四册　存一種

330000－1720－0000126　普 00006　類叢部/叢書類/郡邑之屬

台州叢書九種　（清）宋世犖輯　清嘉慶至道光臨海宋氏刻本　二册　存一種

330000－1720－0000127　普 00007　類叢部/叢書類/郡邑之屬

台州叢書九種　（清）宋世犖輯　清嘉慶至道光臨海宋氏刻本　二册　存一種

330000－1720－0000132　普 00012　史部/目録類/總録之屬/地方

台郡藝文目錄不分卷　（清）王棻輯　稿本　一册

330000－1720－0000135　普 00015　史部/傳記類/總傳之屬/郡邑

尊鄉録節要四卷附拾遺一卷　(明)王弼撰　清光緒黄巖王棻抄本　清王棻校並題記　一冊

330000－1720－0000136　普 00016　經部/四書類/論語之屬/傳說

論語後案二十卷　(清)黄式三撰　清道光二十四年(1844)魯岐峯木活字印本　三冊　存十卷(十一至二十)

330000－1720－0000137　普 00017　經部/叢編

仿宋相臺五經九十六卷附考證　清刻本　二冊　存一種

330000－1720－0000138　普 00018　類叢部/叢書類/郡邑之屬

台州叢書續編十三種　(清)王棻等輯　清光緒王棻等刻本　一冊　存一種

330000－1720－0000139　普 00019　史部/地理類/方志之屬/郡縣志

[弘治]赤城新志二十三卷　(明)陳相修　(明)謝鐸纂　清光緒王棻等刻台州叢書續編本　王舟瑶批　二冊　存十四卷(十至二十三)

330000－1720－0000141　普 00021　集部/別集類/唐五代別集

河東先生文集六卷　(唐)柳宗元撰　清末石印本　一冊　存一卷(二)

330000－1720－0000144　普 00024　集部/別集類

虚受堂詩存十五卷　王先謙撰　清光緒二十八年(1902)平江蘇氏刻本　一冊　存五卷(一至五)

330000－1720－0000145　普 00025　集部/總集類/郡邑之屬

台詩四錄稾料不分卷　(清)王棻輯　清光緒二十四年(1898)王棻抄本　清王棻題簽並記　一冊

330000－1720－0000146　普 00026　類叢部/叢書類/郡邑之屬

説郛台獻錄□□種　(清)王棻輯　清同治十年(1871)稿本　葉書批校　一冊　存七種

330000－1720－0000152　普 00032　集部/別集類/唐五代別集

白香山詩長慶集二十卷後集十七卷別集一卷補遺二卷　(唐)白居易撰　(清)汪立名編訂　**白香山年譜一卷**　(清)汪立名撰　**白香山年譜舊本一卷**　(宋)陳振孫撰　清康熙四十一年至四十二年(1702－1703)汪立名一隅草堂刻本　十冊

330000－1720－0000158　普 00038　集部/別集類/唐五代別集

杜詩詳註二十五卷首一卷附編二卷　(唐)杜甫撰　(清)仇兆鰲輯注　清康熙刻本　二十三冊　缺五卷(二十至二十二、二十四,附編上)

330000－1720－0000160　普 00040　集部/別集類/唐五代別集

溫飛卿詩集七卷別集一卷集外詩一卷附錄諸家詩評一卷　(唐)溫庭筠撰　(明)曾益注　(清)顧予咸補注　(清)顧嗣立續注　清宣統二年(1910)上海廣益書局石印本　四冊　缺一卷(諸家詩評)

330000－1720－0000162　普 00042　集部/別集類/唐五代別集

溫飛卿詩集七卷別集一卷集外詩一卷附錄諸家詩評一卷　(唐)溫庭筠撰　(明)曾益注　(清)顧予咸補注　(清)顧嗣立續注　清宣統二年(1910)掃葉山房石印本　一冊　存二卷(一至二)

330000－1720－0000164　普 00044　集部/別集類/唐五代別集

杜詩註釋二十四卷首一卷　(清)許寶善輯　清嘉慶八年(1803)自怡軒刻光緒三年(1877)吳縣朱氏重修本　十二冊

330000－1720－0000165　普 00045　集部/別集類/唐五代別集

李太白文集三十六卷　(唐)李白撰　(清)王琦輯注　清乾隆寶笏樓刻二十五年(1760)增刻本　十二冊

330000－1720－0000171　普00051　集部/別集類/唐五代別集

杜詩詳註二十五卷首一卷附編二卷　(唐)杜甫撰　(清)仇兆鰲輯注　清康熙刻本　四冊　存四卷(二十至二十二、二十四)

330000－1720－0000174　普00054　集部/別集類/明別集

王靜學先生文集二卷　(明)王叔英撰　清康熙四十四年(1705)刻本　王舟瑤批　一冊

330000－1720－0000176　普00056　新學/議論/論政

飲冰室自由書二卷　梁啓超撰　清末石印本　一冊

330000－1720－0000180　普00060　集部/別集類

飲冰室壬寅文集十八卷　梁啓超撰　清光緒二十九年(1903)上海維新學社石印本　十三冊　存十六卷(一至九、十二至十八)

330000－1720－0000181　普00061　集部/別集類

飲冰室壬寅文集十八卷　梁啓超撰　清光緒二十九年(1903)上海維新學社石印本　四冊　存五卷(三、十五至十八)

330000－1720－0000186　普00066　類叢部/叢書類/彙編之屬

新斠平津館叢書十集三十四種　(清)孫星衍編　清光緒十年至十五年(1884－1889)吳縣朱氏槐廬家塾刻本　四十冊　存二十九種

330000－1720－0000188　普00068　類叢部/叢書類/自著之屬

亭林先生遺書彙輯二十三種附錄三種　(清)顧炎武撰　(清)席威　(清)朱記榮編　清光緒十一年至三十二年(1885－1906)吳縣朱氏槐廬家塾刻本　二十四冊

330000－1720－0000189　普00069　集部/別集類/明別集

王文成公全書三十八卷　(明)王守仁撰　清光緒浙江書局刻本　二十四冊

330000－1720－0000190　普00070　集部/別集類/明別集

王文成公全書三十八卷　(明)王守仁撰　清光緒浙江書局刻本　二十冊　缺六卷(六至七、十六、十九、二十三至二十四)

330000－1720－0000191　普00077　類叢部/叢書類/自著之屬

西堂全集　(清)尤侗撰　清康熙刻本　二十一冊　存十七種

330000－1720－0000192　普00072　類叢部/叢書類/自著之屬

洪北江全集二十一種　(清)洪亮吉撰　清光緒三年至五年(1877－1879)洪用懃授經堂刻本　四十六冊　存二十種

330000－1720－0000193　普00071　類叢部/叢書類/自著之屬

西河合集一百十九種　(清)毛奇齡撰　清嘉慶元年(1796)蕭山陸氏凝瑞堂刻本　七十四冊　存九十種

330000－1720－0000194　普00073　類叢部/叢書類/彙編之屬

敏果齋七種　(清)許乃釗編　清道光十二年至二十九年(1832－1849)錢塘許氏刻彙印本　十二冊　存二種

330000－1720－0000195　普00074　類叢部/類書類/通類之屬

唐宋白孔六帖一百卷目錄二卷　(唐)白居易　(宋)孔傳輯　明嘉靖刻明清遞修本　三冊　存四卷(三、九至十,目錄下)

330000－1720－0000196　普00075　集部/總集類/彙編之屬

遜志齋集附錄五卷　(明)方孝孺等撰　清光緒黃巖王棻抄本　清王棻題簽並記　清方來批校　一冊

330000－1720－0000197　普 00076　集部/別集類/宋別集

歐陽文忠公全集一百五十三卷首一卷附錄五卷　(宋)歐陽修撰　清嘉慶二十四年(1819)歐陽衡刻本　四十冊

330000－1720－0000198　普 00078　類叢部/叢書類/自著之屬

惜抱軒全集十種　(清)姚鼐撰　清同治五年(1866)李瀚章省心閣刻本　十六冊

330000－1720－0000199　普 00079　類叢部/叢書類/自著之屬

惜抱軒全集十種　(清)姚鼐撰　清刻本　二十冊

330000－1720－0000200　普 00080　類叢部/叢書類/自著之屬

惜抱軒全集十種　(清)姚鼐撰　清同治五年(1866)李瀚章省心閣刻本　十六冊

330000－1720－0000201　普 00081　集部/別集類/清別集

楊園先生全集五十四卷　(清)張履祥撰　**張楊園先生年譜一卷**　(清)蘇惇元編　清同治十年(1871)江蘇書局刻本　十四冊　缺七卷(二十六至二十八、四十七至五十)

330000－1720－0000202　普 00082　類叢部/叢書類/自著之屬

汪雙池先生叢書二十種附浙刻雙池遺書十二種　(清)汪紱撰　清道光至光緒刻光緒二十三年(1897)長安趙舒翹等彙印本　二十六冊　存十五種

330000－1720－0000203　普 00083　類叢部/叢書類/自著之屬

歸雲別集十種　(明)陳士元撰　清道光十三年(1833)應城吳毓梅刻本　二十冊

330000－1720－0000204　普 00084　類叢部/叢書類/自著之屬

脩本堂叢書十一種　(清)林伯桐撰　清道光二十四年(1844)番禺林世懋刻本　八冊　存四種

330000－1720－0000205　普 00085　類叢部/叢書類/自著之屬

番禺陳氏東塾叢書初函四種附一種　(清)陳澧撰　清咸豐至光緒刻本　九冊

330000－1720－0000206　普 00086　類叢部/叢書類/自著之屬

番禺陳氏東塾叢書初函四種附一種　(清)陳澧撰　清咸豐至光緒刻本　九冊

330000－1720－0000208　普 00088　類叢部/叢書類/自著之屬

安吳四種　(清)包世臣撰　清同治十一年(1872)湖北包誠注經堂刻光緒十四年(1888)重印本　十六冊

330000－1720－0000210　普 00090　類叢部/叢書類/自著之屬

曾惠敏公全集四種十七卷　(清)曾紀澤撰　清光緒十九年(1893)江南製造總局鉛印本　七冊　缺二卷(歸樸齋詩鈔己集一至二)

330000－1720－0000211　普 00091　類叢部/叢書類/自著之屬

章氏遺書二種　(清)章學誠撰　清道光十二年至十三年(1832－1833)章華紱刻浙江書局補刻本　四冊　缺一卷(文史通義八)

330000－1720－0000212　普 00092　集部/別集類/清別集

大梅山館集五十五卷　(清)姚燮撰　清道光十三年至咸豐六年(1833－1856)大梅山館刻本　十冊　存二種

330000－1720－0000213　普 00093　類叢部/叢書類/彙編之屬

湖海樓叢書十二種　(清)陳春編　清嘉慶蕭山陳氏湖海樓刻光緒八年(1882)重印本　二十三冊　缺六卷(永嘉先生八面鋒一至六)

330000－1720－0000215　普 00095　類叢部/叢書類/彙編之屬

湖海樓叢書十二種　(清)陳春編　清嘉慶蕭山陳氏湖海樓刻光緒八年(1882)重印本　十冊　存五種

330000－1720－0000217　普00097　類叢部/叢書類/彙編之屬
武英殿聚珍版書一百四十八種　清乾隆四十二年(1777)福建刻道光至同治遞修光緒二十一年(1895)增刻本　十二冊　存六種

330000－1720－0000218　普00098　類叢部/叢書類/彙編之屬
槐廬叢書四十六種　(清)朱記榮編　清光緒三年至十五年(1877－1889)吳縣朱氏槐廬家塾刻本　八十冊

330000－1720－0000219　普00099　集部/總集類/選集之屬/通代
始豐稿選要二卷夷白齋稿選要一卷　(清)王棻輯　清同治五年(1866)稿本　一冊

330000－1720－0000220　普00100　集部/別集類/明別集
海峰堂前稿十八卷　(明)葉良佩撰　清抄本　一冊　存六卷(十三至十八)

330000－1720－0000221　普00101　集部/別集類/明別集
葉海峰遺集六卷　(明)葉良佩撰　清黃巖王棻抄本　一冊　存四卷(三至六)

330000－1720－0000222　普00102　經部/禮記類/傳說之屬
漱芳軒合纂禮記體註四卷　(清)范翔撰　清嘉慶二十二年(1817)文奎堂刻本　三冊　缺一卷(四)

330000－1720－0000223　普00105　集部/總集類/郡邑之屬
黃巖集內外編錄存不分卷　清黃巖陳謇抄本　一冊

330000－1720－0000224　普00103　經部/禮記類/傳說之屬
漱芳軒合纂禮記體註四卷　(清)范翔撰　清嘉慶二十二年(1817)文奎堂刻本　四冊

330000－1720－0000225　普00104　經部/禮記類/傳說之屬
漱芳軒合纂禮記體註四卷　(清)范翔撰　清刻本　三冊　缺一卷(一)

330000－1720－0000226　普00106　類叢部/叢書類/彙編之屬
敏果齋七種　(清)許乃釗編　清道光十二年至二十九年(1832－1849)錢塘許氏刻彙印本　十二冊　存五種

330000－1720－0000227　普00107　經部/禮記類/傳說之屬
禮記恒解四十九卷　(清)劉沅輯註　清光緒三十一年(1905)劉桹文刻本　十冊

330000－1720－0000229　普00111　經部/小學類/文字之屬/說文/傳說
說文解字句讀三十卷　(清)王筠撰　清光緒八年(1882)四川尊經書局刻本　二十冊

330000－1720－0000230　普00108　經部/禮記類/傳說之屬
禮記恒解四十九卷　(清)劉沅輯註　清光緒三十一年(1905)劉桹文刻本　九冊　缺九卷(二十八至三十六)

330000－1720－0000232　普00112　經部/小學類/文字之屬/說文
說文釋例二十卷　(清)王筠撰　清刻本　五冊　存十卷(七至十四、十九至二十)

330000－1720－0000233　普00113　經部/小學類/文字之屬/說文
說文通檢十四卷首一卷末一卷　(清)黎永椿撰　清光緒二年(1876)崇文書局刻本　二冊

330000－1720－0000234　普00114　經部/小學類/文字之屬/字書/訓蒙
文字蒙求四卷　(清)王筠撰　清光緒十三年(1887)梁谿浦氏刻本　一冊

330000－1720－0000235　普00115　類叢部/叢書類/彙編之屬
廣雅書局叢書一百五十九種　徐紹棨編　清光緒廣雅書局刻民國九年(1920)番禺徐紹棨彙編重印本　一百二十四冊　存三十三種

330000－1720－0000239　普00118　經部/小

學類/文字之屬/說文

說文解字述誼二卷附說文新附通誼二卷　(清)毛繼盛撰　清刻本　一冊

330000－1720－0000242　普 00121　經部/小學類/文字之屬/說文

說文辨疑一卷附條記一卷　(清)顧廣圻撰　清光緒三年(1877)湖北崇文書局刻本　一冊

330000－1720－0000243　普 00122　類叢部/叢書類/彙編之屬

廣雅書局叢書一百五十九種　徐紹棨編　清光緒廣雅書局刻民國九年(1920)番禺徐紹棨彙編重印本　一冊　存一種

330000－1720－0000244　普 00123　史部/地理類/防務之屬/海防

廣東海圖說一卷　(清)張之洞撰　清光緒十五年(1889)廣雅書局刻本　一冊

330000－1720－0000246　普 00125　經部/禮記類/傳說之屬

禮記集說十卷　(元)陳澔撰　清同治三年(1864)浙江撫署刻本　十冊

330000－1720－0000247　普 00126　經部/禮記類/傳說之屬

禮記集說十卷　(元)陳澔撰　清同治三年(1864)浙江撫署刻本　十冊

330000－1720－0000248　普 00127　經部/禮記類/傳說之屬

禮記集說十卷　(元)陳澔撰　清刻本　七冊　存七卷(四至十)

330000－1720－0000249　普 00129　子部/叢編

子書二十三種　(清)浙江書局編　清光緒二十三年(1897)上海圖書集成局鉛印本　二冊　存一種

330000－1720－0000250　普 00130　子部/叢編

二十二子(二十二子彙函)　(清)浙江書局編　清光緒元年至三年(1875－1877)浙江書局刻本　七冊　存二種

330000－1720－0000251　普 00131　子部/叢編

二十二子(二十二子彙函)　(清)浙江書局編　清光緒元年至三年(1875－1877)浙江書局刻本　六冊　存一種

330000－1720－0000252　普 00132　史部/編年類/斷代之屬

兩漢紀六十卷　(宋)王銍輯　**校記二卷**　(清)陳璞撰　清光緒二年(1876)嶺南學海堂刻本　十四冊

330000－1720－0000253　普 00133　史部/編年類/斷代之屬

兩漢紀六十卷　(宋)王銍輯　**校記二卷**　(清)陳璞撰　清光緒二年(1876)嶺南學海堂刻本　十一冊　缺十二卷(前漢紀十一至十五,後漢紀五至八、二十八至三十)

330000－1720－0000254　普 00134　經部/小學類/文字之屬/說文

說文通訓定聲十八卷分部柬韻一卷說雅一卷古今韻準一卷　(清)朱駿聲撰　(清)朱鏡蓉參訂　清道光二十八年(1848)黟縣學署刻本　王舟瑤題簽並記　三十二冊

330000－1720－0000255　普 00135　史部/編年類/通代之屬

資治通鑑二百九十四卷目錄三十卷　(宋)司馬光撰　(元)胡三省音注　**續資治通鑑二百二十卷**　(清)畢沅撰　清光緒十四年(1888)上海蜚英館石印本　二冊　存十五卷(目錄一至七、十五至二十二)

330000－1720－0000256　普 00136　經部/小學類/文字之屬/說文

說文通訓定聲十八卷分部柬韻一卷說雅一卷古今韻準一卷　(清)朱駿聲撰　(清)朱鏡蓉參訂　**行述一卷**　朱孔彰撰　清道光二十九年(1849)刻同治九年(1870)朱孔彰臨嘯閣補刻本　十五冊　存十六卷(一至三、五、七至十、十二至十三、十五至十八,分部柬韻,古今韻準)

330000－1720－0000257　普 00137　經部/小

學類/文字之屬/說文

說文通訓定聲十八卷分部柬韻一卷說雅一卷古今韻準一卷 (清)朱駿聲撰 (清)朱鏡蓉參訂 **行述一卷** 朱孔彰撰 清道光二十九年(1849)刻同治九年(1870)朱孔彰臨嘯閣補刻本 二冊 存三卷(二至三、古今韻準)

330000－1720－0000258 普00138 經部/小學類/文字之屬/說文

說文通訓定聲十八卷分部柬韻一卷說雅一卷古今韻準一卷 (清)朱駿聲撰 (清)朱鏡蓉參訂 **行述一卷** 朱孔彰撰 清道光二十九年(1849)刻同治九年(1870)朱孔彰臨嘯閣補刻本 二十三冊 缺一卷(說雅)

330000－1720－0000259 普00139 經部/小學類/文字之屬/說文

說文通訓定聲十八卷分部柬韻一卷說雅一卷古今韻準一卷 (清)朱駿聲撰 (清)朱鏡蓉參訂 **行述一卷** 朱孔彰撰 清道光二十九年(1849)刻同治九年(1870)朱孔彰臨嘯閣補刻本 二十八冊

330000－1720－0000260 普00140 經部/小學類/文字之屬/說文

說文通訓定聲十八卷分部柬韻一卷說雅一卷古今韻準一卷 (清)朱駿聲撰 (清)朱鏡蓉參訂 **行述一卷** 朱孔彰撰 清道光二十九年(1849)刻同治九年(1870)朱孔彰臨嘯閣補刻本 二十八冊 缺一卷(行述)

330000－1720－0000261 普00141 經部/小學類/文字之屬/說文

六書管見二十卷 (清)況祥麟撰 清光緒二年(1876)登善堂刻況氏叢書本 王舟瑤批 十五冊 缺二卷(十九至二十)

330000－1720－0000262 普00142 經部/小學類/文字之屬/字書/字體

隸辨八卷 (清)顧藹吉撰 清康熙五十七年(1718)項氏玉淵堂刻本 八冊

330000－1720－0000264 普00144 經部/小學類/文字之屬/說文/專著

說文辨字正俗八卷 (清)李富孫撰 清嘉慶二十一年(1816)校經廎刻本 二冊

330000－1720－0000265 普00145 類叢部/叢書類/彙編之屬

受經堂叢書□□種 張選青輯 清漢州張氏受經堂刻本 一冊 存一種

330000－1720－0000266 普00146 經部/叢編

御纂七經五種二百九十四卷 (清)李光地等撰 清同治六年至九年(1867－1870)浙江書局刻本 十六冊 存一種

330000－1720－0000267 普00147 經部/叢編

御纂七經五種二百九十四卷 (清)李光地等撰 清同治六年至九年(1867－1870)浙江書局刻本 十六冊 存一種

330000－1720－0000269 普00149 經部/詩類/傳說之屬

詩經集傳八卷 (宋)朱熹撰 **毛詩品物圖攷七卷** (日本)岡元鳳纂輯 清宣統二年(1910)上海鑄記書局石印本 一冊

330000－1720－0000270 普00150 經部/詩類/傳說之屬

詩經集傳八卷 (宋)朱熹撰 清光緒二年(1876)慎詒堂刻本 四冊

330000－1720－0000271 普00151 經部/叢編

四書五經九種 (清)鮑氏輯 清同治三年(1864)浙江撫署刻本 四冊 存一種

330000－1720－0000272 普00152 經部/叢編

四書五經九種 (清)鮑氏輯 清同治三年(1864)浙江撫署刻本 一冊 存一種

330000－1720－0000273 普00153 經部/詩類/傳說之屬

詩經集傳八卷 (宋)朱熹撰 清文星堂刻本 二冊 存三卷(三至五)

330000－1720－0000274 普00154 經部/詩

類/傳說之屬

詩經旁訓辨體合訂四卷 (清)徐立綱輯 清循陔堂刻本 任輔仁題簽並記 一冊

330000－1720－0000275 普00155 經部/詩類/傳說之屬

詩經旁訓辨體合訂四卷 (清)徐立綱輯 清文星堂刻本 四冊

330000－1720－0000277 普00157 經部/書類/傳說之屬

書經旁訓辨體合訂四卷 (清)徐立綱輯 清光緒二十一年(1895)文奎堂刻本 一冊 存二卷(一至二)

330000－1720－0000278 普00158 經部/詩類/傳說之屬

詩經音註辨正八卷 清刻本 二冊 存四卷(一至二、五至六)

330000－1720－0000282 普00162 經部/詩類/傳說之屬

御纂詩義折中二十卷 (清)傅恒 (清)陳兆崙等纂 清道光長蘆鹽運使如山刻本 六冊

330000－1720－0000283 普00163 經部/詩類/傳說之屬

御纂詩義折中二十卷 (清)傅恒 (清)陳兆崙等纂 清道光長蘆鹽運使如山刻本 六冊

330000－1720－0000284 普00164 類叢部/叢書類/自著之屬

汪雙池先生叢書二十種附浙刻雙池遺書十二種 (清)汪紱撰 清道光至光緒刻光緒二十三年(1897)長安趙舒翹等彙印本 十五冊 存一種

330000－1720－0000285 普00165 經部/小學類/文字之屬/說文

說文解字義證五十卷 (清)桂馥撰 清同治九年(1870)湖北崇文書局刻本 十四冊 存二十二卷(七、十至三十)

330000－1720－0000286 普00166 經部/詩類/傳說之屬

御纂詩義折中二十卷 (清)傅恒 (清)陳兆崙等纂 清刻本 十六冊

330000－1720－0000287 普00167 史部/編年類/通代之屬

資治通鑑二百九十四卷目錄三十卷 (宋)司馬光撰 (元)胡三省音注 **續資治通鑑二百二十卷** (清)畢沅撰 清光緒十四年(1888)上海蜚英館石印本 二冊 存十五卷(目錄十五至二十九)

330000－1720－0000288 普00168 史部/編年類/通代之屬

資治通鑑彙刻 清同治至光緒江蘇書局刻本 三冊 存一種

330000－1720－0000289 普00169 經部/詩類/傳說之屬

毛詩稽古編三十卷 (清)陳啟源撰 清嘉慶十八年(1813)吳江龐佑清刻本 二冊 存七卷(十一至十三、十七至二十)

330000－1720－0000290 普00170 經部/易類/傳說之屬

周易舊注十二卷 (清)徐鼒撰 清光緒十二年(1886)六合徐承祖扶桑使廨刻本 六冊

330000－1720－0000291 普00171 經部/易類/傳說之屬

來瞿唐先生易註十五卷首一卷末一卷 (明)來知德撰 清寧陵符永培寧遠堂刻本 十二冊

330000－1720－0000292 普00172 經部/易類/傳說之屬

新刻來瞿唐先生易註十五卷首一卷末一卷 (明)來知德撰 清朝爽堂刻本 八冊 存十卷(首,一至四、六、九、十三至十五)

330000－1720－0000294 普00174 經部/四書類/總義之屬/傳說

四書或問三十九卷 (宋)朱熹撰 **考異一卷** (清)劉啟發等撰 清同治十二年(1873)霍山劉啟發五忠堂刻本 六冊

330000－1720－0000295 普00175 經部/書類/傳說之屬

尚書考異六卷　（明）梅鷟撰　清光緒十八年(1892)浙江書局刻本　四冊

330000－1720－0000296　普00176　經部/詩類/傳說之屬
毛詩傳箋三十卷　（漢）毛亨傳　（漢）鄭玄箋　**鄭氏詩譜一卷**　（漢）鄭玄撰　**毛詩音義三卷**　（唐）陸德明撰　清嘉慶二十一年(1816)吳縣周孝垓枕經樓刻本　五冊

330000－1720－0000297　普00177　經部/叢編
重刊宋本十三經注疏四百十六卷　附十三經注疏校勘記四百十六卷　（清）阮元撰　（清）盧宣旬摘錄　清嘉慶二十年(1815)江西南昌府學刻本　六冊　存一種

330000－1720－0000299　普00179　經部/叢編
重刊宋本十三經注疏四百十六卷　附十三經注疏校勘記四百十六卷　（清）阮元撰　（清）盧宣旬摘錄　清嘉慶二十年(1815)江西南昌府學刻本　四冊　存一種

330000－1720－0000300　普00180　類叢部/叢書類/郡邑之屬
湖北叢書三十種　（清）趙尚輔編　清光緒十七年(1891)三餘草堂刻本　六冊　存一種

330000－1720－0000301　普00181　經部/詩類/傳說之屬
詩經精華十卷　（清）薛嘉穎輯　清道光五年(1825)光韙堂刻本　六冊

330000－1720－0000302　普00182　類叢部/叢書類/自著之屬
郝氏遺書三十三種　（清）郝懿行撰　清嘉慶至光緒刻彙印本　二冊　存一種

330000－1720－0000303　普00183　經部/詩類/傳說之屬
詩經精華十卷　（清）薛嘉穎輯　清刻本　二冊　缺二卷(一至二)

330000－1720－0000304　普00184　經部/周禮類/傳說之屬
周禮政要二卷　（清）孫詒讓撰　清光緒二十八年(1902)瑞安普通學堂刻本　緦夫題簽並記　二冊

330000－1720－0000305　普00185　經部/周禮類/傳說之屬
周禮政要二卷　（清）孫詒讓撰　清光緒二十八年(1902)瑞安普通學堂刻本　二冊

330000－1720－0000306　普00186　經部/周禮類/傳說之屬
周禮六卷　（漢）鄭玄注　（唐）陸德明音義　清光緒三年(1877)衡陽魏綸先刻本　六冊

330000－1720－0000307　普00187　類叢部/叢書類/彙編之屬
粵雅堂叢書一百八十四種　（清）伍崇曜編　清道光二十九年至光緒十一年(1849－1885)南海伍氏刻彙印本　二冊　存一種

330000－1720－0000308　普00188　經部/叢編
經苑二十五種　（清）錢儀吉輯　清道光至咸豐大梁書院刻同治七年(1868)王儒行等印本　十三冊　存三種

330000－1720－0000309　普00189　經部/詩類
陳氏毛詩五種　（清）陳奐撰　清道光至咸豐吳門南園陳氏掃葉山莊刻本　十六冊

330000－1720－0000310　普00190　經部/書類/書序之屬
書序攷異一卷　王詠霓撰　清刻本　一冊

330000－1720－0000311　普00191　經部/書類/傳說之屬
尚書六卷　（漢）孔安國傳　清稽古樓刻本　四冊

330000－1720－0000312　普00192　經部/叢編
御纂七經五種二百九十四卷　（清）李光地等撰　清同治六年至九年(1867－1870)浙江書局刻本　十二冊　存一種

330000－1720－0000313　普 00193　經部/叢編

御纂七經五種二百九十四卷　(清)李光地等撰　清同治六年至九年(1867－1870)浙江書局刻本　十二冊　存一種

330000－1720－0000314　普 00194　經部/叢編

御纂七經五種二百九十四卷　(清)李光地等撰　清同治六年至九年(1867－1870)浙江書局刻本　十二冊　存一種

330000－1720－0000315　普 00195　經部/周禮類/傳說之屬

周禮節釋十二卷　(清)鮑梁撰　清聚錦堂刻本　四冊

330000－1720－0000316　普 00196　經部/周禮類/傳說之屬

周官古經舉例一卷　宋育仁撰　清刻本　一冊

330000－1720－0000317　普 00197　經部/周禮類/傳說之屬

周官精義十二卷　(清)連斗山輯　清末蘇州綠蔭堂刻本　寄鴻題簽並記　六冊

330000－1720－0000318　普 00198　經部/周禮類/傳說之屬

周官精義十二卷　(清)連斗山輯　清刻本　四冊　存八卷(三至十)

330000－1720－0000319　普 00199　經部/周禮類/傳說之屬

周禮節訓六卷　(清)黃叔琳輯　(清)姚培謙重訂　清光緒十二年(1886)蘇州掃葉山房刻本　穎川題簽、題記並批　二冊

330000－1720－0000320　普 00200　經部/詩類

陳氏毛詩五種　(清)陳奐撰　清道光至咸豐吳門南園陳氏掃葉山莊刻本　一冊　存一種

330000－1720－0000321　普 00201　經部/詩類/傳說之屬

詩毛氏傳疏三十卷　(清)陳奐學　清光緒十一年(1885)上海點石齋石印本　一冊

330000－1720－0000322　普 00202　經部/周禮類/傳說之屬

周禮節訓六卷　(清)黃叔琳輯　(清)姚培謙重訂　清舊學山房刻本　一冊　存三卷(四至六)

330000－1720－0000323　普 00203　經部/詩類/傳說之屬

詩毛氏傳疏三十卷　(清)陳奐學　清光緒十一年(1885)上海點石齋石印本　一冊

330000－1720－0000324　普 00204　經部/詩類/傳說之屬

詩毛氏傳疏三十卷　(清)陳奐學　清光緒十一年(1885)上海點石齋石印本　一冊

330000－1720－0000325　普 00205　經部/叢編

重刊宋本十三經注疏四百十六卷　附十三經注疏校勘記四百十六卷　(清)阮元撰　(清)盧宣旬摘錄　清同治十年(1871)廣東書局刻本　一冊　存一種

330000－1720－0000326　普 00207　經部/叢編

御纂七經五種二百九十四卷　(清)李光地等撰　清同治六年至九年(1867－1870)浙江書局刻本　十二冊　存一種

330000－1720－0000327　普 00206　經部/詩類

陳氏毛詩五種　(清)陳奐撰　清末石印本　四冊

330000－1720－0000328　普 00208　經部/叢編

岳氏相臺五經九十六卷附考證　清光緒十年(1884)長沙龍氏家塾刻本　四冊　存一種

330000－1720－0000329　普 00209　經部/詩類/傳說之屬

毛詩後箋三十卷　(清)胡承珙撰　(清)陳奐補　清光緒七年(1881)蛟川方氏漪園刻本　二十冊

330000－1720－0000330　普00210　類叢部/叢書類/自著之屬

戚鶴泉所著書十一種　(清)戚學標撰　清乾隆至嘉慶刻本　四冊　存一種

330000－1720－0000331　普00211　類叢部/叢書類/自著之屬

戚鶴泉所著書十一種　(清)戚學標撰　清乾隆至嘉慶刻本　四冊　存一種

330000－1720－0000332　普00212　類叢部/叢書類/自著之屬

戚鶴泉所著書十一種　(清)戚學標撰　清乾隆至嘉慶刻本　四冊　存一種

330000－1720－0000333　普00213　類叢部/叢書類/自著之屬

潘相所著書　(清)潘相撰　清刻本　一冊　存一種

330000－1720－0000334　普00214　經部/書類/傳說之屬

尚書沈氏傳四卷　(明)沈嗣選撰　清順治刻本　二冊

330000－1720－0000335　普00215　類叢部/叢書類/自著之屬

汪雙池先生叢書二十種附浙刻雙池遺書十二種　(清)汪紱撰　清道光至光緒刻光緒二十三年(1897)長安趙舒翹等彙印本　二十七冊　存三種

330000－1720－0000336　普00216　經部/叢編

仿宋相臺五經九十六卷附考證　清刻本　三冊　存一種

330000－1720－0000337　普00217　經部/叢編

十三經註疏三百三十三卷　明崇禎元年至十二年(1628－1639)毛氏汲古閣刻本　十冊　存一種

330000－1720－0000338　普00218　經部/書類/傳說之屬

尚書古文疏證八卷　(清)閻若璩撰　**朱子古文書疑一卷**　(清)閻詠輯　清乾隆十年(1745)平陰朱續晫刻同治六年(1867)錢塘汪氏振綺堂補刻本　六冊　存五卷(一至二、五至七)

330000－1720－0000339　普00219　經部/書類/傳說之屬

尚書古文疏證八卷　(清)閻若璩撰　**朱子古文書疑一卷**　(清)閻詠輯　清乾隆十年(1745)平陰朱續晫刻同治六年(1867)錢塘汪氏振綺堂補刻本　八冊

330000－1720－0000340　普00220　經部/詩類/傳說之屬

呂氏家塾讀詩記三十二卷　(宋)呂祖謙撰　清刻本　十冊　存二十四卷(一至二十四)

330000－1720－0000341　普00221　經部/書類/傳說之屬

書經精華六卷　(清)薛嘉穎撰　清光緒二年(1876)寧郡簡香齋刻本　四冊

330000－1720－0000342　普00222　經部/書類/傳說之屬

書經精華六卷　(清)薛嘉穎撰　清同治七年(1868)蘇州綠潤堂刻本　二冊　存三卷(一至三)

330000－1720－0000343　普00223　經部/書類/傳說之屬

書經精華六卷　(清)薛嘉穎撰　清刻本　二冊　存三卷(四至六)

330000－1720－0000344　普00224　經部/書類/傳說之屬

書經精華六卷　(清)薛嘉穎撰　清咸豐十一年(1861)緯文堂刻本　三冊　存四卷(一、四至六)

330000－1720－0000345　普00225　經部/小學類/文字之屬/說文

讀説文雜識一卷　(清)許棫撰　**韻目表一卷**　(清)錢學嘉撰　**尚書沿革表一卷**　(清)戴熙學　清光緒七年(1881)刻本　一冊　存一卷(尚書沿革表)

330000－1720－0000346　普 00226　經部/書類/傳說之屬

尚書大傳四卷　（漢）鄭玄注　**補遺一卷**　（清）盧見曾撰　**考異一卷續補遺一卷**　（清）盧文弨撰　清嘉慶五年（1800）愛日艸廬刻本　二冊

330000－1720－0000347　普 00227　經部/書類/傳說之屬

尚書離句六卷　（清）錢在培輯解　清道光七年（1827）慈溪養正堂刻本　二冊

330000－1720－0000348　普 00228　經部/書類/傳說之屬

尚書離句六卷　（清）錢在培輯解　清道光七年（1827）慈溪養正堂刻本　二冊

330000－1720－0000349　普 00229　經部/書類/傳說之屬

尚書離句六卷　（清）錢在培輯解　清光緒四年（1878）越城聚奎堂刻本　二冊

330000－1720－0000350　普 00230　類叢部/叢書類/彙編之屬

武英殿聚珍版書　清刻本　三冊　存一種

330000－1720－0000353　普 00233　經部/詩類/傳說之屬

詩經恆解六卷　（清）劉沅撰　清光緒三十一年（1905）豫誠堂刻本　五冊　缺一卷（五）

330000－1720－0000354　普 00234　經部/書類/傳說之屬

書經達意六卷　（清）黃安國纂輯　清刻本　三冊

330000－1720－0000355　普 00235　經部/書類/傳說之屬

書經集傳六卷　（宋）蔡沈撰　清同治三年（1864）浙江撫署刻本　四冊

330000－1720－0000356　普 00236　經部/書類/傳說之屬

書經集傳六卷　（宋）蔡沈撰　清光緒二年（1876）衡陽魏氏刻本　四冊

330000－1720－0000357　普 00237　經部/書類/傳說之屬

書經集註六卷　（宋）蔡沈撰　清光緒十一年（1885）融經館刻本（卷五至六配清刻本）　四冊

330000－1720－0000360　普 00240　經部/小學類/文字之屬/說文/傳說

段氏說文注訂八卷　（清）鈕樹玉撰　清道光三年（1823）鈕氏非石居刻同治五年（1866）碧螺山館補刻本　四冊

330000－1720－0000361　普 00241　經部/小學類/文字之屬/說文

說文新附攷六卷續攷一卷　（清）鈕樹玉撰　清同治十三年（1874）湖北崇文書局刻本　三冊

330000－1720－0000362　普 00242　經部/詩類/傳說之屬

詩經融註大全體要八卷　（清）沈世楷輯　清雍正八年（1730）學聚堂刻本　清肖□□跋　四冊

330000－1720－0000365　普 00245　經部/禮記類/傳說之屬

禮記增訂旁訓六卷　（清）徐立綱撰　清咸豐八年（1858）寧郡汲綆齋刻本　一冊　存一卷（一）

330000－1720－0000366　普 00246　經部/禮記類/傳說之屬

禮記增訂旁訓六卷　（清）徐立綱撰　清咸豐八年（1858）寧郡汲綆齋刻本　六冊

330000－1720－0000367　普 00247　經部/禮記類/傳說之屬

禮記增訂旁訓六卷　（清）徐立綱撰　清簡香齋刻本　丁介士題簽並記　五冊　存五卷（二至六）

330000－1720－0000368　普 00248　經部/禮記類/傳說之屬

禮記旁訓辨體合訂六卷　（清）徐立綱輯　清三益堂刻本　六冊

330000－1720－0000369　普00249　經部/禮記類/傳說之屬

禮記旁訓辨體合訂六卷　(清)徐立綱輯　清循陔堂刻本　六冊

330000－1720－0000370　普00250　經部/詩類/傳說之屬

欽定詩經傳說彙纂二十一卷首二卷詩序二卷　(清)王鴻緒等撰　清刻本　十八冊

330000－1720－0000371　普00251　經部/禮記類/傳說之屬

禮記節本十卷　(清)汪基撰　清宣統三年(1911)上海會文堂粹記書局石印本　二冊　存七卷(一至七)

330000－1720－0000374　普00254　經部/小學類/文字之屬/說文/傳說

說文解字斠詮十四卷　(清)錢坫撰　清嘉慶十二年(1807)嘉定錢氏吉金樂石齋刻本　十四冊

330000－1720－0000375　普00255　經部/小學類/文字之屬/說文

說文解字義證五十卷　(清)桂馥撰　清同治九年(1870)湖北崇文書局刻本　三十二冊

330000－1720－0000376　普00256　經部/叢編

監本五經五種　清道光三十年(1850)文選樓刻本　四冊　存一種

330000－1720－0000377　普00257　經部/群經總義類/文字音義之屬

讀書堂叢刻五十四卷　簡朝亮撰　清光緒三十三年(1907)順德簡氏讀書堂刻本　十五冊　存一種

330000－1720－0000378　普00258　經部/禮記類/傳說之屬

禮記訓纂四十九卷　(清)朱彬撰　清咸豐元年(1851)寶應朱士達宜祿堂刻六年(1856)朱念祖重修本　十冊

330000－1720－0000379　普00259　經部/小學類/音韻之屬/等韻

四聲切韻表一卷凡例一卷　(清)江永編　清乾隆三十六年(1771)恩平縣衙刻本　一冊

330000－1720－0000380　普00260　經部/小學類/文字之屬/說文/專著

許氏說文解字雙聲疊韻譜一卷　(清)鄧廷楨撰　清光緒九年(1883)上海同文書局石印本　□□題簽並記　一冊

330000－1720－0000381　普00261　經部/叢編

御纂七經五種二百九十四卷　(清)李光地等撰　清同治六年至九年(1867－1870)浙江書局刻本　十六冊　存一種

330000－1720－0000383　普00263　經部/小學類/音韻之屬/韻書

詩韻合璧五卷　(清)湯祥瑟輯　**虛字韻藪一卷**　(清)潘維城輯　清末鉛印本　五冊

330000－1720－0000384　普00264　經部/小學類/音韻之屬/韻書

詩韻集成十卷　(清)余照輯　清光緒三年(1877)積慶堂刻本　二冊

330000－1720－0000385　普00265　經部/小學類/音韻之屬/韻書

詩韻集成十卷　(清)余照輯　清刻本　二冊

330000－1720－0000386　普00266　經部/禮記類/傳說之屬

續禮記集說一百卷　(清)杭世駿撰　清光緒二十一年至三十年(1895－1904)浙江書局刻本　四十冊

330000－1720－0000387　普00267　經部/叢編

御纂七經五種二百九十四卷　(清)李光地等撰　清光緒刻本　三十二冊　存一種

330000－1720－0000388　普00268　經部/叢編

御纂七經五種二百九十四卷　(清)李光地等撰　清光緒刻本　三十二冊　存一種

330000－1720－0000389　普00269　類叢部/

叢書類/自著之屬
甌北全集八種　(清)趙翼撰　清乾隆至嘉慶湛貽堂刻本　九冊　存一種

330000－1720－0000390　普00270　經部/詩類/傳說之屬
欽定詩經傳說彙纂二十一卷首二卷詩序二卷　(清)王鴻緒等撰　清刻本　十五冊　缺二卷(首一至二)

330000－1720－0000391　普00271　經部/書類/傳說之屬
書經旁訓合璧六卷首一卷末一卷　(清)李繩輯　清光緒六年(1880)六一山房刻本　三冊

330000－1720－0000394　普00274　新學/學校
京師大學堂講義初編七種二編七種　(清)京師大學堂輯　清末鉛印本　二冊　存三種

330000－1720－0000396　普00276　新學/史志/諸國史
西洋史要四卷　(日本)小川銀次郎撰　樊炳清　薩端譯　清光緒三十二年(1906)上海金粟齋鉛印本　季洪氏題簽並記　三冊

330000－1720－0000397　普00277　新學/史志/諸國史
西洋史要四卷　(日本)小川銀次郎撰　樊炳清　薩端譯　清光緒二十七年(1901)上海金粟齋鉛印本　二冊

330000－1720－0000399　普00279　史部/地理類/總志之屬/斷代
楚漢諸侯疆域志三卷　(清)劉文淇撰　清光緒二年(1876)金陵刻本　一冊

330000－1720－0000400　普00280　史部/地理類/總志之屬/斷代
楚漢諸侯疆域志三卷　(清)劉文淇撰　清光緒二年(1876)金陵刻本　一冊

330000－1720－0000401　普00281　史部/地理類/總志之屬/斷代
楚漢諸侯疆域志三卷　(清)劉文淇撰　清光緒二年(1876)金陵刻本　一冊

330000－1720－0000404　普00284、普00339　類叢部/叢書類/自著之屬
郝氏遺書三十三種　(清)郝懿行撰　清嘉慶至光緒刻彙印本　三冊　存四種

330000－1720－0000405　普00285　史部/地理類/總志之屬/斷代
隋書地理志攷證九卷補遺一卷　楊守敬撰　清光緒二十七年(1901)刻本　六冊

330000－1720－0000406　普00286　史部/史抄類
十七史詳節二百七十三卷　(宋)呂祖謙輯　清光緒崇新書局石印本　二十二冊　存九種

330000－1720－0000407　普00287　經部/小學類/音韻之屬/古今韻說
音學五書五種三十八卷　(清)顧炎武撰　清光緒十一年(1885)四明觀稼樓刻本　十二冊

330000－1720－0000409　普00289　經部/小學類/音韻之屬/韻書
韻詁五卷補遺一卷　(清)方濬頤輯　清光緒四年(1878)淮南書局刻本　六冊

330000－1720－0000410　普00290　類叢部/叢書類/彙編之屬
貸園叢書初集十二種四十九卷　(清)周永年編　清乾隆五十四年(1789)歷城周氏竹西書屋重編印益都李文藻等刻本　一冊　存一種

330000－1720－0000411　普00291　經部/小學類/音韻之屬/韻書
音韻闡微十八卷韻譜一卷　(清)李光地等撰　清光緒七年(1881)淮南書局刻本　五冊

330000－1720－0000412　普00292　史部/史抄類
十七史詳節二百七十三卷　(宋)呂祖謙輯　清光緒崇新書局石印本　徐維氏題簽並記　四冊　存二種

330000－1720－0000413　普00293　經部/小學類/音韻之屬/韻書
古今韻會舉要三十卷　(元)黃公紹撰　(元)熊忠舉要　清光緒九年(1883)淮南書局刻本

十册

330000－1720－0000414　普00294　史部/地理類/外紀之屬

漢西域圖考七卷首一卷　(清)李光廷撰　清同治九年(1870)刻本　四册

330000－1720－0000422　普00302　史部/金石類/郡邑之屬/文字

兩浙金石志十八卷補遺一卷　(清)阮元撰　清光緒十六年(1890)浙江書局刻本　十二册

330000－1720－0000424　普00304　類叢部/叢書類/彙編之屬

廣雅書局叢書一百五十九種　徐紹棨編　清光緒廣雅書局刻民國九年(1920)番禺徐紹棨彙編重印本　三十六册　存八種

330000－1720－0000426　普00306　經部/小學類/音韻之屬/韻書

詩韻全璧五卷　(清)湯祥瑟輯　**初學檢韻袖珍一卷**　(清)姚文登撰　**虚字韻藪一卷**　(清)潘維城輯　清光緒十七年(1891)上海錦章圖書局石印本　六册

330000－1720－0000427　普00307　經部/小學類/音韻之屬/韻書

詩韻全璧五卷　(清)湯祥瑟輯　**初學檢韻袖珍一卷**　(清)姚文登撰　**虚字韻藪一卷**　(清)潘維城輯　清光緒十七年(1891)上海錦章圖書局石印本　六册

330000－1720－0000428　普00308　類叢部/叢書類/彙編之屬

崇文書局彙刻書三十一種　(清)崇文書局編　清光緒元年至三年(1875－1877)湖北崇文書局刻本　四册　存一種

330000－1720－0000429　普00309　史部/史抄類

廿一史約編八卷首一卷　(清)鄭元慶撰　清刻本　八册

330000－1720－0000437　普00317　經部/小學類

澤存堂五種　(清)張士俊輯　清康熙吴郡張士俊澤存堂刻本　五册　存一種

330000－1720－0000438　普00318　經部/小學類/音韻之屬/韻書

廣韻五卷　(宋)陳彭年等重修　清刻本　五册

330000－1720－0000440　普00320　史部/金石類/總志之屬/文字

海東金石苑四卷　(清)劉喜海撰　清光緒七年(1881)衢州張德容二銘艸堂刻本　四册

330000－1720－0000441　普00321　史部/目録類/總録之屬/私撰

書目答問五卷别録一卷國朝著述諸家姓名略一卷　(清)張之洞撰　清光緒四年(1878)上海淞隱閣鉛印本　四册

330000－1720－0000446　普00328　類叢部/叢書類/彙編之屬

式訓堂叢書四十一種　(清)章壽康編　清光緒會稽章氏刻本　一册　存一種

330000－1720－0000447　普00329　史部/目録類/書志之屬/提要

昭德先生郡齋讀書志二十卷首一卷　(宋)晁公武撰　清光緒六年(1880)會稽章氏刻本　八册

330000－1720－0000452　普00334　子部/儒家類/儒家之屬

曾子家語六卷　(清)王定安輯　清光緒十六年(1890)金陵刻本　二册

330000－1720－0000453　普00335　史部/目録類/總録之屬/彙刻

皇清經解敬修堂編目十六卷　(清)陶治元編　清光緒十二年(1886)石印本　四册

330000－1720－0000454　普00336　史部/目録類/總録之屬/彙刻

皇清經解敬修堂編目十六卷　(清)陶治元編　清光緒十二年(1886)石印本　四册

330000－1720－0000455　普00337　史部/目録類/總録之屬/官修

四庫未收書目提要五卷 （清）阮元撰 清光緒四年（1878）上海淞隱閣鉛印本 一冊

330000－1720－0000458 普00340 史部/目録類/總録之屬/官修

欽定四庫全書總目二百卷首一卷 （清）紀昀等撰 清同治七年（1868）廣東書局刻本 十冊 存十三卷（一百六十二至一百六十五、一百七十二至一百七十三、一百七十五、一百七十七、一百七十九、一百八十六至一百八十九）

330000－1720－0000459 普00341 史部/目録類/總録之屬/官修

欽定四庫全書總目二百卷首一卷 （清）紀昀等撰 清末刻本 九冊 存十七卷（一百二十六至一百四十二）

330000－1720－0000465 普00347 子部/叢編

二十二子（二十二子彙函） （清）浙江書局編 清光緒元年至三年（1875－1877）浙江書局刻本 三十四冊 存七種

330000－1720－0000466 普00348 子部/叢編

二十二子（二十二子彙函） （清）浙江書局編 清光緒元年至三年（1875－1877）浙江書局刻本 十三冊 存四種

330000－1720－0000467 普00349 史部/目録類/總録之屬/官修

欽定四庫全書簡明目錄二十卷首一卷 （清）紀昀等撰 清同治七年（1868）廣東書局刻本 十六冊

330000－1720－0000468 普00350 子部/儒家類/儒家之屬

荀子二十卷附校勘補遺一卷 （唐）楊倞注 清光緒二年（1876）浙江書局刻二十二子本 潘秀美批點、題簽並記 三冊

330000－1720－0000469 普00351 子部/叢編

二十二子（二十二子彙函） （清）浙江書局編 清光緒元年至三年（1875－1877）浙江書局刻本 五十一冊 存十四種

330000－1720－0000470 普00352 史部/目録類/總録之屬/官修

欽定四庫全書簡明目錄二十卷首一卷 （清）紀昀等撰 清同治七年（1868）廣東書局刻本 十五冊 缺五卷（八至九、十六至十八）

330000－1720－0000471 普00353 子部/叢編

二十二子（二十二子彙函） （清）浙江書局編 清光緒元年至三年（1875－1877）浙江書局刻本 三十九冊 存十種

330000－1720－0000476 普00358 史部/地理類/方志之屬/通志

［道光］重纂福建通志二百七十八卷首六卷補採福建全省列女附志一卷 （清）孫爾準等修 （清）陳壽祺纂 （清）程祖洛等續修 （清）魏敬中續纂 清同治七年至十年（1868－1871）正誼書院刻本 五十一冊 存八十八卷（首三，四至八、十一至十六、三十五至三十六、四十二、四十六至四十八、五十至五十三、五十六、五十八、六十二、六十四至六十六、六十八、七十、七十三、七十九至八十、九十一至九十五、一百七至一百十六、一百十九至一百二十、一百三十三至一百三十七、一百四十至一百四十八、一百五十七至一百五十八、一百六十二至一百六十三、一百七十四、一百八十一至一百八十二、二百四、二百八至二百九、二百十二至二百十三、二百二十三至二百二十五、二百二十九至二百三十、二百三十二、二百四十二至二百四十五、二百五十一、二百六十一）

330000－1720－0000483 普00365 子部/儒家類/儒學之屬/性理

朱子語類一百四十卷 （宋）朱熹撰 （宋）黎靖德輯 清同治十一年（1872）應元書院刻本 三十六冊 缺十五卷（四至十二、七十八至七十九、一百二十一至一百二十四）

330000－1720－0000484 普00366 子部/儒

家類/儒學之屬/性理

朱子語類一百四十卷 (宋)朱熹撰 (宋)黎靖德輯 清同治十一年(1872)應元書院刻本 四十冊

330000－1720－0000485 普00367 類叢部/叢書類/彙編之屬

正誼堂全書六十三種續刻五種 (清)張伯行編 (清)楊浚重編 清同治五年(1866)福州正誼書院刻同治八年至光緒十三年(1869－1887)續刻本 十四冊 存五種

330000－1720－0000486 普00368 子部/儒家類/儒學之屬/經濟

大學衍義四十三卷 (宋)真德秀撰 清同治十一年(1872)浙江書局刻本 十冊

330000－1720－0000487 普00369 子部/儒家類/儒學之屬/經濟

大學衍義四十三卷 (宋)真德秀撰 清同治十一年(1872)浙江書局刻本 十冊

330000－1720－0000488 普00370 子部/儒家類/儒學之屬/經濟

大學衍義四十三卷 (宋)真德秀撰 清同治十一年(1872)浙江書局刻本 二冊 存十卷(十四至十八、二十四至二十八)

330000－1720－0000489 普00371 子部/儒家類/儒學之屬/經濟

大學衍義四十三卷 (宋)真德秀撰 **大學衍義補一百六十卷首一卷** (明)丘濬撰 清同治十三年(1874)夔州府雲邑郭氏家塾刻本 四冊 存十四卷(一至二、七至十一、三十二至三十八)

330000－1720－0000493 普00375 子部/儒家類/儒學之屬/經濟

大學衍義輯要六卷 (宋)真德秀撰 (清)陳弘謀輯 **大學衍義補輯要十二卷首一卷** (明)邱濬撰 (清)陳弘謀輯 清宣統元年(1909)大學堂鉛印本 十一冊 存十五卷(一至四、六,大學衍義補輯要三至十二)

330000－1720－0000494 普00376 史部/傳記類/總傳之屬/儒林

儒林宗派十六卷 (清)萬斯同撰 清宣統三年(1911)浙江圖書館刻本 一冊 存七卷(十至十六)

330000－1720－0000495 普00377 子部/儒家類/儒學之屬/性理

御纂性理精義十二卷 (清)李光地等纂修 清刻本 三冊 存六卷(一至六)

330000－1720－0000496 普00378 集部/總集類/課藝之屬

制義體要十九卷 (清)陳兆崙輯 (清)孫衣言校補 清光緒三年(1877)湖北崇文書局刻本 二冊 存十一卷(一至十一)

330000－1720－0000497 普00379 子部/儒家類/儒學之屬/禮教

最樂編六卷 (明)高道淳輯 清同治二年(1863)符離張景賢刻本 一冊

330000－1720－0000498 普00380 子部/儒家類/儒學之屬/性理

御纂性理精義十二卷 (清)李光地等纂修 清刻本 六冊

330000－1720－0000499 普00405 子部/儒家類/儒學之屬/經濟

大學衍義補一百六十卷首一卷 (明)丘濬撰 (明)陳仁錫評閲 明崇禎刻本 四十冊

330000－1720－0000500 普00382 子部/術數類/數學之屬

太玄經集注十卷 (宋)司馬光撰 清嘉慶三年(1798)吳門陶氏五柳居刻道光二十四年(1844)印本 二冊 存四卷(一至二、五至六)

330000－1720－0000501 普00383 子部/術數類/數學之屬

太玄集注四卷 (宋)司馬光 (宋)許翰撰 (清)孫澍增補 清道光十一年(1831)鵝溪孫氏青棠書屋刻本 二冊 存二卷(一、四)

330000－1720－0000502 普00384 史部/傳記類/總傳之屬/儒林

理學宗傳二十六卷　(清)孫奇逢撰　(清)魏一鼇等編　清光緒六年(1880)浙江書局刻本　十二冊

330000－1720－0000503　普00385　史部/傳記類/總傳之屬/儒林
理學宗傳二十六卷　(清)孫奇逢撰　(清)魏一鼇等編　清光緒六年(1880)浙江書局刻本　十二冊

330000－1720－0000504　普00386　史部/傳記類/總傳之屬/儒林
理學宗傳二十六卷　(清)孫奇逢撰　(清)魏一鼇等編　清光緒六年(1880)浙江書局刻本　王舟瑤批並跋　十二冊

330000－1720－0000505　普00387　子部/叢編
子書二十八種　(清)育文書局編　清宣統三年(1911)育文書局石印本　一冊　存二種

330000－1720－0000506　普00388　史部/目録類/總録之屬/官修
欽定四庫全書總目二百卷首一卷　(清)紀昀等撰　清同治七年(1868)廣東書局刻本　一百十八冊　缺三卷(一百十九至一百二十、一百七十)

330000－1720－0000507　普00389　史部/目録類/總録之屬/官修
欽定四庫全書總目二百卷首一卷　(清)紀昀等撰　清同治七年(1868)廣東書局刻本　七十九冊　存一百五十五卷(首,一至六、九至十、十四至四十三、四十六至八十七、一百十二至一百三十四、一百三十八至一百四十七、一百五十至一百五十五、一百六十三至一百九十五、一百九十九至二百)

330000－1720－0000508　普00390　史部/目録類/總録之屬/官修
欽定四庫全書總目二百卷首一卷　(清)紀昀等撰　清同治七年(1868)廣東書局刻本　一百八冊

330000－1720－0000509　普00391　子部/儒家類/儒學之屬/經濟
張子全書十五卷　(宋)張載撰　(宋)朱熹注　張子年譜一卷　(清)武澄撰　清同治九年(1870)鳳翔張述銘刻本　七冊　缺三卷(三至五)

330000－1720－0000518　普00400　史部/目録類/總録之屬/官修
欽定四庫全書附存目錄十卷　(清)胡虔輯　清光緒十年(1884)學海堂刻本　六冊

330000－1720－0000519　普00401　子部/儒家類/儒學之屬/性理
呂語集粹四卷首一卷　(明)呂坤撰　(清)陳弘謀評輯　清光緒五年(1879)刻本　四冊

330000－1720－0000520　普00402　子部/儒家類/儒學之屬/性理
呂語集粹四卷首一卷　(明)呂坤撰　(清)陳弘謀評輯　清光緒五年(1879)刻本　王舟瑤批　二冊　存三卷(首、一至二)

330000－1720－0000521　普00403　子部/儒家類/儒學之屬/性理
呻吟語六卷　(明)呂坤撰　清同治七年(1868)邵陽曾壽麟等刻本　二冊　存二卷(一、四)

330000－1720－0000522　普00404　類叢部/叢書類/自著之屬
汪雙池先生叢書二十種附浙刻雙池遺書十二種　(清)汪紱撰　清道光至光緒刻光緒二十三年(1897)長安趙舒翹等彙印本　十二冊　存一種

330000－1720－0000523　普00406　子部/儒家類/儒學之屬/性理
朱子原訂近思錄集注十四卷考訂朱子世家一卷　(清)江永撰　清同治七年(1868)楚北崇文書局刻本　三冊　缺六卷(四至八、考訂朱子世家)

330000－1720－0000524　普00407　子部/儒家類/儒學之屬/性理
近思錄集注十四卷考訂朱子世家一卷　(清)

江永撰　**校勘記一卷**　(清)王炳撰　清同治八年(1869)江蘇書局刻本　四冊

330000－1720－0000525　普00408　子部/儒家類/儒學之屬/性理
近思錄集注十四卷　(清)江永撰　清光緒二十五年(1899)浙江官書局刻本　三冊　缺二卷(二至三)

330000－1720－0000528　普00411　子部/儒家類/儒學之屬/性理
近思錄集注十四卷　(清)江永撰　清光緒二十五年(1899)浙江官書局刻本　四冊

330000－1720－0000529　普00412　子部/儒家類/儒學之屬/性理
漢學商兌三卷　(清)方東樹撰　清光緒八年(1882)四明花雨樓刻本　二冊

330000－1720－0000530　普00413　子部/儒家類/儒學之屬/性理
漢學商兌三卷　(清)方東樹撰　清光緒二十六年(1900)浙江書局刻本　四冊

330000－1720－0000531　普00414　子部/儒家類/儒學之屬/性理
朱子原訂近思錄集註十四卷　(清)江永撰　清光緒二十五年(1899)浙江官書局刻本　二冊　存十一卷(四至十四)

330000－1720－0000532　普00415　子部/儒家類/儒學之屬/禮教
五種遺規　(清)陳弘謀輯並撰　清光緒刻本　一冊　存一種

330000－1720－0000533　普00416　子部/儒家類/儒學之屬/性理
近思錄集注十四卷考訂朱子世家一卷　(清)江永撰　**校勘記一卷**　(清)王炳撰　清同治八年(1869)江蘇書局刻本　四冊　存十三卷(二至十四)

330000－1720－0000535　普00418　子部/儒家類/儒學之屬/性理
近思錄集注十四卷考訂朱子世家一卷　(清)江永撰　清咸豐三年(1853)刻本　三冊　缺二卷(二至三)

330000－1720－0000536　普00459　子部/儒家類/儒學之屬/經濟
大學衍義補一百六十卷　(明)邱濬撰　(明)陳仁錫評閱　清刻本　二十二冊　缺八十六卷(一、九至十九、二十六至三十、三十五至四十四、四十八至五十三、六十二至六十六、七十三至七十五、七十九至八十九、一百至一百十五、一百十九至一百三十二、一百四十五至一百四十七、一百五十七)

330000－1720－0000537　普00419　子部/儒家類/儒學之屬/勸學
勸學篇二卷　(清)張之洞撰　清光緒二十四年(1898)浙江刻本　一冊

330000－1720－0000538　普00420　子部/儒家類/儒學之屬/勸學
勸學篇二卷　(清)張之洞撰　清光緒二十四年(1898)兩湖書院刻本　一冊

330000－1720－0000539　普00421　子部/儒家類/儒學之屬/性理
儒門法語輯要一卷　(清)彭定求撰　(清)湯金釗輯　清光緒十六年(1890)浙江書局刻本　一冊

330000－1720－0000543　普00425　子部/儒家類/儒學之屬/性理
呻吟語六卷首一卷　(明)呂坤撰　清咸豐十年(1860)稽古堂刻本　一冊　存二卷(首、一)

330000－1720－0000544　普00426　子部/儒家類/儒學之屬/禮教
五種遺規　(清)陳弘謀輯並撰　清刻本　六冊　存二種

330000－1720－0000545　普00427　類叢部/叢書類/家集之屬
富陽夏氏叢刻七種　夏震武　夏鼎武撰　清光緒刻本　王舟瑤批　三冊　存六種

330000－1720－0000546　普00428　類叢部/叢書類/家集之屬

富陽夏氏叢刻七種　夏震武　夏鼎武撰　清光緒刻本　二册　存二種

330000－1720－0000547　普00429　類叢部/叢書類/家集之屬
富陽夏氏叢刻七種　夏震武　夏鼎武撰　清光緒刻本　一册　存三種

330000－1720－0000548　普00430　子部/雜著類/雜說之屬
嘐嘐言六卷首一卷末一卷　(清)郭柏蔭撰　清道光三十年(1850)刻本　一册

330000－1720－0000549　普00431　類叢部/叢書類/彙編之屬
當歸草堂叢書八種　(清)丁丙編　清同治二年至五年(1863－1866)錢塘丁氏刻本　一册　存一種

330000－1720－0000550　普00432　子部/儒家類/儒學之屬/性理
淵鑒齋御纂朱子全書六十六卷　(宋)朱熹撰　(清)李光地等輯　清康熙五十三年(1714)武英殿刻本　二十八册

330000－1720－0000551　普00433　子部/儒家類/儒學之屬/俗訓
養正韻語一卷　載振撰　清光緒二十八年(1902)公利書局石印本　一册

330000－1720－0000552　普00434　子部/儒家類/儒學之屬/勸學
教諭語一卷　(清)謝金鑾撰　清光緒二十二年(1896)寧郡學刻二十四年(1898)孫補三印本　一册

330000－1720－0000553　普00435　子部/儒家類/儒學之屬/性理
五子近思録發明十四卷　(清)施璜撰　清康熙桐城李寄鴻堂刻本　十二册

330000－1720－0000555　普00437　類叢部/叢書類/自著之屬
潛廬全集五種附一種　金蓉鏡撰　清光緒三十四年(1908)、宣統二年(1910)刻本　一册　存三種

330000－1720－0000556　普00438　子部/儒家類/儒學之屬/蒙學
小學六卷附文公朱夫子年譜一卷　(清)高愈纂注　**孝經一卷**　(明)陳選集注　**忠經一卷**　(漢)鄭玄集注　清光緒十二年(1886)上洋掃葉山房刻本　三册　缺二卷(四至五)

330000－1720－0000559　普00441　史部/地理類/方志之屬/郡縣志
同治上海縣志三十二卷首一卷末一卷　(清)應寶時等修　(清)俞樾　(清)方宗誠纂　清同治十年(1871)吳門臬署刻本　一册　存二卷(十八至十九)

330000－1720－0000562　普00444　子部/儒家類/儒學之屬/蒙學
小學六卷附文公朱夫子年譜一卷　(清)高愈纂注　**孝經一卷**　(明)陳選集注　**忠經一卷**　(漢)鄭玄集注　清光緒十二年(1886)上洋掃葉山房刻本　三册　存四卷(三至六)

330000－1720－0000563　普00449　子部/儒家類/儒學之屬/蒙學
小學集解六卷小學輯說一卷　(清)張伯行輯注　清同治十一年(1872)江西撫署刻本　三册　存六卷(一至六)

330000－1720－0000564　普00450　子部/儒家類/儒學之屬/蒙學
小學集注六卷　(明)陳選集注　清末金陵李光明莊刻本　二册

330000－1720－0000565　普00451　子部/儒家類/儒學之屬/蒙學
小學集注六卷　(明)陳選集注　清光緒二十三年(1897)金陵書局刻本　二册

330000－1720－0000566　普00452　子部/儒家類/儒學之屬/俗訓
俗言一卷　(清)劉沅撰　清咸豐四年(1854)豫誠堂刻本　一册

330000－1720－0000567　普00453　子部/儒家類/儒學之屬/俗訓
俗言一卷　(清)劉沅撰　清咸豐四年(1854)

豫誠堂刻本　一册

330000－1720－0000571　普00457　類叢部/叢書類/彙編之屬
廣漢魏叢書八十種　(明)何允中編　清嘉慶刻本　二册　存三種

330000－1720－0000572　普00458　子部/儒家類/儒學之屬/經濟
説苑二十卷　(漢)劉向撰　清刻本　一册　存四卷(十七至二十)

330000－1720－0000573　普00460　子部/叢編
二十二子(二十二子彙函)　(清)浙江書局編　清光緒元年至三年(1875－1877)浙江書局刻本　二册　存一種

330000－1720－0000574　普00461　子部/叢編
二十二子(二十二子彙函)　(清)浙江書局編　清光緒元年至三年(1875－1877)浙江書局刻本　四册　存一種

330000－1720－0000575　普00462　子部/兵家類/兵法之屬
三書寶鑑三種　(清)□□輯　清道光至咸豐來鹿堂刻本　四册　存一種

330000－1720－0000576　普00463　子部/兵家類/兵法之屬
紀效新書十八卷首一卷　(明)戚繼光撰　清邵綬名刻本　五册　存十七卷(首,一至八、十至十七)

330000－1720－0000577　普00464　子部/兵家類/操練之屬
練兵實紀九卷雜集六卷　(明)戚繼光撰　清末石印本　一册　存四卷(六至九)

330000－1720－0000581　普00468　子部/叢編
子書百家　(清)崇文書局編　清光緒元年(1875)湖北崇文書局刻本　六册　存六種

330000－1720－0000586　普00473　子部/道家類
莊子雪三卷　(清)陸樹芝撰　清嘉慶四年(1799)文選樓刻本　三册

330000－1720－0000588　普00475　子部/道家類
莊子集解八卷　王先謙撰　清宣統元年(1909)上海埽葉山房石印本　四册

330000－1720－0000589　普00476　子部/道家類
莊子集解八卷　王先謙撰　清宣統元年(1909)上海埽葉山房石印本　四册

330000－1720－0000592　普00479　子部/雜家類
漱經齋座右銘類編一卷續編一卷　(清)汪汲撰　清漱經齋刻本　二册

330000－1720－0000594　普00481　子部/道家類
老子章義二卷　(清)姚鼐撰　清同治九年(1870)桐城吴氏邗上刻本　王舟瑶批點　一册

330000－1720－0000596　普00483　子部/兵家類/兵法之屬
兵書七種　(清)聚奎主人輯　清光緒二十四年(1898)杭城衢樽石印本　一册

330000－1720－0000597　普00484　子部/儒家類/儒學之屬/禮教/家訓
治嘉格言一卷　(清)陸隴其撰　清光緒十六年(1890)天台縣廨刻本　一册

330000－1720－0000600　普00487　子部/儒家類/儒學之屬/俗訓
人譜一卷人譜類記二卷　(明)劉宗周撰　清光緒十六年(1890)省過堂刻本　王舟瑶批　二册　存二卷(人譜、人譜類記二)

330000－1720－0000608　普00495　子部/道家類
道德經解一卷　(唐)吕喦註釋　清光緒十二年(1886)守經堂刻本　一册

330000－1720－0000609　普 00496　子部/雜著類/雜説之屬

墨子閒詁十五卷目録一卷附録一卷後語二卷　(清)孫詒讓撰　清光緒二十一年(1895)蘇州毛上珍木活字印本　六冊　缺四卷(七至九、十四)

330000－1720－0000610　普 00497　子部/雜著類/雜説之屬

墨子閒詁十五卷目録一卷附録一卷後語二卷　(清)孫詒讓撰　清光緒二十一年(1895)蘇州毛上珍木活字印本　八冊

330000－1720－0000611　普 00498　子部/法家類

管子校正二十四卷　(清)戴望撰　清同治十一年(1872)劉履芬刻本　六冊

330000－1720－0000612　普 00499　子部/法家類

管子校正二十四卷　(清)戴望撰　清同治十一年(1872)劉履芬刻本　四冊

330000－1720－0000613　普 00500　類叢部/叢書類/自著之屬

李文貞公全集三十九種　(清)李光地撰　清乾隆元年(1736)李清植刻嘉慶六年(1801)補刻本　一冊　存一種

330000－1720－0000614　普 00501　子部/叢編

二十二子(二十二子彙函)　(清)浙江書局編　清光緒元年至三年(1875－1877)浙江書局刻本　一冊　存一種

330000－1720－0000616　普 00503　子部/叢編

十子全書　(清)王子興編　清嘉慶九年(1804)姑蘇王氏聚文堂刻本　四冊　存一種

330000－1720－0000622　普 00509　子部/農家農學類/農藝之屬/災害防治

捕蝗要訣一卷除蝻八要一卷　(清)錢炘和撰　清同治八年(1869)楚北崇文書局刻本　一冊

330000－1720－0000623　普 00510　子部/道家類

莊子集釋十卷　(清)郭慶藩撰　清光緒二十年(1894)思賢講舍刻本　八冊

330000－1720－0000624　普 00511　新學/農政/蠶務

最新養蠶學八卷　(日本)針塚長太郎撰　(日本)野浦齋譯　清光緒三十年(1904)浙江官書局鉛印本　一冊

330000－1720－0000625　普 00512　子部/醫家類/類編之屬

陳修園醫書二十一種　(清)陳念祖等撰　清光緒十八年(1892)上海圖書集成印書局鉛印本　一冊　存一種

330000－1720－0000626　普 00513　子部/農家農學類/蠶桑之屬

柞蠶雜誌一卷柞蠶問答一卷　增韞撰　清光緒三十二年(1906)浙江官書局刻本　一冊

330000－1720－0000628　普 00515　新學/農政/蠶務

橱蠶通説一卷　秦枏編　清宣統元年(1909)巴州習藝所雕刻刷印科木活字印本　一冊

330000－1720－0000629　普 00516　子部/道家類

關尹子註二卷　(宋)陳顯微注　清光緒二十二年(1896)學庫山房刻本　二冊

330000－1720－0000632　普 00519　子部/農家農學類/總論之屬

農政全書六十卷　(明)徐光啓撰　清道光十七年(1837)貴州刻本　八冊　存二十九卷(一至二十九)

330000－1720－0000633　普 00520　子部/道家類

莊子因六卷　(清)林雲銘撰　清光緒六年(1880)白雲精舍刻本　三冊　缺二卷(一至二)

330000－1720－0000634　普 00521　子部/道家類

莊子因六卷 (清)林雲銘撰 清康熙刻本 三冊

330000－1720－0000635 普00522 子部/道家類

莊子齊物論釋一卷 (清)一廬子述 清光緒二十年(1894)刻本 一冊

330000－1720－0000636 普00523 子部/道家類

莊子齊物論釋一卷 (清)一廬子述 清光緒二十年(1894)刻本 一冊

330000－1720－0000638 普00525 子部/宗教類/道教之屬/雜著

抱朴子内篇二十卷外篇五十卷 (晉)葛洪撰 清刻本 一冊 存二卷(外篇三至四)

330000－1720－0000639 普00526 子部/叢編

子書二十八種 (清)育文書局編 清宣統三年(1911)育文書局石印本 一冊 存二種

330000－1720－0000642 普00529 子部/醫家類/類編之屬

當歸草堂醫學叢書初編十種 (清)丁丙編 清光緒四年(1878)錢塘丁氏當歸草堂刻本 十二冊

330000－1720－0000645 普00532 子部/醫家類/綜合之屬/通論

新刊醫林狀元壽世保元十卷 (明)龔廷賢撰 清三讓堂刻本 十冊

330000－1720－0000647 普00534 子部/醫家類/類編之屬

陳修園醫書五十種 (清)陳念祖等撰 清光緒三十一年(1905)上海商務印書館鉛印本 二十一冊 存三十七種

330000－1720－0000648 普00535 子部/道家類

莊子齊物論釋一卷 (清)一廬子述 清光緒二十年(1894)刻本 一冊

330000－1720－0000649 普00536 子部/醫家類/醫經之屬/内經

素問靈樞類纂約註三卷 (清)汪昂撰 清光緒二十二年(1896)上海圖書集成印書局鉛印本 一冊 存二卷(一至二)

330000－1720－0000650 普00537 子部/醫家類/傷寒金匱之屬/傷寒論

傷寒論六卷 (漢)張機撰 (清)張志聰註釋 (清)高世栻纂集 清光緒二十五年(1899)石印本 一冊

330000－1720－0000651 普00538 子部/醫家類/方書之屬/歷代方書

唐王燾先生外臺秘要方四十卷 (唐)王燾撰 明崇禎十三年(1640)程氏經餘居刻日本延享三年(1746)平安養壽院增刻清末印本 三十一冊 存三十一卷(一、九至十二、十四至二十六、二十八至四十)

330000－1720－0000652 普00539 子部/叢編

子書二十三種 (清)浙江書局編 清光緒二十三年(1897)上海圖書集成局鉛印本 六冊 存一種

330000－1720－0000653 普00540 子部/醫家類/類編之屬

中西匯通醫書五種 唐宗海撰 清光緒三十四年(1908)上海千頃堂書局石印本 五冊 存三種

330000－1720－0000654 普00541 子部/農家農學類

農學叢書 (清)上海農學會 (清)江南總農會輯 清光緒上海農學會、江南總農會石印本 五冊 存十五種

330000－1720－0000655 普00542 子部/醫家類/綜合之屬/通論

醫學從眾八卷 (清)陳念祖撰 清刻本 婁棣青題簽並記 一冊 存四卷(五至八)

330000－1720－0000656 普00543 子部/叢編

二十二子(二十二子彙函) (清)浙江書局編

清光緒元年至三年(1875－1877)浙江書局刻本　三册　存一種

330000－1720－0000657　普00544　子部/醫家類/類編之屬

南雅堂醫書全集　(清)陳念祖撰　清同治五年(1866)南雅堂刻本　四册　存一種

330000－1720－0000658　普00545　子部/醫家類/方書之屬/歷代方書

唐王燾先生外臺秘要方四十卷　(唐)王燾撰　清光緒二十四年(1898)上海圖書集成印書局鉛印本　十六册

330000－1720－0000660　普00547　子部/醫家類/類編之屬

南雅堂醫書全集　(清)陳念祖撰　清刻本　一册　存一種

330000－1720－0000661　普00548　子部/醫家類/類編之屬

陳修園醫書五十種　(清)陳念祖等撰　清光緒三十一年(1905)上海商務印書館鉛印本　一册　存一種

330000－1720－0000662　普00549　子部/醫家類/傷寒金匱之屬/金匱要略

金匱心典三卷　(清)尤怡撰　清同治八年(1869)陸氏雙白燕堂刻本　一册　存一卷(下)

330000－1720－0000663　普00550　子部/醫家類/傷寒金匱之屬/傷寒論

傷寒審症表一卷　(清)包誠輯　清同治十年(1871)湖北崇文書局刻本　一册

330000－1720－0000664　普00551　子部/醫家類/傷寒金匱之屬/傷寒論

劉河間傷寒六書(劉河間醫學六書)附二種　(金)劉完素等撰　清刻本　一册　存一種

330000－1720－0000665　普00552　子部/醫家類/傷寒金匱之屬/傷寒論

傷寒來蘇集三種　(清)柯琴撰　清乾隆三十一年(1766)博古堂刻本　三册　存二種

330000－1720－0000666　普00553　子部/醫家類/傷寒金匱之屬/傷寒論

傷寒論直解六卷　(清)張錫駒註　清刻本　一册　存二卷(四至五)

330000－1720－0000667　普00554　子部/叢編

二十五子彙函　(清)鴻文書局編　清光緒十九年(1893)上海鴻文書局石印本　一册　存一種

330000－1720－0000669　普00556　子部/醫家類/類編之屬

陳修園醫書二十一種　(清)陳念祖等撰　清光緒十八年(1892)敦厚堂刻本　十九册　存八種

330000－1720－0000673　普00560　子部/醫家類/醫經之屬/内經

黄帝内經素問集注九卷　(清)張志聰撰　清光緒十六年(1890)浙江書局刻本　三册　存五卷(一至五)

330000－1720－0000674　普00561　子部/醫家類/醫經之屬/内經

黄帝内經素問集注九卷　(清)張志聰撰　清光緒十六年(1890)浙江書局刻本　陸肖蓮題記　六册

330000－1720－0000676　普00563　子部/醫家類/醫經之屬/内經

靈樞經九卷　(清)張志聰撰　清光緒十六年(1890)浙江書局刻本　八册

330000－1720－0000680　普00567　子部/醫家類/類編之屬

周氏醫學叢書(周澂之評注醫書、周氏彙刻醫學叢書)初集十二種二集十一種三集六種　(清)周學海編　清光緒至宣統池陽周氏刻宣統三年(1911)福慧雙脩館彙印本　六十九册　存初集十二種、二集九種、三集五種

330000－1720－0000682　普00569　子部/醫家類/綜合之屬/通論

太醫局諸科程文九卷　(宋)太醫局輯　清光

緒三十一年(1905)上海六藝書局石印本　五冊

330000－1720－0000683　普 00570　子部/醫家類/傷寒金匱之屬/傷寒論

内科傷寒論講義三卷　(清)徐定超輯　清光緒三十二年(1906)刻本　三冊

330000－1720－0000689　普 00576　子部/醫家類/醫案之屬

寓意草一卷　(清)喻昌著　清光緒三十三年(1907)上海簡青齋書局石印本　一冊

330000－1720－0000691　普 00578　子部/醫家類/醫經之屬/難經

圖註八十一難經辨真四卷　(明)張世賢撰　清刻本　二冊

330000－1720－0000692　普 00579　子部/醫家類/類編之屬

醫門棒喝二種　(清)章楠撰　清同治六年(1867)聚文堂刻本　四冊　存一種

330000－1720－0000693　普 00580　子部/醫家類/類編之屬

醫門棒喝二種　(清)章楠撰　清同治六年(1867)聚文堂刻本　一冊　存一種

330000－1720－0000694　普 00581　子部/醫家類/類編之屬

醫門棒喝二種　(清)章楠撰　清道光十六年(1836)偁山書屋刻本　一冊　存一種

330000－1720－0000695　普 00582　子部/醫家類/類編之屬

霄鵬先生遺著　(清)黄保康撰　清宣統三年(1911)南海黄氏刻本　二冊　存一種

330000－1720－0000696　普 00583　子部/醫家類/類編之屬

醫門棒喝二種　(清)章楠撰　清道光十六年(1836)偁山書屋刻本　六冊　存一種

330000－1720－0000698　普 00585　子部/醫家類/類編之屬

醫門棒喝二種　(清)章楠撰　清道光刻民國八年(1919)紹興裘吉生補刻本　十六冊

330000－1720－0000699　普 00586　子部/醫家類/綜合之屬/通論

辨證奇聞十卷　(清)陳士鐸撰　(清)錢松刪定　清宣統元年(1909)上海廣益書局石印本　三冊　存五卷(一至四、十)

330000－1720－0000700　普 00587　子部/醫家類/綜合之屬/合刻、合抄

傅青主男科二卷女科二卷産後編二卷　(清)傅山撰　清光緒二十五年(1899)上海圖書集成印書局鉛印本　一冊

330000－1720－0000702　普 00589　子部/醫家類/類編之屬

徐氏醫書八種　(清)徐大椿撰　清光緒二十二年(1896)珍藝書局石印本　四冊　存三種

330000－1720－0000711　普 00598　子部/醫家類/類編之屬

喻氏醫書三種　(清)喻昌撰　清乾隆黎川陳守誠刻本　一冊　存一種

330000－1720－0000712　普 00599　子部/醫家類/眼科之屬

眼科秘旨二卷　清末紅杏山房刻本　二冊

330000－1720－0000713　普 00600　新學/醫學/方書

萬國藥方八卷　(美國)洪士提反撰　清宣統二年(1910)上海華美書館鉛印本　八冊

330000－1720－0000715　普 00602　新學/醫學/方書

萬國藥方八卷　(美國)洪士提反撰　清宣統二年(1910)上海華美書館鉛印本　一冊　存一卷(八)

330000－1720－0000716　普 00603　子部/醫家類/眼科之屬

傅氏眼科審視瑤函六卷首一卷　(明)傅仁宇撰　(明)林長生校補　清光緒三十三年(1907)上海廣益書局石印本　二冊　缺三卷(四至六)

330000－1720－0000718　普 00605　子部/醫家類/方書之屬/單方驗方

靜觀堂較正家傳幼科發揮秘方二卷　(明)萬全撰　清嘉慶十一年(1806)六藝堂刻本　二冊

330000－1720－0000720　普 00607　子部/醫家類/綜合之屬/通論

醫醇賸義四卷　(清)費伯雄撰　清同治二年(1863)耕心堂刻本　一冊　存一卷(一)

330000－1720－0000721　普 00608　子部/醫家類/兒科之屬/通論

鼎鍥幼幼集成六卷　(清)陳復正輯　清崇順堂刻本　四冊　缺二卷(二、六)

330000－1720－0000722　普 00609　子部/醫家類/兒科之屬/通論

鼎鍥幼幼集成六卷　(清)陳復正輯　清宣統三年(1911)上海會文堂石印本　一冊　存一卷(一)

330000－1720－0000723　普 00610　子部/醫家類/醫經之屬/内經

醫經原旨六卷　(清)薛雪集註　清寧郡簡香齋刻本　池羲庚題簽並記　六冊

330000－1720－0000724　普 00611　子部/醫家類/兒科之屬/通論

鼎鍥幼幼集成六卷　(清)陳復正輯　清光緒二十九年(1903)上海醉六堂石印本　雲泉題記　六冊

330000－1720－0000726　普 00613　子部/醫家類/兒科之屬/痘疹

活幼心法大全八卷末一卷　(明)聶尚恒撰　清同治八年(1869)刻本　四冊

330000－1720－0000727　普 00614　子部/醫家類/醫案之屬

洄溪醫案一卷　(清)徐大椿撰　清咸豐七年(1857)海昌蔣氏衍芬草堂刻本　一冊

330000－1720－0000728　普 00615　子部/醫家類/兒科之屬/痘疹

麻疹闡註四卷　(清)張廉撰　清道光二十八年(1848)刻本　一冊

330000－1720－0000729　普 00616　子部/醫家類/綜合之屬/通論

醫理信述補遺二卷　(清)夏子俊撰　清光緒十年(1884)刻本　一冊

330000－1720－0000730　普 00617　子部/醫家類/綜合之屬/通論

御纂醫宗金鑑九十卷首一卷　(清)吳謙等撰　清刻本　三十三冊　缺二十卷(二至三、二十、六十二、七十五至九十)

330000－1720－0000732　普 00619　子部/醫家類/綜合之屬/通論

御纂醫宗金鑑内科七十四卷外科十六卷首一卷　(清)吳謙等撰　清文選樓刻本　十三冊　存十五卷(内科三、七、九、十九、二十七至二十八、三十,外科四至六、九至十、十三至十四、十六)

330000－1720－0000734　普 00621　子部/叢編

子書百家　(清)崇文書局編　清光緒元年(1875)湖北崇文書局刻本　一冊　存二種

330000－1720－0000735　普 00622　子部/醫家類/綜合之屬/通論

御纂醫宗金鑑内科七十四卷外科十六卷首一卷　(清)吳謙等撰　清刻本　一冊　存二卷(外科六至七)

330000－1720－0000737　普 00624　子部/醫家類/兒科之屬/痘疹

種痘新書十二卷　(清)張琰輯　清刻本　一冊　存一卷(十二)

330000－1720－0000738　普 00625　子部/醫家類/兒科之屬/痘疹

種痘新書十二卷　(清)張琰輯　清刻本　二冊　存三卷(一至二、十二)

330000－1720－0000739　普 00626　子部/醫家類/喉科口齒之屬/通論

喉科四卷附集驗良方一卷　(清)包永泰撰　清光緒八年(1882)資善堂刻本　二冊　缺一

卷(集驗良方)

330000－1720－0000740　普00627　子部/醫家類/綜合之屬/雜著
筆花醫鏡四卷　(清)江涵暾撰　清光緒十一年(1885)紹郡墨潤堂刻本　二冊

330000－1720－0000741　普00628　類叢部/叢書類/彙編之屬
嘯園叢書五十七種　(清)葛元煦編　清光緒二年至七年(1876－1881)仁和葛氏刻本　二冊　存一種

330000－1720－0000742　普00629　子部/醫家類/溫病之屬/瘧痢
痢疾論四卷　(清)孔毓禮輯　清刻本　三冊　缺一卷(一)

330000－1720－0000745　普00632　子部/醫家類/類編之屬
陳修園醫書　(清)陳念祖等撰　清刻本(十藥神書注解配清味根齋刻陳修園先生晚餘三書本)　四冊　存三種

330000－1720－0000746　普00633　子部/醫家類/溫病之屬/瘟疫
明吳又可先生溫疫論醫門普度二卷附一卷　(明)吳有性撰　(清)孔毓禮評　(清)龔紹林加評　清文淵堂刻本　四冊

330000－1720－0000747　普00634　子部/醫家類/醫理之屬/綜合
中藏經三卷首一卷附華佗內照法一卷　題(漢)華佗撰　清宣統三年(1911)上海華英書局石印本　三冊

330000－1720－0000748　普00635　子部/醫家類/方書之屬/單方驗方
普濟應驗良方十一卷　(清)德軒氏輯　清咸豐七年(1857)浙甯主人刻本　一冊　存五卷(一至五)

330000－1720－0000749　普00636　子部/醫家類/方書之屬/歷代方書
醫方集解三卷　(清)汪昂撰　清還讀齋刻本　二冊

330000－1720－0000753　普00640　子部/醫家類/方書之屬/單方驗方
驗方新編十六卷　(清)鮑相璈輯　(清)張紹棠增輯　清光緒七年(1881)合肥味古齋刻本　四冊　存五卷(一、九至十、十五至十六)

330000－1720－0000754　普00641　子部/醫家類/方書之屬/單方驗方
校正增廣驗方新編十八卷　(清)鮑相璈等輯　清光緒二十六年(1900)上海觀瀾閣石印本　二冊　缺五卷(八至十二)

330000－1720－0000755　普00642　子部/醫家類/針灸之屬/通論
鍼灸大成十二卷　(明)楊繼洲撰　清光緒三十三年(1907)振茂義記書莊石印本　六冊　缺二卷(一至二)

330000－1720－0000756　普00643　子部/醫家類/針灸之屬/通論
鍼灸大成十二卷　(明)楊繼洲撰　清末石印本　五冊　缺二卷(九至十)

330000－1720－0000758　普00645　子部/醫家類/綜合之屬/通論
中西滙參醫學圖說二卷　(清)王有忠編輯　清光緒三十二年(1906)廣益書局石印本　四冊

330000－1720－0000762　普00649　子部/醫家類/方書之屬/單方驗方
增廣驗方新編十八卷　(清)鮑相璈輯　清刻本　一冊　存一卷(十)

330000－1720－0000764　普00651　子部/醫家類/方書之屬/單方驗方
外治壽世方初編四卷　(清)鄒存淦輯　清光緒三年(1877)杭州勤藝堂刻本　二冊

330000－1720－0000766　普00653　子部/醫家類/方書之屬/單方驗方
衛生鴻寶六卷　(清)祝補齋輯　(清)高味卿增補　清刻本　周子序題記　六冊

330000－1720－0000767　普00654　子部/醫家類/綜合之屬/通論

新刊增補萬病回春原本八卷　(明)龔廷賢編　清經綸堂刻本　八冊

330000－1720－0000770　普00657　子部/醫家類/溫病之屬/痧症

痧證指微一卷　(清)釋普淨撰　(清)奚佳棟述　(清)馬培之加評　(清)邱天序輯　(清)孫玘訂　**弔腳痧方論一卷**　(清)徐子默撰　清光緒三十三年(1907)宜興正誼山房刻本　一冊

330000－1720－0000771　普00658　子部/醫家類/方書之屬/單方驗方

急救仙方一卷　(清)郝雲權編　清光緒十五年(1889)黃邑三官堂刻本　一冊

330000－1720－0000772　普00659　子部/醫家類/本草之屬/歷代綜合本草

增訂本草備要四卷附醫方湯頭歌訣一卷經絡歌訣一卷　(清)汪昂撰　清道光七年(1827)古越東璧書院刻本　四冊　存四卷(增訂本草備要一至四)

330000－1720－0000774　普00661　子部/醫家類/本草之屬/歷代綜合本草

本草綱目五十二卷附圖三卷　(明)李時珍撰　清同治十一年(1872)芥子園刻本　十冊　存十四卷(一、三至九、十一至十三、二十至二十二)

330000－1720－0000775　普00662　子部/醫家類/本草之屬/歷代綜合本草

本草綱目拾遺十卷首一卷　(清)趙學敏輯　清光緒三十年(1904)上海同文書局石印本　二冊

330000－1720－0000776　普00663　子部/醫家類/本草之屬/歷代綜合本草

本草綱目五十二卷　(明)李時珍撰　**本草萬方鍼線八卷**　(清)蔡烈先輯　**本草綱目拾遺十卷首一卷**　(清)趙學敏輯　清石印本　十冊　存三十八卷(二十四至二十六、三十五至五十,萬方鍼線一至八,拾遺首、一至十)

330000－1720－0000777　普00664　子部/醫家類/本草之屬/歷代綜合本草

本草綱目五十二卷圖不分卷　(明)李時珍撰　**本草綱目拾遺十卷**　(清)趙學敏輯　**本草萬方鍼線八卷**　(清)蔡烈先輯　清宣統元年(1909)上海經香閣石印本　二冊　存二十八卷(一至九、十九至三十七)

330000－1720－0000778　普00665　子部/醫家類/本草之屬/歷代綜合本草

本草綱目拾遺十卷首一卷　(清)趙學敏輯　清光緒三十年(1904)上海經香閣書莊石印本　一冊

330000－1720－0000779　普00666　子部/醫家類/本草之屬/神農本草經

本草三家合註六卷　(清)郭汝驄撰　**神農本草經百種錄一卷**　(清)徐大椿撰　清兩儀堂刻本　五冊　存五卷(一、三至六)

330000－1720－0000780　普00667　子部/醫家類/醫案之屬

三家醫案合刻三種　(清)吳金壽編　清文聚堂刻本　二冊

330000－1720－0000781　普00668　類叢部/叢書類/彙編之屬

長恩書室叢書十九種　(清)莊肇麟編　清咸豐四年(1854)新昌莊氏過客軒刻本　一冊　存二種

330000－1720－0000784　普00671　子部/醫家類/喉科口齒之屬/喉痧

疫痧草二卷　(清)陳耕道撰　**時疫白喉捷要一卷**　(清)張紹修撰　**嘉興徐子默先生吊腳痧論一卷**　(清)徐子默撰　清光緒二十八年(1902)刻本　一冊

330000－1720－0000785　普00672　史部/政書類/律令之屬/法驗

補註洗冤錄集證四卷　(清)王又槐輯　(清)李觀瀾補輯　(清)阮其新補注　(清)童濂刪　**作吏要言一卷**　(清)葉鎮撰　(清)朱椿增　清道光二十三年(1843)江都鍾淮刻三色套印本　一冊　存一卷(二)

330000－1720－0000786　普 00673　子部/天文曆算類/算書之屬

曆算不分卷　清光緒二十八年(1902)黄巖林敏抄本　清林敏題記　一册

330000－1720－0000787　普 00674　子部/天文曆算類/天文之屬

中西天算蒙求八卷　(清)徐朝俊纂　清光緒二十三年(1897)上海書局石印本　一册　存二卷(天學入門、海域大觀)

330000－1720－0000788　普 00675　子部/天文曆算類/天文之屬

御製曆象考成上編十六卷下編十卷後編十卷　(清)允祿　(清)允祉纂修　清石印本　三册　存三卷(上編二至四)

330000－1720－0000789　普 00676　新學/天學

天文揭要二卷　(美國)赫士口譯　(清)周文源筆述　清光緒二十四年(1898)上海美華書館鉛印本　二册

330000－1720－0000790　普 00677　子部/醫家類/溫病之屬/痧症

痧法備旨二種二卷　(清)管頌聲編　清咸豐二年(1852)管頌聲刻本　一册

330000－1720－0000791　普 00678　新學/天學

天文圖説四卷　(英國)柯雅各撰　(美國)摩嘉立　(清)薛承恩譯　清光緒九年(1883)上海益智書會刻本　一册

330000－1720－0000792　普 00679　子部/醫家類/類編之屬

東垣十書附二種　清刻本　三册　存二種

330000－1720－0000793　普 00680　子部/醫家類/溫病之屬/痧症

痧法備旨二種二卷　(清)管頌聲編　清咸豐二年(1852)管頌聲刻本　一册

330000－1720－0000794　普 00681　子部/醫家類/溫病之屬/痧症

痧法備旨二種二卷　(清)管頌聲編　清光緒刻本　一册

330000－1720－0000795　普 00682　子部/醫家類/綜合之屬/通論

吴醫彙講十一卷　(清)唐大烈輯　清嘉慶十九年(1814)校經山房刻本　四册

330000－1720－0000796　普 00683　子部/天文曆算類/天文之屬

天文歌略一卷　(清)葉瀾撰　**地學歌略一卷**　葉瀚　(清)葉瀾撰　清末刻本　一册

330000－1720－0000798　普 00685　子部/天文曆算類/天文之屬

高厚蒙求九種　(清)徐朝俊撰　清嘉慶至道光雲間徐氏刻本　二册　存五種

330000－1720－0000800　普 00687　子部/天文曆算類

兼濟堂纂刻梅勿庵先生曆算全書二十八種　(清)梅文鼎撰　(清)魏荔彤輯　(清)楊作枚訂補　清雍正元年(1723)栢鄉魏荔彤刻乾隆十四年(1749)梅汝培、咸豐九年(1859)梅體萱遞修本　十册　存十一種

330000－1720－0000801　普 00688　子部/醫家類/方書之屬/單方驗方

串雅内編四卷　(清)趙學敏輯　清光緒十四年(1888)榆園刻本　二册

330000－1720－0000802　普 00689　子部/醫家類/方書之屬/單方驗方

串雅内編四卷　(清)趙學敏輯　清光緒十四年(1888)榆園刻本　二册

330000－1720－0000803　普 00690　子部/天文曆算類/算書之屬

幾何原本三卷數理本原一卷　(清)聖祖玄燁撰　清光緒十九年(1893)江南製造局鉛印本　三册

330000－1720－0000804　普 00691　子部/天文曆算類/算書之屬

御製數理精蘊上編五卷下編四十卷表八卷　(清)聖祖玄燁撰　清光緒八年(1882)江甯藩署刻本　三十二册

330000－1720－0000805　普 00692　子部/醫家類/推拿按摩外治之屬
理瀹外治方要二卷　(清)吳師機撰　清光緒三年(1877)吳縣潘霨刻本　四冊

330000－1720－0000806　普 00693　子部/天文曆算類/天文之屬
御製曆象考成後編十卷　(清)允祿　(清)允祉纂修　清乾隆七年(1742)武英殿刻本　二十四冊

330000－1720－0000807　普 00694　子部/醫家類/方書之屬/單方驗方
增補醫方一盤珠全集十卷　(清)洪金鼎纂　(清)洪濂　(清)洪洛參訂　清刻本　二冊　存七卷(一至七)

330000－1720－0000808　普 00695　子部/醫家類/婦科之屬/通論
女科經綸八卷　(清)蕭壎撰　清光緒十六年(1890)掃葉山房刻本　四冊

330000－1720－0000809　普 00696　子部/醫家類/喉科口齒之屬
重樓玉鑰一卷　(清)鄭宏綱撰　清光緒五年(1879)刻朱墨套印本　二冊

330000－1720－0000811　普 00698　類叢部/叢書類/彙編之屬
廣雅書局叢書一百五十九種　徐紹棨編　清光緒廣雅書局刻民國九年(1920)番禺徐紹棨彙編重印本　二冊　存一種

330000－1720－0000813　普 00700　新學/圖學/畫學
畫形圖說一卷　(英國)傅蘭雅撰　清光緒十一年(1885)刻本　一冊

330000－1720－0000815　普 00702　子部/醫家類/婦科之屬/通論
竹林寺婦科秘方一卷　(清)竹林寺僧撰　清光緒十六年(1890)顧海洲刻本　一冊

330000－1720－0000818　普 00705　子部/醫家類/溫病之屬/痧症
痧症度鍼二卷　(清)胡鳳昌輯　清光緒十九年(1893)石印本　一冊

330000－1720－0000819　普 00706　史部/傳記類/總傳之屬/技藝
疇人傳四十六卷　(清)阮元撰　**疇人傳續六卷**　(清)羅士琳撰　清蛟川張氏花雨樓刻本　十六冊

330000－1720－0000820　普 00707　子部/天文曆算類/算書之屬
測海山房中西算學叢刻初編　(清)測海山房主人輯　清光緒二十二年(1896)上海璣衡堂石印本　格非題記　四冊　存二種

330000－1720－0000822　普 00709　子部/天文曆算類/算書之屬
四元玉鑑細草三卷四象細草假令之圖一卷附補增一卷　(清)羅士琳撰　**四元釋例一卷**　(清)易之瀚撰　清末石印本　三冊　存三卷(二至三、四元釋例)

330000－1720－0000824　普 00711　新學/天學
談天十八卷首一卷附表一卷　(英國)侯失勒撰　(英國)偉烈亞力口譯　(清)李善蘭刪述　(清)徐建寅續述　清同治十三年(1874)鉛印本　清穀成批跋　四冊

330000－1720－0000827　普 00714　新學/天學
談天十八卷首一卷附表一卷　(英國)侯失勒撰　(英國)偉烈亞力口譯　(清)李善蘭刪述　(清)徐建寅續述　清光緒江南製造總局刻本　四冊

330000－1720－0000830　普 00717　新學/格致總
格致須知二十八種　(英國)傅蘭雅編　清光緒八年至二十四年(1882－1898)刻本　十四冊　存十四種

330000－1720－0000834　普 00721　新學/格致總
西學關鍵八卷　(英國)勃利物撰　(法國)馬雅婣增　(清)李杕譯　清光緒二十九年

(1903)鴻寶齋石印本　四冊

330000－1720－0000836　普00723　子部/醫家類/溫病之屬/瘟疫

瘟疫條辨摘要不分卷　(清)呂田輯　清光緒十五年(1889)浙江書局刻本　一冊

330000－1720－0000837　普00724　新學/雜著/叢編

西學輯存六種　(清)王韜編　清光緒十六年(1890)淞隱廬鉛印本　一冊　存三種

330000－1720－0000838　普00725　新學/算學/數學

華氏中西算學全書十四種　(清)華蘅芳撰　清光緒二十三年(1897)慎記書莊石印本　四冊　存二種

330000－1720－0000840　普00727　子部/天文曆算類/算書之屬

翠薇山房數學十四種　(清)張作楠撰　清光緒二十三年(1897)上海鴻寶齋石印本　三冊　存二種

330000－1720－0000842　普00729　子部/天文曆算類/算書之屬

翠薇山房數學十四種　(清)張作楠撰　清嘉慶至道光金華張氏翠薇山房刻本(量倉通法卷五、方田通法補例卷一至六配清抄本)　四冊　存一種

330000－1720－0000843　普00730　子部/天文曆算類/算書之屬

觀我生室匯稿　(清)羅士琳撰　清道光刻本　八冊　存一種

330000－1720－0000844　普00731　子部/醫家類/眼科之屬

眼科秘傳一卷　清光緒二十一年(1895)壽松主人抄本　清壽松主人跋　一冊

330000－1720－0000845　普00732　子部/醫家類/溫病之屬/瘟疫

瘟疫論二卷　(明)吳有性撰　清光緒六年(1880)善成堂刻本　二冊

330000－1720－0000846　普00733　子部/醫家類/綜合之屬/合刻、合抄

名醫彙粹八卷　(清)羅美撰　清劉湄顧澗濵抄本　清顧澗濵題記　一冊　存一卷(七)

330000－1720－0000847　普00734　子部/醫家類/傷寒金匱之屬/傷寒論

劉河間傷寒三書二十卷　(金)劉完素撰　清懷德堂刻本　二冊　存二種

330000－1720－0000848　普00735　新學/天學

測候叢談四卷　(美國)金楷理口譯　(清)華蘅芳筆述　清末江南製造總局刻本　二冊

330000－1720－0000849　普00736　新學/圖學/圖算

器象顯眞四卷圖一卷　(英國)白力蓋輯　(英國)傅蘭雅口譯　(清)徐建寅删述　(清)曹鍾秀摹圖　清光緒江南製造局刻本　三冊

330000－1720－0000850　普00737　子部/醫家類/醫經之屬/内經

素問玄機原病式一卷　(金)劉完素撰　清刻本　一冊

330000－1720－0000851　普00738　新學/雜著/叢編

江南製造局譯書　(清)江南製造局編　清光緒江南製造局刻本暨鉛印本　十三冊　存五種

330000－1720－0000852　普00739　子部/醫家類/醫話醫論之屬

存存齋醫話藁二卷　(清)趙彦暉撰　清光緒七年(1881)刻本　一冊

330000－1720－0000853　普00740　新學/算學/代數

代數術二十五卷首一卷　(英國)華里司輯　(英國)傅蘭雅口譯　(清)華蘅芳筆述　清同治十二年(1873)上海江南製造總局刻本　六冊

330000－1720－0000854　普00741　子部/宗

教類/佛教之屬/經

妙法蓮華經七卷　(後秦)釋鳩摩羅什譯　清同治十年(1871)金陵刻經處刻本　三槐堂題簽並記　三冊

330000－1720－0000855　普00742　子部/醫家類/類編之屬

醫林指月十二種　(清)王琦編　清乾隆三十二年(1767)寶笏樓刻本　二冊　存一種

330000－1720－0000859　普00746　子部/醫家類/眼科之屬

銀海精微補四卷　(清)趙雙璧著　(清)張惟赤採　(清)王忱等彙集　清抄本　四冊

330000－1720－0000860　普00747　子部/宗教類/佛教之屬/論疏

大乘起信論疏解彙集八種　清光緒十一年至民國十五年(1885－1926)金陵刻經處刻本　二冊　存一種

330000－1720－0000861　普00748　子部/宗教類/佛教之屬/論疏

大乘起信論疏記會本六卷　(南朝陳)釋真諦譯　(新羅)釋元曉疏　清光緒二十五年(1899)金陵刻經處刻本　二冊

330000－1720－0000862　普00749　新學/化學/化學

化學考質八卷　(德國)富里西尼烏司著　(英國)傅蘭雅口譯　(清)徐壽筆述　清末上海江南製造總局刻本　六冊

330000－1720－0000863　普00750　新學/重學/重學

重學二十卷圜錐曲線説三卷　(英國)艾約瑟口譯　(清)李善蘭筆述　清同治五年(1866)刻本　六冊

330000－1720－0000864　普00751　新學/圖學/圖算

運規約指三卷　(英國)白起德輯　(英國)傅蘭雅口譯　(清)徐建寅筆述　清末上海江南製造總局刻本　一冊

330000－1720－0000866　普00753　子部/宗教類/佛教之屬/論疏

大乘起信論科注一卷　(南朝陳)釋真諦譯　(清)桂伯華注　清光緒三十年(1904)武昌廬陵黃氏刻本　一冊

330000－1720－0000867　普00754　子部/醫家類/眼科之屬

傅氏眼科審視瑤函六卷首一卷　(明)傅仁宇撰　(明)林長生校補　清刻本　二冊　存三卷(三至四、六)

330000－1720－0000869　普00756　子部/宗教類/佛教之屬/論

中論六卷　(天竺)龍樹菩薩造　(天竺)釋青目釋　(後秦)釋鳩摩羅什譯　清光緒三十三年(1907)揚州藏經院刻本　二冊

330000－1720－0000870　普00757　子部/醫家類/方書之屬/單方驗方

蘭臺軌範八卷　(清)徐大椿撰　清刻本　六冊

330000－1720－0000871　普00758　子部/醫家類/類編之屬

徐氏醫書六種　(清)徐大椿撰　清刻本　三冊　存三種

330000－1720－0000873　普00760　子部/宗教類/其他宗教之屬/基督教

舊約聖書出埃及記不分卷　(英國)楊格非譯　清光緒三十一年(1905)漢鎮英漢書館鉛印本　一冊

330000－1720－0000874　普00761　子部/醫家類/本草之屬/神農本草經

神農本草經百種錄一卷　(清)徐大椿撰　清刻本　一冊

330000－1720－0000877　普00764　子部/醫家類/醫案之屬

寓意草一卷　(清)喻昌著　清刻本　一冊

330000－1720－0000881　普00768　子部/醫家類/溫病之屬/其他溫疫病證

溫病條辨六卷首一卷　(清)吳瑭撰　(清)朱武曹點評　清光緒十五年(1889)葉金潮濬吾

樓刻本　一冊　存二卷(首、一)

330000－1720－0000884　普00771　子部/宗教類/佛教之屬/論
禪宗正指三卷　題阿難陀尊者降乩撰　(清)劉體恕輯　清宣統三年(1911)浙台黃邑陳乃峯刻本　王詠霓題記　一冊

330000－1720－0000885　普00772　子部/宗教類/佛教之屬/諸宗
天台四教儀一卷　(高麗)釋諦觀輯　**附始終心要一卷**　(唐)釋湛然撰　(宋)釋從義注　清武林昭慶經房刻本　一冊

330000－1720－0000886　普00773　子部/宗教類/佛教之屬/經
摩訶般若波羅蜜多心經三卷　清光緒二十四年(1898)京都永盛齋刻本　一冊

330000－1720－0000887　普00774　子部/宗教類/佛教之屬/經
仁王護國般若波羅蜜多經二卷　(唐)釋不空譯　清光緒二十年(1894)刻本　二冊

330000－1720－0000888　普00775　子部/宗教類/佛教之屬/經疏
金剛經一卷大悲咒一卷心經一卷呂祖師降三十二次偈一卷　題(唐)呂喦降乩撰　清光緒十七年(1891)上海翼化堂刻本　一冊

330000－1720－0000895　普00782　子部/宗教類/佛教之屬/經疏
維摩詰所說經折衷疏六卷　(明)釋大賢撰　清金陵刻經處刻本　一冊　存二卷(五至六)

330000－1720－0000896　普00783　子部/兵家類/兵法之屬
紀效新書十八卷首一卷　(明)戚繼光撰　清道光二十一年(1841)虎林西泉氏刻本　王調笙題簽並記　二冊

330000－1720－0000897　普00784　子部/宗教類/其他宗教之屬/其他
觀音十二圓覺不分卷　(清)彭德源撰　清光緒九年(1883)瑪瑙經房刻本　一冊

330000－1720－0000901　普00788　子部/宗教類/佛教之屬/大藏
徑山藏　明萬曆十七年(1589)至清嘉慶五臺、嘉興、徑山等地刻本　二冊　存一種

330000－1720－0000902　普00789　子部/藝術類/音樂之屬/樂譜
琵琶譜三卷　(清)王君錫　(清)陳牧夫傳譜　(清)華文彬等參訂　清光緒三年(1877)刻本　紫溫氏題簽並記　一冊

330000－1720－0000903　普00790　子部/宗教類/佛教之屬/諸宗
列祖提綱錄四十二卷首一卷　(清)釋行悅輯　清康熙杭州瑪瑙寺刻本　二冊　存九卷(首、一至八)

330000－1720－0000905　普00792　子部/雜著類
隨時妙記不分卷　稿本　一冊

330000－1720－0000907　普00794　子部/宗教類/佛教之屬
大方廣圓覺修多羅了義經二卷　(唐)釋佛陀多羅譯　清同治八年(1869)金陵刻經處刻本　一冊

330000－1720－0000908　普00854　子部/雜著類/雜纂之屬
雜抄不分卷　清抄本　一冊

330000－1720－0000910　普00796　類叢部/叢書類/自著之屬
俞氏叢書　(清)俞樾撰　清抄本　一冊　存二種

330000－1720－0000912　普00798　史部/政書類/公牘檔冊之屬
呈請筆法不分卷　清抄本　崧盦題簽並記　一冊

330000－1720－0000915　普00801　集部/總集類/選集之屬/通代
逸品群英集不分卷　清抄本　暖雪居士題簽並記　一冊

330000－1720－0000917　普00803　史部/紀傳類/正史之屬
校三國志札記不分卷　楊晨著　清同治八年(1869)稿本　一冊

330000－1720－0000920　普00806　新學/算學/代數
代數通藝錄十六卷　(清)方愷撰　清光緒二十五年(1899)上海書局石印本　四冊　缺三卷(四至六)

330000－1720－0000921　普00807　子部/宗教類/佛教之屬/經
大方廣佛華嚴經八十卷　(唐)釋實叉難陀譯　**普賢行願品一卷**　(唐)釋般若譯　**修華嚴懺九會請佛儀一卷**　(唐)釋慧覺錄　**華嚴普賢行願懺儀一卷**　(宋)釋淨源編集　清順治十五年(1658)刻本　二冊　存六卷(一至四、八十,普賢行願品)

330000－1720－0000922　普00808　子部/天文曆算類/算書之屬
御製數理精蘊上編五卷下編四十卷表八卷　(清)聖祖玄燁撰　清石印本　十一冊　存十八卷(下編十三至十八、二十五至三十,表一、三至六、八)

330000－1720－0000924　普00810　子部/術數類/陰陽五行之屬
欽定協紀辨方書三十六卷首一卷　(清)允祿　(清)張照等纂修　清光緒二十九年(1903)德記書局石印本　七冊　缺五卷(十一至十五)

330000－1720－0000927　普00813　子部/宗教類/道教之屬
道書二十三種　(清)劉一明撰　清嘉慶二十四年(1819)常郡護國庵刻本　王詠霓觀款　二冊　存三種

330000－1720－0000929　普00815　子部/宗教類/道教之屬/雜著
性命微言一卷　題伯陽子撰　(清)劉沅注　清宣統三年(1911)成都豫誠堂刻本　一冊

330000－1720－0000930　普00816　子部/宗教類/道教之屬
法言會纂五十卷　(清)劉沅撰　清刻本　四冊　存三十七卷(十四至五十)

330000－1720－0000933　普00819　子部/術數類/相宅相墓之屬
山洋指迷原本四卷　(明)周景一撰　(清)俞歸璞　(清)吳卿瞻增注　清光緒九年(1883)寧波汲綆齋刻本　四冊

330000－1720－0000934　普00820　子部/宗教類/佛教之屬/經
大方廣佛華嚴經八十卷　(唐)釋實叉難陀譯　清刻本　二冊　存十卷(十六至二十、三十一至三十五)

330000－1720－0000935　普00821　子部/術數類/相宅相墓之屬
山洋指迷原本四卷　(明)周景一撰　(清)俞歸璞　(清)吳卿瞻增注　清刻本　三冊　存三卷(二至四)

330000－1720－0000936　普00822　子部/術數類/相宅相墓之屬
重刊人子須知資孝地理心學統宗三十九卷　(明)徐善繼　(明)徐善述撰　明萬曆刻清初古吳文盛堂重修本　六冊　存五卷(一至五)

330000－1720－0000937　普00823　子部/宗教類/佛教之屬/經
大方廣佛華嚴經八十卷　(唐)釋實叉難陀譯　**華嚴經普賢行願品一卷**　(唐)釋般若譯　清同治七年(1868)刻本　二十六冊

330000－1720－0000939　普00825　子部/宗教類/佛教之屬/經疏
大般涅槃經玄義發源機要六卷　(宋)釋智圓撰　清刻本　一冊　存三卷(四至六)

330000－1720－0000940　普00826　史部/傳記類/科舉録之屬/歷科鄉試録
[同治至光緒]浙江鄉試硃卷不分卷　清末刻本　一冊

330000－1720－0000941　普00827　史部/傳

記類/科舉録之屬/歷科鄉試録
[嘉慶至光緒]台州府中舉人氏履歷硃卷不分卷 清末刻本 一冊

330000－1720－0000942 普00828 史部/傳記類/科舉録之屬/歷科鄉試録
[同治丁卯科並補甲子科]浙江鄉試硃卷一卷 王詠霓撰 清末刻本 一冊

330000－1720－0000943 普00829 子部/術數類/相宅相墓之屬
楊曾地理元文四種附二種 (清)端木國瑚注 清道光五年(1825)刻本 二冊 存三種

330000－1720－0000944 普00830 史部/傳記類/科舉録之屬/歷科鄉試録
[光緒癸卯恩科]台州府中舉人氏履歷硃卷不分卷 清末刻本 一冊

330000－1720－0000945 普00831 子部/醫家類/本草之屬/歷代綜合本草
本草綱目五十二卷附圖三卷瀕湖脈學一卷脈訣攷證一卷奇經八脈攷一卷 (明)李時珍撰 **本草萬方鍼線八卷** (清)蔡烈先輯 **本草綱目拾遺十卷** (清)趙學敏輯 清光緒三十四年(1908)上海集成圖書公司石印本 二十四冊

330000－1720－0000946 普00832 子部/天文曆算類/算書之屬
翠薇山房數學十四種 (清)張作楠撰 清刻本 二冊 存二種

330000－1720－0000947 普00833 史部/目録類/總録之屬/私撰
黃巖九峯名山閣藏書目四卷首一卷 (清)王佩文鑒定 (清)王維翰校録 清光緒五年(1879)黃巖九峯書院刻本 二冊

330000－1720－0000950 普00836 子部/道家類
道德經證二卷 (清)潘庭筠撰 清刻本 一冊

330000－1720－0000952 普00838 子部/宗教類/道教之屬
周易參同契正義三卷 (清)董德寧撰 清末鉛印本 一冊

330000－1720－0000953 普00839 子部/宗教類/道教之屬
周易參同契發揮三卷釋疑一卷 (元)俞琰撰 清同治十年(1871)錢江王氏詒燕堂刻本 一冊 存一卷(上)

330000－1720－0000955 普00841 子部/術數類/命書相書之屬
重鐫神峯張先生通考闢謬命理正宗大全六卷 (明)張楠撰 清郁文堂刻本 六冊

330000－1720－0000956 普00842 子部/宗教類/佛教之屬/諸宗
靈峰蕅益大師選定淨土十要十卷 (清)釋智旭輯 (清)釋成時評點節略 清光緒二十年(1894)揚州廣陵藏經禪院刻本 四冊

330000－1720－0000957 普00843 類叢部/叢書類/自著之屬
郝氏遺書三十三種 (清)郝懿行撰 清嘉慶至光緒刻彙印本 三冊 存一種

330000－1720－0000958 普00844 子部/農家農學類/園藝之屬/總志
佩文齋廣羣芳譜一百卷目錄二卷 (清)汪灝等撰 清刻本 四十八冊

330000－1720－0000959 普00845 類叢部/叢書類/自著之屬
郝氏遺書三十三種 (清)郝懿行撰 清嘉慶至光緒刻彙印本 三冊 存一種

330000－1720－0000960 普00846 經部/叢編
仿宋相臺五經九十六卷附考證 清刻本 一冊 存一種

330000－1720－0000962 普00848 子部/宗教類/佛教之屬/諸宗
徹悟禪師語錄二卷 (清)釋際醒說 (清)釋了亮輯 清光緒十六年(1890)揚州藏經院刻本 一冊

330000－1720－0000963　普00849　子部/宗教類/佛教之屬/經
妙法蓮華經七卷　(後秦)釋鳩摩羅什譯　清末刻本　唯光題記　五冊　存五卷(二至六)

330000－1720－0000964　普00850　子部/宗教類/佛教之屬/經
妙法蓮華經七卷　(後秦)釋鳩摩羅什譯　清刻本　二冊　存五卷(三至七)

330000－1720－0000965　普00851　子部/宗教類/佛教之屬/經疏
妙法蓮華經科註七卷首一卷　(明)釋一如集註　清刻本　七冊　存七卷(首、一至六)

330000－1720－0000966　普00852　子部/宗教類/佛教之屬/經疏
大佛頂首楞嚴經疏解蒙鈔六十卷首一卷　(清)錢謙益撰　清光緒六年(1880)邃園刻本　二十冊

330000－1720－0000968　普00855　子部/農家農學類/園藝之屬/總志
二如亭群芳譜二十九卷首一卷　(明)王象晉撰　明沙村艸堂刻本　十九冊　缺三卷(藥譜二至三、鶴魚譜)

330000－1720－0000977　普00864　子部/宗教類/佛教之屬/經疏
金剛經五十三家註解四卷　(後秦)釋鳩摩羅什譯　(明)成祖朱棣集註　清同治九年(1870)明臺經房刻本　四冊

330000－1720－0000978　普00865　子部/宗教類/佛教之屬/經
佛説金剛般若波羅密經一卷　(後秦)釋鳩摩羅什譯　**般若波羅蜜多心經一卷**　清光緒六年(1880)虞邑朱開春刻本　一冊

330000－1720－0000986　普00873　子部/宗教類/佛教之屬/經疏
佛説阿彌陀經疏鈔四卷　(明)釋袾宏撰　清光緒杭州昭慶寺慧空書房刻本　三冊　缺一卷(三)

330000－1720－0000988　普00875　子部/宗教類/佛教之屬/經疏
妙法蓮華經大成九卷提綱一卷懸談一卷經題一卷科文九卷弘傳序一卷　(清)釋大義輯　**妙法蓮華經大成音義九卷**　(清)釋淨升輯　清康熙刻本　三冊　存六卷(五至六、提綱、懸談、經題、弘傳序)

330000－1720－0000992　普00879　集部/小說類/長篇之屬
新編呂純陽三戲白牡丹四卷十六回　清末石印本　一冊

330000－1720－0000994　普00881　子部/宗教類/佛教之屬/經
大佛頂如來密因修證了義諸菩薩萬行首楞嚴經十卷　(唐)釋般剌密帝　(唐)釋彌伽釋迦譯　清刻本　一冊　存三卷(四至六)

330000－1720－0000999　普00886　類叢部/叢書類/自著之屬
郝氏遺書三十三種　(清)郝懿行撰　清嘉慶至光緒刻彙印本　三冊　存三種

330000－1720－0001000　普00887　類叢部/叢書類/自著之屬
郝氏遺書三十三種　(清)郝懿行撰　清嘉慶至光緒刻彙印本　一冊　存一種

330000－1720－0001001　普00888　子部/宗教類/佛教之屬/經
妙法蓮華經七卷　(後秦)釋鳩摩羅什譯　清刻本　三冊　存六卷(二至七)

330000－1720－0001003　普00890　子部/宗教類/佛教之屬/經疏
妙法蓮華經台宗會義十六卷附妙法蓮華經綸貫一卷　(清)釋智旭撰　清光緒十九年(1893)江北刻經處刻本　四冊　存九卷(一至二、五至八、十三至十四,妙法蓮華經綸貫)

330000－1720－0001006　普00893　類叢部/叢書類/自著之屬
春在堂全書三十六種　(清)俞樾撰　清同治至光緒刻光緒末彙印本　一冊　存二種

330000－1720－0001007　普00894　子部/儒

家類/儒家之屬

孔氏家語十卷　(三國魏)王肅注　清光緒上海同文書局石印本　五冊

330000－1720－0001008　普00895　子部/宗教類/佛教之屬/經

金剛般若經六譯本六卷　(後秦)釋鳩摩羅什等譯　清同治八年至十一年(1869－1872)金陵刻經處刻本　一冊

330000－1720－0001009　普00896　子部/宗教類/佛教之屬/經

佛說高王觀世音經一卷緣啟一卷　清末路橋金師古齋刻本　一冊

330000－1720－0001011　普00898　類叢部/叢書類/彙編之屬

古今說部叢書二百七十二種　國學扶輪社編　清宣統二年至民國二年(1910－1913)上海國學扶輪社鉛印本　一冊　存一種

330000－1720－0001013　普00900　子部/宗教類/佛教之屬/經疏

金剛般若波羅蜜經宗通九卷　(後秦)釋鳩摩羅什譯　(明)曾鳳儀注　清光緒十一年(1885)金陵刻經處刻本　一冊　存四卷(一至四)

330000－1720－0001014　普00901　子部/藝術類/遊藝之屬/棋弈

四子譜二卷　(清)過百齡輯　清宣統三年(1911)石印本　一冊　存一卷(下)

330000－1720－0001016　普00903　子部/宗教類/佛教之屬/經

金剛經彙纂二卷心經彙纂一卷　(清)孫念劬纂　清刻本　二冊

330000－1720－0001017　普00904　新學/學校

兩廣優級師範選科講義□□種　(清)兩廣優級師範學堂編　清末鉛印本　三冊　存二種

330000－1720－0001018　普00905　新學/學校

兩廣優級師範選科講義□□種　(清)兩廣優級師範學堂編　清末鉛印本　三冊　存二種

330000－1720－0001019　普00906　新學/學校

兩廣優級師範選科講義□□種　(清)兩廣優級師範學堂編　清末鉛印本　一冊　存一種

330000－1720－0001020　普00907　子部/宗教類/佛教之屬/經疏

首楞嚴經義海三十卷　(唐)釋般剌密帝　(唐)釋彌伽釋迦譯　(唐)房融筆受　(唐)釋懷迪證譯　(宋)釋子璿集義疏注經并科　(宋)釋曉月標指要義　(宋)釋仁岳集解　(宋)釋咸輝排經入注　清光緒二十六年至二十九年(1900－1903)浙甯江東崇壽庭記經房刻本　六冊

330000－1720－0001022　普00909　子部/宗教類/佛教之屬/經疏

仁王護國般若波羅蜜經疏五卷　(後秦)釋鳩摩羅什譯　(隋)釋智顗說　(唐)釋灌頂記　清光緒二十六年(1900)天台萬季寺刻本　三冊

330000－1720－0001023　普00910　子部/農家農學類/園藝之屬/總志

植物名實圖考三十八卷長編二十二卷　(清)吳其濬撰　清道光二十八年(1848)蒙自陸應穀刻本　一冊　存一卷(十四)

330000－1720－0001024　普00911　子部/宗教類/佛教之屬/大藏

徑山藏　明萬曆十七年(1589)至清嘉慶五臺、嘉興、徑山等地刻本　一冊　存一種

330000－1720－0001025　普00912　子部/宗教類/佛教之屬/總録

釋氏稽古略四卷　(元)釋覺岸撰　清光緒十二年(1886)刻本　一冊　存一卷(一)

330000－1720－0001026　普00913　子部/宗教類/佛教之屬/經疏

法華擊節一卷　(明)釋德清撰　**妙法蓮華經綸貫一卷**　(清)釋智旭撰　清同治三年(1864)南京刻經處刻本　一冊

330000－1720－0001028　普00915　子部/宗教類/佛教之屬/經疏

佛説阿彌陀經疏鈔四卷事義一卷問辯一卷續問答一卷答淨土四十八問一卷淨土疑辯一卷　(明)釋祩宏撰　清光緒二十九年(1903)浙甯實康齋刻印經房刻本　一冊　缺四卷(一至四)

330000－1720－0001029　普00916　子部/藝術類/音樂之屬/樂譜

南北派十三套大曲琵琶新譜二卷初學入門琵琶譜一卷　(清)李祖棻輯　清光緒二十一年(1895)上海賜書堂石印本　雲卿題記　二冊

330000－1720－0001031　普00918　子部/藝術類/音樂之屬/樂譜

五知齋琴譜八卷　(清)徐祺撰　(清)周魯封輯　清刻本　二冊　存四卷(二至五)

330000－1720－0001033　普00920　子部/醫家類/針灸之屬/通論

鍼灸大成十卷　(明)楊繼洲撰　清末紫文閣刻本　三冊　存三卷(二、四、七)

330000－1720－0001034　普00921　子部/宗教類/佛教之屬/經

大佛頂如來密因修證了義諸菩薩萬行首楞嚴經十卷　(唐)釋般剌密帝譯　(唐)釋彌伽釋迦譯語　(唐)房融筆授　(明)王應乾參標　清咸豐十一年(1861)杭州昭慶寺慧空經房刻本　一冊　存三卷(一至三)

330000－1720－0001038　普00925　子部/宗教類/佛教之屬/經

大佛頂如來密因修證了義諸菩薩萬行首楞嚴經十卷　(唐)釋般剌密帝譯　(唐)釋彌伽釋迦譯語　(唐)房融筆受　(明)王應乾參標　清光緒二十五年(1899)瑪瑙寺明臺經房刻本　三冊

330000－1720－0001043　普00930　子部/雜著類/雜考之屬

日知録集釋三十二卷刊誤二卷續刊誤二卷　(清)黄汝成撰　清同治十一年(1872)湖北崇文書局刻本　十六冊

330000－1720－0001047　普00934　子部/宗教類/佛教之屬/諸宗

禪林寶訓筆說三卷　(清)釋智祥撰　清末揚州藏經禪院刻本　一冊　存一卷(一)

330000－1720－0001048　普00935　子部/藝術類/書畫之屬/總論

佩文齋書畫譜一百卷　(清)孫岳頒等輯　清光緒九年(1883)上海同文書局石印本　八冊　存四十六卷(五十五至一百)

330000－1720－0001049　普00936　子部/宗教類/佛教之屬/諸宗

禪林重刻寶訓筆說三卷　(清)釋智祥撰　清同治十年(1871)鄂城正覺寺刻本　一冊　存一卷(上)

330000－1720－0001051　普00938　子部/宗教類/佛教之屬/諸宗

摩訶止觀輔行傳弘决四十卷　(唐)釋湛然撰　清刻本　二冊　存四卷(二十三至二十四、三十五至三十六)

330000－1720－0001052　普00939　子部/藝術類/書畫之屬/畫譜

芥子園畫傳初集六卷二集九卷三集六卷　(清)王槩　(清)王蓍　(清)王臬輯　清光緒十四年(1888)上海天寶書局石印本　十二冊

330000－1720－0001054　普00941　子部/藝術類/書畫之屬/畫譜

芥子園畫傳初集六卷二集九卷三集六卷　(清)王槩　(清)王蓍　(清)王臬輯　清光緒十四年(1888)上海天寶書局石印本　三冊　存四卷(初集三至五、三集六)

330000－1720－0001055　普00942　子部/藝術類/書畫之屬/畫譜

芥子園畫傳初集六卷二集九卷三集六卷　(清)王槩　(清)王蓍　(清)王臬輯　清光緒三十二年(1906)上海文新書局石印本　三冊　存六卷(二集一至六)

330000－1720－0001056　普00943　子部/宗

教類/佛教之屬
假蒼文勤禪師語錄四卷 （清）釋文勤撰　（清）釋真野　（清）釋真潔等編　清道光十九年（1839）刻本　一冊

330000－1720－0001057　普00944　史部/地理類/方志之屬/郡縣志
[光緒]黃巖縣志四十卷首一卷附黃巖集三十二卷首一卷 （清）陳寶善　（清）孫憙修　（清）王棻纂　（清）陳鍾英　（清）鄭錫滜續修　王詠霓續纂　**黃巖志校議二卷** （清）王棻撰　清光緒三年（1877）刻六年（1880）校補刻本　一冊　存二卷（首、一）

330000－1720－0001060　普00947　子部/雜著類/雜考之屬
日知録集釋三十二卷刊誤二卷續刊誤二卷 （清）黃汝成撰　清同治八年（1869）廣州述古堂刻本　十六冊

330000－1720－0001061　普00948　子部/雜著類/雜考之屬
日知録集釋三十二卷刊誤二卷續刊誤二卷 （清）黃汝成撰　清同治八年（1869）廣州述古堂刻本　十六冊

330000－1720－0001063　普00950　子部/雜著類/雜考之屬
日知録集釋三十二卷刊誤二卷續刊誤二卷 （清）黃汝成撰　清光緒三年（1877）刻本　十五冊　存三十二卷（一至三十二）

330000－1720－0001064　普00951　子部/宗教類/道教之屬
道書二十三種 （清）劉一明撰　清刻本　一冊　存一種

330000－1720－0001065　普00952　子部/雜著類/雜考之屬
日知録集釋三十二卷刊誤二卷續刊誤二卷 （清）黃汝成撰　清光緒三年（1877）刻本　王舟瑤批跋　十五冊　缺三卷（十七至十九）

330000－1720－0001067　普00954　子部/儒家類/儒學之屬
中庸衍義十七卷 （明）夏良勝撰　清同治十年（1871）刻本　十二冊

330000－1720－0001069　普00956　集部/別集類/明別集
劉子全書四十卷首一卷 （明）劉宗周撰　（清）董瑒編　清道光四年至十五年（1824－1835）蕭山王宗炎等刻本　二十四冊

330000－1720－0001070　普00957　類叢部/叢書類/自著之屬
李文忠公全集六種 （清）李鴻章撰　（清）吳汝綸編錄　清光緒三十一年（1905）金陵刻三十四年（1908）印本　七十冊　存四種

330000－1720－0001072　普00959　史部/政書類
三通考輯要 湯壽潛輯　清光緒二十五年（1899）上海圖書集成局鉛印本　二十八冊　缺四卷（文獻通考輯要九、皇朝文獻通考輯要二至四）

330000－1720－0001075　普00962　集部/總集類/課藝之屬
湘雅扶輪集十二卷 （清）吳樹梅輯　清光緒二十六年（1900）長沙節署刻本　九冊　存九卷（一、三至十）

330000－1720－0001076　普00963　集部/總集類/選集之屬/斷代
國朝文匯甲前集二十卷甲集六十卷乙集七十卷丙集三十卷丁集二十卷 （清）上海國學扶輪社輯　清宣統元年（1909）上海國學扶輪社石印本　四十冊　存八十卷（甲前集一至二十、甲集一至六十）

330000－1720－0001079　普00966　子部/宗教類/佛教之屬/諸宗
八宗綱要二卷 （日本）釋凝然撰　清宣統三年（1911）揚州藏經院刻本　一冊

330000－1720－0001081　普00968　子部/宗教類/道教之屬/戒律
太上感應篇圖説八卷首一卷 （清）黃正元纂　（清）毛金蘭補　清同治八年（1869）刻本

八册

330000－1720－0001083　普00970　史部/政書類
九通二千三百二十一卷　(清)□□輯　清光緒二十七年(1901)上海圖書集成局鉛印本　四十八册　存一種

330000－1720－0001086　普00973　子部/宗教類/佛教之屬/諸宗
禪淨選要四卷　(清)□□輯　清光緒三十四年(1908)四川萬縣刻本　二册　存二卷(三至四)

330000－1720－0001087　普00974　史部/金石類/總志之屬
金石索十二卷首一卷　(清)馮雲鵬　(清)馮雲鵷輯　清光緒三十三年(1907)上海文新局石印本　二十四册

330000－1720－0001090　普00977　史部/地理類/方志之屬/郡縣志
光緒太平續志十八卷首一卷　(清)陳汝霖修　(清)王棻等纂　清光緒二十二年(1896)刻本　四册　存十一卷(四至十二、十七至十八)

330000－1720－0001091　普00978　類叢部/叢書類/郡邑之屬
台州叢書九種　(清)宋世犖輯　清嘉慶至道光臨海宋氏刻本　九册　存二種

330000－1720－0001093　普00980　類叢部/叢書類/郡邑之屬
台州叢書九種　(清)宋世犖輯　清嘉慶至道光臨海宋氏刻本　一册　存一種

330000－1720－0001094　普00981　史部/金石類/石之屬/通考
陶齋藏石記四十四卷首一卷藏甎記二卷　(清)端方輯　清宣統二年(1910)上海商務印書館石印本　十二册

330000－1720－0001095　普00982　子部/宗教類/佛教之屬/總録
雲棲法彙二十九種　(明)釋袾宏撰　(明)王宇春等輯　清光緒十八年至二十五年(1892－1899)金陵刻經處刻本　九册　存十二種

330000－1720－0001096　普00983　史部/金石類/總志之屬
二銘艸堂金石聚十六卷　(清)張德容輯　清同治十一年(1872)衢州張氏二銘艸堂刻本　十二册　存十二卷(一至十一、十五)

330000－1720－0001097　普00984　史部/金石類/陶之屬
浙江磚録四卷　(清)馮登府撰　清道光十六年(1836)鄞縣鄭淳刻本　益夫題簽並記　三册　存二卷(一至二)

330000－1720－0001098　普00985　類叢部/叢書類/彙編之屬
式訓堂叢書四十一種　(清)章壽康編　清光緒會稽章氏刻本　一册　存二種

330000－1720－0001099　普00986　史部/金石類
行素草堂金石叢書　(清)朱記榮輯　清光緒吴縣朱氏刻十四年(1888)彙印本　四册　存一種

330000－1720－0001100　普00987　子部/宗教類/佛教之屬/諸宗
揞黑豆集八卷首一卷　(清)平聖臺輯並頌注　(清)心圓拈頌别並注　清乾隆五十九年至六十年(1794－1795)刻本　四册

330000－1720－0001102　普00989　子部/宗教類/佛教之屬
慈悲道場懺法十卷　(南朝梁)武帝蕭衍撰　清刻本　二册　存四卷(一至二、九至十)

330000－1720－0001104　普00991　史部/金石類/郡邑之屬/文字
兩浙金石志十八卷補遺一卷　(清)阮元撰　清光緒十六年(1890)浙江書局刻本　七册　存十二卷(一至五、七至八、十二至十六)

330000－1720－0001105　普00992　史部/金石類/郡邑之屬/文字
兩浙金石志十八卷補遺一卷　(清)阮元撰

清光緒十六年(1890)浙江書局刻本　二册　存二卷(十五至十六)

330000－1720－0001106　普00993　史部/地理類/方志之屬/郡縣志

[光緒]黄巖縣志四十卷首一卷附黄巖集三十二卷首一卷　(清)陳寶善　(清)孫憙修　(清)王棻纂　(清)陳鍾英　(清)鄭錫滜續修　王詠霓續纂　**黄巖志校議二卷**　(清)王棻撰　清光緒三年(1877)刻六年(1880)校補刻本　十四册　存三十四卷(二至十二、十五至三十、三十四至四十)

330000－1720－0001107　普00994　史部/金石類/石之屬/文字

碑别字補五卷　羅振玉輯　清光緒二十七年(1901)上虞羅氏刻本　一册

330000－1720－0001108　普00995　史部/金石類/郡邑之屬

東甌金石志十二卷　(清)戴咸弼撰　(清)孫詒讓校補　清光緒九年(1883)瑞安孫氏刻本　三册　存九卷(一至六、十至十二)

330000－1720－0001109　普00996　史部/地理類/方志之屬/郡縣志

[光緒]黄巖縣志四十卷首一卷附黄巖集三十二卷首一卷　(清)陳寶善　(清)孫憙修　(清)王棻纂　(清)陳鍾英　(清)鄭錫滜續修　王詠霓續纂　**黄巖志校議二卷**　(清)王棻撰　清光緒三年(1877)刻六年(1880)校補刻本　二册　存四卷(二十至二十一、三十四至三十五)

330000－1720－0001110　普00997　史部/地理類/方志之屬/郡縣志

[康熙]臨海縣志十五卷首一卷　(清)洪若臯纂　清康熙二十二年(1683)刻同治至光緒重印本　八册

330000－1720－0001111　普00998　史部/地理類/方志之屬/郡縣志

[康熙]臨海縣志十五卷首一卷　(清)洪若臯纂　清康熙二十二年(1683)刻同治至光緒重印本　八册

330000－1720－0001112　普00999　史部/地理類/方志之屬/郡縣志

[康熙]臨海縣志十五卷首一卷　(清)洪若臯纂　清康熙二十二年(1683)刻同治至光緒重印本　七册　存十四卷(首、一至十三)

330000－1720－0001113　普01000　史部/地理類/方志之屬/郡縣志

[康熙]臨海縣志十五卷首一卷　(清)洪若臯纂　清康熙二十二年(1683)刻同治至光緒重印本　五册　存九卷(首,一至二、六至九、十二至十三)

330000－1720－0001115　普01002　史部/金石類/總志之屬

金石萃編一百六十卷　(清)王昶撰　清嘉慶十年(1805)青浦王氏經訓堂刻同治十年(1871)嘉善錢寶傳補刻本　六十二册　缺六卷(八十九至九十二、一百六至一百七)

330000－1720－0001118　普01005　史部/金石類/總志之屬

金石萃編一百六十卷　(清)王昶撰　清嘉慶十年(1805)青浦王氏經訓堂刻同治十年(1871)嘉善錢寶傳補刻本　四十八册　存一百二十卷(四十一至一百六十)

330000－1720－0001124　普01011　史部/地理類/方志之屬/郡縣志

[光緒]黄巖縣志四十卷首一卷附黄巖集三十二卷首一卷　(清)陳寶善　(清)孫憙修　(清)王棻纂　(清)陳鍾英　(清)鄭錫滜續修　王詠霓續纂　**黄巖志校議二卷**　(清)王棻撰　清光緒三年(1877)刻六年(1880)校補刻本　十六册　存四十一卷(黄巖縣志首、一至四十)

330000－1720－0001125　普01012　史部/地理類/方志之屬/郡縣志

[光緒]黄巖縣志四十卷首一卷附黄巖集三十二卷首一卷　(清)陳寶善　(清)孫憙修　(清)王棻纂　(清)陳鍾英　(清)鄭錫滜續修　王詠霓續纂　**黄巖志校議二卷**　(清)王棻撰　清光緒三年(1877)刻六年(1880)校補

刻本　成美堂題記　十六冊　存四十二卷(黃巖縣志首、一至四十,黃巖志校議上)

330000－1720－0001126　普01013　史部/地理類/方志之屬/郡縣志

嘉慶太平縣志十八卷首一卷　(清)慶霖修　(清)戚學標等纂　清光緒二十二年(1896)刻本　三冊　存四卷(十至十二、十七)

330000－1720－0001127　普01014　類叢部/叢書類/自著之屬

亭林先生遺書彙輯二十三種附錄三種　(清)顧炎武撰　(清)席威　(清)朱記榮編　清光緒十一年至三十二年(1885－1906)吳縣朱氏槐廬家塾刻本　一冊　存一種

330000－1720－0001132　普01019　史部/地理類/方志之屬/郡縣志

[光緒]玉環廳志十四卷首一卷　(清)杜冠英　(清)胥壽榮修　(清)呂鴻燾纂　**續增二卷**　(清)胡鍾駿纂　清光緒六年(1880)刻十四年(1888)增刻本　七冊　存十四卷(首,一至九、十三至十四;續增一至二)

330000－1720－0001133　普01020　史部/地理類/外紀之屬

海國圖志一百卷首一卷　(清)魏源撰　清光緒二十一年(1895)上海積山書局石印本　十五冊　缺六卷(七十二至七十七)

330000－1720－0001134　普01021　史部/地理類/外紀之屬

海國圖志一百卷首一卷　(清)魏源撰　**續集二十五卷**　(英國)麥高爾撰　(美國)林樂知　(清)瞿昂來譯　清光緒二十一年(1895)上海書局石印本　二冊　存二十三卷(續集一至二十三)

330000－1720－0001135　普01022　史部/地理類/外紀之屬

海國圖志一百卷　(清)魏源撰　清咸豐二年(1852)古微堂刻本　二十三冊　缺四卷(四十二至四十五)

330000－1720－0001136　普01023　史部/地理類/方志之屬/郡縣志

[光緒]玉環廳志十四卷首一卷　(清)杜冠英　(清)胥壽榮修　(清)呂鴻燾纂　**續增二卷**　(清)胡鍾駿纂　清光緒六年(1880)刻十四年(1888)增刻本　八冊　存十六卷(首、一至十四,續增一)

330000－1720－0001137　普01024　史部/地理類/外紀之屬

海國圖志一百卷首一卷　(清)魏源撰　清光緒二年(1876)平慶涇固道署刻本　九冊　存三十五卷(首,一至二、十至四十一)

330000－1720－0001138　普01025　史部/地理類/方志之屬/郡縣志

[光緒]黃巖縣志四十卷首一卷附黃巖集三十二卷首一卷　(清)陳寶善　(清)孫憙修　(清)王棻纂　(清)陳鍾英　(清)鄭錫滜續修　王詠霓續纂　**黃巖志校議二卷**　(清)王棻撰　清光緒三年(1877)刻六年(1880)校補刻本　八冊　存二十二卷(二十至四十、黃巖志校議上)

330000－1720－0001139　普01026　史部/地理類/外紀之屬

海國圖志一百卷　(清)魏源撰　清刻本　十九冊　存八十一卷(五至十三、二十九至一百)

330000－1720－0001140　普01027　史部/地理類/方志之屬/郡縣志

[光緒]黃巖縣志四十卷首一卷附黃巖集三十二卷首一卷　(清)陳寶善　(清)孫憙修　(清)王棻纂　(清)陳鍾英　(清)鄭錫滜續修　王詠霓續纂　**黃巖志校議二卷**　(清)王棻撰　清光緒三年(1877)刻六年(1880)校補刻本　十二冊　存二十七卷(首,二至三、八至十九、二十三至二十九、三十四至三十八)

330000－1720－0001142　普01029　史部/地理類/外紀之屬

海國圖志一百卷　(清)魏源撰　清刻本　五冊　存十六卷(三十至三十三、八十一至八十七、九十六至一百)

330000－1720－0001143　普 01030　史部/地理類/外紀之屬

英法俄德四國志略四卷　沈敦和輯譯　清末鉛印本　一冊

330000－1720－0001144　普 01031　史部/地理類/方志之屬/郡縣志

[光緒]黄巖縣志四十卷首一卷附黄巖集三十二卷首一卷　(清)陳寶善　(清)孫憙修　(清)王棻纂　(清)陳鍾英　(清)鄭錫滜續修　王詠霓續纂　**黄巖志校議二卷**　(清)王棻撰　清光緒三年(1877)刻六年(1880)校補刻本　王舟瑤批　十二冊　存三十卷(首,一至三、七至十九、二十三至二十七、三十四至四十;黄巖志校議上)

330000－1720－0001148　普 01035　史部/地理類/方志之屬/郡縣志

[光緒]黄巖縣志四十卷首一卷附黄巖集三十二卷首一卷　(清)陳寶善　(清)孫憙修　(清)王棻纂　(清)陳鍾英　(清)鄭錫滜續修　王詠霓續纂　**黄巖志校議二卷**　(清)王棻撰　清光緒三年(1877)刻六年(1880)校補刻本　十五冊　存四十卷(二至四十、黄巖志校議上)

330000－1720－0001149　普 01036　新學/地學/地理學

改正世界地理學六卷首一卷　(日本)矢津昌永撰　吳閬生譯　清光緒二十九年(1903)上海文明書局鉛印本　二冊　存四卷(首、一至三)

330000－1720－0001150　普 01037　新學/地學/地志學

地理全志不分卷　(英國)慕維廉撰　清光緒九年(1883)上海美華書館鉛印本　一冊

330000－1720－0001151　普 01038　史部/地理類/方志之屬/郡縣志

[光緒]黄巖縣志四十卷首一卷附黄巖集三十二卷首一卷　(清)陳寶善　(清)孫憙修　(清)王棻纂　(清)陳鍾英　(清)鄭錫滜續修　王詠霓續纂　**黄巖志校議二卷**　(清)王棻撰　清光緒三年(1877)刻六年(1880)校補刻本　成美堂題記　十六冊　存三十七卷(首,二至六、十至四十)

330000－1720－0001153　普 01040　新學/史志/諸國史

歷史叢書　清光緒上海商務印書館鉛印本　一冊　存一種

330000－1720－0001154　普 01041　史部/地理類/方志之屬/郡縣志

[光緒]黄巖縣志四十卷首一卷附黄巖集三十二卷首一卷　(清)陳寶善　(清)孫憙修　(清)王棻纂　(清)陳鍾英　(清)鄭錫滜續修　王詠霓續纂　**黄巖志校議二卷**　(清)王棻撰　清光緒三年(1877)刻六年(1880)校補刻本　十二冊　存二十七卷(首,一至二十四、三十四至三十五)

330000－1720－0001155　普 01042　新學/史志/諸國史

歷史叢書　清光緒上海商務印書館鉛印本　一冊　存一種

330000－1720－0001156　普 01043　史部/地理類/方志之屬/郡縣志

[光緒]黄巖縣志四十卷首一卷附黄巖集三十二卷首一卷　(清)陳寶善　(清)孫憙修　(清)王棻纂　(清)陳鍾英　(清)鄭錫滜續修　王詠霓續纂　**黄巖志校議二卷**　(清)王棻撰　清光緒三年(1877)刻六年(1880)校補刻本　八冊　存十九卷(首,一至六、十至二十一)

330000－1720－0001157　普 01044　史部/地理類/方志之屬/郡縣志

[光緒]黄巖縣志四十卷首一卷附黄巖集三十二卷首一卷　(清)陳寶善　(清)孫憙修　(清)王棻纂　(清)陳鍾英　(清)鄭錫滜續修　王詠霓續纂　**黄巖志校議二卷**　(清)王棻撰　清光緒三年(1877)刻六年(1880)校補刻本　六冊　存十七卷(十九至三十、三十四至三十五、三十九至四十,黄巖志校議上)

330000－1720－0001158　普 01045　史部/地

理類/方志之屬/郡縣志

[光緒]黃巖縣志四十卷首一卷附黃巖集三十二卷首一卷 (清)陳寶善 (清)孫憙修 (清)王棻纂 (清)陳鍾英 (清)鄭錫滜續修 王詠霓續纂 **黃巖志校議二卷** (清)王棻撰 清光緒三年(1877)刻六年(1880)校補刻本 四冊 存八卷(首,四至八、十三至十四)

330000－1720－0001159 普01046 史部/地理類/方志之屬/郡縣志

[光緒]黃巖縣志四十卷首一卷附黃巖集三十二卷首一卷 (清)陳寶善 (清)孫憙修 (清)王棻纂 (清)陳鍾英 (清)鄭錫滜續修 王詠霓續纂 **黃巖志校議二卷** (清)王棻撰 清光緒三年(1877)刻六年(1880)校補刻本 一冊 存二卷(十至十一)

330000－1720－0001161 普01048 新學/地學/地志學

日本地理志一卷 (日本)中村五六撰 (日本)頓野廣太郎補 王國維譯 清光緒二十七年(1901)上海金粟齋鉛印本 一冊

330000－1720－0001162 普01049 史部/地理類/外紀之屬

爪哇志一卷新誌一卷蘇門答拉志一卷新志一卷 (清)學部編譯圖書局編 清光緒三十三年(1907)學部編譯圖書局鉛印本 一冊

330000－1720－0001163 普01050 史部/地理類/外紀之屬

小亞細亞志一卷 (清)學部編譯圖書局編 清光緒三十三年(1907)學部編譯圖書局鉛印本 一冊

330000－1720－0001164 普01051 史部/地理類/外紀之屬

英領開浦殖民地志一卷新誌一卷 (清)學部編譯圖書局編 清光緒三十四年(1908)學部編譯圖書局鉛印本 一冊

330000－1720－0001165 普01052 史部/地理類/外紀之屬

波斯志一卷 (清)學部編譯圖書局編 清光緒三十三年(1907)學部編譯圖書局鉛印本 一冊

330000－1720－0001166 普01053 新學/史志/諸國史

西洋通史前編十一卷 (法國)駝懊屢撰 (日本)村上義茂重譯 清光緒二十八年(1902)上洋會文譯書社石印本 六冊 缺一卷(六)

330000－1720－0001167 普01054 新學/史志/別國史

日本外史二十二卷 (日本)賴襄撰 (清)錢懌評 清光緒十五年(1889)上海讀史堂刻本 王詠霓題記 十冊 缺四卷(八至十一)

330000－1720－0001168 普01055 史部/載記類

契丹國志二十七卷 (宋)葉隆禮撰 清乾隆五十八年(1793)承恩堂刻本 王詠霓批校 四冊

330000－1720－0001169 普01056 新學/史志/別國史

俄史輯譯四卷 (英國)闞斐迪譯 (清)徐景羅重譯 清光緒十四年(1888)益智書會刻本 四冊

330000－1720－0001170 普01057 新學/史志/別國史

中等教育日本歷史二卷附錄諸國封建沿革畧一卷 (日本)萩野由之撰 劉大猷譯 清光緒二十七年(1901)教育世界社石印本 四冊 缺一卷(附錄)

330000－1720－0001171 普01058 新學/史志/諸國史

歐羅巴通史四卷首一卷 (日本)箕作元八 (日本)峰岸米造纂 (清)胡景伊 (清)徐有成 (清)唐人傑譯 清光緒二十六年(1900)東亞譯書會鉛印本 四冊

330000－1720－0001172 普01059 類叢部/叢書類/彙編之屬

廣漢魏叢書八十種 (明)何允中編 清嘉慶

刻本　二册　存一種

330000－1720－0001176　普01063　史部/地理類/方志之屬/通志

[光緒]江西通志一百八十卷首五卷　(清)劉坤一等修　(清)劉繹等纂　清光緒六年至七年(1880－1881)刻本　一百十九册　缺二卷(一百四十二至一百四十三)

330000－1720－0001178　普01065　新學/史志/别國史

英興記二卷首一卷末一卷　(英國)鄂理槎　(英國)慕理海撰　(美國)林樂知　(清)任廷旭譯　清光緒二十四年(1898)上海圖書集成局鉛印本　二册

330000－1720－0001180　普01067　新學/史志/别國史

意大利獨立史六卷　(日本)松井廣吉撰　(清)張仁普譯　清光緒二十九年(1903)上海廣智書局鉛印本　一册

330000－1720－0001182　普01069　史部/地理類/外紀之屬

安南志畧二十卷首一卷　(元)黎崱編　清光緒十年(1884)上海樂善堂鉛印本　四册　存十九卷(首、一至十八)

330000－1720－0001183　普01070　集部/别集類/清别集

秣陵集六卷金陵歷代紀年事表一卷圖考一卷　(清)陳文述撰　清光緒十年(1884)淮南書局刻本　三册

330000－1720－0001184　普01071　集部/别集類/清别集

秣陵集六卷金陵歷代紀年事表一卷圖考一卷　(清)陳文述撰　清光緒十年(1884)淮南書局刻本　三册

330000－1720－0001185　普01072　新學/史志/别國史

節本泰西新史攬要八卷　(英國)李提摩太譯　周慶雲節錄　清光緒二十七年(1901)周慶雲夢坡室刻本　二册

330000－1720－0001186　普01073　新學/史志/諸國史

萬國通鑑四卷　(美國)謝衛樓撰　(清)趙如光譯　清光緒八年(1882)刻本　三册　缺一卷(二)

330000－1720－0001187　普01074　類叢部/叢書類/彙編之屬

申報館叢書正集五十七種附錄三種　(清)尊聞閣主編　**續集一百四十二種**　蔡爾康編　清同治至光緒上海申報館鉛印本　王舟瑤題簽並記　十三册　存一種

330000－1720－0001189　普01076　新學/史志/諸國史

萬國通史續編十卷　(英國)李思倫白輯譯　(清)曹曾涵編　清光緒三十年(1904)上海廣學會鉛印本　八册　存八卷(二至九)

330000－1720－0001190　普01077　新學/史志/諸國史

萬國通史三編十卷　(英國)李思倫白輯譯　(清)曹曾涵編　清光緒三十一年(1905)上海廣學會鉛印本　七册　存七卷(一至三、五、七至八、十)

330000－1720－0001191　普01078　史部/地理類/外紀之屬

日本國志四十卷首一卷　(清)黃遵憲輯　清光緒二十四年(1898)上海圖書集成印書局鉛印本　十册

330000－1720－0001193　普01080　史部/地理類/外紀之屬

日本國志四十卷首一卷　(清)黃遵憲輯　清光緒二十七年(1901)上海書局石印本　四册

330000－1720－0001194　普01081　史部/地理類/外紀之屬

日本國志四十卷首一卷　(清)黃遵憲輯　清光緒二十七年(1901)上海書局石印本　八册

330000－1720－0001196　普01083　史部/地理類/外紀之屬

日本國志四十卷首一卷　(清)黃遵憲輯　清

光緒二十四年(1898)浙江書局刻本　十冊

330000－1720－0001197　普 01084　史部/地理類/外紀之屬
日本國志四十卷首一卷　(清)黃遵憲輯　清光緒二十四年(1898)浙江書局刻本　六冊　存二十七卷(三至七、十三至十四、二十一至四十)

330000－1720－0001198　普 01085　史部/地理類/外紀之屬
日本國志四十卷首一卷　(清)黃遵憲輯　清光緒二十四年(1898)浙江書局刻本　三冊　存十卷(三至七、十三至十七)

330000－1720－0001199　普 01086　史部/地理類/山川之屬/山志
天台山方外志三十卷　(明)釋傳燈撰　清光緒二十年(1894)佛隴真覺寺刻本　八冊

330000－1720－0001200　普 01087　史部/地理類/方志之屬/郡縣志
[光緒]黃巖縣志四十卷首一卷附黃巖集三十二卷首一卷　(清)陳寶善　(清)孫憙修　(清)王棻纂　(清)陳鍾英　(清)鄭錫滜續修　王詠霓續纂　**黃巖志校議二卷**　(清)王棻撰　清光緒稿本　一冊　存三卷(三十八至四十)

330000－1720－0001201　普 01088　史部/地理類/山川之屬/山志
台南洞林志二卷首一卷　(清)馮賡雪撰　**校補一卷續一卷又續一卷**　(清)葉書撰　清光緒二十五年(1899)臨海馮氏刻本　一冊

330000－1720－0001203　普 01090　史部/地理類/山川之屬/山志
天台山方外志三十卷　(明)釋傳燈撰　清光緒二十年(1894)佛隴真覺寺刻本　七冊　缺二卷(一至二)

330000－1720－0001205　普 01092　史部/地理類/山川之屬/山志
委羽山志六卷　(明)胡昌賢撰　**續志六卷首一卷**　(清)王維翰撰　清同治九年(1870)委羽石室刻本　三冊

330000－1720－0001207　普 01094　史部/地理類/山川之屬/山志
委羽山志六卷　(明)胡昌賢撰　**續志六卷首一卷**　(清)王維翰撰　清同治九年(1870)委羽石室刻本　重山題記　二冊　缺六卷(委羽山志一至六)

330000－1720－0001208　普 01095　史部/地理類/山川之屬/山志
重訂天台山方外志要十二卷首一卷　(清)齊召南纂　(清)阮元重訂　清嘉慶七年(1802)青浦陳以謙刻本　四冊　存十一卷(首,一至八、十一至十二)

330000－1720－0001209　普 01096　史部/地理類/專志之屬/祠墓
唐張中丞專祠錄五卷首一卷末一卷　(清)侯慶勛纂輯　清光緒四年(1878)浮梁侯氏寶岳齋刻本　二冊　存四卷(首、一至三)

330000－1720－0001210　普 01097　史部/地理類/專志之屬/祠墓
規復兩浙節孝總祠事蹟不分卷　清末刻本　一冊

330000－1720－0001211　普 01098　史部/地理類/專志之屬/祠墓
規復兩浙節孝總祠事蹟不分卷　清末刻本　一冊

330000－1720－0001213　普 01100　史部/地理類/專志之屬/古跡
申江勝景圖二卷　(清)吳友如繪　清光緒十年(1884)上海點石齋石印本　一冊　存一卷(上)

330000－1720－0001214　普 01101　史部/地理類/方志之屬/通志
浙志便覽七卷　(清)李應珏撰　清光緒十七年(1891)杭城吏隱齋刻本　四冊

330000－1720－0001215　普 01102　史部/地理類/方志之屬/通志
浙志便覽七卷　(清)李應珏撰　清光緒十七

年(1891)杭城吏隱齋刻本　四册

330000－1720－0001216　普01103　史部/地理類/專志之屬/祠墓

兩浙防護陵寢祠墓錄不分卷　(清)阮元輯　清光緒十五年(1889)浙江書局刻本　二册

330000－1720－0001217　普01104　史部/傳記類/總傳之屬/儒林

聖門志六卷　(明)吕元善撰　(明)吕元美　(明)吕濬編　清刻本　一册　存一卷(一)

330000－1720－0001219　普01106　史部/地理類/方志之屬/郡縣志

[光緒]續纂江寧府志十五卷首一卷　(清)蔣啟勛　(清)趙佑宸修　(清)汪士鐸等纂　清光緒六年(1880)刻十年(1884)印本　十一册　缺三卷(七至九)

330000－1720－0001220　普01107　史部/傳記類/總傳之屬/郡邑

鄉賢錄節要四卷二徐祠墓錄一卷　楊晨編　清末臨海盧烔刻本　一册　存一卷(二徐祠墓錄)

330000－1720－0001222　普01109　史部/地理類/山川之屬/山志

委羽山志六卷　(明)胡昌賢撰　**續志六卷首一卷**　(清)王維翰撰　清同治九年(1870)委羽石室刻本　二册　缺六卷(委羽山志一至六)

330000－1720－0001224　普01111　史部/地理類/山川之屬/水志

水道提綱二十八卷　(清)齊召南撰　清光緒四年(1878)津門徐士鑾霞城精舍刻本　八册

330000－1720－0001225　普01112　史部/地理類/專志之屬/宫殿

三輔黄圖六卷補遺一卷　(漢)□□撰　(清)畢沅校　清光緒十七年(1891)思賢講舍刻本　一册

330000－1720－0001226　普01113　史部/地理類/山川之屬/水志

水道提綱二十八卷　(清)齊召南撰　清光緒四年(1878)津門徐士鑾霞城精舍刻本　八册

330000－1720－0001227　普01114　史部/地理類/山川之屬/水志

水道提綱二十八卷　(清)齊召南撰　清光緒四年(1878)津門徐士鑾霞城精舍刻本　八册

330000－1720－0001228　普01115　類叢部/叢書類/彙編之屬

式訓堂叢書四十一種　(清)章壽康編　清光緒會稽章氏刻本　一册　存一種

330000－1720－0001229　普01116　史部/地理類/山川之屬/水志

水道提綱二十八卷天度刊誤一卷　(清)齊召南撰　清光緒二十四年(1898)新化三味書室刻本　八册

330000－1720－0001230　普01117　史部/地理類/山川之屬/水志

水經注四十卷補遺一卷附錄二卷　(北魏)酈道元撰　(清)全祖望校　清光緒十四年(1888)無錫薛福成甯波崇實書院刻本　十四册　存三十六卷(一至二十七、三十二至三十四、三十八至四十,補遺,附錄一至二)

330000－1720－0001231　普01118　史部/地理類/山川之屬/水志

水道提綱二十八卷　(清)齊召南撰　清光緒四年(1878)津門徐士鑾霞城精舍刻本　八册

330000－1720－0001232　普01119　史部/地理類/山川之屬/水志

水道提綱二十八卷　(清)齊召南撰　清光緒四年(1878)津門徐士鑾霞城精舍刻本　四册　存十四卷(十五至二十八)

330000－1720－0001233　普01120　類叢部/叢書類/彙編之屬

崇文書局彙刻書三十一種　(清)崇文書局編　清光緒元年至三年(1875－1877)湖北崇文書局刻本　十二册　存一種

330000－1720－0001234　普01121　史部/地理類/山川之屬/水志

水道提綱二十八卷　(清)齊召南撰　清光緒

四年(1878)津門徐士鑾霞城精舍刻本　五冊　存十六卷(一至六、十二至十八、二十二至二十四)

330000－1720－0001235　普01122　史部/地理類/方志之屬/郡縣志
[光緒]貴池縣沿革表一卷　劉世珩撰　清光緒二十八年(1902)刻本　一冊

330000－1720－0001237　普01124　史部/地理類/方志之屬/郡縣志
[光緒]餘姚縣志二十七卷首一卷末一卷　(清)周炳麟修　(清)邵友濂　(清)孫德祖纂　清光緒二十五年(1899)刻本　十三冊　缺四卷(二十至二十二、二十四)

330000－1720－0001238　普01125　史部/地理類/山川之屬/水志
湖山便覽十二卷圖說一卷　(清)翟灝等撰　清光緒元年(1875)杭州王維翰槐蔭堂刻本　六冊

330000－1720－0001239　普01126　史部/地理類/山川之屬/水志
湖山便覽十二卷圖說一卷　(清)翟灝等撰　清光緒元年(1875)杭州王維翰槐蔭堂刻本　四冊　存八卷(三至十)

330000－1720－0001240　普01127　史部/地理類/山川之屬/山志
萬山綱目二十一卷　(清)李誠撰　清光緒二十六年(1900)長沙刻本　十冊

330000－1720－0001241　普01128　史部/地理類/山川之屬/山志
萬山綱目二十一卷　(清)李誠撰　清光緒二十六年(1900)長沙刻本　九冊　存十九卷(一至二、五至二十一)

330000－1720－0001242　普01129　史部/地理類/山川之屬/山志
萬山綱目二十一卷　(清)李誠撰　清光緒二十六年(1900)長沙刻本　五冊　存十四卷(四至十五、十八至十九)

330000－1720－0001243　普01130　史部/地理類/山川之屬/山志
萬山綱目二十一卷　(清)李誠撰　清光緒二十六年(1900)長沙刻本　四冊　存十一卷(一至三、十二至十九)

330000－1720－0001244　普01131　史部/地理類/方志之屬/郡縣志
[嘉慶]同安縣志三十卷首一卷　(清)吳堂修　(清)劉光鼎等纂　清刻本　八冊　存十五卷(十六至三十)

330000－1720－0001245　普01132　史部/地理類/山川之屬/水志
水經注釋地四十卷補遺二卷水道直指一卷　(清)張匡學撰　清嘉慶二年(1797)新安張氏上池書屋刻本　十九冊　缺一卷(水道直指)

330000－1720－0001247　普01134　史部/叢編
大興徐氏三種　(清)徐松撰　清道光刻本　二冊　存一種

330000－1720－0001248　普01135　類叢部/叢書類/郡邑之屬
台州叢書九種　(清)宋世犖輯　清嘉慶至道光臨海宋氏刻本　一冊　存一種

330000－1720－0001249　普01136　類叢部/叢書類/彙編之屬
廣雅書局叢書一百五十九種　徐紹棨編　清光緒廣雅書局刻民國九年(1920)番禺徐紹棨彙編重印本　四冊　存二種

330000－1720－0001250　普01137　史部/地理類/山川之屬/水志
水經注圖一卷坿錄一卷　(清)汪士鐸撰　清咸豐十一年(1861)刻本　一冊

330000－1720－0001252　普01139　史部/地理類/方志之屬/郡縣志
[同治]鄞縣志七十五卷　(清)戴枚修　(清)張恕　(清)董沛等纂　清光緒三年(1877)刻四年(1878)增刻本　三十二冊　缺三卷(六十八至七十)

330000－1720－0001253　普01140　史部/地

理類/外紀之屬

唐書西域傳注一卷 (清)沈惟賢撰 清光緒二十四年(1898)刻本 一册

330000－1720－0001256 普01143 史部/地理類/方志之屬/郡縣志

[光緒]處州府志三十卷首一卷末一卷 (清)潘紹詒修 (清)周榮椿纂 清光緒三年(1877)刻本 十六册 存十七卷(首,二、六至十九、二十三)

330000－1720－0001257 普01144 史部/地理類/專志之屬/古跡

粵東葺勝記八卷首二卷 徐琪撰 清光緒二十八年(1902)刻本 二册 存四卷(一、三至五)

330000－1720－0001258 普01145 史部/地理類/雜志之屬

浙江沿海圖説一卷附海島表一卷 (清)朱正元撰 清光緒二十五年(1899)上海鉛印本 一册

330000－1720－0001259 普01146 類叢部/叢書類/郡邑之屬

台州叢書九種 (清)宋世犖輯 清嘉慶至道光臨海宋氏刻本 二册 存一種

330000－1720－0001260 普01147 類叢部/叢書類/郡邑之屬

台州叢書九種 (清)宋世犖輯 清嘉慶至道光臨海宋氏刻本 二册 存一種

330000－1720－0001261 普01148 史部/地理類/輿圖之屬/坤輿

江西全省輿圖十四卷首一卷 (清)劉坤一等撰 清末石印本 九册 存九卷(五至十一、贛州府輿圖、建昌府輿圖)

330000－1720－0001262 普01149 史部/地理類/山川之屬/水志

重修輞川志六卷 (清)胡元煐纂 清道光十八年(1838)刻本 一册 存五卷(一至五)

330000－1720－0001263 普01150 史部/地理類/方志之屬/通志

[光緒]重修安徽通志三百五十卷補遺十卷 (清)吳坤修等修 (清)何紹基等纂 清光緒四年(1878)刻本 六十七册 存二百十一卷(一至四、十九至二十、二十四至二十六、三十一至三十四、四十九至六十八、七十二至七十八、八十二至八十五、九十至九十三、九十七至九十八、一百一、一百三至一百四、一百七至一百十一、一百十四至一百十五、一百十八至一百二十九、一百三十七至一百三十九、一百四十四至一百四十七、一百五十至一百七十六、一百八十一至二百十七、二百二十二至二百二十九、二百四十至二百六十八、二百七十五至二百九十、三百九至三百十一、三百十七至三百十九、三百四十三至三百四十八,補遺四至六)

330000－1720－0001266 普01153 史部/地理類/雜志之屬

三省入藏程站紀一卷 范壽金輯 清光緒三十三年(1907)石印本 一册

330000－1720－0001267 普01154 史部/地理類/雜志之屬

三省入藏程站紀一卷 范壽金輯 清光緒三十三年(1907)石印本 一册

330000－1720－0001268 普01155 史部/地理類/方志之屬/通志

[光緒]西藏圖考八卷首一卷 (清)黄沛翹纂 清光緒二十三年(1897)刻本 一册 存五卷(首、一至四)

330000－1720－0001270 普01157 史部/傳記類/總傳之屬/郡邑

兩浙令長攷三卷 (清)董沛撰 清光緒七年(1881)刻本 一册

330000－1720－0001271 普01158 史部/地理類/方志之屬

[乾隆]西域記八卷 (清)七十一撰 清光緒七年(1881)聚英堂刻本 一册

330000－1720－0001272 普01159 史部/地理類/雜志之屬

欽定滿洲源流考二十卷首一卷 (清)阿桂等

撰　清光緒三十年(1904)中西書局石印本　四册

330000－1720－0001273　普01160　史部/地理類/外紀之屬

五洲圖考不分卷　(清)龔柴　(清)許彬撰　清光緒二十八年(1902)上海徐家匯印書館鉛印本　四册

330000－1720－0001274　普01161　史部/政書類/邦計之屬/貿易

國朝柔遠記不分卷　(清)王之春輯　清光緒十一年(1885)粤東海墨樓石印本　一册

330000－1720－0001275　普01162　史部/政書類/邦計之屬/貿易

國朝柔遠記不分卷末一卷　(清)王之春輯　清光緒十四年(1888)上海文藝齋刻本　二册

330000－1720－0001276　普01163　史部/地理類/遊記之屬/紀行

蜀輶日記四卷　(清)陶澍撰　清光緒七年(1881)江州官舍刻本　二册　存二卷(三至四)

330000－1720－0001277　普01164　史部/地理類/遊記之屬/紀行

蜀輶日記四卷　(清)陶澍撰　清光緒七年(1881)江州官舍刻本　一册　存二卷(三至四)

330000－1720－0001278　普01165　史部/地理類/山川之屬/水志

莫愁湖志六卷首一卷　(清)馬士圖撰　清光緒八年(1882)、十七年(1891)刻本　二册

330000－1720－0001280　普01167　史部/地理類/山川之屬/山志

九峰志四卷圖一卷　(清)魏杰纂　清光緒元年(1875)刻本　一册

330000－1720－0001282　普01169　史部/地理類/山川之屬/水志

皇朝輿地水道源流五卷　(清)胡宣慶撰　清光緒十七年(1891)長沙胡鴻浚、胡鴻賓刻本　二册

330000－1720－0001283　普01170　史部/地理類/山川之屬/山志

九華山志十卷首一卷末一卷　(清)謝維喈　(清)周贇纂修　清光緒二十六年(1900)刻本　五册　存八卷(一至五、七至九)

330000－1720－0001285　普01172　史部/紀事本末類

紀事本末彙刻八種　(清)廣雅書局輯　清光緒廣雅書局刻本　一百一册　存六種

330000－1720－0001286　普01173　史部/紀傳類/正史之屬

二十四史　清同治至光緒五省官書局據汲古閣本等合刻光緒五年(1879)湖北書局彙印本　八十册　存一種

330000－1720－0001287　普01174　史部/紀事本末類

紀事本末五種　(清)□□輯　清同治十二年至十三年(1873－1874)江西書局刻本　三十六册　存三種

330000－1720－0001288　普01175　史部/紀傳類/正史之屬

二十四史　清光緒十八年(1892)武林竹簡齋石印本　二十四册　存一種

330000－1720－0001289　普01176　史部/紀傳類/正史之屬

二十四史　清光緒二十八年(1902)武林竹簡齋石印本　十九册　存一種

330000－1720－0001290　普01177　史部/紀事本末類

紀事本末五種　(清)□□輯　清同治十二年至十三年(1873－1874)江西書局刻本　二册　存一種

330000－1720－0001291　普01178　史部/紀傳類/正史之屬

明史三百三十二卷　(清)張廷玉等撰　清刻本　七十二册　存二百三十五卷(二十六至三十六、四十至八十七、九十一至九十七、一百一至二百九、二百三十六至二百七十四、三

百六至三百二十三、三百三十至三百三十二）

330000－1720－0001294　普 01181　新學/報章
外報摘錄不分卷　清光緒抄本　三冊

330000－1720－0001295　普 01182　經部/書類/書序之屬
書序攷異一卷答問一卷　王詠霓撰　清末刻本　一冊

330000－1720－0001296　普 01183　史部/傳記類/總傳之屬/姓名
史姓韻編六十四卷　（清）汪輝祖撰　清光緒十年（1884）上海中西書局石印本　四冊

330000－1720－0001297　普 01184　經部/書類/書序之屬
書序答問一卷　王詠霓撰　清末刻本　一冊

330000－1720－0001298　普 01185　史部/史評類/考訂之屬
十七史商榷一百卷　（清）王鳴盛撰　清乾隆五十二年（1787）洞涇艸堂刻本　二十冊

330000－1720－0001299　普 01186　史部/史評類/考訂之屬
十七史商榷一百卷　（清）王鳴盛撰　清乾隆五十二年（1787）洞涇艸堂刻本　十冊　存四十三卷（五十八至一百）

330000－1720－0001300　普 01187　集部/總集類/氏族之屬
同根草四卷　屈茝纕　屈蕙纕撰　清光緒二十九年（1903）刻本　一冊　存二卷（一至二）

330000－1720－0001301　普 01188　集部/總集類/酬唱之屬
濠州唱和集二卷　王詠霓編　清末刻本　一冊

330000－1720－0001302　普 01189　類叢部/叢書類/彙編之屬
廣雅書局叢書一百五十九種　徐紹棨編　清光緒廣雅書局刻民國九年（1920）番禺徐紹棨彙編重印本　十冊　存五種

330000－1720－0001303　普 01190　集部/總集類/酬唱之屬
漸源唱和集四卷　王詠霓編　清光緒二十六年（1900）刻本　二冊

330000－1720－0001304　普 01191　集部/總集類/酬唱之屬
漸源唱和集四卷　王詠霓編　清光緒二十六年（1900）刻本　二冊

330000－1720－0001305　普 01192　集部/總集類/酬唱之屬
唱和續集八卷　王詠霓編次　清光緒二十七年（1901）刻本　三冊

330000－1720－0001306　普 01193　集部/總集類/酬唱之屬
唱和三集十卷　王詠霓編次　清光緒二十九年（1903）刻本　四冊

330000－1720－0001307　普 01194　新學/報章
德國新報不分卷　清光緒十三年至十四年（1887－1888）抄本　一冊

330000－1720－0001308　普 01195　集部/別集類
碧霞閣文集四卷　王詠霓撰　稿本　一冊

330000－1720－0001309　普 01196　類叢部/類書類/通類之屬
玉海二百卷辭學指南四卷詩攷一卷詩地理攷六卷漢藝文志攷證十卷通鑑地理通釋十四卷漢制攷四卷踐阼篇集解一卷周易鄭康成注一卷姓氏急就篇二卷急就篇補注四卷周書王會補注一卷小學紺珠十卷六經天文編二卷通鑑答問五卷　（宋）王應麟撰　**校補玉海瑣記二卷王深甯先生年譜一卷**　（清）張大昌撰　清光緒九年至十六年（1883－1890）浙江書局刻本　一百十六冊　缺九卷（周易鄭康成注、周書王會補注、小學紺珠九至十、通鑑答問一至五）

330000－1720－0001310　普 01197　類叢部/類書類/通類之屬

北堂書鈔一百六十卷首一卷 (唐)虞世南撰 (清)孔廣陶校注 清光緒十四年(1888)南海孔氏三十有三萬卷堂刻本 十五冊 存一百三十四卷(五至三十四、四十三至一百十六、一百二十五至一百三十、一百三十七至一百六十)

330000－1720－0001311 普 01198 類叢部/類書類/通類之屬
太平御覽一千卷目錄十五卷 (宋)李昉等輯 清光緒南海李氏刻本 九十六冊

330000－1720－0001312 普 01199 類叢部/類書類/專類之屬
子史精華一百六十卷 (清)吳士玉 (清)吳襄等輯 清乾隆五十五年(1790)張松孫刻蘇城亦西齋印本 三十冊 存一百二十二卷(一至八十三、八十八至一百三、一百十至一百十六、一百二十至一百二十三、一百三十一至一百三十八、一百五十三至一百五十六)

330000－1720－0001313 普 01200 類叢部/類書類/專類之屬
子史精華一百六十卷 (清)吳士玉 (清)吳襄等輯 清雍正五年(1727)刻本 二十三冊 存七十五卷(一至七十五)

330000－1720－0001314 普 01201 類叢部/類書類/專類之屬
子史精華一百六十卷 (清)吳士玉 (清)吳襄等輯 清雍正五年(1727)刻本 二十三冊 存七十七卷(八十一至一百四十九、一百五十三至一百六十)

330000－1720－0001315 普 01202 類叢部/類書類/專類之屬
子史精華一百六十卷 (清)吳士玉 (清)吳襄等輯 清宣統元年(1909)上海集成圖書公司影印本 八冊

330000－1720－0001316 普 01203 類叢部/類書類/專類之屬
子史精華三十卷 (清)吳士玉 (清)吳襄等輯 清光緒九年(1883)上海點石齋石印本 二冊

330000－1720－0001317 普 01204 類叢部/類書類/專類之屬
子史精華三十卷 (清)吳士玉 (清)吳襄等輯 清光緒九年(1883)上海點石齋石印本 二冊

330000－1720－0001321 普 01208 經部/小學類/文字之屬/字書/字典
康熙字典十二集三十六卷總目一卷檢字一卷辨似一卷等韻一卷補遺一卷備考一卷 (清)張玉書等纂修 清光緒二十二年(1896)上海點石齋石印本 嚴民撫題簽並記 六冊

330000－1720－0001322 普 01209 集部/別集類
含青閣詩草三卷詩餘一卷 屈蕙纕撰 清光緒刻本 一冊 存二卷(一至二)

330000－1720－0001323 普 01210 集部/別集類
函雅堂褉抄不分卷 王詠霓輯 稿本 二冊

330000－1720－0001324 普 01211 經部/叢編
重刊宋本十三經注疏四百十六卷 附十三經注疏校勘記四百十六卷 (清)阮元撰 (清)盧宣旬摘錄 清嘉慶二十年(1815)南昌府學刻道光六年(1826)盱江朱華臨重校印本 八十八冊 存七種

330000－1720－0001327 普 01214 集部/別集類/清別集
壺舟文存二卷 (清)黃濬撰 清宣統太平林氏木活字印本 二冊

330000－1720－0001328 普 01215 集部/別集類/清別集
壺舟詩存十四卷 (清)黃濬撰 清刻本 一冊 存一卷(二)

330000－1720－0001330 普 01217 經部/叢編
御纂七經五種二百九十四卷 (清)李光地等撰 清同治六年至九年(1867－1870)浙江書局刻本 十六冊 存一種

330000－1720－0001333　普01220　經部/小學類/文字之屬/字書/字體

隸篇十五卷續十五卷再續十五卷金石目一卷部目一卷字目一卷　(清)翟云升撰　清道光十七年至十八年(1837－1838)五經歲徧齋刻本　十冊

330000－1720－0001334　普01221　集部/別集類/清別集

集杜百首一卷集韓文一卷　(清)戚學標撰　清乾隆二十九年(1764)丁右軒刻本　一冊

330000－1720－0001335　普01222　類叢部/類書類/通類之屬

玉海二百卷辭學指南四卷詩攷一卷詩地理攷六卷漢藝文志攷證十卷通鑑地理通釋十四卷周書王會補注一卷漢制攷四卷踐阼篇集解一卷急就篇補注四卷小學紺珠十卷姓氏急就篇二卷六經天文編二卷周易鄭康成注一卷通鑑答問五卷　(宋)王應麟撰　元至元六年(1340)慶元路儒學刻元明清遞修本　十五冊　存四十六卷(三十八至四十八、一百六至一百十五、一百十九至一百三十三、一百三十八至一百三十九、一百四十四至一百五十一)

330000－1720－0001336　普01223　子部/雜著類/雜說之屬

溪山講授二卷　(清)戚學標撰　清道光二年(1822)刻本　一冊

330000－1720－0001337　普01224　經部/小學類/文字之屬/字書/字典

康熙字典十二集三十六卷總目一卷檢字一卷辨似一卷等韻一卷補遺一卷備考一卷　(清)張玉書等纂修　清道光七年(1827)刻本　楚湘題簽並記　三十七冊　缺三卷(未集下、等韻、備考)

330000－1720－0001338　普01225　史部/史表類/通代之屬

廿一史四譜五十四卷　(清)沈炳震撰　清同治十年(1871)武林吴氏清來堂刻本　十六冊

330000－1720－0001339　普01226　經部/小學類/文字之屬/字書/字典

康熙字典十二集三十六卷總目一卷檢字一卷辨似一卷等韻一卷補遺一卷備考一卷　(清)張玉書等纂修　清光緒十六年(1890)上洋鴻寶齋石印本　六冊

330000－1720－0001346　普01233　類叢部/叢書類/自著之屬

戚鶴泉所著書十一種　(清)戚學標撰　清乾隆至嘉慶刻本　五冊　存一種

330000－1720－0001348　普01235　新學/雜著/叢編

江南製造局譯書　(清)江南製造局編　清光緒江南製造局刻本暨鉛印本　二十八冊　存三種

330000－1720－0001349　普01236　新學/雜著/叢編

江南製造局譯書　(清)江南製造局編　清光緒江南製造局刻本暨鉛印本　十四冊　存一種

330000－1720－0001350　普01237　史部/傳記類/總傳之屬/郡邑

尊鄉錄節要四卷　(明)王弼撰　清光緒十七年(1891)盧炯刻本　一冊

330000－1720－0001353　普01240　史部/紀傳類/別史之屬

七家後漢書七種附一種　(清)汪文臺輯　清光緒八年(1882)太平崔國榜等刻本　六冊　存七種

330000－1720－0001354　普01241　類叢部/叢書類/自著之屬

戚鶴泉所著書十一種　(清)戚學標撰　清乾隆至嘉慶刻本　九冊　存四種

330000－1720－0001355　普01242　類叢部/叢書類/彙編之屬

廣雅書局叢書一百五十九種　徐紹棨編　清光緒廣雅書局刻民國九年(1920)番禺徐紹棨彙編重印本　二冊　存一種

330000－1720－0001357　普01244　集部/別集類/明別集

正志稿十卷 (明)林貴兆撰 清宣統二年(1910)太平陳氏木活字印本 一冊 存六卷(一至六)

330000－1720－0001359 普01246 子部/藝術類/音樂之屬/樂譜
琴譜不分卷 (清)田子耕選校 清光緒二十二年(1896)黄巖陳際平抄本 清陳際平批跋 一冊

330000－1720－0001360 普01247 集部/別集類/清別集
今樵詩存八卷 (清)黄治撰 清光緒三十一年(1905)金韶刻本 四冊

330000－1720－0001362 普01249 類叢部/叢書類/自著之屬
振綺堂遺書五種 (清)汪遠孫撰 清道光刻民國十一年(1922)錢唐汪氏彙印本 二冊 存一種

330000－1720－0001363 普01250 史部/紀傳類/正史之屬
校刊史記集解索隱正義札記五卷 (清)張文虎撰 清同治十一年(1872)金陵書局刻本 二冊

330000－1720－0001365 普01252 集部/別集類/清別集
寶綸堂詩鈔六卷文鈔八卷 (清)齊召南撰 清光緒十三年(1887)郭傳璞金峨山館刻本 四冊

330000－1720－0001367 普01254 集部/別集類/清別集
忘憂草一卷 (清)李鶴生撰 清光緒八年(1882)月初書屋刻本 清悟拙軒散人題記 一冊

330000－1720－0001369 普01256 集部/別集類/清別集
寶綸堂詩鈔六卷文鈔八卷 (清)齊召南撰 清光緒十三年(1887)郭傳璞金峨山館刻本 四冊

330000－1720－0001372 普01259 集部/別集類/清別集
忘憂續草一卷 (清)李鶴生撰 **碧瑯玕館遺詩一卷** (清)成玉撰 清光緒十年(1884)、十二年(1886)月初書屋刻本 一冊

330000－1720－0001374 普01261 集部/別集類
一山文存十二卷 章梫撰 清宣統元年(1909)鉛印本 一冊 存一卷(駢體一)

330000－1720－0001375 普01262 集部/總集類/酬唱之屬
齊太史移居倡酬集四卷首一卷尾一卷 (清)齊召南等撰 (清)齊毓川輯 清光緒十二年(1886)肇古齋木活字印本 一冊

330000－1720－0001376 普01263 集部/別集類/清別集
忘憂續草一卷 (清)李鶴生撰 **碧瑯玕館遺詩一卷** (清)成玉撰 清光緒十年(1884)、十二年(1886)月初書屋刻本 一冊

330000－1720－0001377 普01264 集部/別集類/清別集
忘憂續草一卷 (清)李鶴生撰 **碧瑯玕館遺詩一卷** (清)成玉撰 清光緒十年(1884)、十二年(1886)月初書屋刻本 一冊

330000－1720－0001378 普01265 集部/別集類
一山文存十二卷 章梫撰 清宣統元年(1909)鉛印本 一冊 存一卷(駢體一)

330000－1720－0001379 普01266 類叢部/叢書類/郡邑之屬
武林往哲遺箸五十六種後編十種 (清)丁丙編 清光緒二十年至二十六年(1894－1900)錢塘丁氏嘉惠堂刻本 三冊 存一種

330000－1720－0001380 普01267 集部/總集類/課藝之屬
試帖箋林八卷 (清)秦錫淳選評 (清)陳兆熊等參註 清乾隆刻本 一冊 存二卷(五至六)

330000－1720－0001381 普01268 類叢部/

叢書類/自著之屬

确山所著書　(清)宋世舉撰　清嘉慶二十五年(1820)刻陳樹桐補刻本　一册　存一種

330000－1720－0001382　普01269　類叢部/叢書類/自著之屬

确山所著書　(清)宋世舉撰　清嘉慶二十五年(1820)刻陳樹桐補刻本　一册　存一種

330000－1720－0001383　普01270　集部/别集類/元别集

丹邱集三卷　(元)柯九思撰　(清)王魏勝輯　清咸豐九年(1859)刻本　一册

330000－1720－0001384　普01271　集部/别集類/元别集

丹邱集三卷　(元)柯九思撰　(清)王魏勝輯　清咸豐九年(1859)刻本　一册

330000－1720－0001385　普01272　類叢部/叢書類/郡邑之屬

蔭玉閣叢書五種　(清)葉書編　清光緒臨海葉氏蔭玉閣木活字印本　一册　存一種

330000－1720－0001387　普01274　集部/别集類/宋别集

湖山集八卷　(宋)吴芾撰　清仙居王氏木活字印本　二册　缺一卷(六)

330000－1720－0001389　普01276　史部/地理類/方志之屬/郡縣志

光緒仙居志二十四卷首一卷仙居集二十四卷　(清)王壽頤　(清)潘紀恩修　(清)王棻　(清)李仲昭纂　清光緒二十年(1894)木活字印本　八册　存二十四卷(仙居集一至二十四)

330000－1720－0001390　普01277　集部/别集類/明别集

知我軒近說三卷　(明)林貴兆撰　清宣統二年(1910)太平陳氏木活字印本　一册　存一卷(上)

330000－1720－0001391　普01278　史部/地理類/專志之屬/祠墓

僊巖大忠祠錄六卷首一卷　(清)馮賡雪輯　清乾隆二十五年(1760)方一定刻本　三册

330000－1720－0001392　普01279　集部/别集類/明别集

明夏赤城先生文集二十三卷首一卷　(明)夏塤撰　清光緒十九年(1893)木活字印本　五册　缺三卷(十四至十六)

330000－1720－0001393　普01280　集部/别集類/清别集

合騷集一卷　(清)李際時撰　清刻本　一册

330000－1720－0001394　普01281　集部/别集類/清别集

蒿菴詩鈔五卷　(清)馮甦撰　(清)洪承澤編　清乾隆十五年(1750)洪氏刻本　金嗣獻題記　一册

330000－1720－0001395　普01282　集部/别集類/清别集

壎篪草一卷　(清)張世奉撰　清雍正刻本　一册

330000－1720－0001396　普01283　類叢部/叢書類/家集之屬

傳經堂叢書十二種　(清)洪頤煊等撰　清嘉慶至道光臨海洪氏刻本　一册　存二種

330000－1720－0001405　普01292　子部/雜家類

紫霞閒言二卷　(清)施穆亭撰　清嘉慶十年(1805)慎餘堂刻本　二册

330000－1720－0001406　普01293　類叢部/叢書類/郡邑之屬

續台州叢書十種　楊晨編　清光緒二十四年(1898)翁氏刻本　二册　存一種

330000－1720－0001407　普01294　集部/别集類/清别集

感物吟五卷　(清)張亨梧撰　清嘉慶十七年(1812)謹信堂刻本　一册

330000－1720－0001410　普01296　集部/别集類/清别集

朱雙塘遺稿　(清)朱國華著　清光緒二十八

年(1902)天台齊品亨堂木活字印本　一册　存一種

330000－1720－0001411　普01298　集部/別集類/明別集

鶴田草堂集十卷　(明)蔡雲程撰　清同治十一年(1872)黄瑞抄本　四册　缺一卷(三)

330000－1720－0001412　普01299　類叢部/叢書類/郡邑之屬

台州叢書九種　(清)宋世犖輯　清嘉慶至道光臨海宋氏刻本　二册　存一種

330000－1720－0001413　普01300　類叢部/叢書類/郡邑之屬

台州叢書九種　(清)宋世犖輯　清嘉慶至道光臨海宋氏刻本　一册　存一種

330000－1720－0001414　普01301　史部/傳記類/別傳之屬

擷蔬垂訓圖集二卷首一卷　(清)張廷琛輯　清光緒三十二年(1906)木活字印本　一册

330000－1720－0001418　普01305　史部/地理類/山川之屬/水志

水道提綱二十八卷　(清)齊召南撰　清光緒七年(1881)上海文瑞樓鉛印本　一册　存四卷(十五至十八)

330000－1720－0001420　普01307　集部/別集類/清別集

分韵詩元不分卷　(清)林桂撰　清末抄本　一册

330000－1720－0001422　普01309　集部/別集類/清別集

芙蓉亭詩鈔八卷首一卷　(清)蔡榮名撰　清光緒十六年(1890)刻本　一册

330000－1720－0001424　普01311　集部/別集類/清別集

醫俗軒遺稾一卷　(清)管名箒撰　**燕臺倡和一卷**　(清)管荼簃　(清)邱子昕撰　**荼簃吟草外編一卷**　管世駿編　清宣統元年(1909)鉛印本　一册

330000－1720－0001425　普01312　經部/易類/專著之屬

學易餘聞四卷首一卷　(清)林丙修撰　清宣統二年(1910)石印本　一册

330000－1720－0001429　普01316　集部/別集類/清別集

景文堂詩集十三卷　(清)戚學標撰　清刻本　四册

330000－1720－0001431　普01318　子部/雜著類/雜説之屬

風雅遺聞四卷　(清)戚學標撰　清乾隆刻本　二册

330000－1720－0001434　普01321　子部/雜著類/雜考之屬

敦書咫聞二卷附瀛洲咫聞一卷　楊晨撰　清宣統石印本　一册

330000－1720－0001436　普01323　集部/別集類/清別集

鶴泉筆記稿一卷　(清)戚學標撰　稿本　一册

330000－1720－0001443　普01330　集部/別集類/清別集

寫經堂文鈔二卷詩鈔四卷　(清)蔡篪撰　**同光集一卷**　(清)徐濬撰　清光緒六年(1880)刻本　二册

330000－1720－0001444　普01331　子部/雜著類/雜纂之屬

雜抄不分卷　清末黄巖王詠霓擥精覃思室抄本　一册

330000－1720－0001445　普01332　集部/別集類/清別集

寫經堂文鈔二卷詩鈔四卷　(清)蔡篪撰　**同光集一卷**　(清)徐濬撰　清光緒六年(1880)刻本　二册　缺一卷(同光集)

330000－1720－0001449　普01336　集部/別集類/清別集

培風閣詩鈔四卷　(清)夏疇撰　清光緒十一年(1885)康城官舍刻本　一册

330000－1720－0001450　普01337　集部/總集類/酬唱之屬
澧川唱和續集二卷　王詠霓編　稿本　一冊

330000－1720－0001451　普01338　類叢部/叢書類/郡邑之屬
台州叢書續編十三種　(清)王棻等輯　清光緒王棻等刻本　王舟瑶校　二冊　存一種

330000－1720－0001452　普01339　集部/別集類
函雅堂集四十卷　王詠霓撰　清光緒二十二年(1896)刻本　一冊　存四卷(五至八)

330000－1720－0001454　普01341　集部/別集類/清別集
培風閣詩鈔四卷　(清)夏疇撰　清光緒十一年(1885)康城官舍刻本　清有度題記　一冊

330000－1720－0001455　普01342　類叢部/叢書類/郡邑之屬
台州叢書續編十三種　(清)王棻等輯　清光緒王棻等刻本　二冊　存一種

330000－1720－0001456　普01343　集部/別集類/清別集
培風閣詩鈔四卷　(清)夏疇撰　清光緒十一年(1885)康城官舍刻本　一冊

330000－1720－0001458　普01345　集部/別集類/清別集
培風閣詩鈔四卷　(清)夏疇撰　清光緒十一年(1885)康城官舍刻本　一冊

330000－1720－0001459　普01346　集部/別集類/清別集
燕石山房詩鈔四卷　(清)趙琛撰　清咸豐二年(1852)黄巖文翰齋刻本　二冊

330000－1720－0001460　普01347　集部/總集類/郡邑之屬
三台詩錄三十二卷詞錄二卷續錄四卷　(清)戚學標輯　清嘉慶元年(1796)刻本　八冊　存二十二卷(一至二十二)

330000－1720－0001461　普01348　集部/總集類/酬唱之屬
唱和續集八卷三集十卷　王詠霓編次　清光緒刻本　四冊　存十一卷(一至八、三集一至三)

330000－1720－0001463　普01350　集部/別集類
含青閣詩草三卷詩餘一卷　屈蕙纕撰　清光緒刻本　二冊

330000－1720－0001464　普01351　集部/別集類/清別集
醉醾花館詩稿一卷詞稿一卷　(清)毛玉荷撰　清光緒十五年(1889)木活字印本　一冊

330000－1720－0001465　普01352　集部/總集類/郡邑之屬
三台詩錄三十二卷詞錄二卷續錄四卷　(清)戚學標輯　清嘉慶元年(1796)刻本　王舟瑶批　十二冊

330000－1720－0001466　普01353　集部/總集類/氏族之屬
同根草四卷　屈茝纕　屈蕙纕撰　清光緒二十九年(1903)刻本　一冊　存二卷(三至四)

330000－1720－0001467　普01354　集部/別集類/清別集
天球遺稿一卷　(清)朱球撰　**桐花閣詩存一卷**　(清)蔣鳳撰　清光緒刻本　一冊

330000－1720－0001469　普01356　集部/總集類/酬唱之屬
池陽唱和集二卷　王詠霓輯　清光緒三十三年(1907)鉛印本　一冊

330000－1720－0001470　普01357　集部/總集類/酬唱之屬
六潭十憶倡龢集一卷　王詠霓撰　清宣統元年(1909)鉛印本　一冊

330000－1720－0001471　普01358　集部/總集類/郡邑之屬
三台詩錄三十二卷詞錄二卷續錄四卷　(清)戚學標輯　清嘉慶元年(1796)刻本　十二冊

330000－1720－0001472　普 01359　集部/別集類/清別集

深詣齋文鈔五卷　(清)黄鐎撰　(清)王棻編　清同治九年(1870)木活字印本　周湘泉題記　二册

330000－1720－0001473　普 01360　集部/總集類/郡邑之屬

三台詩錄三十二卷詞錄二卷續錄四卷　(清)戚學標輯　清嘉慶元年(1796)刻本　正良題記　四册　存十三卷(五至十、二十至二十三、二十七至二十九)

330000－1720－0001474　普 01361　經部/叢編

十三經古注二百九十卷　(明)金蟠　(明)葛鼒校　明崇禎十二年(1639)金蟠刻清同治八年(1869)浙江書局重修本　四十七册

330000－1720－0001475　普 01362　經部/叢編

十三經古注二百九十卷　(明)金蟠　(明)葛鼒校　明崇禎十二年(1639)金蟠刻清同治八年(1869)浙江書局重修本　二十二册　存五種

330000－1720－0001476　普 01363　集部/別集類/宋別集

杜清獻公集十九卷首一卷　(宋)杜範撰　**杜清獻公集補遺一卷附錄一卷杜清獻公年譜一卷**　(清)王棻輯　**杜清獻公集校注一卷**　(清)王棻　王詠霓撰　清同治九年(1870)吳縣孫氏九峰書院刻光緒六年(1880)重修本　八册

330000－1720－0001477　普 01364　集部/別集類/清別集

深詣齋文鈔五卷　(清)黄鐎撰　(清)王棻編　清同治九年(1870)木活字印本　一册　存三卷(一至三)

330000－1720－0001483　普 01370　集部/別集類/宋別集

杜清獻公集十九卷首一卷　(宋)杜範撰　**杜清獻公集補遺一卷附錄一卷杜清獻公年譜一卷**　(清)王棻輯　**杜清獻公集校注一卷**　(清)王棻　王詠霓撰　清同治九年(1870)吳縣孫氏九峰書院刻光緒六年(1880)重修本　四册

330000－1720－0001484　普 01371　類叢部/叢書類/郡邑之屬

續台州叢書十種　楊晨編　清光緒二十四年(1898)翁氏刻本　十一册　存六種

330000－1720－0001485　普 01372　集部/別集類/宋別集

杜清獻公集十九卷首一卷　(宋)杜範撰　**杜清獻公集補遺一卷附錄一卷杜清獻公年譜一卷**　(清)王棻輯　**杜清獻公集校注一卷**　(清)王棻　王詠霓撰　清同治九年(1870)吳縣孫氏九峰書院刻光緒六年(1880)重修本　五册　缺二卷(杜清獻公年譜、杜清獻公集校注)

330000－1720－0001486　普 01373　集部/別集類/宋別集

杜清獻公集十九卷首一卷末一卷附一卷　(宋)杜範撰　清同治九年(1870)吳縣孫氏九峰書院刻本　清王棻校　二册　存九卷(首、一至八)

330000－1720－0001487　普 01374　集部/別集類/宋別集

杜清獻公集十九卷首一卷　(宋)杜範撰　**杜清獻公集補遺一卷附錄一卷杜清獻公年譜一卷**　(清)王棻輯　**杜清獻公集校注一卷**　(清)王棻　王詠霓撰　清同治九年(1870)吳縣孫氏九峰書院刻光緒六年(1880)重修本　四册　存二十一卷(杜清獻公集一至十九、補遺、附錄)

330000－1720－0001488　普 01375　類叢部/叢書類/郡邑之屬

續台州叢書十種　楊晨編　清光緒二十四年(1898)翁氏刻本　三册　存四種

330000－1720－0001489　普 01376　集部/別集類/宋別集

杜清獻公集十九卷首一卷末一卷附一卷

(宋)杜範撰　清同治九年(1870)吳縣孫氏九峰書院刻本　清王棻批校　三冊　存十六卷(首、一至十五)

330000－1720－0001490　普01377　類叢部/叢書類/郡邑之屬
續台州叢書十種　楊晨編　清光緒二十四年(1898)翁氏刻本　四冊　存五種

330000－1720－0001491　普01378　集部/別集類/宋別集
杜清獻公集十九卷首一卷末一卷附一卷　(宋)杜範撰　清同治九年(1870)吳縣孫氏九峰書院刻本　四冊

330000－1720－0001492　普01379　集部/別集類/宋別集
杜清獻公集十九卷首一卷　(宋)杜範撰　**杜清獻公集補遺一卷附録一卷杜清獻公年譜一卷**　(清)王棻輯　**杜清獻公集校注一卷**　(清)王棻　王詠霓撰　清同治九年(1870)吳縣孫氏九峰書院刻光緒六年(1880)重修本　八冊

330000－1720－0001497　普01384　集部/別集類/宋別集
杜清獻公集十九卷首一卷　(宋)杜範撰　**杜清獻公集補遺一卷附録一卷杜清獻公年譜一卷**　(清)王棻輯　**杜清獻公集校注一卷**　(清)王棻　王詠霓撰　清同治九年(1870)吳縣孫氏九峰書院刻光緒六年(1880)重修本　一冊　存三卷(首、一至二)

330000－1720－0001498　普01385　集部/別集類/宋別集
杜清獻公集十九卷首一卷末一卷附一卷　(宋)杜範撰　清同治九年(1870)吳縣孫氏九峰書院刻本　二冊　存十二卷(三至八、十六至十九,末,附)

330000－1720－0001499　普01386　集部/別集類/宋別集
杜清獻公集十九卷首一卷末一卷附一卷　(宋)杜範撰　清同治九年(1870)吳縣孫氏九峰書院刻本　清王棻批校並跋　二冊　存十三卷(九至十九、末、附)

330000－1720－0001500　普01387　集部/別集類/宋別集
東山詩選二卷　(宋)葛紹體撰　清光緒二十七年(1901)太平陳樹鈞刻本　一冊

330000－1720－0001502　普01389　集部/別集類/清別集
燃藜閣詩鈔四卷首一卷　(清)蔡濤撰　王詠霓刪定　清光緒七年(1881)刻本　一冊

330000－1720－0001504　普01391　集部/別集類/清別集
燃藜閣詩鈔四卷首一卷　(清)蔡濤撰　王詠霓刪定　清光緒七年(1881)刻本　一冊

330000－1720－0001506　普01393　集部/別集類/清別集
燃藜閣詩鈔四卷首一卷　(清)蔡濤撰　王詠霓刪定　清光緒七年(1881)刻本　一冊

330000－1720－0001508　普01395　史部/傳記類/科舉録之屬/諸貢録
[光緒丁酉科]浙江選拔貢卷不分卷　(清)柯驊威撰　清光緒刻本　一冊

330000－1720－0001510　普01397　集部/別集類
悝諟齋初稿十卷　喻長霖撰　清宣統三年(1911)鉛印本　四冊　存六卷(一至四、七至八)

330000－1720－0001511　普01398　史部/傳記類/科舉録之屬/諸貢録
光緒十四年戊子科浙江優貢卷不分卷　王舟瑤撰　清光緒刻本　一冊

330000－1720－0001512　普01399　史部/傳記類/科舉録之屬/歷科鄉試録
[光緒己丑恩科]浙江鄉試硃卷一卷　王舟瑤撰　清光緒刻本　一冊

330000－1720－0001513　普01400　史部/傳記類/科舉録之屬/歷科鄉試録
[光緒辛卯科]浙江鄉試硃卷一卷　(清)王澤

霖撰　清光緒刻本　一册

330000－1720－0001514　普01401　集部/别集類

惺諟齋初稿十卷　喻長霖撰　清宣統三年(1911)鉛印本　六册

330000－1720－0001515　普01402　集部/别集類

惺諟齋初稿十卷　喻長霖撰　清宣統三年(1911)鉛印本　六册

330000－1720－0001516　普01403　史部/傳記類/科舉録之屬/歷科鄉試録

[光緒癸巳恩科]浙江鄉試硃卷一卷　(清)周作東撰　清光緒刻本　一册

330000－1720－0001517　普01404　集部/别集類

惺諟齋初稿十卷　喻長霖撰　清宣統三年(1911)鉛印本　二册　存三卷(一至三)

330000－1720－0001518　普01405　史部/傳記類/科舉録之屬/歷科鄉試録

[光緒庚子辛丑恩正併科]浙江鄉試卷不分卷　(清)王士彬撰　清光緒刻本　李仲氏題記　一册

330000－1720－0001519　普01406　集部/别集類

惺諟齋存稿十卷　喻長霖撰　清宣統鉛印本　六册

330000－1720－0001520　普01407　集部/别集類

惺諟齋初稿十卷　喻長霖撰　清宣統三年(1911)鉛印本　六册

330000－1720－0001521　普01408　史部/傳記類/科舉録之屬/歷科鄉試録

[光緒庚子辛丑恩正併科]浙江鄉試卷不分卷　(清)王士彬撰　清光緒刻本　一册

330000－1720－0001523　普01410　史部/傳記類/科舉録之屬/諸貢録

[光緒丙午科]浙江優貢卷不分卷　童世衡撰　清光緒刻本　一册

330000－1720－0001524　普01411　史部/傳記類/科舉録之屬/歷科鄉試録

[光緒乙酉科]浙江鄉試硃卷一卷　(清)喻鯨華撰　清光緒刻本　一册

330000－1720－0001525　普01412　史部/傳記類/科舉録之屬/歷科鄉試録

[光緒乙酉科]浙江鄉試硃卷一卷　(清)喻鯨華撰　清光緒刻本　一册

330000－1720－0001526　普01413　史部/傳記類/科舉録之屬/歷科鄉試録

[光緒乙酉科]浙江鄉試硃卷一卷　(清)喻鯨華撰　清光緒刻本　一册

330000－1720－0001527　普01414　史部/傳記類/科舉録之屬/歷科鄉試録

[光緒乙酉科]浙江鄉試硃卷一卷　(清)喻鯨華撰　清光緒刻本　一册

330000－1720－0001528　普01415　史部/傳記類/科舉録之屬/歷科鄉試録

[光緒乙酉科]浙江鄉試硃卷一卷　(清)喻鯨華撰　清光緒刻本　一册

330000－1720－0001529　普01416　史部/傳記類/科舉録之屬/歷科鄉試録

[光緒乙酉科]浙江鄉試硃卷一卷　(清)喻鯨華撰　清光緒刻本　一册

330000－1720－0001530　普01417　史部/傳記類/科舉録之屬/歷科鄉試録

[光緒乙酉科]浙江鄉試硃卷一卷　(清)喻鯨華撰　清光緒刻本　一册

330000－1720－0001552　普01439　史部/傳記類/科舉録之屬/歷科鄉試録

[光緒乙酉科]浙江鄉試硃卷一卷　(清)喻鯨華撰　清光緒刻本　一册

330000－1720－0001553　普01440　經部/叢編

重刊宋本十三經注疏四百十六卷　附十三經注疏校勘記四百十六卷　(清)阮元撰　(清)

盧宣旬摘錄　清嘉慶二十年(1815)南昌府學刻本　四十冊　存七種

330000－1720－0001554　普 01441　經部/叢編

十三經注疏附考證　清同治十年(1871)廣東書局刻本　一百十七冊　缺八卷(尚書注疏十五至十六、春秋穀梁注疏十八至二十、春秋左傳注疏四十三至四十五)

330000－1720－0001555　普 01442　經部/叢編

重刊宋本十三經注疏四百十六卷　附十三經注疏校勘記四百十六卷　(清)阮元撰　(清)盧宣旬摘錄　**校勘記識語四卷**　(清)汪文臺撰　清光緒十三年(1887)上海脈望仙館石印本　三十二冊　缺九十六卷(附釋音春秋左傳注疏十三至六十、附校勘記十三至六十)

330000－1720－0001556　普 01443　集部/別集類/明別集

玉硃集一卷　(明)孫瑛撰　清初刻本　一冊

330000－1720－0001557　普 01444　經部/叢編

重刊宋本十三經注疏四百十六卷　附十三經注疏校勘記四百十六卷　(清)阮元撰　(清)盧宣旬摘錄　**校勘記識語四卷**　(清)汪文臺撰　清光緒十三年(1887)上海脈望仙館石印本　三十二冊　缺一卷(周易釋文校勘記)

330000－1720－0001558　普 01445　經部/叢編

重刊宋本十三經注疏四百十六卷　附十三經注疏校勘記四百十六卷　(清)阮元撰　(清)盧宣旬摘錄　**校勘記識語四卷**　(清)汪文臺撰　清光緒十三年(1887)上海脈望仙館石印本　三十冊　缺六十卷(附釋音春秋左傳注疏校勘記一至六十)

330000－1720－0001559　普 01446　集部/別集類/明別集

望辰樓詩稿二卷　(明)牟應魁撰　清初刻本　王舟瑤批　一冊

330000－1720－0001560　普 01447　經部/叢編

重刊宋本十三經注疏四百十六卷　附十三經注疏校勘記四百十六卷　(清)阮元撰　(清)盧宣旬摘錄　**校勘記識語四卷**　(清)汪文臺撰　清光緒十三年(1887)上海脈望仙館石印本　一冊　存一種

330000－1720－0001561　普 01448　史部/詔令奏議類/奏議之屬

掖垣疏草一卷　(明)盧明諏撰　清咸豐七年(1857)盧懷新、盧錫疇木活字印本　一冊

330000－1720－0001567　普 01454　集部/別集類/清別集

彝經堂詩鈔六卷賦鈔一卷駢文一卷首一卷　(清)王維翰撰　清光緒七年(1881)梅梨小隱半藟園刻本　二冊　缺一卷(首)

330000－1720－0001571　普 01458　集部/別集類/清別集

清微集一卷賦錄一卷　(清)李一廬撰　(清)阮尚疇述　清光緒二十八年(1902)阮尚疇抄本　一冊

330000－1720－0001572　普 01459　集部/別集類/清別集

梅菴遺集三卷　(清)王維祺撰　(清)王棻編　**清芬集續集一卷**　(清)王召修編　清光緒十七年(1891)臨海葉氏蔭玉閣木活字印本　一冊

330000－1720－0001573　普 01460　集部/別集類

南洋勸業會雜詠二卷　王葆楨撰　清宣統二年(1910)鉛印本　一冊　存一卷(一)

330000－1720－0001574　普 01461　集部/別集類/清別集

椒畦詩集一卷　(清)應興胤著　**雁游限詠一卷**　(清)柯夏卿著　(清)柯漸潤　(清)柯瀠洽輯　**息林詩箋二集一卷**　(清)潘最著　清初刻本　清柯夏卿批並跋　清勉卷勤批　一冊

330000－1720－0001575　普 01462　集部/別集類/清別集

北山文鈔四卷詩鈔五卷　(清)姜文衡撰　清咸豐六年(1856)、八年(1858)刻本　二冊　缺四卷(詩鈔二至五)

330000－1720－0001576　普 01463　集部/別集類/宋別集

東山詩選二卷　(宋)葛紹體撰　**名物度數考一卷**　清光緒十五年(1889)抄本　清王棻批校並跋　清小林校　一冊

330000－1720－0001578　普 01465　集部/別集類/清別集

芙蓉亭詩鈔八卷首一卷　(清)蔡榮名撰　清光緒十六年(1890)刻本　一冊

330000－1720－0001579　普 01466　史部/傳記類/科舉録之屬/歷科鄉試録

[光緒乙酉科]浙江鄉試同年齒錄不分卷　清光緒刻本　一冊

330000－1720－0001580　普 01467　集部/別集類/清別集

敦説樓集三卷　(清)李誠撰　清刻本　二冊

330000－1720－0001586　普 01473　集部/別集類/清別集

一葉齋江南遊草六卷　(清)張英元撰　清咸豐二年(1852)刻本　一冊

330000－1720－0001587　普 01474　集部/別集類/清別集

適亭近詠四卷　(清)彭錫纓著　(清)趙驪淵評　清康熙刻本　一冊

330000－1720－0001590　普 01477　子部/術數類/占候之屬

中天皇極太素三卷首一卷尾一卷　(清)夏寶璜撰　清光緒十四年(1888)刻本　一冊

330000－1720－0001592　普 01479　集部/總集類/題詠之屬

米船樓題詞一卷　(清)管頌聲輯　清光緒刻本　一冊

330000－1720－0001593　普 01480　經部/叢編

岳氏相臺五經九十六卷附考證　清光緒十年(1884)長沙龍氏家塾刻本　一冊　存一種

330000－1720－0001594　普 01481　類叢部/叢書類/彙編之屬

崇文書局彙刻書(三十三種叢書、湖北書局所刻書)三十三種　(清)崇文書局編　清光緒元年至三年(1875－1877)湖北崇文書局刻本　一冊　存一種

330000－1720－0001595　普 01482　經部/易類/傳説之屬

易經增訂旁訓三卷　(清)徐立綱撰　清文奎堂刻本　二冊

330000－1720－0001596　普 01483　經部/叢編

五經旁訓辨體合訂五種　(清)徐立綱輯　清文華堂刻本　二冊　存一種

330000－1720－0001597　普 01484　史部/地理類/專志之屬/祠墓

崇節祠錄三卷附錄一卷　(清)江青編輯　**顧北集一卷**　(元)泰不華撰　(清)江青編輯　清光緒刻本　一冊

330000－1720－0001599　普 01486　經部/叢編

四書五經九種　(清)鮑氏輯　清同治三年(1864)浙江撫署刻本　二冊　存一種

330000－1720－0001600　普 01487　集部/別集類/清別集

雪樵吟稿一卷　(清)張茂華撰　清抄本　王詠霓批、題記並跋　清雲酣題簽並記　一冊

330000－1720－0001601　普 01488　經部/易類/傳説之屬

周易本義四卷附圖説一卷卦歌一卷筮儀一卷　(宋)朱熹撰　清李光明莊刻本　一冊　缺三卷(二至四)

330000－1720－0001610　普 01497　經部/易類/傳説之屬

讀易自考錄一卷續編一卷 （清）胡具慶撰 清光緒二十四年（1898）榮成孫叔謙刻本 二册

330000－1720－0001659 普 01546 經部/叢編

遵阮本重校印十三經注疏并校勘記 （清）阮元撰校勘記 （清）盧宣旬摘錄校勘記 清光緒十三年（1887）上海點石齋石印本 十一册 存七種

330000－1720－0001660 普 01547 經部/易類/傳說之屬

需時眇言十卷 （清）沈善登撰 清光緒二十八年（1902）桐鄉沈氏豫恕堂刻沈穀成易學本 四册 存五卷（一至二、四、七至八）

330000－1720－0001661 普 01548 類叢部/叢書類/自著之屬

張皐文箋易詮全集十六種 （清）張惠言撰 清嘉慶八年至道光十年（1803－1830）刻本 二册 存二種

330000－1720－0001662 普 01549 經部/易類/傳說之屬

周易審義四卷 （清）張惠言撰 清咸豐七年（1857）文選樓刻本 四册

330000－1720－0001663 普 01550 經部/叢編

重刊宋本十三經注疏四百十六卷 附十三經注疏校勘記四百十六卷 （清）阮元撰 （清）盧宣旬摘錄 **校勘記識語四卷** （清）汪文臺撰 清光緒十三年（1887）上海脈望仙館石印本 二十一册 存六種

330000－1720－0001664 普 01551 經部/易類/傳說之屬

周易審義四卷 （清）張惠言撰 清咸豐七年（1857）文選樓刻本 四册

330000－1720－0001665 普 01552 經部/叢編

漢魏二十一家易注三十三卷 （清）孫堂輯 清嘉慶四年（1799）平湖孫堂映雪草堂刻本 一册 存二種

330000－1720－0001666 普 01553 經部/易類/傳說之屬

易憲四卷卦歌一卷圖說一卷 （清）沈泓撰 清光緒十四年（1888）泉唐卓德徵刻本 三册

330000－1720－0001667 普 01554 經部/叢編

三經精華 （清）薛嘉穎輯 清光緒二年（1876）浙寧簡香齋刻本 四册 存一種

330000－1720－0001668 普 01555 經部/易類/傳說之屬

易經精華六卷首一卷末一卷 （清）薛嘉穎撰 清道光元年（1821）光韙堂刻本（卷首原缺） 四册

330000－1720－0001669 普 01556 經部/叢編

三經精華 （清）薛嘉穎輯 清光緒二年（1876）浙寧簡香齋刻本（易經精華卷五至六、卷末配清光韙堂刻本） 三册 存一種

330000－1720－0001670 普 01557 類叢部/叢書類/自著之屬

汪雙池先生叢書二十種附浙刻雙池遺書十二種 （清）汪紱撰 清道光至光緒刻光緒二十三年（1897）長安趙舒翹等彙印本 十四册 存一種

330000－1720－0001671 普 01558 類叢部/叢書類/自著之屬

汪雙池先生叢書二十種附浙刻雙池遺書十二種 （清）汪紱撰 清道光至光緒刻光緒二十三年（1897）長安趙舒翹等彙印本 十四册 存一種

330000－1720－0001672 普 01559 類叢部/叢書類/郡邑之屬

湖北叢書三十種 （清）趙尚輔編 清光緒十七年（1891）三餘草堂刻本 十册 存二種

330000－1720－0001673 普 01560 經部/叢編

御纂七經五種二百九十四卷 （清）李光地等

撰　清同治六年至九年(1867－1870)浙江書局刻本　十册　存一種

330000－1720－0001674　普01561　經部/叢編

御纂七經五種二百九十四卷　(清)李光地等撰　清同治六年至九年(1867－1870)浙江書局刻本　十册　存一種

330000－1720－0001675　普01562　經部/叢編

御纂七經五種二百九十四卷　(清)李光地等撰　清同治六年至九年(1867－1870)浙江書局刻本　四册　存一種

330000－1720－0001676　普01563　經部/叢編

御纂七經五種二百九十四卷　(清)李光地等撰　清光緒上海鴻文書局石印本　十七册　存二種

330000－1720－0001677　普01564　經部/易類/傳説之屬

漢宋易學解不分卷　(清)王希伊撰　清光緒九年(1883)江蘇高郵黄氏江都刻本　二册

330000－1720－0001678　普01565　經部/叢編

御纂七經五種二百九十四卷　(清)李光地等撰　清刻本　七册　存一種

330000－1720－0001680　普01567　類叢部/叢書類/家集之屬

叢睦汪氏遺書十九種　(清)汪篔編　清光緒十二年(1886)錢塘汪氏長沙刻本　清陳改亭批　一册　存二種

330000－1720－0001681　普01568　經部/易類/傳説之屬

周易恒解五卷首一卷　(清)劉沅撰　清嘉慶二十五年(1820)豫誠堂刻光緒三十一年(1905)劉根文增刻本　六册

330000－1720－0001682　普01569　經部/叢編

重刊宋本十三經注疏四百十六卷　附十三經注疏校勘記四百十六卷　(清)阮元撰　(清)盧宣旬摘錄　清嘉慶二十年(1815)南昌府學刻本　三册　存一種

330000－1720－0001683　普01570　經部/易類/傳説之屬

易經體註大全合糸四卷　(清)李兆賢撰　清刻本　一册　存三卷(一至三)

330000－1720－0001684　普01571　經部/易類/傳説之屬

易經體註合參四卷　(清)來爾繩纂輯　(清)朱采治　(清)朱之澄編訂　清刻本　二册

330000－1720－0001685　普01572　經部/易類/傳説之屬

易經大全會解四卷　(清)來爾繩纂輯　(清)朱采治　(清)朱之澄編訂　清光緒十九年(1893)益元書局刻本　二册

330000－1720－0001686　普01573　經部/易類/傳説之屬

易經大全會解四卷　(清)來爾繩纂輯　(清)朱采治　(清)朱之澄編訂　清乾隆五十二年(1787)來道添刻本　一册　存一卷(二)

330000－1720－0001687　普01574　經部/叢編

遵阮本重校印十三經注疏并校勘記　(清)阮元撰校勘記　(清)盧宣旬摘錄校勘記　清光緒三十年(1904)上海點石齋石印本　二十二册　存七種

330000－1720－0001688　普01575　經部/易類/易占之屬

周易彖傳消息升降大義述二卷周易消息升降爻例一卷　(清)吳翊寅撰　清光緒二十一年(1895)廣雅書局刻本　一册

330000－1720－0001690　普01577　類叢部/叢書類/彙編之屬

式訓堂叢書四十一種　(清)章壽康編　清光緒會稽章氏刻本　一册　存一種

330000－1720－0001691　普01578　經部/叢編

遵阮本重校印十三經注疏并校勘記　(清)阮元撰校勘記　(清)盧宣旬摘錄校勘記　清光緒十三年(1887)上海點石齋石印本　十冊　存八種

330000－1720－0001694　普01581　子部/儒家類/儒學之屬

二程全書六十七卷　(宋)程顥　(宋)程頤撰　清刻本　五冊　存二種

330000－1720－0001695　普01582　經部/易類/傳說之屬

周易闡真四卷首一卷孔易闡真二卷　(清)劉一明撰　清嘉慶五年(1800)刻本　二冊　存二卷(一至二)

330000－1720－0001696　普01583　經部/易類/傳說之屬

易經傳八卷　(宋)程頤撰　清同治五年(1866)金陵書局刻本　三冊

330000－1720－0001697　普01584　經部/易類/傳說之屬

易經傳八卷　(宋)程頤撰　清光緒九年(1883)江南書局刻本　二冊　存六卷(一至二、五至八)

330000－1720－0001698　普01585　子部/術數類/占候之屬

中天皇極太素三卷首一卷尾一卷　(清)夏寶璜撰　清光緒十四年(1888)刻本　一冊

330000－1720－0001699　普01586　類叢部/叢書類/郡邑之屬

續台州叢書十種　楊晨編　清光緒二十四年(1898)翁氏刻本　三冊　存二種

330000－1720－0001700　普01587　類叢部/叢書類/郡邑之屬

續台州叢書十種　楊晨編　清光緒二十四年(1898)翁氏刻本　二冊　存二種

330000－1720－0001701　普01588　經部/三禮總義類/通論之屬

三禮陳數求義三十卷　(清)林喬蔭撰　清嘉慶八年(1803)誦芬堂刻本　九冊　缺三卷(十九至二十一)

330000－1720－0001702　普01589　經部/易類/傳說之屬

周易象義集成三卷　(清)陳洪冠纂輯　清咸豐八年(1858)湖南羣玉書屋刻本　清陸祁孫批　三冊

330000－1720－0001703　普01590　經部/易類/傳說之屬

周易象義集成三卷　(清)陳洪冠纂輯　清同治七年(1868)羣玉書屋刻本　三冊

330000－1720－0001704　普01591　經部/易類/傳說之屬

易例二卷　(清)惠棟撰　清刻本　一冊

330000－1720－0001705　普01592　經部/叢編

御纂七經五種二百九十四卷　(清)李光地等撰　清同治六年至九年(1867－1870)浙江書局刻本　五十二冊　存一種

330000－1720－0001706　普01593　經部/易類/傳說之屬

易漢學八卷　(清)惠棟撰　清刻本　二冊

330000－1720－0001707　普01594　經部/叢編

御纂七經五種二百九十四卷　(清)李光地等撰　清同治六年至九年(1867－1870)浙江書局刻本　五十二冊　存一種

330000－1720－0001708　普01595　經部/三禮總義類/通論之屬

三禮通釋二百三十卷三禮圖五十卷首一卷目錄四卷　(清)林昌彝撰　清同治三年(1864)廣州刻本　三十八冊　存二百十六卷(首,一至八、十三至五十七、七十至七十四、八十五至九十、九十六至一百七十四、一百八十五至一百九十、一百九十六至二百十八、二百二十六至二百三十,三禮圖一至四、九至十一、十六至十八、二十三至二十六、三十至三十七、三十九至五十,目錄一至四)

330000－1720－0001709　普01596　經部/

叢編

經苑二十五種　(清)錢儀吉輯　清道光至咸豐大梁書院刻同治七年(1868)王儒行等印本　十二冊　存六種

330000－1720－0001710　普 01597　經部/三禮總義類/圖說之屬

新定三禮圖二十卷　(宋)聶崇義集註　清末上海同文書局石印本　二冊

330000－1720－0001711　普 01598　經部/三禮總義類/圖說之屬

新定三禮圖二十卷　(宋)聶崇義集註　清末上海同文書局石印本　一冊　存十卷(十一至二十)

330000－1720－0001712　普 01599　經部/易類/傳說之屬

周易指三十八卷易例一卷易圖五卷易斷辭一卷附錄一卷　(清)端木國瑚撰　清同治東甌郭文元刻本　十九冊

330000－1720－0001713　普 01600　經部/易類/傳說之屬

周易述四十卷　(清)惠棟集注並疏　清乾隆二十五年(1760)德州盧見曾雅雨堂刻本(卷八、二十一、二十四至四十原缺)　王舟瑤批校　八冊

330000－1720－0001714　普 01601　經部/易類/傳說之屬

周易内傳十二卷　(清)金士升撰　清道光二年(1822)楊學烈退思堂刻本　六冊

330000－1720－0001715　普 01602　經部/易類/傳說之屬

周易廓二十四卷　(清)陳世鎔撰　清咸豐元年(1851)獨秀山莊刻本　六冊

330000－1720－0001716　普 01603　經部/叢編

御纂七經五種二百九十四卷　(清)李光地等撰　清同治六年至九年(1867－1870)浙江書局刻本　三十九冊　存一種

330000－1720－0001717　普 01604　經部/叢編

御纂七經五種二百九十四卷　(清)李光地等撰　清同治十一年(1872)江西書局刻本　七十二冊　存一種

330000－1720－0001719　普 01606　經部/叢編

重刊宋本十三經注疏四百十六卷　附十三經注疏校勘記四百十六卷　(清)阮元撰　(清)盧宣旬摘錄　清嘉慶二十年(1815)南昌府學刻道光六年(1826)盱江朱華臨重校印本　九十二冊　缺十卷(孟子注疏解經五至七、十三至十四,附校勘記五至七、十三至十四)

330000－1720－0001721　普 01608　經部/周禮類/傳說之屬

周禮精華六卷　(清)陳龍標輯　清光韙堂刻本　六冊

330000－1720－0001722　普 01609　經部/周禮類/傳說之屬

周禮精華六卷　(清)陳龍標輯　清光緒六年(1880)掃葉山房刻本　六冊

330000－1720－0001723　普 01610　經部/周禮類/傳說之屬

周禮精華六卷　(清)陳龍標輯　清嘉慶十六年(1811)緯文堂刻本　六冊

330000－1720－0001724　普 01611　經部/周禮類/傳說之屬

周禮精華六卷　(清)陳龍標輯　清嘉慶十六年(1811)刻寧郡簡香齋印本　六冊

330000－1720－0001725　普 01612　經部/叢編

重刊宋本十三經注疏四百十六卷　附十三經注疏校勘記四百十六卷　(清)阮元撰　(清)盧宣旬摘錄　清光緒十八年(1892)湖南寶慶務本書局刻本　五冊　存一種

330000－1720－0001727　普 01613　經部/小學類/文字之屬/字書/字典

復古編二卷　(宋)張有撰　**校正一卷附錄一卷**　(清)葛鳴陽撰　**安陸集一卷**　(宋)張先

撰　**曾樂軒稿一卷**　（宋）張維撰　清光緒八年（1882）淮南書局刻本　三冊

330000－1720－0001728　普01614　類叢部/叢書類/自著之屬

經韻樓叢書九種　（清）段玉裁撰　清乾隆至道光金壇段氏刻本　二冊　存一種

330000－1720－0001729　普01615　經部/小學類/文字之屬/字書/字典

字典考證十二集三十六卷　（清）王引之等撰　清末石印本　一冊

330000－1720－0001730　普01616　經部/叢編

御纂七經五種二百九十四卷　（清）李光地等撰　清同治六年至九年（1867－1870）浙江書局刻本　二十四冊　存一種

330000－1720－0001731　普01617　經部/叢編

御纂七經五種二百九十四卷　（清）李光地等撰　清同治六年至九年（1867－1870）浙江書局刻本　二十三冊　存一種

330000－1720－0001732　普01618　經部/小學類/文字之屬/說文

說文外編十五卷補遺一卷　（清）雷浚撰　**說文辨疑一卷**　（清）顧廣圻撰　**劉氏碎金一卷**　（清）劉禧延撰　清光緒二年（1876）刻本　五冊　缺三卷（十二至十三、說文辨疑）

330000－1720－0001733　普01619　類叢部/叢書類/家集之屬

高郵王氏著書五種　（清）王念孫　（清）王引之撰　清嘉慶至道光王氏刻本　八冊　存一種

330000－1720－0001735　普01622　經部/小學類/文字之屬/說文

說文解字十五卷標目一卷　（漢）許慎撰　（宋）徐鉉等校定　清乾隆三十八年（1773）大興朱筠椒華吟舫刻本　八冊

330000－1720－0001736　普01620　經部/儀禮類/傳說之屬

檀氏儀禮韻言塾課藏本二卷　（清）檀萃纂　清嘉慶十六年（1811）刻本　二冊

330000－1720－0001737　普01621　類叢部/叢書類/彙編之屬

貸園叢書初集十二種四十九卷　（清）周永年編　清乾隆五十四年（1789）歷城周氏竹西書屋重編印益都李文藻等刻本　一冊　存一種

330000－1720－0001738　普01623　經部/儀禮類/傳說之屬

儀禮鄭註句讀十七卷附監本正誤一卷石本誤字一卷　（清）張爾岐撰　清光緒六年（1880）山西濬文書局刻本　六冊

330000－1720－0001739　普01624　經部/儀禮類/圖說之屬

儀禮圖六卷　（清）張惠言撰　清同治九年（1870）楚北崇文書局刻本　三冊

330000－1720－0001740　普01625　經部/儀禮類/圖說之屬

儀禮圖六卷　（清）張惠言撰　清同治九年（1870）楚北崇文書局刻本　二冊　存四卷（一至四）

330000－1720－0001742　普01627　經部/儀禮類/圖說之屬

儀禮圖六卷　（清）張惠言撰　清同治九年（1870）楚北崇文書局刻本　一冊　存二卷（一至二）

330000－1720－0001743　普01628　經部/小學類

雷刻四種二十一卷　（清）雷浚輯　清光緒二年至十年（1876－1884）吳縣雷氏刻本　一冊　存一種

330000－1720－0001746　普01631　經部/小學類/文字之屬/字書/字典

玉篇校刊札記一卷　（清）鄧顯鶴撰　清咸豐元年（1851）新化鄧顯鶴東山精舍刻本　一冊

330000－1720－0001747　普01632　經部/儀禮類/傳說之屬

儀禮正義四十卷　（清）胡培翬撰　（清）楊大

堉補　清咸豐二年(1852)刻同治七年(1868)補刻本　二十四册

330000－1720－0001748　普 01633　經部/三禮總義類/通禮雜禮之屬

讀禮通考一百二十卷　(清)徐乾學撰　清康熙三十五年(1696)徐乾學刻秦蕙田味經窩印本　三十册

330000－1720－0001749　普 01634　經部/小學類/文字之屬/說文/傳說

說文解字句讀三十卷　(清)王筠撰　清光緒八年(1882)四川尊經書局刻本　十六册

330000－1720－0001750　普 01635　經部/小學類/文字之屬/字書/字典

康熙字典十二集三十六卷總目一卷檢字一卷辨似一卷等韻一卷補遺一卷備考一卷　(清)張玉書等纂修　清刻本　四十册

330000－1720－0001751　普 01636　經部/小學類/文字之屬/字書/字典

字彙十二卷首一卷末一卷韻法直圖一卷　(明)梅膺祚撰　**韻法橫圖一卷**　(明)李世澤撰　清道光二十八年(1848)經元堂刻本　張九韶、張駢卿題簽並記　八册　缺一卷(末)

330000－1720－0001752　普 01637　經部/儀禮類/傳說之屬

儀禮釋官九卷首一卷　(清)胡匡衷撰　清同治八年(1869)績谿胡肇智刻本　二册　存五卷(二至六)

330000－1720－0001753　普 01638　經部/叢編

御纂七經五種二百九十四卷　(清)李光地等撰　清同治六年至九年(1867－1870)浙江書局刻本　二十八册　存一種

330000－1720－0001754　普 01639　經部/小學類/文字之屬/字書/字典

字彙十二卷首一卷末一卷韻法直圖一卷　(明)梅膺祚撰　**韻法橫圖一卷**　(明)李世澤撰　清刻本　十三册　缺一卷(末)

330000－1720－0001755　普 01640　經部/叢編

重刊宋本十三經注疏四百十六卷　附十三經注疏校勘記四百十六卷　(清)阮元撰　(清)盧宣旬摘錄　清光緒十八年(1892)湖南寶慶務本書局刻本　八册　存一種

330000－1720－0001756　普 01641　經部/叢編

經苑二十五種　(清)錢儀吉輯　清道光至咸豐大梁書院刻同治七年(1868)王儒行等印本　十二册　存二種

330000－1720－0001758　普 01643　經部/禮記類/傳說之屬

禮記集解六十一卷尚書顧命解一卷　(清)孫希旦撰　清咸豐十年至同治七年(1860－1868)瑞安孫氏盤谷草堂刻本　十六册

330000－1720－0001760　普 01645　經部/小學類/文字之屬/說文

說文解字注十五卷附六書音韻表五卷　(清)段玉裁撰　**說文部目分韻一卷**　(清)陳煥編　清光緒七年(1881)查燕緒木漸齋刻本　二十二册　缺二卷(六書音韻表四至五)

330000－1720－0001761　普 01646　經部/禮記類/傳說之屬

禮記集解六十一卷尚書顧命解一卷　(清)孫希旦撰　清咸豐十年至同治七年(1860－1868)瑞安孫氏盤谷草堂刻本　十六册

330000－1720－0001762　普 01647　經部/禮記類/傳說之屬

禮記集解六十一卷尚書顧命解一卷　(清)孫希旦撰　清咸豐十年至同治七年(1860－1868)瑞安孫氏盤谷草堂刻本　十六册

330000－1720－0001764　普 01649　經部/禮記類/傳說之屬

禮記集解六十一卷尚書顧命解一卷　(清)孫希旦撰　清咸豐十年至同治七年(1860－1868)瑞安孫氏盤谷草堂刻本　十六册

330000－1720－0001765　普 01650　經部/禮記類/傳說之屬

禮記集解六十一卷尚書顧命解一卷 （清）孫希旦撰　清咸豐十年至同治七年（1860－1868）瑞安孫氏盤谷草堂刻本　十二册

330000－1720－0001766　普01651　經部/小學類/文字之屬/說文
說文解字注十五卷附六書音韻表五卷汲古閣說文訂一卷 （清）段玉裁撰　**說文部目分韻一卷** （清）陳煥編　清同治十一年（1872）湖北崇文書局刻本　二十四册

330000－1720－0001768　普01653　經部/小學類/文字之屬/說文
說文解字注十五卷附六書音韻表五卷汲古閣說文訂一卷 （清）段玉裁撰　**說文部目分韻一卷** （清）陳煥編　清同治十一年（1872）湖北崇文書局刻本　二十二册　存十四卷（一至十四）

330000－1720－0001769　普01654　經部/小學類/文字之屬/說文
說文解字注十五卷附六書音韻表五卷汲古閣說文訂一卷 （清）段玉裁撰　**說文部目分韻一卷** （清）陳煥編　清同治十一年（1872）湖北崇文書局刻本　十六册　缺五卷（六書音韻表一至五）

330000－1720－0001772　普01652　史部/編年類/通代之屬
讀通鑑綱目條記二十卷首一卷 （清）李述來撰　清光緒八年（1882）羣玉山房刻本　八册

330000－1720－0001773　普01656　經部/小學類/文字之屬/說文
說文解字注十五卷附六書音韻表五卷 （清）段玉裁撰　**說文部目分韻一卷** （清）陳煥編　清同治七年（1868）丁日昌蘇州刻本　十四册　存十五卷（一、三至十五，說文部目分韻）

330000－1720－0001774　普01657　經部/小學類/文字之屬/說文
說文解字注十五卷附六書音韻表五卷 （清）段玉裁撰　**說文部目分韻一卷** （清）陳煥編　清同治七年（1868）丁日昌蘇州刻本　四册　存四卷（七至八、十三至十四）

330000－1720－0001776　普01659　史部/編年類
御批資治通鑑綱目全書一百九卷　清末刻本　十九册　存一種

330000－1720－0001778　普01660　子部/儒家類/儒學之屬/蒙學
龍文鞭影四卷 （明）蕭良有纂輯　（清）楊臣静增訂　（清）李恩綬校補　清光緒十三年（1887）江南掃葉山房刻本　二册

330000－1720－0001779　普01661　史部/編年類/通代之屬
資治通鑑綱目五十九卷 （宋）朱熹撰　（明）陳仁錫評　**續編一卷** （明）陳桱撰　（明）陳仁錫評　**續資治通鑑綱目二十七卷** （明）商輅等撰　（明）陳仁錫評　**資治通鑑綱目前編二十五卷** （明）南軒撰　（明）陳仁錫評　明崇禎三年（1630）陳仁錫刻本　八册　存八卷（續資治通鑑綱目十六、十八至十九、二十二至二十四、二十六至二十七）

330000－1720－0001781　普01663　史部/編年類/通代之屬
資治通鑑綱目五十九卷 （宋）朱熹撰　（明）陳仁錫評　**資治通鑑綱目續編一卷** （明）陳桱撰　（明）陳仁錫評　**資治通鑑綱目前編二十五卷** （明）南軒撰　（明）陳仁錫評　**續資治通鑑綱目二十七卷** （明）商輅等撰　（明）陳仁錫評　清嘉慶八年（1803）敬書堂刻本　二十八册　存二十八卷（資治通鑑綱目續編、續資治通鑑綱目一至二十七）

330000－1720－0001784　普01666　史部/編年類/通代之屬
資治通鑑綱目五十九卷 （宋）朱熹撰　（明）陳仁錫評　**資治通鑑綱目續編一卷** （明）陳桱撰　（明）陳仁錫評　**資治通鑑綱目前編二十五卷** （明）南軒撰　（明）陳仁錫評　**續資治通鑑綱目二十七卷** （明）商輅等撰　（明）陳仁錫評　清嘉慶八年（1803）敬書堂刻本　二十七册　存二十三卷（續資治通鑑綱目一至五、七至十四、十八至二十七）

330000－1720－0001785　普 01667　經部/小學類/音韻之屬/古今韻說

漢學諧聲二十四卷說文補考一卷說文又考一卷　(清)戚學標撰　清嘉慶九年(1804)涉縣官署刻本　八冊

330000－1720－0001786　普 01668　經部/小學類/音韻之屬/古今韻說

漢學諧聲二十四卷說文補考一卷說文又考一卷　(清)戚學標撰　清嘉慶九年(1804)涉縣官署刻本　八冊

330000－1720－0001787　普 01669　經部/小學類/音韻之屬/古今韻說

漢學諧聲二十四卷說文補考一卷說文又考一卷　(清)戚學標撰　清嘉慶九年(1804)涉縣官署刻本　六冊　存二十二卷(一至二十二)

330000－1720－0001788　普 01670　經部/小學類/音韻之屬/古今韻說

漢學諧聲二十四卷說文補考一卷說文又考一卷　(清)戚學標撰　清嘉慶九年(1804)涉縣官署刻本　八冊

330000－1720－0001789　普 01671　史部/編年類/通代之屬

綱鑑正史約三十六卷　(明)顧錫疇撰　(清)陳弘謀增訂　**甲子紀元一卷**　(清)陳弘謀撰　清同治八年(1869)浙江書局刻本　二十冊

330000－1720－0001791　普 01673　史部/編年類/通代之屬

歷代通鑑纂要九十二卷　(明)李東陽　(明)劉機等撰　清光緒二十三年(1897)廣雅書局刻本　四十八冊

330000－1720－0001792　普 01674　經部/小學類/文字之屬/說文

說文引經攷證七卷說文引經互異說一卷　(清)陳瑑撰　清同治十三年(1874)湖北崇文書局刻本　二冊

330000－1720－0001793　普 01675　史部/編年類/通代之屬

御批歷代通鑑輯覽一百二十卷　(清)傅恆等撰　清同治十年(1871)浙江書局刻朱墨套印本　四十八冊

330000－1720－0001795　普 01677　經部/小學類/文字之屬/說文

說文逸字辨證二卷　(清)鄭珍撰　(清)李楨辨證　清光緒十一年(1885)善化李氏畹蘭室刻本　二冊

330000－1720－0001796　普 01678　史部/編年類/通代之屬

御批歷代通鑑輯覽一百二十卷　(清)傅恆等撰　清同治十年(1871)浙江書局刻朱墨套印本　四十二冊　存一百五卷(一至五十六、五十九至六十二、六十五至八十九、九十二至九十三、九十六至一百四、一百八至一百十六)

330000－1720－0001797　普 01679　經部/小學類/文字之屬/說文

說文凝錦錄一卷　(清)萬光泰撰　清嘉慶二年(1797)澤經堂刻本　一冊

330000－1720－0001798　普 01680　經部/小學類

校正馬氏文通十卷　(清)馬建忠撰　清光緒二十八年(1902)上海文林石印本　六冊　缺一卷(四)

330000－1720－0001799　普 01681　史部/編年類/通代之屬

御批歷代通鑑輯覽一百二十卷　(清)傅恆等撰　清刻本　四十二冊　存七十九卷(四十二至一百二十)

330000－1720－0001800　普 01682　經部/小學類

姚氏叢刻三種　(清)姚覲元輯　清光緒二年(1876)歸安姚覲元川東官舍刻本　十四冊　存一種

330000－1720－0001801　普 01683　經部/小學類/文字之屬/字書/字體

玉堂楷則一卷　(清)□□輯　清同治十三年(1874)鄞西陳氏刻本　一冊

330000－1720－0001802　普 01684　史部/編

年類/通代之屬

御批歷代通鑑輯覽一百二十卷 (清)傅恆等撰 清光緒三十四年(1908)上海商務印書館鉛印本 四十册

330000－1720－0001803 普01685 經部/小學類

姚氏叢刻三種 (清)姚覲元輯 清光緒二年(1876)歸安姚覲元川東官舍刻本 一册 存一種

330000－1720－0001804 普01686 史部/編年類/通代之屬

御批歷代通鑑輯覽一百二十卷 (清)傅恆等撰 清光緒上海商務印書館鉛印本 三十九册 存一百十六卷(一至三、八至一百二十)

330000－1720－0001805 普01687 史部/編年類/通代之屬

御批歷代通鑑輯覽一百二十卷 (清)傅恆等撰 清光緒二十九年(1903)上海商務印書館鉛印本 十八册 存一百十卷(一至五十、五十六至一百十五)

330000－1720－0001808 普01689 史部/編年類/通代之屬

御批歷代通鑑輯覽一百二十卷 (清)傅恆等撰 清光緒二十七年(1901)慎記書莊石印本 二十册 存一百十九卷(一至一百十九)

330000－1720－0001809 普01690 類叢部/叢書類/自著之屬

北江全集七種 (清)洪亮吉撰 清乾隆至嘉慶刻彙印本 一册 存一種

330000－1720－0001810 普01691 史部/編年類/通代之屬

御批歷代通鑑輯覽一百二十卷 (清)傅恆等撰 清光緒二十五年(1899)美華賓記石印本 二十册

330000－1720－0001811 普01692 經部/小學類

小學類編六種附三種五十九卷 (清)李祖望編 清咸豐至光緒江都李氏半畝園刻本 一册 存一種

330000－1720－0001813 普01693 史部/編年類/通代之屬

御批歷代通鑑輯覽一百二十卷 (清)傅恆等撰 清光緒上海商務印書館鉛印本 三十一册 存九十三卷(一至三、八至十一、十五至二十、三十三至五十、五十六至一百、一百四至一百二十)

330000－1720－0001814 普01694 類叢部/叢書類/自著之屬

鄭子尹遺書五種 (清)鄭珍撰 清咸豐至同治刻本 一册 存一種

330000－1720－0001815 普01695 史部/編年類/通代之屬

御批歷代通鑑輯覽一百二十卷 (清)傅恆等撰 清光緒上海商務印書館鉛印本 一册 存四卷(十一至十四)

330000－1720－0001816 普01696 史部/編年類/通代之屬

御批歷代通鑑輯覽一百二十卷 (清)傅恆等撰 清光緒三十年(1904)文通書局石印本 八册 存三十四卷(一至九、五十一至五十四、一百至一百二十)

330000－1720－0001817 普01697 史部/編年類/通代之屬

御批歷代通鑑輯覽一百二十卷 (清)傅恆等撰 清光緒三十一年(1905)上海商務印書館鉛印本 五册 存十五卷(一至六、三十七至四十五)

330000－1720－0001819 普01699 類叢部/叢書類/彙編之屬

廣雅書局叢書一百五十九種 徐紹棨編 清光緒廣雅書局刻民國九年(1920)番禺徐紹棨彙編重印本 四册 存一種

330000－1720－0001820 普01700 類叢部/叢書類/彙編之屬

廣雅書局叢書一百五十九種 徐紹棨編 清光緒廣雅書局刻民國九年(1920)番禺徐紹棨

彙編重印本　四冊　存一種

330000－1720－0001821　普01701　史部/編年類/通代之屬

御批歷代通鑑輯覽一百二十卷　(清)傅恆等撰　清光緒二十八年(1902)上海藻文書局石印本　十五冊　存八十八卷(一至二十五、三十二至三十七、四十四至九十四、一百至一百五)

330000－1720－0001822　普01702　經部/小學類/文字之屬/字書/訓蒙

急就篇四卷　(漢)史游撰　(唐)顏師古注　(宋)王應麟補注　清刻本　一冊　存二卷(三至四)

330000－1720－0001823　普01703　史部/編年類/通代之屬

御批歷代通鑑輯覽一百二十卷　(清)傅恆等撰　清光緒三十年(1904)上海圖書集成局鉛印本　二十三冊　存一百十三卷(一至五、十三至一百二十)

330000－1720－0001824　普01704　史部/編年類/通代之屬

御批歷代通鑑輯覽一百二十卷　(清)傅恆等撰　清光緒三十年(1904)上海圖書集成局鉛印本　五冊　存十九卷(十至十四、二十三至三十、五十一至五十六)

330000－1720－0001825　普01705　史部/編年類/通代之屬

御批歷代通鑑輯覽一百二十卷　(清)傅恆等撰　清光緒三十年(1904)上海通元書局石印本　五冊　存二十六卷(一至十二、九十五至一百八)

330000－1720－0001826　普01706　經部/小學類/文字之屬/說文/傳說

說文廣義校訂三卷末一卷　(清)吳善述撰　清同治十三年(1874)刻本　二冊

330000－1720－0001827　普01707　史部/編年類/通代之屬

御批歷代通鑑輯覽一百二十卷　(清)傅恆等撰　清末上海廣益書局石印本　一冊　存三卷(二十至二十二)

330000－1720－0001828　普01708　史部/編年類/通代之屬

御批歷代通鑑輯覽一百二十卷　(清)傅恆等撰　清末上海通文書局石印本　二冊　存九卷(一百十二至一百二十)

330000－1720－0001829　普01709　史部/編年類/通代之屬

御批歷代通鑑輯覽一百二十卷　(清)傅恆等撰　清末石印本　四冊　存二十卷(六至十二、二十一至三十三)

330000－1720－0001830　普01710　史部/編年類/通代之屬

御批歷代通鑑輯覽一百二十卷　(清)傅恆等撰　清末石印本　二冊　存八卷(二十六至三十三)

330000－1720－0001831　普01711　史部/編年類/通代之屬

御批歷代通鑑輯覽一百二十卷　(清)傅恆等撰　清末石印本　十八冊　存一百六卷(七至一百十二)

330000－1720－0001832　普01712　史部/編年類/通代之屬

御批歷代通鑑輯覽一百二十卷　(清)傅恆等撰　清末石印本　二十一冊　存一百二卷(十四至二十四、三十至一百二十)

330000－1720－0001833　普01713　史部/編年類/通代之屬

御批歷代通鑑輯覽一百二十卷　(清)傅恆等撰　清末石印本　十八冊　存一百六卷(十五至一百二十)

330000－1720－0001835　普01715　史部/編年類/通代之屬

鼎鍥趙田了凡袁先生編纂古本歷史大方綱鑑補三十九卷首一卷　(明)袁黃纂　**御撰資治通鑑綱目三編二十二卷**　(清)張廷玉等編次　清光緒二十九年(1903)上海博文書館石印

本　十冊

330000－1720－0001836　普 01716　史部/編年類/通代之屬
尺木堂綱鑑易知錄九十二卷　(清)吳乘權　(清)周之炯　(清)周之燦輯　清末鉛印本　一冊　存七卷(五至十一)

330000－1720－0001837　普 01717　史部/編年類/通代之屬
資治通鑑綱目前編二十五卷　(明)南軒撰　(明)陳仁錫評　清嘉慶八年(1803)敬書堂刻本　十冊

330000－1720－0001838　普 01718　史部/編年類/斷代之屬
明紀六十卷　(清)陳鶴輯　(清)陳克家補　清光緒十六年(1890)上海積山書局石印本　五冊　存五十二卷(一至五十二)

330000－1720－0001839　普 01719　史部/編年類/斷代之屬
明紀六十卷　(清)陳鶴輯　(清)陳克家補　清光緒二十八年(1902)上海積山書局石印本　六冊

330000－1720－0001840　普 01720　史部/編年類/通代之屬
資治通鑑綱目前編二十五卷　(明)南軒撰　(明)陳仁錫評　清嘉慶八年(1803)敬書堂刻本　十四冊

330000－1720－0001841　普 01721　史部/編年類/斷代之屬
明通鑑九十卷首一卷前編四卷坿編六卷　(清)夏燮撰　清光緒二十六年(1900)上海掃葉山房石印本　十六冊

330000－1720－0001842　普 01722　史部/紀事本末類
歷朝紀事本末七種　(清)陳如升　(清)朱記榮輯　清光緒十四年(1888)上海書業公所鉛印本　六冊　存二種

330000－1720－0001844　普 01724　史部/紀事本末類
歷朝紀事本末九種　(清)陳如升　(清)朱記榮輯　(清)慎記主人增輯　清光緒二十八年(1902)上海著易堂書局鉛印本　六冊　存二種

330000－1720－0001845　普 01725　史部/史表類/通代之屬
歷代帝王年表三卷　(清)齊召南撰　(清)阮福續　清光緒十二年(1886)蘇州掃葉山房刻本　三冊

330000－1720－0001846　普 01726　史部/史表類/通代之屬
歷代帝王年表三卷　(清)齊召南撰　(清)阮福續　清光緒十二年(1886)蘇州掃葉山房刻本　三冊

330000－1720－0001847　普 01727　史部/編年類/通代之屬
前編紀年近信錄十二卷　(清)陳階撰　清光緒十五年(1889)甯邑陳樹德堂刻本　一冊　存四卷(一至四)

330000－1720－0001848　普 01728　史部/史表類/通代之屬
歷代帝王年表一卷紀元同異攷略一卷　黃大華撰　清光緒二十六年(1900)夢紅豆村刻本　一冊

330000－1720－0001849　普 01729　類叢部/叢書類/彙編之屬
文選樓叢書三十三種　(清)阮亨編　清嘉慶至道光阮元刻道光二十二年(1842)阮亨彙印本　四冊　存二種

330000－1720－0001850　普 01730　類叢部/叢書類/自著之屬
槐軒全集二十一種附九種　(清)劉沅撰　清咸豐至民國刻彙印本　十四冊　存一種

330000－1720－0001851　普 01731　史部/史表類/通代之屬
歷代帝王年表一卷紀元同異攷略一卷　黃大華撰　清光緒二十六年(1900)夢紅豆村刻本　一冊

330000－1720－0001852　普 01732　史部/編年類/通代之屬
尺木堂綱鑑易知錄九十二卷　(清)吳乘權　(清)周之炯　(清)周之燦輯　清刻本　二十四冊　存五十三卷(一至五十三)

330000－1720－0001853　普 01733　史部/編年類/通代之屬
尺木堂綱鑑易知錄九十二卷明鑑易知錄十五卷　(清)吳乘權　(清)周之炯　(清)周之燦輯　清末鉛印本　八冊　存五十四卷(五十四至九十二、明鑑易知錄一至十五)

330000－1720－0001854　普 01734　史部/史表類/通代之屬
歷代帝王年表一卷紀元同異攷略一卷　黃大華撰　清光緒二十六年(1900)夢紅豆村刻本　一冊

330000－1720－0001855　普 01735　史部/紀事本末類
歷朝紀事本末九種　(清)陳如升　(清)朱記榮輯　(清)捷記主人增輯　清光緒二十八年(1902)上海捷記書局石印本　三十二冊　存七種

330000－1720－0001856　普 01736　史部/編年類/斷代之屬
御撰資治通鑑綱目三編二十卷　(清)張廷玉等撰　清刻本　六冊

330000－1720－0001857　普 01737　類叢部/叢書類/彙編之屬
金峨山館叢書(望三益齋叢書)十一種　(清)郭傳璞編　清光緒八年至十六年(1882－1890)鄞郭氏刻二十年(1894)鎮海邵氏彙印本　一冊　存一種

330000－1720－0001858　普 01738　史部/編年類/斷代之屬
欽定明鑑二十四卷首一卷　(清)胡敬等輯　清同治九年(1870)湖北崇文書局刻本　六冊　存十四卷(六至八、十二至十四、十七至二十四)

330000－1720－0001859　普 01739　史部/編年類/通代之屬
尺木堂綱鑑易知錄九十二卷明鑑易知錄十五卷　(清)吳乘權　(清)周之炯　(清)周之燦輯　清光緒三十年(1904)上海校經山房鉛印本　十五冊　存一百卷(一至六、十四至九十二,明鑑易知錄一至十五)

330000－1720－0001860　普 01740　史部/紀事本末類
歷朝紀事本末七種　(清)陳如升　(清)朱記榮輯　清光緒十四年(1888)上海書業公所鉛印本　三十五冊　缺一百五十五卷(左傳紀事本末三十三至四十四,通鑑紀事本末一至六、四十九至六十一、八十四、一百三十四至一百九十一、二百十七至二百三十九,宋史紀事本末一至三十,明史紀事本末三十四至四十五)

330000－1720－0001861　普 01741　類叢部/叢書類/彙編之屬
廣雅書局叢書一百五十九種　徐紹棨編　清光緒廣雅書局刻民國九年(1920)番禺徐紹棨彙編重印本　七冊　存三種

330000－1720－0001865　普 01745　史部/編年類/通代之屬
尺木堂綱鑑易知錄九十二卷　(清)吳乘權　(清)周之炯　(清)周之燦輯　清末鉛印本　二冊　存十四卷(十三至二十六)

330000－1720－0001866　普 01746　史部/紀事本末類
歷朝紀事本末七種　(清)陳如升　(清)朱記榮輯　清光緒二十一年(1895)上海積山書局石印本　三冊　存二種

330000－1720－0001867　普 01747　史部/紀事本末類/斷代之屬
遼史紀事本末四十卷首一卷金史紀事本末五十二卷首一卷　(清)李有棠編纂　清光緒二十八年(1902)上海書局石印本　八冊

330000－1720－0001868　普 01748　史部/地理類/方志之屬/郡縣志

[光緒]慈谿縣志五十六卷附編一卷 （清）楊泰亨 （清）馮可鏞纂 （清）劉一桂校補 清光緒二十五年(1899)德潤書院刻民國三年(1914)印本 二十三冊 存五十四卷(一至五十四)

330000－1720－0001869 普01749 史部/編年類/通代之屬

袁王綱鑑合編三十九卷首一卷 （明）袁黄輯 （明）王世貞編 **御撰明紀綱目二十卷** （清）張廷玉等編次 清光緒三十年(1904)上海商務印書館鉛印本 十六冊

330000－1720－0001870 普01750 史部/編年類/通代之屬

袁王綱鑑合編三十九卷首一卷 （明）袁黄輯 （明）王世貞編 **御撰明紀綱目二十卷** （清）張廷玉等編次 清光緒三十年(1904)上海商務印書館鉛印本 十六冊

330000－1720－0001871 普01751 史部/編年類/通代之屬

袁王綱鑑合編三十九卷首一卷 （明）袁黄輯 （明）王世貞編 **御撰明紀綱目二十卷** （清）張廷玉等編次 清光緒三十年(1904)上海商務印書館鉛印本 十六冊

330000－1720－0001872 普01752 史部/編年類/通代之屬

重訂王鳳洲先生綱鑑會纂四十六卷續宋元紀二十三卷 （明）王世貞撰 （明）陳仁錫訂 **御撰資治通鑑綱目三編四卷** （清）張廷玉等撰 清光緒二十五年(1899)上海富文書局石印本 七冊 缺九卷(十二至二十)

330000－1720－0001873 普01753 史部/紀事本末類

歷朝紀事本末七種 （清）陳如升 （清）朱記榮輯 清光緒十四年(1888)上海書業公所鉛印本 三冊 存一種

330000－1720－0001874 普01754 史部/地理類/總志之屬/通代

讀史方輿紀要一百三十卷輿圖要覽四卷 （清）顧祖禹撰 清嘉慶十七年(1812)成都龍氏敷文閣刻光緒五年(1879)蜀南薛氏桐華書屋修補本 六十一冊 存一百二十八卷(一至五十五、五十八至一百十五、一百二十至一百三十,輿圖要覽一至四)

330000－1720－0001876 普01756 史部/紀事本末類

歷朝紀事本末九種 （清）陳如升 （清）朱記榮輯 （清）慎記主人增輯 清光緒石印本 一冊 存一種

330000－1720－0001877 普01757 史部/地理類/總志之屬/通代

讀史方輿紀要一百三十卷方輿全圖總説五卷 （清）顧祖禹撰 清光緒二十七年(1901)上海圖書集成印書局鉛印本暨石印本 五冊 存九卷(一至四、方輿全圖總説一至五)

330000－1720－0001878 普01758 史部/地理類/總志之屬/通代

歷代地理志韻編今釋二十卷皇朝輿地圖一卷皇朝輿地韻編二卷 （清）李兆洛撰 清光緒上海蜚英館石印本 四冊

330000－1720－0001879 普01759 史部/地理類/總志之屬/通代

讀史方輿紀要一百三十卷 （清）顧祖禹撰 清末石印本 十三冊

330000－1720－0001880 普01760 史部/地理類/總志之屬/通代

讀史方輿紀要一百三十卷 （清）顧祖禹撰 清光緒二十九年(1903)上海益吾齋石印本 十冊 存七十四卷(一至四、十至二十九、五十二至六十五、九十五至一百三十)

330000－1720－0001881 普01761 史部/地理類

李氏五種 （清）李兆洛撰 清光緒十四年(1888)掃葉山房刻本 九冊 存二種

330000－1720－0001882 普01762 類叢部/叢書類/自著之屬

北江全集七種 （清）洪亮吉撰 清乾隆至嘉慶刻彙印本 十五冊 存一種

330000－1720－0001883　普01763　史部/地理類

李氏五種　(清)李兆洛撰　清同治九年至十一年(1870－1872)合肥李鴻章刻本　十一册　存四種

330000－1720－0001884　普01764　史部/地理類/總志之屬/通代

讀史方輿紀要一百三十卷　(清)顧祖禹撰　清光緒二十七年(1901)上海圖書集成局鉛印本　十五册　存六十七卷(五至九、三十至五十一、六十至九十九)

330000－1720－0001885　普01765　史部/地理類/總志之屬/通代

天下郡國利病書一百二十卷　(清)顧炎武撰　清光緒二十七年(1901)上海圖書集成印書局鉛印本　二十六册　存一百十二卷(一至三十二、三十七至九十八、一百三至一百二十)

330000－1720－0001886　普01766　新學/史志/别國史

法國新志四卷　(英國)陔勒低輯　(英國)傅紹蘭　(英國)秀耀春口譯　(清)潘松　(清)范熙庸筆述　清光緒二十七年(1901)上海書局石印本　一册　存二卷(一至二)

330000－1720－0001887　普01767　史部/地理類

李氏五種　(清)李兆洛撰　清同治九年至十一年(1870－1872)合肥李鴻章刻本　九册　存二種

330000－1720－0001888　普01768　史部/地理類/山川之屬/山志

新輯雁山便覽一卷　(清)釋道融撰　清同治六年(1867)雁山淨名寺刻本　一册

330000－1720－0001889　普01769　史部/地理類/方志之屬/通志

[雍正]敕修浙江通志二百八十卷首三卷　(清)李衛　(清)嵇曾筠等修　(清)沈翼機　(清)傅王露纂　清光緒二十五年(1899)浙江書局刻本　九十八册　缺五十卷(首一,三十五至三十六、四十八至五十八、六十五至六十六、一百十六至一百十九、一百二十五至一百二十六、一百四十三至一百四十四、一百九十四至一百九十五、二百十四至二百十六、二百二十一至二百二十三、二百二十六至二百三十、二百三十五至二百三十七、二百四十八至二百四十九、二百六十二至二百六十三、二百六十九至二百七十一、二百七十四至二百七十五、二百七十八)

330000－1720－0001890　普01770　史部/地理類/總志之屬/斷代

方輿紀要簡覽三十四卷　(清)顧祖禹撰　(清)潘鐸輯　清咸豐八年(1858)紅杏書屋刻本　十二册

330000－1720－0001891　普01771　史部/地理類/總志之屬/通代

讀史方輿紀要一百三十卷輿圖要覽四卷　(清)顧祖禹撰　清光緒二十五年(1899)上海慎記書莊石印本　三册　存四卷(輿圖要覽一至四)

330000－1720－0001892　普01772　史部/地理類/總志之屬/通代

讀史方輿紀要一百三十卷輿圖要覽四卷　(清)顧祖禹撰　清光緒二十五年(1899)上海慎記書莊石印本　三十二册

330000－1720－0001893　普01773　史部/地理類/總志之屬/通代

讀史方輿紀要一百三十卷方輿全圖總説四卷　(清)顧祖禹撰　清光緒二十九年(1903)上海益吾齋石印本　二十一册　存一百十一卷(一至九、十五至十八、二十二至五十一、六十至一百十二、一百二十至一百三十,方輿全圖總説一至四)

330000－1720－0001894　普01774　史部/地理類/總志之屬/通代

天下郡國利病書一百二十卷　(清)顧炎武撰　清道光成都龍萬育敷文閣刻光緒五年(1879)桐華書屋薛氏家塾重修本　四十册　存九十一卷(一至二十、三十七至三十八、四

十一至六十一、六十五至六十七、六十九、七十四至一百、一百四至一百二十）

330000－1720－0001895　普01775　史部/地理類/總志之屬/通代
天下郡國利病書一百二十卷　（清）顧炎武撰　清光緒二十七年（1901）上海圖書集成印書局鉛印本　二十九册　存一百十七卷（一至十二、十六至一百二十）

330000－1720－0001896　普01776　史部/地理類/總志之屬/通代
讀史方輿紀要一百三十卷　（清）顧祖禹撰　清末石印本　一册　存六卷（十六至二十一）

330000－1720－0001897　普01777　類叢部/叢書類/彙編之屬
崇文書局彙刻書三十一種　（清）崇文書局編　清光緒元年至三年（1875－1877）湖北崇文書局刻本　一册　存一種

330000－1720－0001898　普01778　史部/地理類/總志之屬/通代
讀史方輿紀要一百三十卷方輿全圖總説五卷　（清）顧祖禹撰　清光緒二十七年（1901）上海圖書集成印書局鉛印本暨石印本　三十四册

330000－1720－0001899　普01779　史部/地理類/山川之屬/水志
洞庭湖志十四卷　（清）綦世基撰　（清）夏大觀補輯　（清）萬年淳再訂　清道光八年（1828）六安直隸州州丞署刻本　八册　存十卷（三至五、八至十四）

330000－1720－0001900　普01780　史部/地理類/山川之屬/山志
重修南海普陀山志二十卷首一卷　（清）秦耀曾輯　清道光十二年（1832）刻民國四年（1915）趙希伊補刻六年（1917）定海監獄工場印本　四册

330000－1720－0001901　普01781　史部/地理類/總志之屬/斷代
大清一統志四百二十四卷　（清）和珅等纂修　清末石印本　六十册

330000－1720－0001902　普01782　史部/地理類/總志之屬/斷代
大清一統志四百二十四卷　（清）和珅等纂修　清光緒二十三年（1897）杭州竹簡齋石印本　五十九册

330000－1720－0001903　普01783　新學/史志/別國史
法國新志四卷　（英國）陔勒低輯　（英國）傅紹蘭　（英國）秀耀春口譯　（清）潘松　（清）范熙庸筆述　清光緒二十四年（1898）江南製造局刻本　二册

330000－1720－0001904　普01784　新學/史志/別國史
法國新志四卷　（英國）陔勒低輯　（英國）傅紹蘭　（英國）秀耀春口譯　（清）潘松　（清）范熙庸筆述　清光緒二十四年（1898）江南製造局刻本　二册

330000－1720－0001905　普01785　史部/地理類/總志之屬/斷代
大清一統志四百二十四卷　（清）和珅等纂修　清光緒二十三年（1897）杭州竹簡齋石印本　一册　存八卷（三十五至四十二）

330000－1720－0001906　普01786　子部/兵家類/兵器之屬
長江礮臺芻議一卷附長江下游礮臺礮位編目一卷　姚錫光撰　清光緒二十六年（1900）皖城官舍木活字印本　一册

330000－1720－0001907　普01787　史部/地理類/總志之屬/斷代
大清一統志節要不分卷　清刻本　三册　存葉四十五至一百二十二、一百八十二至二百十六

330000－1720－0001908　普01788　史部/地理類/總志之屬/斷代
大清一統志表不分卷　（清）徐午撰　清乾隆五十八年（1793）刻本　八册

330000－1720－0001909　普01789　新學/交

涉/交涉

德國合盟紀事本末一卷　(清)徐建寅譯述　清光緒刻本　一冊

330000－1720－0001910　普01790　史部/地理類/山川之屬/水志

水經注釋四十卷首一卷附錄二卷水經注箋刊誤十二卷　(清)趙一清撰　清光緒六年(1880)蛟川張氏華雨樓刻本　十八冊　缺四卷(水經注箋刊誤九至十二)

330000－1720－0001912　普01792　史部/地理類/總志之屬/通代

天下郡國利病書一百二十卷　(清)顧炎武撰　清光緒慎記書莊石印本　二十四冊　存一百十八卷(一至一百十八)

330000－1720－0001913　普01793　史部/地理類/山川之屬/水志

水經注疏要刪四十卷補遺一卷要刪補遺四十卷　楊守敬撰　清光緒三十一年(1905)宜都楊氏觀海堂刻宣統元年(1909)增刻本　十二冊

330000－1720－0001916　普01796　史部/地理類/總志之屬/斷代

輿地廣記三十八卷　(宋)歐陽忞撰　**校勘札記二卷**　(清)黄丕烈撰　清光緒六年(1880)金陵書局刻本　四冊

330000－1720－0001918　普01798　史部/地理類/山川之屬/水志

水經注釋四十卷首一卷附錄二卷水經注箋刊誤十二卷　(清)趙一清撰　清光緒六年(1880)蛟川張氏華雨樓刻本　十九冊　缺二卷(水經注箋刊誤三至四)

330000－1720－0001919　普01799　類叢部/叢書類/彙編之屬

岱南閣叢書二十種　(清)孫星衍編　清乾隆五十年至嘉慶十四年(1785－1809)蘭陵孫氏刻本　六冊　存一種

330000－1720－0001920　普01800　新學/史志/諸國史

歷史叢書　清光緒上海商務印書館鉛印本　一冊　存一種

330000－1720－0001923　普01803　新學/史志

十九世紀外交史不分卷　(日本)平田久撰　張相譯　清光緒二十八年(1902)杭州史學齋刻本　四冊

330000－1720－0001924　普01804　史部/編年類/通代之屬

資治通鑑地理今釋十六卷　(清)吴熙載撰　清光緒八年(1882)江蘇書局刻本　三冊

330000－1720－0001925　普01805　新學/史志

十九世紀外交史不分卷　(日本)平田久撰　張相譯　清光緒二十八年(1902)杭州史學齋刻本　二冊

330000－1720－0001926　普01806　新學/史志

十九世紀外交史不分卷　(日本)平田久撰　張相譯　清光緒二十八年(1902)杭州史學齋刻本　一冊

330000－1720－0001927　普01807　史部/叢編

宦海指南五種　(清)許乃普輯　清咸豐九年(1859)錢塘許氏刻本　一冊　存一種

330000－1720－0001929　普01809　新學/史志

萬國史要二卷　(美國)維廉斯因頓撰　張相譯　清光緒二十九年(1903)杭州通記編譯印書局石印本　四冊

330000－1720－0001930　普01810　類叢部/叢書類/彙編之屬

士禮居黄氏叢書十九種附四種　(清)黄丕烈編　清刻本　六冊　存一種

330000－1720－0001931　普01811　新學/地學/地理學

經心書院課程輿地學不分卷戊戌遊記一卷　(清)姚炳奎撰　清光緒二十七年(1901)經心

書院刻本　五冊　缺一卷(戊戌遊記)

330000－1720－0001933　普 01813　史部/地理類/山川之屬/水志

中國江海險要圖誌二十二卷首一卷補編五卷附圖五卷　(英國)海軍海圖官局編　陳壽彭譯　清光緒三十三年(1907)廣雅書局石印本　十三冊　缺三卷(補編一至二、圖一)

330000－1720－0001934　普 01814　新學/學校

兩廣優級師範選科講義□□種　(清)兩廣優級師範學堂編　清末鉛印本　七冊　存四種

330000－1720－0001935　普 01815　史部/職官類/官箴之屬

司牧寶鑑一卷　(清)李顒輯　清光緒元年(1875)湖南荷池書局刻本　一冊

330000－1720－0001936　普 01816　新學/工藝/雜藝

西藝知新二十二卷　(英國)諾格德撰　(英國)傅蘭雅口譯　(清)徐壽筆述　清光緒二十二年(1896)上海璣衡堂石印本　六冊

330000－1720－0001937　普 01817　新學/學校

兩廣師範學堂講義□□種　(清)兩廣師範學堂編　清末鉛印本　一冊　存一種

330000－1720－0001938　普 01818　史部/地理類

李氏五種　(清)李兆洛撰　清同治九年至十一年(1870－1872)合肥李鴻章刻本　一冊　存一種

330000－1720－0001939　普 01819　史部/地理類

李氏五種　(清)李兆洛撰　清同治九年至十一年(1870－1872)合肥李鴻章刻本　一冊　存一種

330000－1720－0001940　普 01820　史部/地理類

李氏五種　(清)李兆洛撰　清同治九年至十一年(1870－1872)合肥李鴻章刻本　一冊　存一種

330000－1720－0001941　普 01821　史部/政書類/律令之屬/法驗

重刊補註洗冤錄集證六卷　(清)王又槐輯　(清)李觀瀾補輯　(清)阮其新補註　(清)張錫蕃重訂　(清)文晟續輯　清光緒三年至五年(1877－1879)浙江書局刻四色套印本　五冊

330000－1720－0001943　普 01823　史部/政書類/律令之屬/法驗

補註洗冤錄集證四卷附刊檢骨圖格一卷　(清)王又槐輯　(清)李觀瀾補輯　(清)阮其新補注　(清)童濂刪　**作吏要言一卷**　(清)葉鎮撰　(清)朱椿增　清道光二十三年(1843)江都鍾淮刻三色套印本　二冊

330000－1720－0001944　普 01824　史部/詔令奏議類/奏議之屬

岑襄勤公奏稿三十卷首一卷　(清)岑毓英撰　清光緒二十三年(1897)武昌督糧官署刻本　三十二冊

330000－1720－0001945　普 01825　史部/地理類/方志之屬/郡縣志

光緒寧海縣志二十四卷首一卷　(清)王瑞成　(清)程雲驥修　(清)張濬等纂　清光緒二十八年(1902)刻本　九冊　存十八卷(首,三至六、九至十三、十七至二十四)

330000－1720－0001947　普 01827　史部/地理類/總志之屬

圖史通義一卷　(清)林傳甲撰　清光緒二十九年(1903)長沙督學使署刻本　一冊

330000－1720－0001948　普 01828　史部/詔令奏議類/奏議之屬

李文忠公奏議二十卷　(清)李鴻章撰　(清)章洪鈞　(清)吳汝綸編輯　清光緒蓮池石印本　三冊　存三卷(十至十一、十五)

330000－1720－0001949　普 01829　史部/地理類/總志之屬

圖史提綱三卷　(清)胡宣慶編　清光緒十七

年(1891)長沙胡氏刻本　二冊

330000－1720－0001950　普01830　史部/詔令奏議類/奏議之屬
嘉定長白二先生奏議四卷　夏震武輯　**長白先生年譜一卷**　(清)壽富輯　清宣統二年(1910)京邸鉛印本　一冊　存二卷(嘉定先生奏議一至二)

330000－1720－0001951　普01831　史部/地理類/方志之屬/郡縣志
[嘉定]剡錄十卷　(宋)史安之修　(宋)高似孫纂　清同治九年(1870)刻本　一冊　存五卷(一至五)

330000－1720－0001952　普01832　史部/詔令奏議類/奏議之屬
山東巡撫孫奏明年釐定直省官制謹陳管見摺不分卷　(清)孫寶琦撰　清宣統二年(1910)鉛印本　一冊

330000－1720－0001953　普01833　類叢部/叢書類/彙編之屬
趙氏藏書十六種　(清)趙承恩編　清同治至光緒金谿趙氏紅杏山房補刻重印本　一冊　存一種

330000－1720－0001955　普01835　集部/別集類/明別集
王陽明先生全集十六卷目錄二卷　(明)王守仁撰　(清)王貽樂編　(清)陶潯批評　清道光六年(1826)柳庭芳刻本　三冊　存三卷(九至十一)

330000－1720－0001960　普01840　類叢部/叢書類/自著之屬
李文忠公全集六種　(清)李鴻章撰　(清)吳汝綸編錄　清光緒三十一年(1905)金陵刻三十四年(1908)印本　二十五冊　存二種

330000－1720－0001962　普01842　史部/政書類/公牘檔冊之屬
岡州公牘不分卷濂江公牘不分卷梅關公牘不分卷岡州再牘四卷高涼公牘一卷煎茶閒錄一卷　(清)聶爾康撰　清同治六年(1867)粵東高涼官廨刻光緒五年(1879)續刻本　二冊　存濂江公牘、梅關公牘

330000－1720－0001970　普01850　類叢部/叢書類/彙編之屬
武英殿聚珍版書　清刻本　十五冊　存一種

330000－1720－0001971　普01851　新學/雜著/叢編
江南製造局譯書　(清)江南製造局編　清光緒江南製造局刻本暨鉛印本　十二冊　存一種

330000－1720－0001972　普01852　新學/雜著/叢編
江南製造局譯書　(清)江南製造局編　清光緒江南製造局刻本暨鉛印本　十冊　存一種

330000－1720－0001975　普01855　史部/政書類/公牘檔冊之屬
撫吳公牘五十卷　(清)丁日昌撰　(清)沈葆楨評選　清光緒三年(1877)林達泉刻本　十冊

330000－1720－0001976　普01856　類叢部/叢書類/自著之屬
李文襄公文集二種附一種　(清)李之芳撰　(清)李鍾麟編　清康熙刻彤錫堂彙印本　九冊　存一種

330000－1720－0001978　普01858　史部/詔令奏議類/奏議之屬
丁文誠公奏稿二十六卷首一卷　(清)丁寶楨撰　(清)陳洵慶原編　(清)陳夔龍重輯　清光緒十九年(1893)平遠丁體常、丁體晉京師刻二十五年(1899)補刻本　二十六冊　缺一卷(十九)

330000－1720－0001979　普01859　史部/政書類/軍政之屬/邊政
朔方備乘六十八卷首十二卷　(清)何秋濤撰　清光緒石印本　八冊

330000－1720－0001980　普01860　史部/政書類/軍政之屬/邊政
朔方備乘六十八卷首十二卷　(清)何秋濤撰

清光緒石印本　二冊　存二十一卷(首一至十二、二十六至三十四)

330000－1720－0001981　普01861　類叢部/叢書類/郡邑之屬
台州叢書九種　(清)宋世犖輯　清嘉慶至道光臨海宋氏刻本　二冊　存一種

330000－1720－0001982　普01862　經部/四書類/總義之屬/傳說
四書地理考十五卷　(清)王瑬撰　清道光十五年(1835)王氏壑舟園刻本　四冊

330000－1720－0001983　普01863　類叢部/叢書類/彙編之屬
廣雅書局叢書一百五十九種　徐紹棨編　清光緒廣雅書局刻民國九年(1920)番禺徐紹棨彙編重印本　九冊　存一種

330000－1720－0001984　普01864　史部/政書類/公牘檔冊之屬
岡州公牘不分卷濂江公牘不分卷梅關公牘不分卷岡州再牘四卷高涼公牘一卷煎茶閒錄一卷　(清)聶爾康撰　清同治六年(1867)粵東高涼官廨刻光緒五年(1879)續刻本　十二冊　存三卷(岡州再牘二至四)

330000－1720－0001985　普01865　史部/地理類/總志之屬/斷代
[元豐]九域志十卷　(宋)王存等纂修　(清)馮集梧校訂　清乾隆四十九年(1784)馮集梧刻本　二冊

330000－1720－0001986　普01866　史部/詔令奏議類/奏議之屬
皇朝道咸同光奏議六十四卷　(清)王延熙　(清)王樹敏輯　清光緒二十八年(1902)上海久敬齋石印本　二十八冊

330000－1720－0001987　普01867　新學/學校
京師大學堂講義初編七種二編七種　(清)京師大學堂輯　清末鉛印本　二冊　存四種

330000－1720－0001989　普01869　新學/學校
京師大學堂講義初編七種二編七種　(清)京師大學堂輯　清末鉛印本　一冊　存二種

330000－1720－0001990　普01870　史部/詔令奏議類/奏議之屬
龐石壁諫垣稿三卷首一卷　(明)龐泮撰　(清)齊召南編　清末木活字印本　清王棻、王舟瑤題記　一冊　存二卷(二至三)

330000－1720－0001991　普01871　新學/地學/地理學
輿地學講義不分卷　韓樸存撰　清光緒三十一年(1905)京師譯學館鉛印本　一冊

330000－1720－0001992　普01872　史部/地理類/外紀之屬
瀛環志略十卷　(清)徐繼畬撰　清同治十二年(1873)掞雲樓刻本　六冊

330000－1720－0001993　普01873　類叢部/叢書類/郡邑之屬
台州叢書續編十三種　(清)王棻等輯　清光緒王棻等刻本　一冊　存一種

330000－1720－0001994　普01874　新學/地學/地理學
本國中等教科地理志不分卷　清末鉛印本　一冊

330000－1720－0001995　普01875　新學/地學
地學不分卷　清末京師大學堂郭嘉麟油印本　一冊

330000－1720－0001996　普01876　史部/地理類/總志之屬/斷代
太平寰宇記二百卷目錄二卷　(宋)樂史撰　清光緒八年(1882)金陵書局刻本(卷四、一百十三至一百十九原缺)　三十冊　缺三十二卷(二十九至三十三、五十七至六十一、七十九至八十九、一百五十五至一百六十五)

330000－1720－0001997　普01877　史部/詔令奏議類/奏議之屬
桂洲夏文愍公奏議二十一卷補遺一卷　(明)夏言撰　清刻本　六冊　存十卷(二至八、十

一、十五至十六)

330000－1720－0001999　普 01879　史部/地理類/總志之屬/斷代

輿地紀勝二百卷首一卷　(宋)王象之撰　清咸豐五年(1855)南海伍崇曜粵雅堂刻本(卷十三至十六、五十至五十四、一百三十六至一百四十四、一百六十八至一百七十三、一百九十三至二百原缺)　二十一册　缺二十二卷(三十八至四十四、五十五至六十九)

330000－1720－0002000　普 01880　類叢部/叢書類/自著之屬

左文襄公全集七種附二種　(清)左宗棠撰　清光緒刻本　三册　存一種

330000－1720－0002001　普 01881　集部/別集類/清別集

養知書屋文集二十八卷詩集十五卷郭侍郎奏疏十二卷　(清)郭嵩燾撰　王先謙編　清光緒十八年(1892)刻本　十二册　存十二卷(郭侍郎奏疏一至十二)

330000－1720－0002002　普 01882　史部/地理類/總志之屬/斷代

太平寰宇記二百卷目錄二卷　(宋)樂史撰　(清)陳蘭森補闕　清紅杏山房刻本　三十八册　缺五卷(三、五至七、一百十九)

330000－1720－0002003　普 01883　新學/地學

輿地講義不分卷　清末京師大學堂油印本　三册

330000－1720－0002004　普 01884　類叢部/叢書類/自著之屬

北江全集七種　(清)洪亮吉撰　清乾隆至嘉慶刻彙印本　十册　存三種

330000－1720－0002005　普 01885　史部/政書類/邦計之屬/鹽法

欽定重修兩浙鹽法志三十卷首一卷　(清)阮元等撰　清同治十三年(1874)楊昌濬刻本　二十册　存二十六卷(首,一、七至三十)

330000－1720－0002006　普 01886　史部/政書類/邦計之屬/鹽法

兩淮鹽法志五十六卷首四卷　(清)佶山修　(清)單渠纂　(清)方濬頤等續纂　清同治九年(1870)揚州書局刻本　二十册

330000－1720－0002007　普 01887　史部/政書類/通制之屬

文獻通考二十四卷首一卷　(元)馬端臨撰　清光緒二十年(1894)上海點石齋石印本　十九册　缺四卷(五至八)

330000－1720－0002008　普 01888　史部/政書類

三通典輯要七十六卷　(清)蔣麟振輯　清光緒二十八年(1902)上海編譯局石印本　六册　存二種

330000－1720－0002009　普 01889　史部/地理類/遊記之屬/紀行

富文書舍東遊紀畧一卷詩一卷　(清)李鳳翎撰　清光緒十一年(1885)刻本　一册

330000－1720－0002010　普 01890　史部/政書類/通制之屬

文獻通考二十四卷首一卷　(元)馬端臨撰　清光緒二十年(1894)上海點石齋石印本　十二册　缺十二卷(一至八、十三至十六)

330000－1720－0002011　普 01891　史部/政書類

九通序九卷　清光緒二十八年(1902)景幡山房鉛印本　二册　存六卷(通志序、欽定續通志序、皇朝通志序、文獻通考序、欽定續文獻通考序、皇朝文獻通考序)

330000－1720－0002012　普 01892　新學/地學/地理學

中國地理講義不分卷　清末京師大學堂油印本　一册

330000－1720－0002013　普 01893　史部/雜史類/外紀之屬

東方兵事紀略五卷　姚錫光撰　清光緒二十三年(1897)武昌刻本　二册　存二卷(一至二)

330000－1720－0002014　普 01894　新學/雜著/叢編
預備科第一類講義　清末京師大學堂郭嘉麟等油印本　三冊　存一種

330000－1720－0002016　普 01896　子部/兵家類/兵法之屬
中西兵略指掌二十四卷首一卷　(清)陳龍昌輯　清光緒二十三年(1897)東山草堂石印本　八冊

330000－1720－0002017　普 01897　類叢部/叢書類/彙編之屬
問影樓叢刻初編　胡思敬編　清光緒三十四年至民國二年(1908－1913)新昌胡氏南昌刻本暨鉛印本　四冊　存一種

330000－1720－0002018　普 01898　史部/政書類/邦計之屬/鹽法
兩浙鹽法續纂備考十二卷　(清)楊昌濬等纂修　清同治十三年(1874)刻本　十二冊

330000－1720－0002019　普 01899　史部/政書類/通制之屬
吾學錄初編二十四卷　(清)吳榮光撰　清同治九年(1870)江蘇書局刻本　六冊

330000－1720－0002020　普 01900　史部/詔令奏議類/奏議之屬
駱大司馬奏稿湘中稿十六卷　(清)駱秉章撰　清刻本　十四冊　缺二卷(九、十一)

330000－1720－0002021　普 01901　類叢部/叢書類/自著之屬
曾惠敏公全集四種十七卷　(清)曾紀澤撰　清光緒二十年(1894)上海石印本　一冊　存一種

330000－1720－0002022　普 01902　史部/政書類
九通二千三百二十一卷　(清)□□輯　清光緒八年至二十二年(1882－1896)浙江書局刻本　一百三十冊　存二種

330000－1720－0002023　普 01903　類叢部/叢書類/自著之屬
曾惠敏公全集四種十七卷　(清)曾紀澤撰　清光緒二十年(1894)上海石印本　一冊　存一種

330000－1720－0002024　普 01904　史部/政書類/通制之屬
吾學錄初編二十四卷　(清)吳榮光撰　清道光二十九年(1849)湘西高國榮刻本　八冊

330000－1720－0002025　普 01905　史部/政書類/通制之屬
吾學錄初編二十四卷　(清)吳榮光撰　清道光十二年(1832)南海吳氏筠清館刻本　八冊

330000－1720－0002026　普 01906　史部/政書類
九通二千三百二十一卷　(清)□□輯　清光緒八年至二十二年(1882－1896)浙江書局刻本　六十六冊　存一種

330000－1720－0002027　普 01907　史部/職官類/官箴之屬
實政錄七卷　(明)呂坤撰　清同治十一年(1872)浙江書局刻本　六冊

330000－1720－0002028　普 01908　集部/別集類/清別集
鄂游偶識一卷浙游續識一卷奏折一卷　(清)惲祖翼撰　清光緒二十年(1894)刻本　三冊

330000－1720－0002030　普 01910　史部/政書類/軍政之屬/邊政
朔方備乘六十八卷首十二卷　(清)何秋濤撰　清光緒七年(1881)刻本　一冊　存一卷(六十八)

330000－1720－0002032　普 01912　史部/叢編
宦海指南五種　(清)許乃普輯　清咸豐九年(1859)錢塘許氏刻本　六冊　存四種

330000－1720－0002035　普 01915　史部/政書類/通制之屬
欽定大清會典一百卷　(清)張廷玉等纂修　清末刻本　二十四冊

330000－1720－0002036　普 01916　史部/職官類/官箴之屬

在官法戒録四卷　(清)陳弘謀撰　清同治十二年(1873)浙江有容齋刻本　二册

330000－1720－0002038　普 01918　史部/政書類/儀制之屬/典禮

大清通禮五十四卷　(清)來保等纂修　(清)穆克登額等續纂　清刻本　四册　存十六卷(九至十二、十五至十八、二十六至三十三)

330000－1720－0002044　普 01924　新學/政治法律/律例

比較國法學四編　(日本)末岡精一撰　清光緒三十二年(1906)上海商務印書館鉛印本　一册

330000－1720－0002045　普 01925　史部/職官類/官箴之屬

在官法戒録四卷　(清)陳弘謀撰　清刻本　一册　存二卷(一至二)

330000－1720－0002047　普 01927　史部/政書類/通制之屬

三國會要二十二卷首一卷　楊晨撰　清光緒二十六年(1900)江蘇書局刻本　六册

330000－1720－0002051　普 01931　史部/雜史類/斷代之屬

平浙紀略十六卷　(清)秦緗業　(清)陳鍾英撰　清同治十二年(1873)浙江書局刻本　四册

330000－1720－0002053　普 01933　子部/儒家類/儒學之屬/禮教

五種遺規　(清)陳弘謀輯並撰　清宣統三年(1911)上海商務印書館鉛印本　二册　存一種

330000－1720－0002054　普 01934　子部/儒家類/儒學之屬/禮教

五種遺規　(清)陳弘謀輯並撰　清光緒二十一年(1895)浙江書局刻本　一册　存一種

330000－1720－0002055　普 01935　類叢部/叢書類/自著之屬

龍莊遺書四種　(清)汪輝祖撰　清光緒江蘇書局刻本　二册　存二種

330000－1720－0002056　普 01936　類叢部/叢書類/自著之屬

龍莊遺書四種　(清)汪輝祖撰　清同治盱眙吳氏望三益齋刻本　二册　存二種

330000－1720－0002057　普 01937　史部/地理類/外紀之屬

適可齋記言四卷記行六卷　(清)馬建忠撰　清光緒二十二年(1896)刻本　二册　存四卷(一至二、記行三至四)

330000－1720－0002058　普 01938　史部/政書類

入幕須知五種附一種　(清)張廷驤輯　清光緒刻本　二册　存二種

330000－1720－0002059　普 01939　新學/政治法律/政治

東方時局論略一卷　(朝鮮)鄧鏗撰　清光緒十五年(1889)鉛印本　一册

330000－1720－0002060　普 01940　史部/職官類/官箴之屬

牧令須知四種　(清)潘霨撰　清刻本　一册　存三種

330000－1720－0002061　普 01941　史部/政書類/邦計之屬/荒政

欽定康濟錄四卷　(清)陸曾禹撰　(清)倪國璉釐正　清同治三年(1864)浙江撫署刻本　三册

330000－1720－0002062　普 01942　史部/職官類/官箴之屬

庸吏庸言二卷　(清)劉衡撰　清同治九年(1870)湖南省藩署刻本　一册　存一卷(一)

330000－1720－0002063　普 01943　子部/雜著類/雜說之屬

盛世危言十四卷　鄭觀應撰　清光緒二十一年(1895)鉛印本　八册

330000－1720－0002064　普 01944　子部/雜

著類/雜説之屬

庸書内篇二卷外篇二卷 （清）陳熾撰 清光緒二十二年（1896）石印本 四冊

330000－1720－0002065 普01945 史部/紀事本末類/斷代之屬

皇清開國方略三十二卷首一卷 （清）阿桂等撰 清光緒十三年（1887）廣百宋齋鉛印本 六冊

330000－1720－0002066 普01946 史部/雜史類/斷代之屬

霆軍紀略十六卷 （清）陳昌撰 清光緒八年（1882）刻本 二冊 存五卷（一至二、六至八）

330000－1720－0002067 普01947 類叢部/叢書類/自著之屬

蟄廬叢書 （清）陳虬撰 清光緒十九年至二十年（1893－1894）刻本 四冊 存一種

330000－1720－0002068 普01948 子部/兵家類

江南陸師學堂武備課程八種二十七卷附課藝二卷 （清）錢德培等纂輯 清光緒二十五年（1899）江南陸師學堂刻本 十六冊

330000－1720－0002069 普01949 新學/政治法律/律例

日本法規大全二十五卷首一卷 （清）劉崇傑等譯 **日本法規解字一卷** 錢恂 董鴻禕編 清宣統二年（1910）上海商務印書館鉛印本 九冊

330000－1720－0002070 普01950 新學/政治法律/律例

日本法規大全二十五卷首一卷 （清）劉崇傑等譯 **日本法規解字一卷** 錢恂 董鴻禕編 清宣統三年（1911）上海商務印書館鉛印本 五十五冊

330000－1720－0002071 普01951 新學/政治法律/律例

日本法規大全二十五卷首一卷 （清）劉崇傑等譯 **日本法規解字一卷** 錢恂 董鴻禕編 清光緒三十三年（1907）上海商務印書館鉛印本 四十二冊

330000－1720－0002072 普01952 新學/政治法律/律例

日本法規大全二十五卷首一卷 （清）劉崇傑等譯 **日本法規解字一卷** 錢恂 董鴻禕編 清光緒三十三年（1907）上海商務印書館鉛印本 四十三冊 存二十卷（一至十七、十九、二十一、二十五）

330000－1720－0002073 普01953 史部/政書類

九通二千三百二十一卷 （清）□□輯 清光緒二十七年（1901）上海圖書集成局鉛印本 四十冊 存三種

330000－1720－0002074 普01954 史部/政書類

九通二千三百二十一卷 （清）□□輯 清光緒八年至二十二年（1882－1896）浙江書局刻本 二百七十冊 存四種

330000－1720－0002075 普01955 史部/政書類/儀制之屬/典禮

大清通禮五十四卷 （清）來保等纂修 （清）穆克登額等續纂 清光緒九年（1883）江蘇書局刻本 十二冊

330000－1720－0002076 普01956 史部/政書類/儀制之屬/典禮

大清通禮五十四卷 （清）來保等纂修 （清）穆克登額等續纂 清光緒九年（1883）江蘇書局刻本 七冊 存三十三卷（一、五至十二、十六至十八、二十六至四十六）

330000－1720－0002077 普01957 史部/政書類/通制之屬

二十四史九通政典類要合編三百二十卷 （清）黄書霖輯 清光緒二十八年（1902）約雅堂石印本 五十七冊 存三百四卷（一至一百三十七、一百四十三至一百六十二、一百六十九至三百三、三百九至三百二十）

330000－1720－0002080 普01960 史部/紀

傳類/正史之屬

史記一百三十卷 (漢)司馬遷撰 (南朝宋)裴駰集解 (唐)司馬貞索隱 (唐)張守節正義 清光緒三十一年(1905)上海久敬齋石印本 八册

330000－1720－0002081 普01961 史部/政書類

九通二千三百二十一卷 (清)□□輯 清光緒八年至二十二年(1882－1896)浙江書局刻本 五十册 存二種

330000－1720－0002082 普01962 史部/紀傳類/正史之屬

二十四史附考證 清光緒十四年(1888)上海圖書集成印書局鉛印本 五十二册 存三種

330000－1720－0002085 普01965 集部/總集類/選集之屬/通代

御選唐宋詩醇四十七卷目錄二卷 (清)高宗弘曆輯 清光緒十八年(1892)湖南書局刻本 十五册 缺十七卷(一至九、三十一至三十二、三十五至四十)

330000－1720－0002086 普01966 史部/紀傳類/正史之屬

二十四史附考證 清光緒十八年(1892)武林竹簡齋石印本 四十五册 存六種

330000－1720－0002087 普01967 集部/總集類/選集之屬/通代

御選唐宋詩醇四十七卷目錄二卷 (清)高宗弘曆輯 清光緒七年(1881)浙江書局刻本 六册 存十七卷(一至十、十九至二十三、四十四至四十五)

330000－1720－0002088 普01968 集部/總集類/選集之屬/通代

佩文齋詠物詩選四百八十六卷 (清)汪霦等輯 清康熙四十六年(1707)内府刻本 六十二册 缺十七卷(驢、牛、羊、犬、豕、鹿、狐、猿、狼、貍、兔、貓、鷓鴣、鳥、鵲、鳩、鶯)

330000－1720－0002089 普01969 史部/紀傳類/正史之屬

四史四百十五卷 清光緒十四年(1888)上海蜚英館石印本 十二册 存一種

330000－1720－0002090 普01970 史部/紀傳類/正史之屬

四史四百十五卷 清光緒十四年(1888)上海蜚英館石印本 二十八册 存二種

330000－1720－0002091 普01971 新學/政治法律

法學通論一卷 (日本)磯谷幸次郎講述 王國維譯 清光緒二十八年(1902)上海金粟齋譯書社鉛印本 一册

330000－1720－0002092 普01972 史部/紀傳類/正史之屬

四史四百十五卷 清光緒二十四年(1898)上海點石齋石印本 十三册 存二種

330000－1720－0002093 普01973 史部/紀傳類/正史之屬

四史四百十五卷 清光緒九年(1883)上海點石齋石印本 十册 存二種

330000－1720－0002094 普01974 集部/總集類/選集之屬/斷代

欽定全唐文一千卷目錄三卷 (清)董誥等輯 清嘉慶十九年(1814)内府刻本 三百六十册

330000－1720－0002095 普01975 新學/政治法律

政學叢書 清光緒上海商務印書館鉛印本 一册 存一種

330000－1720－0002098 普01978 新學/交涉/公法

各國交涉公法論十六卷 (英國)費利摩羅巴德著 (英國)傅蘭雅口譯 (清)俞世爵筆述 清光緒石印本 六册 存十卷(三至十、十五至十六)

330000－1720－0002099 普01979 新學/雜著/叢編

江南製造局譯書 (清)江南製造局編 清光緒江南製造局刻本暨鉛印本 十六册 存

一種

330000－1720－0002100　普01980　新學/交涉/公法

各國交涉公法論十六卷　(英國)費利摩羅巴德著　(英國)傅蘭雅口譯　(清)俞世爵筆述　清光緒石印本　三冊　存三卷(六至七、九)

330000－1720－0002101　普01981　史部/政書類/律令之屬/法驗

洗冤錄詳義四卷首一卷　(清)許楗輯　**洗冤錄摭遺二卷**　(清)葛元煦輯　清光緒四年(1878)楊氏刻本　五冊

330000－1720－0002102　普01982　史部/紀傳類/正史之屬

二十四史附考證　清光緒十四年(1888)上海鴻文書局石印本　十冊　存一種

330000－1720－0002103　普01983　史部/政書類/律令之屬/法驗

洗冤錄詳義四卷首一卷　(清)許楗輯　**洗冤錄摭遺二卷**　(清)葛元煦輯　清光緒四年(1878)楊氏刻本　五冊

330000－1720－0002104　普01984　史部/紀傳類/正史之屬

二十四史附考證　清光緒十四年(1888)上海鴻文書局石印本　十冊　存一種

330000－1720－0002105　普01985　集部/總集類/選集之屬/通代

續古文苑二十卷　(清)孫星衍輯　清光緒九年(1883)江蘇書局刻本　六冊

330000－1720－0002106　普01986　集部/總集類/選集之屬/通代

八代詩選二十卷　王闓運輯　清光緒十六年(1890)江蘇書局刻本　八冊

330000－1720－0002107　普01987　集部/總集類/選集之屬/斷代

宋文鑑一百五十卷目錄三卷　(宋)呂祖謙輯　清光緒十二年(1886)江蘇書局刻本　二十四冊

330000－1720－0002108　普01988　集部/總集類/選集之屬/通代

古詩源十四卷　(清)沈德潛輯　清務本堂刻本　七冊　存十三卷(一至十二、十四)

330000－1720－0002109　普01989　集部/總集類/選集之屬/通代

駢體文鈔三十一卷　(清)李兆洛輯　清光緒八年(1882)上海刻本　八冊

330000－1720－0002110　普01990　集部/總集類/選集之屬/通代

駢體文鈔三十一卷　(清)李兆洛輯　清道光元年(1821)合河康氏家塾刻同治六年(1867)婁江徐氏補刻本　十一冊

330000－1720－0002111　普01991　集部/總集類/選集之屬/通代

駢體文鈔三十一卷　(清)李兆洛輯　清道光元年(1821)合河康氏家塾刻同治六年(1867)婁江徐氏補刻本　九冊　存二十四卷(三至五、十一至三十一)

330000－1720－0002112　普01992　史部/紀傳類/正史之屬

二十四史　清光緒二十八年(1902)上海文瀾書局石印本　九十一冊　存十八種

330000－1720－0002113　普01993　集部/總集類/選集之屬/斷代

御定全唐詩錄一百卷詩人年表一卷　(清)徐倬等輯　清康熙四十五年(1706)揚州詩局刻本　三十二冊　缺一卷(詩人年表)

330000－1720－0002114　普01994　集部/總集類/選集之屬/通代

經史百家雜鈔二十六卷　(清)曾國藩輯　清光緒三十二年(1906)上海商務印書館鉛印本　七冊　存十五卷(一至四、九至十二、十八至二十四)

330000－1720－0002115　普01995　類叢部/叢書類/自著之屬

曾文正公全集十六種　(清)曾國藩撰　清同治至光緒傳忠書局刻本　十八冊　存一種

330000－1720－0002116　普01996　史部/紀傳類/正史之屬

十七史一千五百七十四卷　(明)毛晉編　明崇禎元年至十七年(1628－1644)毛氏汲古閣刻本　清王棻批校　一册　存一種

330000－1720－0002117　普01997　史部/紀傳類/正史之屬

遼史拾遺二十四卷　(清)厲鶚撰　清光緒元年(1875)江蘇書局刻本　八册

330000－1720－0002118　普01998　史部/紀傳類/正史之屬

遼史拾遺補五卷　(清)楊復吉撰　清光緒三年(1877)江蘇書局刻本　二册

330000－1720－0002119　普01999　集部/總集類/選集之屬/通代

古詩源十四卷　(清)沈德潛輯　清刻本　一册　存二卷(六至七)

330000－1720－0002120　普02000　集部/總集類/選集之屬/通代

古詩源十四卷　(清)沈德潛輯　清光緒十七年(1891)湖南思賢書局刻本　四册

330000－1720－0002121　普02001　集部/總集類/選集之屬/通代

古詩源十四卷　(清)沈德潛輯　清霽月山房刻本　四册

330000－1720－0002122　普02002　史部/紀傳類/正史之屬

二十四史附考證　清光緒三十年(1904)武林竹簡齋石印本　二十八册　存四種

330000－1720－0002123　普02003　集部/總集類/選集之屬/通代

五七言今體詩鈔十八卷　(清)姚鼐輯　清同治五年(1866)金陵書局刻本　二册

330000－1720－0002124　普02004　集部/總集類/選集之屬/通代

古詩源十四卷　(清)沈德潛輯　清光緒二十二年(1896)新化三味堂刻本　一册　存三卷(九至十一)

330000－1720－0002125　普02005　集部/總集類/選集之屬/通代

五七言今體詩鈔十八卷　(清)姚鼐輯　清同治五年(1866)金陵書局刻本　一册　存九卷(五言今體詩鈔一至九)

330000－1720－0002126　普02006　集部/總集類/選集之屬/斷代

唐駢體文鈔十七卷　(清)陳均纂　清同治十二年(1873)刻本　四册

330000－1720－0002127　普02007　集部/總集類/選集之屬/斷代

唐駢體文鈔十七卷　(清)陳均纂　清同治十二年(1873)刻本　王舟瑤題記　七册

330000－1720－0002128　普02008　集部/總集類/選集之屬/斷代

國朝駢體正宗十二卷　(清)曾燠輯　清嘉慶十一年(1806)南城曾氏賞雨茅屋刻本　六册

330000－1720－0002129　普02009　史部/紀傳類/正史之屬

二十四史附考證　清光緒二十八年(1902)武林竹簡齋石印本　七十九册　存十三種

330000－1720－0002130　普02010　集部/總集類/選集之屬/通代

御定歷代賦彙一百四十卷外集二十卷逸句二卷補遺二十二卷目錄四卷　(清)陳元龍輯　清康熙四十五年(1706)内府刻本　十八册　存五十卷(一至十三、一百四至一百四十)

330000－1720－0002131　普02011　集部/總集類/彙編之屬

宋四名家詩　(清)周之鱗　(清)柴升編　清嘉慶二十二年(1817)博古堂刻本　八册

330000－1720－0002133　普02013　集部/總集類/選集之屬/斷代

唐詩三百首註疏六卷　(清)孫洙編　(清)章燮注　清刻本　二册　存二卷(二、五)

330000－1720－0002134　普02014　集部/總集類/選集之屬/斷代

唐詩三百首註疏六卷　(清)孫洙編　(清)章

燮注　清刻本　五冊　存五卷(二至六)

330000－1720－0002135　普02015　集部/詩文評類/詩評之屬
唐人五言排律詩論三卷　(清)蔣鵬翮編釋　清寒三草堂刻本　二冊　存二卷(二至三)

330000－1720－0002136　普02016　集部/總集類/選集之屬/通代
古文辭類纂七十四卷　(清)姚鼐輯　**續古文辭類纂三十四卷**　王先謙輯　清光緒十年(1884)行素草堂刻本　九冊　缺五十七卷(三十五至四十八、五十七至六十五,續古文辭類纂一至三十四)

330000－1720－0002140　普02020　集部/總集類/選集之屬/通代
續古文辭類纂二十八卷　(清)黎庶昌輯　清光緒十五年(1889)上海商務印書館鉛印本　八冊　存十七卷(一至二、六至七、十至十五、十九至二十五)

330000－1720－0002141　普02021　集部/總集類/選集之屬/通代
古唐詩合解唐詩十二卷古詩四卷　(清)王堯衢注　清滸灣會友書莊刻本　四冊

330000－1720－0002142　普02022　集部/總集類/選集之屬/斷代
唐詩諧律二卷　(清)沈寶青選　清光緒十六年(1890)溧陽沈氏刻本　二冊

330000－1720－0002143　普02023　集部/總集類/選集之屬/斷代
中晚唐詩叩彈集十二卷續集三卷　(清)杜詔　(清)杜庭珠輯　清康熙四十三年(1704)采山亭刻本　二冊　存七卷(一至七)

330000－1720－0002144　普02024　史部/紀傳類/正史之屬
二十四史附考證　清光緒二十八年(1902)武林竹簡齋石印本　五冊　存一種

330000－1720－0002145　普02025　集部/總集類/選集之屬/通代
古文辭類纂七十四卷　(清)姚鼐輯　**續古文辭類纂三十四卷**　王先謙輯　清光緒三十三年(1907)上海商務印書館鉛印本　十二冊

330000－1720－0002146　普02026　集部/總集類/選集之屬/通代
文選六十卷　(南朝梁)蕭統輯　(唐)李善注　(清)何焯評　清羊城翰墨園刻朱墨套印本　四冊　存十七卷(一至八、二十至二十三、四十至四十四)

330000－1720－0002147　普02027　史部/紀傳類/正史之屬
二十四史附考證　清光緒石印本　十三冊　存一種

330000－1720－0002148　普02028　集部/總集類/選集之屬/通代
古文辭類纂七十四卷　(清)姚鼐輯　**續古文辭類纂三十四卷**　王先謙輯　清光緒三十三年(1907)上海商務印書館鉛印本　九冊　存八十卷(十一至七十四、續古文辭類纂八至二十三)

330000－1720－0002149　普02029　集部/總集類/選集之屬/通代
文選六十卷　(南朝梁)蕭統輯　(唐)李善注　**文選考異十卷**　(清)胡克家撰　清同治八年(1869)湖北崇文書局刻本　十二冊　存三十六卷(三至十四、十八至三十五、五十五至六十)

330000－1720－0002152　普02032　史部/紀傳類/正史之屬
二十四史附考證　清光緒十四年(1888)上海圖書集成印書局鉛印本　三冊　存一種

330000－1720－0002153　普02033　集部/總集類/選集之屬/通代
文選六十卷　(南朝梁)蕭統輯　(唐)李善注　**文選考異十卷**　(清)胡克家撰　清同治八年(1869)湖北崇文書局刻本　十九冊　存五十七卷(一至十一、十五至六十)

330000－1720－0002154　普02034　集部/總集類/選集之屬/通代

文選六十卷 (南朝梁)蕭統輯 (唐)李善注 **文選考異十卷** (清)胡克家撰 清同治八年(1869)湖北崇文書局刻本 二十册 存六十卷(一至六十)

330000－1720－0002155 普02035 集部/總集類/選集之屬/通代

古文辭類纂七十四卷 (清)姚鼐輯 **續古文辭類纂三十四卷** 王先謙輯 清光緒十年(1884)行素草堂刻本 十二册 存七十四卷(一至七十四)

330000－1720－0002156 普02036 集部/總集類/選集之屬/通代

文選六十卷 (南朝梁)蕭統輯 (唐)李善注 (清)何焯評 清乾隆三十七年(1772)長洲葉樹藩海錄軒刻朱墨套印本 三十一册 存五十八卷(一至十六、十九至六十)

330000－1720－0002157 普02037 集部/總集類/氏族之屬

寧都三魏全集八十三卷 (清)林時益編 清康熙易堂刻本 十四册 存四種

330000－1720－0002158 普02038 集部/總集類/選集之屬/通代

古文眉詮七十九卷首一卷 (清)浦起龍輯 清光緒二十四年(1898)嶺南良產書屋刻本 二十一册 缺十五卷(三十八至四十三、五十六至六十四)

330000－1720－0002159 普02039 集部/總集類/氏族之屬

沈氏三先生文集六十二卷 (宋)□□輯 清光緒二十二年(1896)浙江書局刻本(長興集卷四至十二、三十一、三十三至四十一原缺) 十册

330000－1720－0002160 普02040 集部/總集類/選集之屬/通代

文苑英華選六十卷 (清)宮夢仁輯 清康熙四十一年至四十三年(1702－1704)刻本 二十册

330000－1720－0002161 普02041 集部/總集類/選集之屬/通代

古文苑二十一卷 (宋)章樵注 清光緒十二年(1886)江蘇書局刻本 四册

330000－1720－0002162 普02042 集部/總集類/彙編之屬

漢魏六朝一百三家集(漢魏六朝百三名家集) (明)張溥編 明婁東張氏刻本 清章晉題記 四十八册 存七十五種

330000－1720－0002163 普02043 集部/總集類/選集之屬/通代

古文辭類纂十五卷 (清)姚鼐輯 **續古文辭類纂十卷** 王先謙輯 清光緒二十四年(1898)慎記書莊石印本 四册 存十三卷(三至十五)

330000－1720－0002165 普02045 集部/總集類/選集之屬/斷代

唐賢三昧集三卷 (清)王士禛輯 (清)吳煊 (清)胡棠輯註 (清)黃培芳評 清宣統二年(1910)淵古齋石印本 六册

330000－1720－0002166 普02046 集部/總集類/選集之屬/斷代

國朝文錄八十二卷 (清)姚椿輯 清光緒二十六年(1900)上海掃葉山房石印本 十六册

330000－1720－0002169 普02049 集部/總集類/選集之屬/斷代

國朝文錄初編四十種 (清)李祖陶編 清刻本 十册 存十種

330000－1720－0002170 普02050 集部/總集類/選集之屬/通代

古文析義六卷二編八卷 (清)林雲銘評註 清刻本 三册 存二卷(四、二編八)

330000－1720－0002171 普02051 集部/總集類/選集之屬/斷代

金文雅十六卷作者考一卷 (清)莊仲方輯 清光緒十七年(1891)江蘇書局刻本 四册

330000－1720－0002172 普02052 集部/總集類/選集之屬/通代

漁洋山人古詩選三十二卷 (清)王士禛選

惜抱軒今體詩選十八卷　(清)姚鼐輯　清同治五年(1866)金陵書局刻本　十冊

330000－1720－0002175　普02055　集部/總集類/選集之屬/斷代
明詩綜一百卷　(清)朱彝尊輯　(清)汪森等評　清康熙刻本　十六冊　存五十八卷(四十三至一百)

330000－1720－0002176　普02056　集部/總集類/選集之屬/通代
增批古文觀止十二卷　(清)吴乘權　(清)吴大職評註　清光緒二十七年(1901)浙紹墨潤堂石印本　一冊　存四卷(五至八)

330000－1720－0002177　普02057　集部/總集類/選集之屬/斷代
湖海詩傳四十六卷　(清)王昶輯　清嘉慶八年(1803)青浦王氏三泖漁莊刻本　十六冊

330000－1720－0002178　普02058　集部/總集類/選集之屬/斷代
湖海詩傳四十六卷　(清)王昶輯　清同治四年(1865)蘇州綠蔭堂刻本　十六冊

330000－1720－0002179　普02059　集部/總集類/選集之屬/通代
古文觀止十二卷　(清)吴乘權　(清)吴大職輯　清簡香齋刻本　一冊　存四卷(七至十)

330000－1720－0002181　普02061　集部/別集類/清別集
嶺南集八卷　(清)杭世駿撰　清光緒七年(1881)學海堂刻本　王舟瑶題簽並記　一冊　存四卷(一至四)

330000－1720－0002183　普02063　集部/總集類/郡邑之屬
國朝嶺南文鈔十八卷　(清)陳在謙評輯　清刻本　三冊　存十一卷(八至十八)

330000－1720－0002185　普02065　集部/總集類/郡邑之屬
金華文畧二十卷　(清)王崇炳輯　清康熙四十八年(1709)蘭谿唐屺菴刻乾隆七年(1742)金華夏氏補刻咸豐、同治學耨堂印本　十六冊

330000－1720－0002186　普02066　集部/總集類/課藝之屬
經訓書院文集十二卷　(清)江西經訓書院輯　清光緒九年(1883)江西書局刻本　六冊

330000－1720－0002187　普02067　集部/總集類/選集之屬/通代
古文淵鑒六十四卷　(清)徐乾學等輯注　清同治十二年(1873)浙江書局刻本　三十二冊

330000－1720－0002188　普02068　集部/總集類/郡邑之屬
兩浙輶軒續錄五十四卷補遺六卷姓氏韻編二卷　(清)潘衍桐輯　清光緒十七年(1891)浙江書局刻本　十冊　存二十四卷(三十一至五十四)

330000－1720－0002189　普02069　集部/總集類/選集之屬/通代
御選唐宋文醇五十八卷目錄一卷　(清)高宗弘曆輯　清乾隆二十四年(1759)陳弘謀刻本　二十冊

330000－1720－0002190　普02070　集部/總集類/選集之屬/通代
御選唐宋文醇五十八卷目錄一卷　(清)高宗弘曆輯　清刻本　十四冊　缺二十四卷(一至四、十三至十五、十九至二十一、二十五至二十七、三十六至三十九、五十三至五十八，目錄)

330000－1720－0002192　普02072　集部/總集類/郡邑之屬
桐溪耆隱集一卷補錄一卷　(清)袁炯輯　**榆園雜興詩一卷**　(清)袁振業撰　清光緒十六年(1890)春藻堂刻本　一冊

330000－1720－0002193　普02073　集部/總集類/選集之屬/通代
文選六十卷　(南朝梁)蕭統輯　(唐)李善注　清同治八年(1869)金陵書局刻本　十冊

330000－1720－0002194　普02074　集部/總集類/選集之屬/通代

樂府詩集一百卷目錄二卷　(宋)郭茂倩輯　清同治十三年(1874)湖北崇文書局刻本　十冊　缺四十卷(二十二至六十一)

330000－1720－0002195　普02075　集部/總集類/選集之屬/通代
樂府詩集一百卷目錄二卷　(宋)郭茂倩輯　清同治十三年(1874)湖北崇文書局刻本　十六冊

330000－1720－0002196　普02076　集部/總集類/選集之屬/通代
文選六十卷　(南朝梁)蕭統輯　(唐)李善注　清同治八年(1869)金陵書局刻本　十冊

330000－1720－0002197　普02077　集部/總集類/選集之屬/通代
文選六十卷　(南朝梁)蕭統輯　(唐)李善注　**文選考異十卷**　(清)胡克家撰　清同治八年(1869)湖北崇文書局刻本　四冊　存十卷(考異一至十)

330000－1720－0002198　普02078　集部/總集類/選集之屬/斷代
國朝十家四六文鈔十一卷　王先謙輯　清光緒十五年(1889)長沙王先謙刻本　四冊

330000－1720－0002199　普02079　集部/總集類/選集之屬/通代
文選六十卷　(南朝梁)蕭統輯　(唐)李善注　**文選考異十卷**　(清)胡克家撰　清同治八年(1869)湖北崇文書局刻本　四冊　存十卷(考異一至十)

330000－1720－0002200　普02080　集部/總集類/選集之屬/通代
文選六十卷　(南朝梁)蕭統輯　(唐)李善注　**文選考異十卷**　(清)胡克家撰　清同治八年(1869)湖北崇文書局刻本　四冊　存十卷(考異一至十)

330000－1720－0002201　普02081　集部/總集類/選集之屬/通代
文選六十卷　(南朝梁)蕭統輯　(唐)李善注　**文選考異十卷**　(清)胡克家撰　清同治八年(1869)湖北崇文書局刻本　二冊　存四卷(考異一至四)

330000－1720－0002202　普02082　集部/總集類/彙編之屬
漢魏六朝一百三家集(漢魏六朝百三名家集)　(明)張溥編　明婁東張氏刻本　三十四冊　存三十五種

330000－1720－0002203　普02083　集部/總集類/選集之屬/通代
文選六十卷　(南朝梁)蕭統輯　(唐)李善注　**文選考異十卷**　(清)胡克家撰　清同治八年(1869)潯陽萬氏萃文堂刻本　二十四冊

330000－1720－0002204　普02084　集部/總集類/選集之屬/通代
文選六十卷　(南朝梁)蕭統輯　(唐)李善　(唐)呂延濟　(唐)劉良　(唐)張銑　(唐)呂向　(唐)李周翰注　清同治十一年(1872)羊城翰墨園刻本　十六冊

330000－1720－0002205　普02085　集部/總集類/選集之屬/斷代
國朝駢體正宗十二卷　(清)曾燠輯　清同治十三年(1874)聚賢堂刻本　四冊

330000－1720－0002207　普02087　類叢部/叢書類/彙編之屬
古文七種　(清)儲欣選評　清光緒九年(1883)靜遠堂刻本　四冊　存一種

330000－1720－0002208　普02088　集部/總集類/選集之屬/斷代
皇朝經世文編一百二十卷姓名總目二卷　(清)賀長齡輯　清光緒十三年(1887)上海廣百宋齋鉛印本　二十四冊

330000－1720－0002209　普02089　集部/總集類/選集之屬/斷代
國朝駢體正宗十二卷　(清)曾燠輯　清光緒十三年(1887)上海蜚英舘石印本　五冊　缺二卷(十一至十二)

330000－1720－0002210　普02090　集部/總集類/選集之屬/斷代

皇朝經世文三編八十卷　(清)陳忠倚輯　清光緒二十九年(1903)上海同文社鉛印本　十二冊　缺二十卷(四十六至五十、六十一至七十五)

330000－1720－0002211　普02091　集部/總集類/選集之屬/斷代
皇朝經世文三編八十卷　(清)陳忠倚輯　清光緒二十九年(1903)上海同文社鉛印本　十六冊

330000－1720－0002212　普02092　集部/總集類/選集之屬/斷代
皇朝經世文編一百二十卷姓名總目二卷生存姓名一卷　(清)賀長齡輯　清道光七年(1827)刻本　二十九冊　存六十卷(五十八至一百十七)

330000－1720－0002213　普02093　集部/總集類/選集之屬/斷代
湖海文傳七十五卷　(清)王昶輯　清道光十七年(1837)經訓堂刻同治五年(1866)印本　二十冊

330000－1720－0002214　普02094　集部/總集類/選集之屬/斷代
湖海文傳七十五卷　(清)王昶輯　清道光十七年(1837)經訓堂刻同治五年(1866)印本　十六冊

330000－1720－0002215　普02095　集部/總集類/選集之屬/斷代
湖海文傳七十五卷　(清)王昶輯　清道光十七年(1837)經訓堂刻同治五年(1866)印本　十一冊　缺二十二卷(三至十三、二十九至三十九)

330000－1720－0002216　普02096　集部/總集類/選集之屬/斷代
全唐詩九百卷目錄十二卷　(清)曹寅等輯　清康熙四十四年至四十六年(1705－1707)揚州詩局刻本　一百二十冊

330000－1720－0002217　普02097　子部/雜著類/雜纂之屬
羣書治要子鈔二卷　(唐)魏徵撰　(清)蔣德編　清光緒湘鄉蔣氏龍安郡署刻本　一冊

330000－1720－0002218　普02098　子部/叢編
十子全書　(清)王子興編　清嘉慶九年(1804)姑蘇王氏聚文堂刻本　二十冊　缺二十一卷(南華真經五至十、淮南子一至十五)

330000－1720－0002219　普02099　子部/叢編
子書百家　(清)崇文書局編　清光緒元年(1875)湖北崇文書局刻本　二冊　存一種

330000－1720－0002220　普02100　類叢部/叢書類/彙編之屬
崇文書局彙刻書三十一種　(清)崇文書局編　清光緒元年至三年(1875－1877)湖北崇文書局刻本　二冊　存一種

330000－1720－0002221　普02101　子部/叢編
二十二子(二十二子彙函)　(清)浙江書局編　清光緒元年至三年(1875－1877)浙江書局刻二十七年(1901)重修本　五十一冊　存十五種

330000－1720－0002224　普02104　子部/叢編
子書二十五種(二十五子彙函)　(清)鴻文書局編　清上海育文書局石印本　十八冊　存十九種

330000－1720－0002225　普02105　子部/叢編
二十五子全書(二十五子彙函)　(清)鴻文書局編　清育文書局石印本　二冊　存二種

330000－1720－0002226　普02106　史部/編年類/通代之屬
袁王綱鑑合編三十九卷首一卷　(明)袁黃輯　(明)王世貞編　**御撰明紀綱目二十卷**　(清)張廷玉等編次　清光緒三十年(1904)上海商務印書館鉛印本　一冊　存三卷(二至四)

330000－1720－0002227　普 02107　子部/叢編

二十二子(二十二子彙函)　(清)浙江書局編　清光緒元年至三年(1875－1877)浙江書局刻二十七年(1901)重修本　十九冊　存六種

330000－1720－0002228　普 02108　類叢部/類書類/通類之屬

淵鑑類函四百五十卷目録四卷　(清)張英　(清)王士禛等纂　清康熙四十九年(1710)刻本　一百六十冊

330000－1720－0002229　普 02109　子部/叢編

二十二子(二十二子彙函)　(清)浙江書局編　清光緒元年至三年(1875－1877)浙江書局刻本　八十一冊　缺二十三卷(春秋繁露九至十七、山海經六至十八、文子纘義十二)

330000－1720－0002230　普 02110　類叢部/類書類/專類之屬

佩文韻府一百六卷　(清)張玉書　(清)蔡升元等輯　**韻府拾遺一百六卷**　(清)汪灝　(清)何焯等輯　清光緒十九年(1893)上海點石齋石印本　二十四冊

330000－1720－0002231　普 02111　類叢部/類書類/專類之屬

佩文韻府一百六卷　(清)張玉書　(清)蔡升元等輯　**韻府拾遺一百六卷**　(清)汪灝　(清)何焯等輯　清光緒二十一年(1895)上海點石齋石印本　二十三冊　存一百四十一卷(一至一百六、韻府拾遺一至三十五)

330000－1720－0002232　普 02112　子部/叢編

二十二子(二十二子彙函)　(清)浙江書局編　清光緒元年至三年(1875－1877)浙江書局刻本　七十四冊

330000－1720－0002233　普 02113　類叢部/類書類/專類之屬

佩文韻府一百六卷　(清)張玉書　(清)蔡升元等輯　**韻府拾遺一百六卷**　(清)汪灝　(清)何焯等輯　清光緒二十年(1894)上海點石齋石印本　五十九冊　存二百十一卷(一至八十九、九十一至一百六,韻府拾遺一至一百六)

330000－1720－0002234　普 02114　類叢部/類書類/專類之屬

佩文韻府一百六卷　(清)張玉書　(清)蔡升元等輯　**韻府拾遺一百六卷**　(清)汪灝　(清)何焯等輯　清光緒八年(1882)上海點石齋石印本　九冊　存二百四卷(一至十五、二十四至一百六,韻府拾遺一至一百六)

330000－1720－0002235　普 02115　類叢部/類書類/專類之屬

佩文韻府一百六卷　(清)張玉書　(清)蔡升元等輯　**韻府拾遺一百六卷**　(清)汪灝　(清)何焯等輯　清光緒十三年(1887)上海點石齋石印本　六十冊

330000－1720－0002236　普 02116　子部/叢編

二十二子(二十二子彙函)　(清)浙江書局編　清光緒元年至三年(1875－1877)浙江書局刻本　九冊　存二種

330000－1720－0002237　普 02117　類叢部/類書類/專類之屬

佩文韻府一百六卷　(清)張玉書　(清)蔡升元等輯　**韻府拾遺一百六卷**　(清)汪灝　(清)何焯等輯　清康熙至雍正刻本　一百冊　存一百六卷(一至一百六)

330000－1720－0002238　普 02118　集部/總集類/選集之屬/斷代

金文最六十卷首一卷　(清)張金吾輯　清光緒二十一年(1895)蘇州書局刻本　十六冊

330000－1720－0002239　普 02119　類叢部/類書類/專類之屬

佩文韻府一百六卷　(清)張玉書　(清)蔡升元等輯　**韻府拾遺一百六卷**　(清)汪灝　(清)何焯等輯　清康熙至雍正刻本　一百二十六冊　存七十四卷(一至七、十一、十三下至十九、二十下至二十二中、三十一至四十、四十六至五十七、六十三、六十五至六十六

上、六十七至九十二、九十九至一百、一百二下至一百四)

330000－1720－0002240　普02120　集部/總集類/選集之屬/斷代
南宋文錄錄二十四卷　(清)董兆熊輯　清光緒十七年(1891)蘇州書局刻本　六冊

330000－1720－0002241　普02121　集部/總集類/選集之屬/斷代
重訂唐詩别裁集二十卷　(清)沈德潛輯　清三讓堂刻本　十冊

330000－1720－0002243　普02123　集部/總集類/選集之屬/斷代
南宋文範七十卷外編四卷作者考二卷　(清)莊仲方輯　清光緒十四年(1888)江蘇書局刻本　十六冊

330000－1720－0002244　普02124　集部/總集類/選集之屬/斷代
文粹一百卷　(宋)姚鉉輯　**補遺二十六卷**　(清)郭麐輯　清光緒十六年(1890)杭州許增榆園刻本　十六冊　缺三十四卷(十二至二十二、二十七至三十、五十一至五十六,補遺一至六、十二至十八)

330000－1720－0002245　普02125　集部/總集類/選集之屬/斷代
國朝六家詩鈔八卷　(清)劉執玉選編　清宣統二年(1910)上海澄衷學堂石印本　六冊

330000－1720－0002246　普02126　集部/總集類/郡邑之屬
兩浙輶軒錄四十卷補遺十卷姓氏韻編二卷　(清)阮元輯　清光緒十六年(1890)浙江書局刻本　三十二冊

330000－1720－0002247　普02127　集部/總集類/選集之屬/斷代
國朝六家詩鈔八卷　(清)劉執玉選編　清宣統二年(1910)上海澄衷學堂石印本　二冊　存三卷(愚山詩鈔、初白詩鈔一至二)

330000－1720－0002249　普02129　集部/總集類/郡邑之屬
兩浙輶軒續錄五十四卷補遺六卷姓氏韻編二卷　(清)潘衍桐輯　清光緒十七年(1891)浙江書局刻本　三十冊　缺十四卷(三十一至四十四)

330000－1720－0002251　普02131　集部/總集類/選集之屬/斷代
明文在一百卷　(清)薛熙輯　清光緒十五年(1889)江蘇書局刻本　十冊

330000－1720－0002253　普02133　集部/總集類/選集之屬/斷代
國朝文錄續編四十九種附一種　(清)李祖陶編　清同治七年(1868)敖陽李氏刻本　十冊　存十八種

330000－1720－0002254　普02134　類叢部/叢書類/家集之屬
黃氏家集初編六種　(清)黃家鼎輯　清光緒十七年(1891)四明黃氏補不足齋刻本　十二冊

330000－1720－0002255　普02135　集部/總集類/彙編之屬
宋詩鈔初集八十四種　(清)呂留良　(清)吳之振　(清)吳爾堯編　清康熙十年(1671)洲錢吳氏鑑古堂刻本　三十二冊　缺一卷(天地間集)

330000－1720－0002258　普02138　集部/總集類/選集之屬/斷代
漢詩音註十卷　(清)李因篤音注　清光緒六年(1880)今雨樓刻本　四冊

330000－1720－0002259　普02139　經部/叢編
皇清經解一百九十卷首一卷正訛記一卷　(清)阮元輯　清光緒十一年(1885)上海點石齋石印本　四十冊　存一百七十六卷(首,一至九、十一至二十六、二十八至四十二、四十四至五十七、五十九至六十八、七十至七十四、七十六至七十七、八十至九十四、九十六至一百三十、一百三十二至一百三十四、一百三十六至一百六十五、一百六十七至一百六十八、一百七十至一百七十八、一百八十、一

百八十二至一百九十)

330000－1720－0002260　普02140　集部/總集類/彙編之屬
六朝四家全集四種附一種二十二卷　(清)胡鳳丹輯　清刻本　八冊

330000－1720－0002261　普02141　集部/總集類/選集之屬/斷代
初唐四傑文集二十一卷　(清)□□編　清光緒五年(1879)淮南書局刻本　三冊

330000－1720－0002262　普02142　經部/叢編
皇清經解一百九十卷首一卷正訛記一卷　(清)阮元輯　清光緒十一年(1885)上海點石齋石印本　三十冊　存一百七十八卷(一至十五、十七至二十三、二十五至三十三、三十五至五十七、五十九至六十六、六十八至七十四、七十六至一百二十九、一百三十三至一百五十九、一百六十一至一百六十二、一百六十四至一百六十八、一百七十至一百九十)

330000－1720－0002264　普02144　集部/總集類/選集之屬/通代
古文辭類纂七十五卷　(清)姚鼐輯　清同治八年(1869)問竹軒刻本　二十冊

330000－1720－0002265　普02145　集部/別集類/明別集
定軒存稿十七卷拾遺一卷　(明)黃孔昭撰
定軒存稿校勘記一卷　陳樹鈞撰　清王棻抄本　清王棻批校並跋　王舟瑤批　四冊

330000－1720－0002266　普02146　集部/總集類/選集之屬/通代
古文辭類纂三編二十八卷　(清)黎庶昌編　清光緒二十六年(1900)晉省書業昌石印本　六冊　存二十二卷(一至四、八至二十五)

330000－1720－0002267　普02147　史部/傳記類/別傳之屬/事狀
曾文正公[國藩]大事記四卷　(清)王定安著　(清)王棻節錄　清光緒五年(1879)王棻稿本　一冊

330000－1720－0002268　普02148　集部/別集類/清別集
綠天亭詩集一卷文集一卷　(清)林之松撰　清李苑西抄本　清張麗生題簽　一冊

330000－1720－0002269　普02149　集部/總集類/選集之屬/通代
古文辭類纂七十四卷　(清)姚鼐輯　**續古文辭類纂三十四卷**　王先謙輯　清光緒三十三年(1907)上海商務印書館鉛印本　十冊　缺二十一卷(五十一至六十、續古文辭類纂二十四至三十四)

330000－1720－0002270　普02150　史部/地理類/方志之屬/郡縣志
同治黃巖縣志□□卷　清抄本　六冊　存十二卷(一、四至六、十至十六、□置志)

330000－1720－0002271　普02151　集部/總集類/選集之屬/通代
古文辭類纂七十四卷　(清)姚鼐輯　**續古文辭類纂三十四卷**　王先謙輯　清末上海商務印書館鉛印本　一冊　存十卷(四十五至五十四)

330000－1720－0002272　普02152　經部/叢編
皇清經解一千四百卷首一卷　(清)阮元輯　清道光九年(1829)廣東學海堂刻本　三百五十九冊　缺三卷(二百六至二百八)

330000－1720－0002273　普02153　集部/總集類/選集之屬/通代
續古文辭類纂三十四卷　王先謙輯　清光緒二十四年(1898)慎記書莊石印本　二冊　存五卷(一至五)

330000－1720－0002274　普02154　集部/總集類/選集之屬/通代
古文辭類纂七十五卷　(清)姚鼐輯　清同治八年(1869)問竹軒刻本　十二冊

330000－1720－0002275　普02155　經部/叢編
皇清經解一千四百八卷首一卷　(清)阮元輯

清道光九年(1829)廣東學海堂刻咸豐十一年(1861)補刻本　三百十九冊　缺三卷(六百六十四至六百六十六)

330000－1720－0002276　普02156　集部/總集類/選集之屬/通代
古文辭類纂七十四卷　(清)姚鼐輯　**續古文辭類纂三十四卷**　王先謙輯　清光緒十年(1884)行素草堂刻本　八冊　存七十四卷(一至七十四)

330000－1720－0002277　普02157　史部/傳記類/總傳之屬/儒林
台學統一百卷　(清)王棻輯　清抄本　三十三冊　缺十六卷(六至十、十三至十六、二十三至二十六、四十六至四十八)

330000－1720－0002278　普02158　集部/總集類/選集之屬/通代
古文辭類纂七十四卷　(清)姚鼐輯　**續古文辭類纂三十四卷**　王先謙輯　清光緒十年(1884)行素草堂刻本　八冊　存七十四卷(一至七十四)

330000－1720－0002279　普02159　集部/總集類/選集之屬/通代
續古文辭類纂三十四卷　王先謙輯　清光緒八年(1882)長沙王氏虛受堂刻本　八冊

330000－1720－0002280　普02160　經部/叢編
皇清經解一百九十卷首一卷正訛記一卷　(清)阮元輯　清光緒十一年(1885)上海點石齋石印本　二十九冊

330000－1720－0002281　普02161　集部/總集類/選集之屬/通代
續古文辭類纂三十四卷　王先謙輯　清刻本　二冊　存十六卷(十二至二十七)

330000－1720－0002282　普02162　史部/傳記類/總傳之屬/儒林
台學統一百卷　(清)王棻輯　稿本　一冊　存一卷(一)

330000－1720－0002283　普02163　史部/職官類/官箴之屬
畫簾緒論一卷　(宋)胡太初撰　清同治十一年(1872)臨海黄瑞抄本　清王棻批校並跋　王舟瑶批　一冊

330000－1720－0002284　普02164　史部/目録類/總録之屬/彙刻
皇清經解横直縮編目十六卷　(清)淩忠照編　(清)張紹銘分輯　清光緒二十二年(1896)上海鴻文書局石印本　四冊

330000－1720－0002285　普02165　集部/總集類/酬唱之屬
章門駒影一卷　(清)王棻録　稿本　一冊

330000－1720－0002286　普02166　史部/目録類/總録之屬/私撰
式古堂目錄十七卷　(清)尤瑩編　清光緒十九年(1893)石印本　二冊

330000－1720－0002287　普02167　經部/叢編
皇清經解一百九十卷首一卷正訛記一卷　(清)阮元輯　清光緒十一年(1885)上海點石齋石印本　十八冊　存一百四十三卷(首,一至二十五、三十九至六十五、八十八至一百十四、一百十八至一百四十四、一百五十六至一百九十,正訛記)

330000－1720－0002288　普02168　集部/總集類/郡邑之屬
梓里詩存一卷　(清)年亦拱等撰　(清)張淦手録　清抄本　王詠霓、王舟瑶題記　一冊

330000－1720－0002289　普02169　集部/別集類/清別集
目畊山房詩艸四卷　(清)蔡國棠著　清抄本　清王棻題簽並記　一冊

330000－1720－0002290　普02170　集部/別集類/清別集
盟鷗館遺稿一卷　(清)金鵬年撰　(清)金韶輯　稿本　清王棻題簽並記　一冊

330000－1720－0002291　普02171　經部/叢編

皇清經解一百九十卷首一卷正訛記一卷 (清)阮元輯　清光緒十七年(1891)上洋鴻寶齋石印本　二十八冊

330000－1720－0002292　普02172　集部/別集類/清別集

辛壬詩記不分卷　(清)王磯撰　清抄本　一冊

330000－1720－0002293　普02173　史部/目録類

求闕齋古文抄目不分卷　(清)曾國藩撰　清同治七年(1868)抄本　清孫仲頌記　一冊

330000－1720－0002294　普02174　集部/別集類/清別集

深詣齋詩鈔不分卷　(清)黄鏕撰　清末抄本　一冊

330000－1720－0002295　普02175　史部/史表類/通代之屬

歷代帝王年表十六卷　(清)齊召南撰　(清)阮福續　(清)王棻重訂　清光緒二十二年(1896)稿本　一冊　存五卷(一至五)

330000－1720－0002296　普02176　集部/總集類/彙編之屬

輓聯録本不分卷　(清)袁建犖撰　稿本　一冊

330000－1720－0002297　普02177　史部/史表類/通代之屬

歷代帝王年表十六卷　(清)齊召南撰　(清)阮福續　(清)王棻重訂　稿本　一冊　存五卷(一至五)

330000－1720－0002298　普02178　史部/編年類/通代之屬

資治通鑑二百九十四卷　(宋)司馬光撰　(元)胡三省音注　**通鑑釋文辯誤十二卷**　(元)胡三省撰　清嘉慶二十一年(1816)鄱陽胡克家影元刻同治八年(1869)江蘇書局重修本　七十一冊　缺八十八卷(一至六十、九十四至九十六、一百至一百五、一百九至一百十一、一百二十六、一百三十三至一百三十八、一百六十至一百六十二、一百六十六至一百六十八、一百七十八至一百八十)

330000－1720－0002300　普02180　史部/雜史類/斷代之屬

庚申紀事三卷　清物天道人抄本　二冊　缺一卷(上)

330000－1720－0002302　普02182　史部/目録類

梓敬閣書目二卷　陳樹鈞編　清抄本　一冊

330000－1720－0002303　普02183　集部/總集類/郡邑之屬

章安甐録不分卷　清光緒元年(1875)王棻抄本　清王棻題簽並記　一冊

330000－1720－0002306　普02186　集部/別集類/明別集

逸老堂淨稿十九卷　(明)謝省撰　清末抄本　二冊　存十卷(一至十)

330000－1720－0002309　普02189　集部/別集類

卷後詩不分卷　清抄本　一冊

330000－1720－0002311　普02191　史部/傳記類/總傳之屬/郡邑

宋元台學約鈔一卷　(清)王棻撰　稿本　雲濠批　一冊

330000－1720－0002315　普02195　史部/詔令奏議類/奏議之屬

保台實錄文武職分防奏稿不分卷　(清)葉臣遇輯　清抄本　一冊

330000－1720－0002316　普02196　史部/詔令奏議類/奏議之屬

台州文職分防摺不分卷　清末抄本　一冊

330000－1720－0002319　普02199　集部/別集類

蝱室歌筆不分卷　清末抄本　一冊

330000－1720－0002321　普02201　經部/樂類/律呂之屬

律呂新書不分卷　(宋)蔡元定撰　清末抄本

一册

330000－1720－0002323　普 02203　經部/四書類/大學之屬

增訂大學便文要覽一卷　（清）王藻訂　清末抄本　一册

330000－1720－0002324　普 02232　集部/總集類/郡邑之屬

台詩待訪録補正二卷　（清）葉書撰　（清）王棻訂　清光緒十七年（1891）稿本　王舟瑤批　一册

330000－1720－0002326　普 02205　子部/雜著類/雜纂之屬

雜抄一卷　清咸豐十一年（1861）抄本　一册

330000－1720－0002328　普 02207　集部/總集類/郡邑之屬

台詩姓氏韻編一卷　（清）王棻撰　稿本　一册

330000－1720－0002329　普 02208　史部/目録類/總録之屬/私撰

好古樂天之室書目四卷　清王棻抄本　一册

330000－1720－0002332　普 02211　類叢部/叢書類/自著之屬

玩芳草堂叢稿□□種　（清）王棻撰　稿本　一册　存一種

330000－1720－0002333　普 02212　史部/傳記類/别傳之屬/事狀

曾文正公［國藩］傳不分卷　趙爾巽撰　清光緒七年（1881）王棻抄本　清王棻題簽並記　一册

330000－1720－0002334　普 02213　子部/雜著類

冶城山館筆録不分卷　（清）王棻撰　稿本　清黄瑞校　二册

330000－1720－0002336　普 02215　子部/雜著類/雜纂之屬

方城遺獻後編目録不分卷　（清）王棻編　清光緒二十二年（1896）稿本　一册

330000－1720－0002338　普 02217　集部/别集類/清别集

晥遊歸來詩稿一卷　（清）王□□撰　稿本　病老題簽並跋　一册

330000－1720－0002340　普 02219　經部/群經總義類/石經之屬

唐石經攷一卷　（清）王昶撰　清同治十一年（1872）黄巖王棻抄本　清王棻題簽並記　一册

330000－1720－0002341　普 02220　子部/雜著類/雜纂之屬

隨手録不分卷　清光緒四年至二十五年（1878－1899）黄巖王棻抄本　清王棻題簽、題記並批校　二十三册

330000－1720－0002342　善 00119　集部/别集類/明别集

霞山文集十卷　（明）蔡潮撰　清同治十一年（1872）黄巖九峰書院、清獻書院等抄本　清王棻校跋、題簽並記　清王棻過録清黄瑞跋　王舟瑤校　六册

330000－1720－0002343　普 02221　集部/别集類/清别集

林馨山先生遺藁不分卷　（清）林桂撰　清抄本　一册

330000－1720－0002344　普 02222　集部/總集類/郡邑之屬

黄巖集三十二卷首一卷校議一卷續録二卷　（清）王棻　王詠霓輯　清光緒三年（1877）刻六年（1880）校補刻本　十七册

330000－1720－0002345　普 02223　史部/地理類/方志之屬/郡縣志

［光緒］餘姚縣志二十七卷首一卷末一卷　（清）周炳麟修　（清）邵友濂　（清）孫德祖纂　清光緒二十五年（1899）刻本　一册　存二卷（二十三至二十四）

330000－1720－0002346　普 02224　史部/詔令奏議類/詔令之屬

光緒廿三年諭旨録存不分卷　清抄本　一册

330000－1720－0002347　普02225　集部/總集類/郡邑之屬

黃巖集三十二卷首一卷校議一卷續録二卷　(清)王棻　王詠霓輯　清光緒三年(1877)刻六年(1880)校補刻本　十一冊　存二十五卷(一至二十、二十五至二十六、二十八至三十)

330000－1720－0002348　普02226　集部/總集類/郡邑之屬

黃巖集三十二卷首一卷校議一卷續録二卷　(清)王棻　王詠霓輯　清光緒三年(1877)刻六年(1880)校補刻本　一冊　存二卷(三十、三十二)

330000－1720－0002349　普02227　集部/總集類/郡邑之屬

黃巖集三十二卷首一卷校議一卷續録二卷　(清)王棻　王詠霓輯　清光緒三年(1877)刻六年(1880)校補刻本　十二冊　存二十八卷(三至九、十三至三十二,校議)

330000－1720－0002350　普02228　類叢部/叢書類/輯佚之屬

甌鈔志料十二種　清王棻抄本　清王棻批　二冊

330000－1720－0002351　普02229　集部/總集類/郡邑之屬

黃巖集三十二卷首一卷校議一卷續録二卷　(清)王棻　王詠霓輯　清光緒三年(1877)刻六年(1880)校補刻本　十一冊　存二十三卷(十三至三十二、校議、續録一至二)

330000－1720－0002352　普02230　集部/總集類/郡邑之屬

黃巖集三十二卷首一卷校議一卷續録二卷　(清)王棻　王詠霓輯　清光緒三年(1877)刻六年(1880)校補刻本　四冊　存六卷(二十一至二十六)

330000－1720－0002353　普02231　集部/總集類/郡邑之屬

黃巖集三十二卷首一卷　(清)王棻　王詠霓輯　清光緒三年(1877)刻本　十四冊

330000－1720－0002354　普02233　集部/總集類/郡邑之屬

黃巖集三十二卷首一卷校議一卷續録二卷　(清)王棻　王詠霓輯　清光緒三年(1877)刻六年(1880)校補刻本　六冊　存十三卷(首、一至十二)

330000－1720－0002355　普02234　集部/總集類/郡邑之屬

黃巖集三十二卷首一卷校議一卷續録二卷　(清)王棻　王詠霓輯　清光緒三年(1877)刻六年(1880)校補刻本　二冊　存六卷(七至十二)

330000－1720－0002356　普02235　集部/總集類/郡邑之屬

黃巖集三十二卷首一卷校議一卷續録二卷　(清)王棻　王詠霓輯　清光緒三年(1877)刻六年(1880)校補刻本　四冊　存十三卷(首,一至十、十九至二十)

330000－1720－0002357　普02236　史部/編年類/通代之屬

資治通鑑二百九十四卷目録三十卷　(宋)司馬光撰　(元)胡三省音注　**續資治通鑑二百二十卷**　(清)畢沅撰　清光緒十四年(1888)上海蜚英館石印本　三十六冊　存二百九十四卷(資治通鑑一至二百九十四)

330000－1720－0002358　普02237　史部/編年類/通代之屬

資治通鑑二百九十四卷　(宋)司馬光撰　(元)胡三省音注　**通鑑釋文辯誤十二卷**　(元)胡三省撰　清光緒二十八年(1902)上海積山書局石印本　二十八冊　缺十九卷(一百七十一至一百八十、二百五十至二百五十八)

330000－1720－0002359　普02238　史部/編年類/通代之屬

資治通鑑二百九十四卷　(宋)司馬光撰　(元)胡三省音注　**通鑑釋文辯誤十二卷**　(元)胡三省撰　清光緒二十八年(1902)上海積山書局石印本　四冊　存四十七卷(一百

六十七至二百十三)

330000－1720－0002360　普02239　史部/編年類/通代之屬
司馬溫公稽古錄二十卷　(宋)司馬光撰　清同治十一年(1872)湖北崇文書局刻本　四冊

330000－1720－0002361　普02240　類叢部/叢書類/彙編之屬
十萬卷樓叢書五十一種　(清)陸心源編　清光緒歸安陸氏刻本　一冊　存一種

330000－1720－0002362　普02241　史部/編年類/通代之屬
校刊資治通鑑全書八種　(清)胡元常輯　清光緒十四年(1888)長沙楊氏刻本　一冊　存一種四卷(資治通鑑釋文二十一至二十四)

330000－1720－0002363　普02242　史部/編年類/通代之屬
資治通鑑外紀十卷　(宋)劉恕撰　(清)胡克家注補　清光緒二十八年(1902)上海積山書局石印本　一冊

330000－1720－0002364　普02243　史部/編年類/通代之屬
資治通鑑外紀十卷　(宋)劉恕撰　(清)胡克家注補　清光緒二十八年(1902)上海積山書局石印本　一冊

330000－1720－0002366　普02245　史部/編年類/通代之屬
資治通鑑補二百九十四卷　(明)嚴衍撰　清光緒二十八年(1902)上海益智書局石印本　四十冊　存二百四十七卷(四至十九、三十七至四十二、四十八至二百三十六、二百四十四至二百七十一、二百八十至二百八十七)

330000－1720－0002367　普02246　史部/編年類/通代之屬
資治通鑑補二百九十四卷　(明)嚴衍撰　清光緒二十八年(1902)上海益智書局石印本　四十七冊　缺六卷(二十五至三十)

330000－1720－0002368　普02247　史部/編年類/通代之屬
續資治通鑑二百二十卷　(清)畢沅撰　清乾隆鎮洋畢氏刻嘉慶六年(1801)桐鄉馮氏德裕堂續刻同治六年(1867)永康應氏補刻本　六十四冊

330000－1720－0002369　普02248　史部/編年類
御批資治通鑑綱目全書一百九卷　清光緒二年(1876)刻本　五十六冊　存二種

330000－1720－0002370　普02249　史部/編年類/通代之屬
資治通鑑後編一百八十四卷　(清)徐乾學撰　**校勘記十五卷**　夏震武撰　清光緒二十四年(1898)富陽夏氏刻本　四十八冊

330000－1720－0002371　普02250　史部/編年類/通代之屬
資治通鑑後編校勘記十五卷　夏震武撰　清光緒二十四年(1898)刻本　四冊

330000－1720－0002372　普02251　史部/編年類/通代之屬
資治通鑑後編校勘記十五卷　夏震武撰　清光緒二十四年(1898)刻本　四冊

330000－1720－0002373　普02252　史部/編年類/通代之屬
資治通鑑綱目五十九卷　(宋)朱熹撰　(明)陳仁錫評　清刻本　三十六冊　存二十六卷(四、十一至二十、二十八至三十四、三十六至四十三)

330000－1720－0002374　普02253　史部/紀傳類/正史之屬
唐書二百二十五卷　(宋)歐陽修　(宋)宋祁等撰　清同治十二年(1873)浙江書局刻本　四十冊

330000－1720－0002375　普02254　史部/編年類/通代之屬
續資治通鑑二百二十卷　(清)畢沅撰　清光緒二十八年(1902)上海積山書局石印本　二十三冊

330000－1720－0002376　普02255　史部/編年類/通代之屬

資治通鑑二百九十四卷目錄三十卷　(宋)司馬光撰　(元)胡三省音注　**續資治通鑑二百二十卷**　(清)畢沅撰　清光緒十四年(1888)上海蜚英館石印本　二十冊　存二百二十卷(續資治通鑑一至二百二十)

330000－1720－0002377　普02256　史部/紀傳類/正史之屬

唐書二百二十五卷　(宋)歐陽修　(宋)宋祁等撰　清同治十二年(1873)浙江書局刻本　四十冊

330000－1720－0002378　普02257　史部/紀傳類/正史之屬

二十四史附考證　清光緒二十八年(1902)武林竹簡齋石印本　十八冊　存二種

330000－1720－0002379　普02258　史部/紀傳類/正史之屬

二十四史附考證　清光緒二十八年(1902)武林竹簡齋石印本　二冊　存一種

330000－1720－0002380　普02259　史部/紀傳類/正史之屬

二十四史附考證　清光緒十八年(1892)武林竹簡齋石印本　二十四冊　存三種

330000－1720－0002381　普02260　史部/紀傳類/正史之屬

唐書釋音二卷　(宋)董衝撰　清同治十二年(1873)浙江書局刻本　一冊

330000－1720－0002382　普02261　史部/紀傳類/正史之屬

五代史七十四卷　(宋)歐陽修撰　(宋)徐無黨注　清同治十一年(1872)湖北崇文書局刻本　八冊

330000－1720－0002383　普02262　史部/紀傳類/正史之屬

二十四史　清同治至光緒五省官書局據汲古閣本等合刻光緒五年(1879)湖北書局彙印本　十六冊　存一種

330000－1720－0002385　普02264　集部/總集類/郡邑之屬

黃巖集三十二卷首一卷校議一卷續錄二卷　(清)王棻　王詠霓輯　清光緒三年(1877)刻六年(1880)校補刻本　十一冊　存二十八卷(六至二十五、二十八至三十二,校議,續錄一至二)

330000－1720－0002386　普02265　集部/總集類/郡邑之屬

黃巖集三十二卷首一卷　(清)王棻　王詠霓輯　清光緒三年(1877)刻本　十四冊

330000－1720－0002387　普02266　集部/總集類/郡邑之屬

黃巖集三十二卷首一卷校議一卷續錄二卷　(清)王棻　王詠霓輯　清光緒三年(1877)刻六年(1880)校補刻本　十一冊　存二十九卷(一至十三、十七至二十四、二十六至二十七、三十至三十二,校議,續錄一至二)

330000－1720－0002388　普02267　史部/編年類

御批資治通鑑綱目全書一百九卷　清光緒二十九年(1903)上海捷記書局石印本　二十九冊

330000－1720－0002389　普02268　集部/別集類/明別集

選寒江集三卷　(明)陳函煇撰　清末抄本　一冊　存一卷(下)

330000－1720－0002390　普02269　史部/編年類/通代之屬

續資治通鑑二百二十卷　(清)畢沅撰　清末石印本　十一冊　存一百二十四卷(十二至八十一、九十三至一百二、一百五十五至一百六十四、一百七十五至一百九十七、二百十至二百二十)

330000－1720－0002391　普02270　史部/編年類/通代之屬

續資治通鑑二百二十卷　(清)畢沅撰　清末石印本　十四冊　存一百九十一卷(十六至二百六)

330000－1720－0002392　普 02271　史部/政書類
時論錄一卷　清宣統元年(1909)王伯平抄本　清王伯平批校、題簽並記　一冊

330000－1720－0002393　普 02272　集部/別集類/清別集
芙蓉亭詩鈔八卷首一卷　(清)蔡榮名撰　清光緒十六年(1890)刻本　一冊

330000－1720－0002394　普 02273　集部/總集類/郡邑之屬
三台詩料不分卷　(清)王磯鈔　清末抄本　一冊

330000－1720－0002395　普 02274　史部/紀傳類/正史之屬
二十四史　清同治至光緒五省官書局據汲古閣本等合刻光緒五年(1879)湖北書局彙印本　九十九冊　存一種

330000－1720－0002396　普 02275　集部/別集類/清別集
洪氏文存不分卷　(清)洪頤煊撰　清末黃巖王氏玩芳草堂抄本　清王棻校　一冊

330000－1720－0002397　普 02276　史部/紀傳類/正史之屬
二十四史　清同治至光緒五省官書局據汲古閣本等合刻光緒五年(1879)湖北書局彙印本　一百冊　存一種

330000－1720－0002398　普 02277　史部/紀傳類/正史之屬
二十四史　清光緒二十八年(1902)上海文瀾書局石印本　二冊　存一種

330000－1720－0002399　普 02278　史部/紀傳類/正史之屬
二十四史　清末石印本　三十冊　存一種

330000－1720－0002400　普 02279　經部/四書類/總義之屬/傳說
四書題鏡味根合編三十九卷　(清)汪鯉翔　(清)金澂撰　清光緒上海鴻文書局石印本　七冊　存三十六卷(論語首、一至二十,孟子首、一至十四)

330000－1720－0002402　普 02281　子部/雜著類/雜纂之屬
經餘必讀八卷續編八卷　(清)雷琳　(清)錢樹棠　(清)錢樹立輯　清嘉慶八年(1803)、十年(1805)大中堂刻本　三冊　缺八卷(續編一至八)

330000－1720－0002403　普 02282　子部/雜著類/雜纂之屬
經餘必讀八卷續編八卷　(清)雷琳　(清)錢樹棠　(清)錢樹立輯　清嘉慶十四年(1809)刻本　七冊　缺二卷(續編七至八)

330000－1720－0002404　普 02283　經部/小學類/文字之屬/字書/字體
汗簡七卷　(宋)郭忠恕撰　清光緒六年(1880)黃巖王棻抄本　清王棻題簽並記　一冊

330000－1720－0002405　普 02284　子部/雜著類/雜說之屬
密齋筆記五卷續筆記一卷　(宋)謝采伯撰　清光緒十三年(1887)黃巖王氏玩芳草堂抄本　清王棻批校　一冊

330000－1720－0002406　普 02285　史部/目録類/專録之屬
經義考三百卷　(清)朱彝尊撰　**總目二卷**　(清)盧見曾編　清康熙秀水朱氏曝書亭刻乾隆十九年至二十年(1754－1755)德州盧見曾續刻四十二年(1777)汪汝瑮重印本(卷二百八十六、二百九十九至三百原缺)　四十八冊

330000－1720－0002407　普 02286　子部/雜著類
唐宋遺音不分卷　(清)陳賽輯　稿本　一冊

330000－1720－0002408　普 02287　集部/別集類/元別集
夷白齋稿選要不分卷　(元)陳基撰　(清)王棻輯　清同治五年(1866)稿本　清黃瑞校　一冊

330000－1720－0002409　普 02288　經部/

叢編

御纂七經五種二百九十四卷　(清)李光地等撰　清光緒上海鴻文書局石印本　七冊　存三種

330000－1720－0002410　普02289　類叢部/叢書類/彙編之屬

經策通纂二種　(清)吳頴炎　(清)陳通聲等纂　清光緒十四年(1888)上海點石齋石印本　二十八冊　存一種

330000－1720－0002411　普02290　經部/群經總義類/傳說之屬

九經學三卷　(清)王聘珍撰　清光緒六年(1880)刻本　一冊

330000－1720－0002412　普02291　類叢部/叢書類/彙編之屬

經策通纂二種　(清)吳頴炎　(清)陳通聲等纂　清光緒十四年(1888)上海點石齋石印本　十四冊　存一種

330000－1720－0002413　普02292　經部/群經總義類/傳說之屬

大學堂經學講義不分卷　清末京師大學堂朱金南等油印本　一冊

330000－1720－0002414　普02293　經部/群經總義類/文字音義之屬

經典釋文三十卷　(唐)陸德明撰　**攷證三十卷**　(清)盧文弨撰　清同治九年(1870)廣州書局刻本　十二冊

330000－1720－0002415　普02294　經部/群經總義類/傳說之屬

經學講義不分卷　清末京師大學堂曹忝勳等油印本　一冊

330000－1720－0002416　普02295　經部/群經總義類/文字音義之屬

經典釋文三十卷　(唐)陸德明撰　**攷證三十卷**　(清)盧文弨撰　清同治十年(1871)粵秀山文瀾閣刻本　十冊　存五十二卷(一至二十六、攷證一至二十六)

330000－1720－0002417　普02296　經部/群經總義類/傳說之屬

九經今義二十八卷　成本璞撰　清光緒三十一年(1905)鉛印本　二冊

330000－1720－0002418　普02299　類叢部/叢書類/彙編之屬

式訓堂叢書四十一種　(清)章壽康編　清光緒會稽章氏刻本　二冊　存一種

330000－1720－0002419　普02297　經部/叢編

古經解彙函十六種附小學彙函十四種　(清)鍾謙鈞等輯　清同治十二年(1873)粵東書局刻本　六十六冊

330000－1720－0002421　普02300　經部/叢編

古經解彙函十六種附小學彙函十四種續附十種　(清)鍾謙鈞等輯　清光緒十四年(1888)上海蜚英館石印本　二十冊

330000－1720－0002422　普02301　類叢部/叢書類/彙編之屬

式訓堂叢書四十一種　(清)章壽康編　清光緒會稽章氏刻本　一冊　存一種

330000－1720－0002423　普02302　經部/周禮類/傳說之屬

周禮講義不分卷　清末京師大學堂油印本　一冊

330000－1720－0002424　普02303　類叢部/叢書類/彙編之屬

貸園叢書初集十二種四十九卷　(清)周永年編　清乾隆五十四年(1789)歷城周氏竹西書屋重編印益都李文藻等刻本　二冊　存一種

330000－1720－0002425　普00120　經部/群經總義類/傳說之屬

古經解鈎沉三十卷　(清)余蕭客撰　清乾隆六十年(1795)刻本　八冊

330000－1720－0002426　普02305　子部/儒家類/儒學之屬/俗訓

俗言一卷　(清)劉沅撰　清咸豐四年(1854)豫誠堂刻本　一冊

330000－1720－0002427　普02306　子部/儒家類/儒學之屬/俗訓
俗言一卷　（清）劉沅撰　清咸豐四年（1854）豫誠堂刻本　一册

330000－1720－0002428　普02307　子部/儒家類/儒學之屬/俗訓
俗言一卷　（清）劉沅撰　清咸豐四年（1854）豫誠堂刻本　一册

330000－1720－0002429　普02308　類叢部/類書類/專類之屬
五經類編二十八卷　（清）周世樟撰　清穀詒堂刻本　十册

330000－1720－0002430　普02309　類叢部/叢書類/彙編之屬
廣雅書局叢書一百五十九種　徐紹棨編　清光緒廣雅書局刻民國九年（1920）番禺徐紹棨彙編重印本　三册　存二種

330000－1720－0002431　普02310　經部/群經總義類/傳說之屬
經義述聞三十二卷　（清）王引之撰　清末上海文瑞樓石印本　八册　存十三卷（四至十六）

330000－1720－0002432　普02311　經部/小學類/訓詁之屬/群雅
駢雅訓纂十六卷首一卷　（明）朱謀㙔撰（清）魏茂林訓纂　清末石印本　二册　存六卷（五至七、十四至十六）

330000－1720－0002433　普02312　經部/小學類/訓詁之屬/爾雅
爾雅音圖三卷　（晉）郭璞註　（清）姚之麟摹圖　清光緒十二年（1886）石印本　二册

330000－1720－0002434　普02313　經部/小學類/訓詁之屬/爾雅
爾雅正郭三卷　（清）潘衍桐撰　清光緒十七年（1891）刻本　一册

330000－1720－0002435　普02314　經部/四書類/總義之屬/文字音義
四書音義不分卷　（清）陳國琳釋　清光緒二十五年（1899）浙台路橋金師古齋刻本　一册

330000－1720－0002436　普02315　類叢部/叢書類/自著之屬
郝氏遺書三十三種　（清）郝懿行撰　清嘉慶至光緒刻彙印本　八册　存一種

330000－1720－0002437　普02316　經部/群經總義類/圖說之屬
羣經宮室圖二卷　（清）焦循撰　清光緒十一年（1885）梁谿朱氏小暴書亭刻本　一册　存一卷（上）

330000－1720－0002438　普02317　類叢部/叢書類/自著之屬
郝氏遺書三十三種　（清）郝懿行撰　清嘉慶至光緒刻彙印本　八册　存一種

330000－1720－0002439　普02318　經部/叢編
重刊宋本十三經注疏四百十六卷　附十三經注疏校勘記四百十六卷　（清）阮元撰　（清）盧宣旬摘錄　清光緒十八年（1892）湖南寶慶務本書局刻本　四册　存一種

330000－1720－0002440　普02319　類叢部/叢書類/自著之屬
郝氏遺書三十三種　（清）郝懿行撰　清嘉慶至光緒刻彙印本　五册　存一種

330000－1720－0002441　普02320　經部/群經總義類/圖說之屬
羣經宮室圖二卷　（清）焦循撰　清光緒十一年（1885）梁谿朱氏小暴書亭刻本　二册

330000－1720－0002442　普02321　類叢部/叢書類/自著之屬
春在堂全書三十六種　（清）俞樾撰　清同治至光緒刻光緒末彙印本　八册　存一種

330000－1720－0002443　普02322　經部/群經總義類/文字音義之屬
經籍籑詁一百六卷補遺一百六卷首一卷　（清）阮元撰　清嘉慶十七年（1812）揚州阮元琅嬛仙館刻光緒六年（1880）淮南書局補刻本　二十四册　存八十五卷（首、一至四十二、

補遺一至四十二)

330000－1720－0002444　普02323　經部/四書類/總義之屬/傳說

四書味根錄題鏡合編三十六卷首一卷附四書宗旨　(清)金澂　(清)汪鯉翔撰　清光緒九年(1883)上海點石齋石印本　一冊　缺十五卷(孟子首、一至十四)

330000－1720－0002445　普02324　經部/群經總義類/文字音義之屬

經籍籑詁一百六卷補遺一百六卷首一卷　(清)阮元撰　清嘉慶十七年(1812)揚州阮元琅嬛仙館刻同治十二年(1873)淮南書局補刻本　二十四冊　存九十一卷(首、一至四十五、補遺一至四十五)

330000－1720－0002446　普02325　經部/小學類/訓詁之屬/群雅

廣雅疏證十卷附博雅音十卷　(清)王念孫撰　清光緒五年(1879)淮南書局刻本　仲舫題簽並記　三冊　存十二卷(七、十,博雅音一至十)

330000－1720－0002447　普02326　經部/叢編

古經解彙函十六種附小學彙函十四種　(清)鍾謙鈞等輯　清同治十二年(1873)粵東書局刻本　三冊　存小學彙函七種

330000－1720－0002448　普02327　經部/四書類/總義之屬/傳說

四書記聞二卷　(清)管同撰　清光緒十七年(1891)刻本　清玫伯題簽并記　一冊

330000－1720－0002449　普02328　經部/小學類/訓詁之屬/群雅

駢雅訓纂十六卷首一卷　(明)朱謀㙔撰　(清)魏茂林訓纂　清光緒七年(1881)成都瀹雅齋刻本　八冊

330000－1720－0002450　普02329　類叢部/叢書類/彙編之屬

粵雅堂叢書一百八十四種　(清)伍崇曜編　清道光二十九年至光緒十一年(1849－1885)南海伍氏刻彙印本　三冊　存一種

330000－1720－0002451　普02330　經部/叢編

緯書□□種　清光緒二十三年(1897)羊城刻本　一冊　存一種

330000－1720－0002452　普02331　經部/小學類/文字之屬/字書

字學舉隅不分卷　(清)黄本驥　(清)龍啓瑞撰　清光緒十二年(1886)榆蔭書屋刻本　一冊

330000－1720－0002453　普02332　經部/小學類/訓詁之屬/群雅

拾雅二十卷　(清)夏味堂撰　(清)夏紀堂注　清嘉慶二十五年(1820)刻本　十冊

330000－1720－0002454　普02333　經部/小學類/文字之屬/字書

字學舉隅不分卷　(清)黄本驥　(清)龍啓瑞撰　清光緒二年(1876)刻本　一冊

330000－1720－0002455　普02334　經部/四書類/總義之屬/傳說

文淵堂四書體註合講十九卷　(清)翁復編　清文淵堂刻本　六冊

330000－1720－0002456　普02335　經部/小學類/文字之屬/說文

說文解字十五卷標目一卷　(漢)許慎撰　**說文通檢十四卷首一卷末一卷**　(清)黎永椿編　**說文校字記一卷**　(清)陳昌治撰　清同治十二年(1873)番禺陳昌治刻本　八冊

330000－1720－0002457　普02336　經部/四書類/總義之屬/傳說

永言堂四書遵註合講十九卷附圖考一卷　(清)翁復編　清永言堂刻本　六冊

330000－1720－0002458　普02337　經部/小學類/訓詁之屬/爾雅

爾雅三卷　(晉)郭璞注　(唐)陸德明音釋　清光緒三年(1877)永康胡氏退補齋刻本　三冊

330000－1720－0002459　普02338　經部/小學類/文字之屬/說文
說文解字十五卷標目一卷　(漢)許慎撰　(宋)徐鉉等校定　清同治十年(1871)刻本　八冊

330000－1720－0002460　普02339　經部/四書類/總義之屬/傳說
天祿齋四書遵註合講十九卷　(清)翁復編次　清天祿齋刻本　六冊

330000－1720－0002461　普02340　經部/小學類/訓詁之屬/爾雅
爾雅三卷　(晉)郭璞注　(唐)陸德明音釋　清光緒三年(1877)刻本　三冊

330000－1720－0002462　普02341　經部/四書類/總義之屬/傳說
酌雅齋四書遵註合講十九卷　(清)翁復編次　清道光元年(1821)酌雅齋刻本　一冊　存二卷(大學章句一、中庸章句一)

330000－1720－0002463　普02342　類叢部/叢書類/彙編之屬
廣雅書局叢書一百五十九種　徐紹棨編　清光緒廣雅書局刻民國九年(1920)番禺徐紹棨彙編重印本　四冊　存三種

330000－1720－0002464　普02343　經部/四書類/總義之屬/傳說
學源堂四書體註合講十九卷　(清)翁復編　清雍正八年(1730)文奎堂刻本　一冊　存五卷(論語一至五)

330000－1720－0002465　普02344　類叢部/叢書類/自著之屬
鄭子尹遺書五種　(清)鄭珍撰　清咸豐至同治刻本　一冊　存一種

330000－1720－0002466　普02345　經部/四書類/總義之屬/傳說
同德堂四書體註合講十九卷　(清)翁復編次　(清)詹文煥叅定　清學源堂刻本　六冊

330000－1720－0002467　普02346　類叢部/叢書類/彙編之屬
文選樓叢書十五種　(清)萩林山房編　清光緒七年(1881)萩林山房刻本　一冊　存二種

330000－1720－0002468　普02347　經部/群經總義類/傳說之屬
皇朝五經彙解二百七十卷　(清)抉經心室纂　清光緒十四年(1888)上海鴻文書局石印本　三十二冊

330000－1720－0002469　普02348　類叢部/類書類/專類之屬
縮本精選經藝淵海不分卷　(清)常安室主人輯　清末石印本　六冊　存書經

330000－1720－0002470　普02349　經部/四書類/總義之屬/傳說
四書典故辨正二十卷附錄一卷　(清)周柄中撰　清光緒十二年(1886)善化許氏刻本　六冊

330000－1720－0002472　普02351　經部/群經總義類/傳說之屬
經義述聞三十二卷　(清)王引之撰　清刻本　一冊　存二卷(三至四)

330000－1720－0002473　普02352　類叢部/叢書類/郡邑之屬
續台州叢書十種　楊晨編　清光緒二十四年(1898)翁氏刻本　一冊　存二種

330000－1720－0002474　普02353　經部/群經總義類/傳說之屬
大學堂經學講義　(清)京師大學堂輯　清末鉛印本　一冊　存一種

330000－1720－0002475　普02354　經部/群經總義類/傳說之屬
皇朝五經彙解二百七十卷　(清)抉經心室纂　清光緒十四年(1888)上海鴻文書局石印本　三十二冊

330000－1720－0002476　普02355　經部/群經總義類/傳說之屬
皇朝五經彙解二百七十卷　(清)抉經心室纂　清光緒十四年(1888)上海鴻文書局石印本　二十九冊　缺十五卷(春秋彙解十六至二

十四、禮記彙解四十四至四十九）

330000－1720－0002477　普02356　類叢部/類書類/專類之屬

縮本精選經藝淵海不分卷　（清）常安室主人輯　清光緒十一年（1885）上海點石齋石印本　八冊

330000－1720－0002478　普02357　經部/叢編

御纂七經五種二百九十四卷　（清）李光地等撰　清刻本　三十二冊　存一種

330000－1720－0002479　普02358　經部/叢編

御纂七經五種二百九十四卷　（清）李光地等撰　清同治十一年（1872）江西書局刻本　三十九冊　存一種

330000－1720－0002480　普02359　經部/叢編

古經解彙函十六種附小學彙函十四種　（清）鍾謙鈞等輯　清同治十二年（1873）粵東書局刻本　一冊　存小學彙函一種

330000－1720－0002481　普02360　經部/三禮總義類/通論之屬

禮書通故五十卷　（清）黄以周撰　清光緒十九年（1893）黄氏試館刻本　二十六冊　存四十二卷（六至四十七）

330000－1720－0002483　普02362　經部/三禮總義類/通論之屬

禮書通故五十卷　（清）黄以周撰　清光緒十九年（1893）黄氏試館刻本　二十九冊　存四十五卷（一至三、五至十一、十四至三十、三十三至五十）

330000－1720－0002485　普02304　經部/三禮總義類/通禮雜禮之屬

禮書一百五十卷　（宋）陳祥道撰　清光緒二年（1876）廣州菊坡精舍刻本　十三冊　存一百三十四卷（一至一百三十四）

330000－1720－0002487　普02365　經部/春秋左傳類/傳説之屬

春秋左傳（校經山房左傳杜林合註）五十卷　（晉）杜預　（宋）林堯叟註釋　（唐）陸德明音義　（明）鍾惺　（明）孫鑛　（明）韓范評點　清光緒三十一年（1905）上海校經山房石印本　十二冊

330000－1720－0002488　普00121　經部/三禮總義類/通禮雜禮之屬

五禮通考二百六十二卷首四卷總目二卷　（清）秦蕙田撰　清乾隆十八年（1753）金匱秦蕙田味經窩刻本　九十冊

330000－1720－0002489　普02366　經部/春秋左傳類/傳説之屬

左繡三十卷首一卷　（清）馮李驊　（清）陸浩評輯　清光緒二十八年（1902）新化三味書室刻本　永忻題簽並記　十六冊

330000－1720－0002490　普02367　經部/春秋左傳類/傳説之屬

春秋左傳五十卷　（晉）杜預　（宋）林堯叟註釋　（唐）陸德明音義　（明）鍾惺　（明）孫鑛　（明）韓范評點　清三餘堂刻本　十二冊

330000－1720－0002491　普02368　經部/春秋左傳類/傳説之屬

左繡三十卷首一卷　（清）馮李驊　（清）陸浩評輯　清華川書屋刻本　十四冊

330000－1720－0002492　普02369　經部/春秋左傳類/傳説之屬

左繡三十卷首一卷　（清）馮李驊　（清）陸浩評輯　清宣統三年（1911）上海會文堂石印本　八冊　存十五卷（首、一至十四）

330000－1720－0002493　普02370　經部/春秋左傳類/傳説之屬

左繡三十卷首一卷　（清）馮李驊　（清）陸浩評輯　清宣統三年（1911）上海會文堂石印本　八冊　存十五卷（首、十七至三十）

330000－1720－0002494　普02371　經部/春秋左傳類/傳説之屬

左繡三十卷首一卷　（清）馮李驊　（清）陸浩評輯　清康熙五十九年（1720）大文堂刻本

(卷十二至二十三、二十六至二十八配清華川書屋刻本) 十一冊 存二十四卷(首,一至八、十二至二十三、二十六至二十八)

330000 - 1720 - 0002495 普 02372 經部/春秋左傳類/傳說之屬

寄傲山房塾課纂輯春秋十二卷 (清)鄒聖脉纂輯 (清)鄒可庭編次 清刻本 三冊 存六卷(四至九)

330000 - 1720 - 0002496 普 02373 經部/春秋左傳類/傳說之屬

春秋左傳(左傳杜林)五十卷 (晉)杜預 (宋)林堯叟註釋 (唐)陸德明音義 (明)鍾惺 (明)孫鑛 (明)韓范評點 清李光明家刻本 十冊 存四十二卷(一至二十二、二十七至四十六)

330000 - 1720 - 0002497 普 02374 經部/春秋左傳類/傳說之屬

春秋左傳五十卷 (晉)杜預 (宋)林堯叟註釋 (唐)陸德明音義 (明)鍾惺 (明)孫鑛 (明)韓范評點 清刻本 五冊 存二十卷(二十三至二十六、三十五至五十)

330000 - 1720 - 0002498 普 02375 經部/春秋左傳類/傳說之屬

春秋左傳五十卷 (晉)杜預 (宋)林堯叟註釋 (唐)陸德明音義 (明)鍾惺 (明)孫鑛 (明)韓范評點 清博古堂刻本 一冊 存五卷(四十二至四十六)

330000 - 1720 - 0002499 普 02376 經部/春秋左傳類/傳說之屬

春秋左傳五十卷 (晉)杜預 (宋)林堯叟註釋 (唐)陸德明音義 (明)鍾惺 (明)孫鑛 (明)韓范評點 清刻本 六冊 存十九卷(七至二十五)

330000 - 1720 - 0002500 普 02377 經部/春秋穀梁傳類/傳說之屬

春秋穀梁經傳補注二十四卷首一卷末一卷 (清)鍾文烝補注 清光緒二年(1876)嘉善鍾氏信美室刻本 八冊

330000 - 1720 - 0002501 普 02378 經部/叢編

重刊宋本十三經注疏四百十六卷 附十三經注疏校勘記四百十六卷 (清)阮元撰 (清)盧宣旬摘錄 清光緒十八年(1892)湖南寶慶務本書局刻本 十冊 存一種

330000 - 1720 - 0002502 普 02381 經部/春秋左傳類/傳說之屬

春秋左傳綱目杜林詳註十四卷 (晉)杜預集解 (宋)林堯叟註釋 (明)張岐然輯 清拔茅居刻本 四冊 存五卷(六至七、九至十一)

330000 - 1720 - 0002503 普 02379 經部/叢編

重刊宋本十三經注疏四百十六卷 附十三經注疏校勘記四百十六卷 (清)阮元撰 (清)盧宣旬摘錄 清刻本 六冊 存二種

330000 - 1720 - 0002504 普 02380 經部/叢編

十三經註疏三百三十三卷 明崇禎元年至十二年(1628 - 1639)古虞毛氏汲古閣刻本 四冊 存一種

330000 - 1720 - 0002505 普 02382 經部/春秋穀梁傳類/文字音義之屬

穀梁春秋經傳古義疏十一卷 廖平撰 清光緒二十六年(1900)日新書局刻本 八冊

330000 - 1720 - 0002506 普 02383 經部/春秋左傳類/傳說之屬

欽定春秋左傳讀本三十卷 (清)英和等撰 清刻本 十二冊 存二十二卷(一至七、十四至十七、二十至三十)

330000 - 1720 - 0002507 普 02384 經部/春秋左傳類/傳說之屬

讀左補義五十卷首二卷 (清)姜炳璋輯 清乾隆三十八年(1773)三多堂刻本 十五冊 缺三卷(二十四至二十六)

330000 - 1720 - 0002508 普 02385 經部/春秋左傳類/傳說之屬

讀左補義五十卷首二卷　(清)姜炳璋輯　清乾隆三十八年(1773)三多堂刻本　十冊　存三十二卷(一至二、十一至十六、二十一至二十三、二十七至四十、四十四至五十)

330000－1720－0002509　普02386　史部/雜史類

宋遼金元別史五種　(清)席世臣輯　清乾隆至嘉慶南沙席氏掃葉山房刻本　七冊　存一種

330000－1720－0002510　普02387　經部/叢編

四益館經學叢書　廖平撰　清光緒十二年(1886)成都刻本　一冊　存一種

330000－1720－0002511　普02388　史部/紀傳類/正史之屬

二十四史附考證　清光緒十八年(1892)武林竹簡齋石印本　三十二冊　存一種

330000－1720－0002512　普02389　經部/春秋公羊傳類/傳說之屬

春秋公羊傳十二卷　(漢)何休注　(明)閔齊伋裁注　**春秋公羊傳攷一卷**　(明)閔齊伋撰　清蔚文堂刻本　四冊

330000－1720－0002513　普02390　經部/春秋公羊傳類/傳說之屬

春秋公羊傳十一卷　(漢)何休注　(唐)陸德明音義　清光緒三年(1877)永康胡氏退補齋刻本　五冊　存九卷(一至六、九至十一)

330000－1720－0002514　普02391　史部/紀傳類/正史之屬

二十四史　清同治至光緒五省官書局據汲古閣本等合刻光緒五年(1879)湖北書局彙印本　七十六冊　存三種

330000－1720－0002515　普02392　經部/春秋左傳類/傳說之屬

左傳事緯十二卷左傳字釋一卷　(清)馬驌撰　清乾隆四十九年(1784)仁和黃暹懷澄堂刻本　六冊　缺一卷(字釋)

330000－1720－0002516　普02393　經部/春秋左傳類/傳說之屬

左繡三十卷首一卷　(清)馮李驊　(清)陸浩評輯　清聚魁堂刻本　十四冊

330000－1720－0002517　普02394　史部/紀傳類/正史之屬

二十四史附考證　清光緒二十八年(1902)武林竹簡齋石印本　九冊　存一種

330000－1720－0002519　普02396　經部/春秋左傳類/傳說之屬

評點春秋綱目左傳句解彙雋六卷　(清)韓菼重訂　清令德堂刻本　陳鄭學題簽並記　四冊　存四卷(一至四)

330000－1720－0002520　普02397　類叢部/叢書類/彙編之屬

廣雅書局叢書一百五十九種　徐紹棨編　清光緒廣雅書局刻民國九年(1920)番禺徐紹棨彙編重印本　十四冊　存二種

330000－1720－0002521　普02398　經部/群經總義類/傳說之屬

皇朝五經彙解二百七十卷附五經正文五卷　(清)抉經心室纂　清光緒十九年(1893)寶文書局石印本　三十二冊　缺六卷(二百六十五至二百七十)

330000－1720－0002523　普02400　史部/紀傳類/正史之屬

明史稿三百十卷目錄三卷　(清)王鴻緒撰　清雍正敬慎堂刻本　四十三冊　存一百八十卷(志一至四,表一至九,列傳一至五十一、六十一至九十四、一百十二至一百四十、一百五十三至二百五)

330000－1720－0002524　普02401　經部/春秋左傳類/傳說之屬

評點春秋綱目左傳句解彙雋六卷　(清)韓菼重訂　清刻本　一冊　存一卷(三)

330000－1720－0002525　普02402　史部/紀事本末類

紀事本末彙刻八種　(清)廣雅書局輯　清光緒廣雅書局刻本　十六冊　存一種

330000－1720－0002526　普02403　經部/春秋左傳類/傳說之屬

太史張天如詳節春秋綱目句解左傳彙雋六卷　（明）張溥重訂　（清）韓菼重編　清刻本　一冊　存一卷（三）

330000－1720－0002527　普02404　經部/春秋左傳類/傳說之屬

太史張天如詳節春秋綱目句解左傳彙雋六卷　（明）張溥重訂　（清）韓菼重編　清刻本　一冊　存一卷（五）

330000－1720－0002528　普02405　經部/周禮類/傳說之屬

周官恒解六卷　（清）劉沅輯註　清道光十九年（1839）刻光緒三十一年（1905）印本　六冊

330000－1720－0002529　普02406　史部/雜史類/斷代之屬

明季北略二十四卷　（清）計六奇撰　清都城琉璃廠半松居士木活字印本　十四冊

330000－1720－0002530　普02407　史部/雜史類/斷代之屬

明季南略十八卷　（清）計六奇撰　清都城琉璃廠半松居士木活字印本　四冊　存九卷（一至四、七至八、十六至十八）

330000－1720－0002531　普02408　經部/春秋左傳類/傳說之屬

太史張天如詳節春秋綱目句解左傳彙雋六卷　（明）張溥重訂　（清）韓菼重編　清刻本　三冊　存三卷（四至六）

330000－1720－0002532　普02409　類叢部/叢書類/自著之屬

甌北全集八種　（清）趙翼撰　清光緒三年（1877）滇南唐氏刻本　一冊　存一種

330000－1720－0002533　普02410　經部/春秋左傳類/傳說之屬

評點春秋綱目左傳句解彙雋六卷　（清）韓菼重訂　清鉛印本　一冊　存一卷（六）

330000－1720－0002534　普02411　類叢部/叢書類/自著之屬

甌北全集八種　（清）趙翼撰　清乾隆至嘉慶湛貽堂刻本　一冊　存一種

330000－1720－0002535　普02412　史部/紀事本末類/通代之屬

繹史一百六十卷世系圖一卷年表一卷　（清）馬驌撰　清同治七年（1868）姑蘇亦西齋刻本　四十八冊

330000－1720－0002536　普02413　經部/春秋左傳類/傳說之屬

評點春秋左傳綱目句解彙鐫六卷　（清）韓菼重訂　清光緒二十九年（1903）上海石印書局石印本　一冊　存二卷（一至二）

330000－1720－0002537　普02414　經部/春秋穀梁傳類/傳說之屬

春秋穀梁傳十二卷　（明）閔齊伋裁注　清蔚文堂刻本　四冊

330000－1720－0002538　普02415　經部/儀禮類/傳說之屬

儀禮恒解十六卷首一卷　（清）劉沅輯注　清光緒三十一年（1905）刻本　六冊

330000－1720－0002539　普02416　史部/紀事本末類/通代之屬

繹史一百六十卷世系圖一卷年表一卷　（清）馬驌撰　清同治七年（1868）姑蘇亦西齋刻本　五十七冊　存一百四十一卷（一至二十八、三十六至四十五、五十一至五十七、六十二至七十九、八十一至一百十五、一百十九至一百六十，世系圖）

330000－1720－0002540　普02417　經部/春秋穀梁傳類/傳說之屬

春秋穀梁傳十二卷　（晉）范甯集解　（唐）陸德明音義　清刻本　二冊

330000－1720－0002543　普02420　經部/叢編

御纂七經五種二百九十四卷　（清）李光地等撰　清刻本　二十冊　存一種

330000－1720－0002545　普02422　經部/春秋穀梁傳類/傳說之屬

春秋穀梁傳十二卷　(晉)范甯集解　(唐)陸德明音義　清光緒三年(1877)永康胡氏退補齋刻本　三冊　存九卷(四至十二)

330000－1720－0002546　普02423　史部/雜史類/斷代之屬
戰國策三十三卷　(漢)高誘注　重刻剡川姚氏本戰國策札記三卷　(清)黄丕烈撰　清刻本　一冊　存六卷(十九至二十四)

330000－1720－0002547　普02424　經部/叢編
御纂七經五種二百九十四卷　(清)李光地等撰　清刻本　三十一冊　存一種

330000－1720－0002548　普02425　類叢部/叢書類/郡邑之屬
武林掌故叢編一百九十種　(清)丁丙編　清光緒三年至二十六年(1877－1900)錢塘丁氏嘉惠堂刻本　一冊　存一種

330000－1720－0002549　普02426　經部/春秋穀梁傳類/傳說之屬
春秋穀梁傳十二卷　(晉)范甯集解　(唐)陸德明音義　清光緒三年(1877)永康胡氏退補齋刻本　艮庭題簽並記　四冊

330000－1720－0002550　普02427　史部/雜史類/斷代之屬
戰國策三十三卷　(漢)高誘注　重刻剡川姚氏本戰國策札記三卷　(清)黄丕烈撰　清光緒三年(1877)永康胡氏退補齋刻本　四冊　存三十三卷(一至三十三)

330000－1720－0002551　普02428　史部/雜史類/斷代之屬
戰國策三十三卷　(漢)高誘注　重刻剡川姚氏本戰國策札記三卷　(清)黄丕烈撰　清光緒三年(1877)永康胡氏退補齋刻本　五冊

330000－1720－0002552　普02429　史部/雜史類/斷代之屬
戰國策三十三卷　(漢)高誘注　重刻剡川姚氏本戰國策札記三卷　(清)黄丕烈撰　清光緒三年(1877)永康胡氏退補齋刻本　三冊　存二十五卷(一至二十五)

330000－1720－0002553　普02430　史部/雜史類/斷代之屬
戰國策三十三卷　(漢)高誘注　重刻剡川姚氏本戰國策札記三卷　(清)黄丕烈撰　清刻本　三冊　存二十四卷(十至三十三)

330000－1720－0002554　普02431　經部/春秋總義類/傳說之屬
春秋屬辭辨例編六十卷首二卷　(清)張應昌撰　清同治十二年(1873)江蘇書局刻本　三十二冊

330000－1720－0002555　普02432　史部/編年類/斷代之屬
東華錄天命朝四卷天聰朝十一卷崇德朝八卷順治朝三十六卷康熙朝一百十卷雍正朝二十六卷東華續錄乾隆朝一百二十卷嘉慶朝五十卷道光朝六十卷咸豐朝一百卷同治朝一百卷　王先謙　潘頤福撰　清光緒二十五年(1899)石印本　八十八冊

330000－1720－0002556　普02433　經部/春秋總義類/傳說之屬
春秋旁訓欽遵御案四傳合訂四卷　清聚珍堂刻本　二冊

330000－1720－0002557　普02434　史部/編年類/斷代之屬
東華錄天命朝四卷天聰朝十一卷崇德朝八卷順治朝三十六卷康熙朝一百十卷雍正朝二十六卷東華續錄乾隆朝一百二十卷嘉慶朝五十卷道光朝六十卷咸豐朝一百卷同治朝一百卷　王先謙編　清末石印本　十二冊　存四十八卷(同治朝十一至十四、十八至四十七、六十三至六十七、七十二至七十五、八十二至八十六)

330000－1720－0002558　普02435　史部/編年類/斷代之屬
東華錄天命朝一卷天聰崇德朝三卷順治朝七卷康熙朝二十一卷雍正朝十三卷東華續錄乾隆朝四十八卷嘉慶朝十四卷道光朝十三卷　王先謙編　清末石印本　三十一冊　存六十

二卷(天命朝,天聰崇德朝一,順治朝五至六,康熙朝四至五、八至十一、十四至十五,雍正朝一至二、六至七,乾隆朝一、四至八、十至十六、十九至二十四、二十七至三十二、三十五至三十六、四十一至四十二、四十五至四十八,嘉慶朝一至二、十一至十四,道光朝一至三、六至七、十至十一)

330000－1720－0002559　普02436　經部/四書類/總義之屬/傳說

四書左國彙纂四卷　(清)高其名　(清)鄭師成輯　清乾隆五十八年(1793)汲古堂刻本　四冊

330000－1720－0002560　普02437　經部/叢編

五經旁訓辨體合訂　(清)徐立綱輯　清三益堂刻本　二冊　存一種

330000－1720－0002561　普02438　經部/春秋總義類/傳說之屬

春秋體註大全四卷　(清)徐寅賓纂　清刻本　四冊

330000－1720－0002562　普02439　經部/叢編

御纂七經五種二百九十四卷　(清)李光地等撰　清同治六年至九年(1867－1870)浙江書局刻本　二十冊　存一種

330000－1720－0002563　普02440　史部/編年類/斷代之屬

十一朝東華錄詳節二十四卷　(清)鄢樹庭編　清光緒二十六年(1900)上海東文學堂石印本　十一冊　存十七卷(一至七、九至十四、十七至二十)

330000－1720－0002564　普02441　類叢部/叢書類/自著之屬

汪雙池先生叢書二十種附浙刻雙池遺書十二種　(清)汪紱撰　清道光至光緒刻光緒二十三年(1897)長安趙舒翹等彙印本　四冊　存一種

330000－1720－0002565　普02442　經部/叢編

御纂七經五種二百九十四卷　(清)李光地等撰　清同治六年至九年(1867－1870)浙江書局刻本　二十冊　存一種

330000－1720－0002566　普02443　史部/雜史類/斷代之屬

明季稗史彙編十六種　(清)留雲居士輯　清都城琉璃廠刻本　二冊　存三種

330000－1720－0002567　普02444　經部/叢編

四書五經九種　(清)鮑氏輯　清同治三年(1864)浙江撫署刻本　十二冊　存一種

330000－1720－0002568　普02445　史部/雜史類/斷代之屬

明季稗史彙編十六種　(清)留雲居士輯　清光緒二十二年(1896)上海圖書集成印書局鉛印本　六冊

330000－1720－0002569　普02446　經部/叢編

御纂七經五種二百九十四卷　(清)李光地等撰　清同治六年至九年(1867－1870)浙江書局刻本　二十冊　存一種

330000－1720－0002572　普02449　經部/叢編

御纂七經五種二百九十四卷　(清)李光地等撰　清同治六年至九年(1867－1870)浙江書局刻本　十冊　存一種

330000－1720－0002573　普02450　類叢部/叢書類/彙編之屬

武英殿聚珍版書　清刻本　八冊　存一種

330000－1720－0002574　普02451　史部/叢編

痛史二十一種附十種　樂天居士輯　清宣統至民國上海商務印書館鉛印本　三十一冊　存二十九種

330000－1720－0002580　普02457　經部/春秋總義類/傳說之屬

春秋集解十二卷　(宋)蘇轍撰　清刻本　一

冊　存六卷(一至六)

330000－1720－0002581　普02458　史部/雜史類/斷代之屬

小腆紀傳六十五卷　(清)徐鼒撰　(清)徐承禮編輯　**補遺六卷**　(清)徐承禮撰　清光緒十三年至十四年(1887－1888)六合徐氏金陵刻本　希方題記　十八冊

330000－1720－0002582　普02459　經部/春秋左傳類/傳說之屬

春秋經傳集解三十卷附考證　(晉)杜預註　(唐)陸德明音義　**春秋年表一卷附考證　春秋名號歸一圖二卷附考證**　(五代)馮繼先撰　清刻本　四冊　存十一卷(一至三、十三至十七、二十三至二十五)

330000－1720－0002583　普02460　經部/春秋左傳類/傳說之屬

春秋經傳集解三十卷附考證　(晉)杜預註　(唐)陸德明音義　**春秋年表一卷附考證　春秋名號歸一圖二卷附考證**　(五代)馮繼先撰　清刻本　十六冊

330000－1720－0002585　普02462　經部/四書類/總義之屬/傳說

四書朱子本義匯參四十三卷首四卷　(清)王步青輯　清末鉛印本　四冊　存三十六卷(論語首、一至二十,孟子首、一至十四)

330000－1720－0002587　普02464　經部/四書類/總義之屬/傳說

四書朱子本義匯參四十三卷首四卷　(清)王步青輯　清刻本　十冊　存十六卷(大學二;論語首,一至二、五至六、八、十九至二十;孟子首,一、三、六至七、九至十)

330000－1720－0002590　普02467　經部/四書類/總義之屬/傳說

刪補四書微言二十卷　(明)唐汝諤輯　清刻本　七冊　存三卷(十四至十六)

330000－1720－0002592　普02469　經部/四書類/總義之屬/傳說

四書體註合講十九卷　(清)翁復編　清同治十年(1871)怡怡軒刻本　五冊　缺二卷(孟子六至七)

330000－1720－0002593　普02470　經部/四書類/總義之屬/傳說

大學章句質疑一卷中庸章句質疑二卷　(清)郭嵩燾撰　清光緒十六年(1890)思賢講舍刻本　三冊

330000－1720－0002594　普02471　經部/四書類/總義之屬/傳說

四書體註合講十九卷　(清)翁復編　清同治十年(1871)怡怡軒刻本　六冊　缺二卷(孟子六至七)

330000－1720－0002596　普02473　類叢部/叢書類/自著之屬

汪雙池先生叢書二十種附浙刻雙池遺書十二種　(清)汪紱撰　清道光至光緒刻光緒二十三年(1897)長安趙舒翹等彙印本　一冊　存一種

330000－1720－0002597　普02474　經部/叢編

胡俟齋先生經學三種　(清)胡具慶撰　清光緒二十四年(1898)孫叔謙刻本　一冊　存一種

330000－1720－0002599　普02476　經部/叢編

鍾秀盦經學　(清)李鏐輯　清光緒李氏習琴書堂刻本　一冊　存一種

330000－1720－0002600　普02477　經部/四書類/總義之屬/傳說

新訂四書補註備旨十卷　(明)鄧林撰　(清)杜定基增訂　清文華堂刻本　牟叔方題簽並記　六冊

330000－1720－0002601　普02478　經部/四書類/總義之屬/傳說

四書圖考十三卷　(清)杜炳撰　清光緒十三年(1887)鴻文書局石印本　四冊

330000－1720－0002602　普02479　子部/儒家類/儒學之屬

中庸直指不分卷　(明)釋德清撰　清光緒十年(1884)金陵刻經處刻本　一冊

330000－1720－0002603　普 02480　經部/四書類/總義之屬/傳說

四書朱子本義匯參四十三卷首四卷　(清)王步青輯　清敦復堂刻本　二冊　存五卷(論語九至十三)

330000－1720－0002604　普 02481　經部/四書類/總義之屬/傳說

四書摭餘說七卷　(清)曹之升撰　清嘉慶三年(1798)刻本　三冊　存四卷(大學,中庸,論語一、三)

330000－1720－0002605　普 02482　經部/四書類/總義之屬/傳說

四書朱子本義匯參四十三卷首四卷　(清)王步青輯　清敦復堂刻本　二冊　存十二卷(論語五至十、十五至二十)

330000－1720－0002607　普 02484　經部/四書類/總義之屬/傳說

四書詮義三十八卷　(清)汪紱撰　清道光六年(1826)一經堂刻本　九冊　存二十三卷(一至三、八至十七、二十五至三十四)

330000－1720－0002608　善 00123　經部/四書類/總義之屬/傳說

四書翼注論文三十八卷　(清)張甄陶撰　清乾隆五十二年(1787)浙湖竹下書堂刻本　十二冊

330000－1720－0002612　普 02489　經部/孝經類/傳說之屬

孝經直解一卷附辨論一卷孝經正文便讀一卷　(清)劉沅撰　清光緒三十四年(1908)刻本　一冊

330000－1720－0002613　普 02490　經部/四書類/總義之屬/傳說

學庸困知錄四卷　(清)莊詠撰　清道光二十三年(1843)城陽清和堂刻本　四冊

330000－1720－0002614　普 02491　經部/孝經類/傳說之屬

孝經直解一卷附論辨一卷　(清)劉沅撰　清宣統元年(1909)刻本　一冊

330000－1720－0002619　普 02496　類叢部/叢書類/彙編之屬

茶簃叢書□□種　清木活字印本　二冊　存一種

330000－1720－0002620　普 02497　經部/四書類/總義之屬/傳說

四書續談内編二卷補一卷外編二卷補一卷　(清)戚學標撰　清嘉慶二十四年(1819)四明青照樓刻本　四冊　存四卷(内編一至二、外編一至二)

330000－1720－0002622　普 02499　經部/四書類/總義之屬/傳說

四書偶談内外編二卷　(清)戚學標撰　清刻本　一冊　存一卷(外編)

330000－1720－0002623　普 02500　經部/四書類/總義之屬/傳說

四書說苑十一卷首一卷補遺一卷續遺一卷　(清)孫應科撰　清道光四年(1824)高郵孫氏刻二十八年(1848)補刻本　四冊

330000－1720－0002624　善 00124　經部/春秋左傳類/傳說之屬

左傳評三卷　(清)李文淵撰　清乾隆四十年(1775)潮陽縣衙刻本　一冊

330000－1720－0002625　善 00125　經部/春秋左傳類/傳說之屬

春秋左傳補註六卷　(清)惠棟撰　清乾隆三十八年(1773)潮陽縣衙刻本　二冊

330000－1720－0002626　普 02503　類叢部/叢書類/自著之屬

儆居遺書十一種　(清)黃式三撰　清同治至光緒刻本　十冊　存一種

330000－1720－0002627　普 02504　經部/四書類/論語之屬/傳說

朱子論語集注訓詁攷二卷　(清)潘衍桐輯　清光緒十七年(1891)浙江書局刻本　一冊

330000－1720－0002628　普02505　經部/四書類/總義之屬/傳說

增訂四書集註大全四十七卷附録一卷　(明)胡廣等輯　(清)汪份增訂　清刻本　三冊　存十二卷(大學章句大全一至三、中庸章句大全一至三、孟子集註大全一至六)

330000－1720－0002629　普02506　經部/四書類/總義之屬/傳說

四書題鏡不分卷　(清)汪鯉翔撰　清刻本　十冊

330000－1720－0002630　普02507　經部/四書類/總義之屬/傳說

四書題鏡不分卷　(清)汪鯉翔撰　清刻本　一冊

330000－1720－0002631　普02508　經部/四書類/總義之屬/傳說

四書恒解十四卷　(清)劉沅輯註　清光緒十年(1884)豫誠堂刻三十一年(1905)印本(下論配清刻本)　五冊　存六卷(大學、中庸、孟子一至三、下論二)

330000－1720－0002632　普02509　經部/四書類/總義之屬/傳說

四書經註集證十九卷　(清)吳昌宗撰　清嘉慶三年(1798)江都汪廷機刻本　十二冊　存十七卷(大學,中庸,論語一至六、八至十,孟子一至三、五至七)

330000－1720－0002633　普02510　經部/四書類/總義之屬/傳說

璜川吳氏四書學四種　清光緒七年(1881)淮南書局刻本　一冊　存三種

330000－1720－0002634　普02511　經部/四書類/論語之屬/傳說

論語古訓十卷附一卷　(清)陳鱣撰　清光緒九年(1883)浙江書局刻本　二冊

330000－1720－0002635　普02512　經部/四書類/大學之屬/傳說

大學古本質言一卷　(清)劉沅撰　清咸豐十一年(1861)虛受齋刻光緒三十一年(1905)印本　一冊

330000－1720－0002636　普02513　經部/四書類/大學之屬/傳說

大學古本質言一卷　(清)劉沅撰　清末亞東製版印刷局鉛印本　一冊

330000－1720－0002637　普02514　經部/四書類/大學之屬/傳說

大學古本質言一卷　(清)劉沅撰　清末亞東製版印刷局鉛印本　一冊

330000－1720－0002638　普02515　經部/四書類/大學之屬/傳說

大學古本質言一卷　(清)劉沅撰　清末亞東製版印刷局鉛印本　一冊

330000－1720－0002639　普02516　經部/四書類/大學之屬/傳說

大學古本質言一卷　(清)劉沅撰　清末亞東製版印刷局鉛印本　一冊

330000－1720－0002652　普02529　史部/紀傳類/正史之屬

二十四史　清同治至光緒五省官書局據汲古閣本等合刻光緒五年(1879)湖北書局彙印本　八十八冊　存四種

330000－1720－0002653　普02530　史部/紀傳類/正史之屬

二十四史　清同治至光緒五省官書局據汲古閣本等合刻光緒五年(1879)湖北書局彙印本　八十六冊　存四種

330000－1720－0002654　普02531　史部/紀傳類/正史之屬

二十四史　清同治至光緒五省官書局據汲古閣本等合刻光緒五年(1879)湖北書局彙印本　八十一冊　存四種

330000－1720－0002655　善00122　經部/四書類/總義之屬/傳說

五華纂訂四書大全四十六卷附大學古本說一卷　(清)孫見龍撰　清乾隆十三年(1748)雲南五華書院刻本　四十冊

330000－1720－0002656　普02533　史部/紀傳類/正史之屬

晉書一百三十卷音義三卷　(唐)房玄齡等撰　(唐)何超音義　清同治十年(1871)金陵書局刻二十四史本　清王詒壽校並題記　二十册

330000－1720－0002657　普02534　史部/紀傳類/正史之屬

二十四史　清同治至光緒五省官書局據汲古閣本等合刻光緒五年(1879)湖北書局彙印本　八十册　存八種

330000－1720－0002658　普02535　史部/紀傳類/正史之屬

二十四史　清同治至光緒五省官書局據汲古閣本等合刻光緒五年(1879)湖北書局彙印本　四十册　存一種

330000－1720－0002659　普02536　史部/紀傳類/正史之屬

二十四史　清同治至光緒五省官書局據汲古閣本等合刻光緒五年(1879)湖北書局彙印本　六十六册　存八種

330000－1720－0002660　普02537　史部/紀傳類/正史之屬

二十四史　清同治至光緒五省官書局據汲古閣本等合刻光緒五年(1879)湖北書局彙印本　三十二册　存四種

330000－1720－0002661　普02538　史部/紀傳類/正史之屬

二十四史附考證　清光緒十八年(1892)武林竹簡齋石印本　三十五册　存四種

330000－1720－0002662　普02539　史部/紀傳類/正史之屬

二十四史附考證　清光緒二十八年(1902)武林竹簡齋石印本　十六册　存一種

330000－1720－0002663　普02485　史部/紀傳類/正史之屬

二十四史附考證　清光緒十八年(1892)武林竹簡齋石印本　三十一册　存八種

330000－1720－0002664　普02501　史部/紀傳類/正史之屬

南北史補志十四卷附贊一卷　(清)汪士鐸撰　清光緒四年(1878)淮南書局刻本　六册

330000－1720－0002665　普02502　史部/紀傳類/正史之屬

南北史補志十四卷附贊一卷　(清)汪士鐸撰　清光緒四年(1878)淮南書局刻本　四册　存九卷(一至四、十至十四)

330000－1720－0002666　普02532　史部/紀傳類/正史之屬

二十四史附考證　清光緒二十八年(1902)武林竹簡齋石印本　三册　存一種

330000－1720－0002667　普02540　類叢部/叢書類/自著之屬

北江全集七種　(清)洪亮吉撰　清乾隆至嘉慶刻彙印本　六册　存二種

330000－1720－0002668　普02541　類叢部/叢書類/彙編之屬

式訓堂叢書四十一種　(清)章壽康編　清光緒會稽章氏刻本　一册　存一種

330000－1720－0002669　普02542　經部/四書類/總義之屬/傳說

四書讀本十九卷　(宋)朱熹章句　清光緒四年(1878)山陰李氏畬硯山房刻本　六册

330000－1720－0002670　普02543　史部/雜史類/斷代之屬

晉畧六十六卷　(清)周濟撰　清光緒二年(1876)味雋齋刻本　十册

330000－1720－0002671　普02544　經部/四書類/總義之屬/傳說

四書集註十九卷　(宋)朱熹撰　清刻本　五册　缺二卷(大學、中庸)

330000－1720－0002672　普02545　史部/紀傳類/正史之屬

漢書評林一百卷　(明)凌稚隆輯　清末石印本　十册　存八十六卷(九至二十、二十七至一百)

330000－1720－0002673　普02546　經部/四書類/總義之屬/傳說

瓆川吴氏四書學四種　清光緒七年(1881)淮南書局刻本　六冊　存一種

330000－1720－0002674　普02547　經部/四書類/總義之屬/傳說

四書朱子本義匯參四十三卷首四卷　(清)王步青輯　清刻本　十五冊　存三十卷(大學二;中庸四至六;論語首,一至五、十三至十七;孟子首、一至十四)

330000－1720－0002675　普02548　史部/紀傳類/正史之屬

漢書辨疑二十二卷　(清)錢大昭撰　清光緒十三年(1887)刻廣雅書局叢書本　王舟瑤批　六冊

330000－1720－0002676　普02549　類叢部/叢書類/彙編之屬

廣雅書局叢書一百五十九種　徐紹棨編　清光緒廣雅書局刻民國九年(1920)番禺徐紹棨彙編重印本　十七冊　存五種

330000－1720－0002677　普02550　類叢部/叢書類/彙編之屬

廣雅書局叢書一百五十九種　徐紹棨編　清光緒廣雅書局刻民國九年(1920)番禺徐紹棨彙編重印本　一冊　存一種

330000－1720－0002678　普02551　史部/紀傳類/正史之屬

漢書疏證三十六卷後漢書疏證三十卷　(清)沈欽韓撰　清光緒二十六年(1900)浙江官書局刻本　二十四冊　存三十六卷(一至三十六)

330000－1720－0002679　普02552　史部/紀傳類/正史之屬

漢書疏證三十六卷後漢書疏證三十卷　(清)沈欽韓撰　清光緒二十六年(1900)浙江官書局刻本　十一冊　存十八卷(一至三、十九至二十四、二十六至二十七、三十至三十六)

330000－1720－0002680　普02553　經部/四書類/總義之屬/傳說

四書集註十九卷　(宋)朱熹撰　清同治三年(1864)浙江撫署刻本　六冊

330000－1720－0002681　普02554　史部/地理類/總志之屬/斷代

新斠注地里志十六卷　(清)錢坫撰　(清)徐松集釋　清同治十三年(1874)會稽章氏刻本　八冊

330000－1720－0002682　普02555　經部/四書類/總義之屬/傳說

四書集註十九卷　(宋)朱熹撰　清刻本　二冊　存十卷(論語一至十)

330000－1720－0002684　普02557　類叢部/叢書類/彙編之屬

式訓堂叢書四十一種　(清)章壽康編　清光緒會稽章氏刻本　一冊　存一種

330000－1720－0002685　普02558　經部/四書類/總義之屬/傳說

四書集註十九卷　(宋)朱熹撰　清同治三年(1864)浙江撫署刻本　一冊　存五卷(論語一至五)

330000－1720－0002687　普02560　經部/四書類/總義之屬/傳說

四書集註十九卷　(宋)朱熹撰　清光緒二年(1876)一鑑齋刻本　一冊　存五卷(論語六至十)

330000－1720－0002688　普02561　史部/紀傳類/正史之屬

後漢書九十卷　(南朝宋)范曄撰　(唐)李賢注　**志三十卷**　(晉)司馬彪撰　(南朝梁)劉昭注　清光緒十四年(1888)上海鴻文書局石印二十四史本　王繼香題記　十冊

330000－1720－0002689　普02562　經部/四書類/總義之屬/傳說

四書考彙刪六卷　(清)臧振榮撰　清刻本　二冊　存二卷(三至四)

330000－1720－0002690　普02563　史部/紀傳類/正史之屬

四史四百十五卷 清光緒十四年(1888)上海蜚英館石印本 十二册 存一種

330000－1720－0002691 普 02564 經部/四書類/總義之屬/傳說

三太史彙纂四書人物備考十六卷 (明)項煜撰 明崇禎六年(1633)刻本 一册 存九卷(八至十六)

330000－1720－0002693 普 02566 史部/紀傳類/正史之屬

二十四史 清同治至光緒五省官書局據汲古閣本等合刻光緒五年(1879)湖北書局彙印本 二十四册 存二種

330000－1720－0002694 普 02567 史部/紀傳類/正史之屬

二十四史 清同治至光緒五省官書局據汲古閣本等合刻光緒五年(1879)湖北書局彙印本 二十四册 存二種

330000－1720－0002695 普 02568 史部/紀傳類/正史之屬

二十四史 清同治至光緒五省官書局據汲古閣本等合刻光緒五年(1879)湖北書局彙印本 十五册 存一種

330000－1720－0002696 普 02569 史部/紀傳類/正史之屬

二十四史 清同治至光緒五省官書局據汲古閣本等合刻光緒五年(1879)湖北書局彙印本 九册 存一種

330000－1720－0002697 普 02570 史部/紀傳類/正史之屬

四史四百十五卷 清光緒金陵書局、江南書局刻本 二十四册 存二種

330000－1720－0002698 普 02571 史部/紀傳類/正史之屬

後漢書九十卷 (南朝宋)范曄撰 (唐)李賢注 **志三十卷** (晉)司馬彪撰 (南朝梁)劉昭注 清同治十二年(1873)嶺東使署刻本 十六册

330000－1720－0002699 普 02572 史部/紀傳類/正史之屬

四史四百十五卷 清光緒金陵書局、江南書局刻本 十八册 存二種

330000－1720－0002700 普 02573 史部/紀傳類/正史之屬

四史四百十五卷 清光緒金陵書局、江南書局刻本 □洛跋 八册 存一種

330000－1720－0002701 普 02574 類叢部/叢書類/自著之屬

北江全集七種 (清)洪亮吉撰 清乾隆至嘉慶刻彙印本 一册 存一種

330000－1720－0002702 普 02575 類叢部/叢書類/彙編之屬

廣雅書局叢書一百五十九種 徐紹棨編 清光緒廣雅書局刻民國九年(1920)番禺徐紹棨彙編重印本 五册 存四種

330000－1720－0002704 普 02577 類叢部/叢書類/彙編之屬

古香齋袖珍十種 清同治至光緒南海孔氏刻本 三十二册 存一種

330000－1720－0002705 普 02578 類叢部/叢書類/彙編之屬

古香齋袖珍十種 清同治至光緒南海孔氏刻本 十六册 存一種

330000－1720－0002706 普 02579 史部/紀傳類/正史之屬

前漢書一百卷 (漢)班固撰 (唐)顔師古注 清光緒三十一年(1905)上海久敬齋石印本 十二册

330000－1720－0002707 普 02580 史部/紀傳類/正史之屬

前漢書一百卷 (漢)班固撰 (唐)顔師古注 清光緒十四年(1888)上海鴻文書局石印本 王繼香題記 十三册 存八十八卷(一至五十九、七十二至一百)

330000－1720－0002708 普 02581 史部/紀傳類/正史之屬

前漢書一百卷 (漢)班固撰 (唐)顔師古注

清光緒二十九年(1903)上海點石齋石印本　八冊

330000－1720－0002709　普02582　史部/傳記類/總傳之屬/姓名

史姓韻編六十四卷　(清)汪輝祖撰　清光緒十年(1884)上海中西書局石印本　四冊

330000－1720－0002710　普02583　史部/紀傳類/正史之屬

四史四百十五卷　清末石印本　十四冊　存三種

330000－1720－0002711　普02584　史部/紀傳類/正史之屬

四史四百十五卷　清光緒十四年(1888)上海蜚英館石印本　二十四冊　存二種

330000－1720－0002712　普02585　史部/紀傳類/正史之屬

史記評林一百三十卷首一卷　(明)凌稚隆輯　清光緒二十七年(1901)上海天章書局石印本　十二冊

330000－1720－0002713　普02586　史部/紀傳類/正史之屬

史記評林一百三十卷首一卷　(明)凌稚隆輯　清光緒二十七年(1901)上海天章書局石印本　五冊　存五十四卷(八至十八、二十五至六十七)

330000－1720－0002714　普02587　史部/紀傳類/正史之屬

史記一百三十卷　(漢)司馬遷撰　(南朝宋)裴駰集解　(唐)司馬貞索隱　(唐)張守節正義　清同治五年至九年(1866－1870)金陵書局刻本　二十冊

330000－1720－0002715　普02588　史部/紀傳類/正史之屬

二十四史　清同治至光緒五省官書局據汲古閣本等合刻光緒五年(1879)湖北書局彙印本　三十冊　存二種

330000－1720－0002716　普02589　史部/紀傳類/正史之屬

二十四史　清同治至光緒五省官書局據汲古閣本等合刻光緒五年(1879)湖北書局彙印本　二十五冊　存二種

330000－1720－0002717　普02590　史部/紀傳類/正史之屬

史記一百三十卷　(漢)司馬遷撰　(南朝宋)裴駰集解　(唐)司馬貞索隱　(唐)張守節正義　清同治五年至九年(1866－1870)金陵書局刻本　十六冊　存一百十三卷(一至十四、二十至二十七、四十至一百三十)

330000－1720－0002718　普02591　史部/紀傳類/正史之屬

校刊史記集解索隱正義札記五卷　(清)張文虎撰　清同治十一年(1872)金陵書局刻本　二冊

330000－1720－0002719　普02592　史部/紀傳類/正史之屬

二十四史　清同治至光緒五省官書局據汲古閣本等合刻光緒五年(1879)湖北書局彙印本　二冊　存一種

330000－1720－0002720　普02593　史部/紀傳類/正史之屬

史記一百三十卷　(漢)司馬遷撰　(南朝宋)裴駰集解　(唐)司馬貞索隱　(唐)張守節正義　清同治九年(1870)楚北崇文書局刻本　二十三冊　存一百二十七卷(一至二、六至一百三十)

330000－1720－0002721　普02594　史部/紀傳類/正史之屬

漢書一百卷　(漢)班固撰　(唐)顏師古注　清同治十二年(1873)嶺東使署刻本　二十三冊　存九十六卷(一至九十一、九十六至一百)

330000－1720－0002722　普02595　類叢部/叢書類/彙編之屬

廣雅書局叢書一百五十九種　徐紹棨編　清光緒廣雅書局刻民國九年(1920)番禺徐紹棨彙編重印本　二十九冊　存十二種

330000－1720－0002723　普02596　史部/紀傳類/正史之屬

漢書一百卷　(漢)班固撰　(唐)顔師古注　清光緒十三年(1887)金陵書局刻本　十六册

330000－1720－0002724　普02597　史部/紀傳類/正史之屬

漢書一百卷　(漢)班固撰　(唐)顔師古注　清光緒十三年(1887)金陵書局刻本　十五册　存九十九卷(一至十四、十六至一百)

330000－1720－0002725　普02598　史部/紀傳類/正史之屬

史記一百三十卷　(漢)司馬遷撰　(南朝宋)裴駰注　清光緒四年(1878)金陵書局刻二十四史本　佚名過録清黄震、清徐孚遠等批　八册　存五十一卷(一至十八、三十一至四十六、一百六至一百二十二)

330000－1720－0002726　普02599　史部/紀傳類/正史之屬

漢書一百卷　(漢)班固撰　(唐)顔師古注　清同治八年(1869)金陵書局刻二十四史本　佚名過録清顧炎武、清王念孫等批　十二册　存八十二卷(十九至一百)

330000－1720－0002727　普02600　類叢部/叢書類/彙編之屬

廣雅書局叢書一百五十九種　徐紹棨編　清光緒廣雅書局刻民國九年(1920)番禺徐紹棨彙編重印本　十二册　存六種

330000－1720－0002729　普02602　史部/紀傳類/正史之屬

漢書疏證三十六卷後漢書疏證三十卷　(清)沈欽韓撰　清光緒二十六年(1900)浙江官書局刻本　十一册　存二十一卷(後漢書疏證一至七、十四至十九、二十三至三十)

330000－1720－0002730　普02603　史部/紀傳類/正史之屬

史記探源八卷　崔適撰　清宣統二年(1910)崔適觶廬刻本　三册　存六卷(三至八)

330000－1720－0002731　普02604　史部/紀傳類/正史之屬

三國志證聞三卷　(清)錢儀吉撰　清光緒十一年(1885)江蘇書局刻本　一册　存二卷(二至三)

330000－1720－0002732　普02605　類叢部/叢書類/彙編之屬

廣雅書局叢書一百五十九種　徐紹棨編　清光緒廣雅書局刻民國九年(1920)番禺徐紹棨彙編重印本　二十三册　存九種

330000－1720－0002734　普02607　史部/紀傳類/正史之屬

二十四史　清同治至光緒五省官書局據汲古閣本等合刻光緒五年(1879)湖北書局彙印本　一册　存一種

330000－1720－0002736　普02609　史部/紀傳類/正史之屬

欽定二十四史　清光緒三十一年(1905)上海久敬齋石印本　四册　存一種

330000－1720－0002738　普02611　史部/紀傳類/正史之屬

四史四百十五卷　清光緒金陵書局、江南書局刻本　八册　存一種

330000－1720－0002739　普02612　類叢部/叢書類/彙編之屬

湘學報類編西政叢鈔　(清)養春堂主人編　清光緒二十八年(1902)石印本　一册　存一種

330000－1720－0002741　普02614　類叢部/叢書類/彙編之屬

宜稼堂叢書七種　(清)郁松年編　清道光二十年至二十二年(1840－1842)上海郁氏刻本　十三册　存一種

330000－1720－0002743　普02616　史部/紀傳類/正史之屬

十七史一千五百七十四卷　(明)毛晉編　明崇禎元年至十七年(1628－1644)毛氏汲古閣刻本　八册　存一種

330000－1720－0002746　普02619　史部/政

書類/邦交之屬

各國通商條約十六卷 （清）督辦浙江通商洋務總局編 清光緒二十八年（1902）浙江官書局刻本 十册

330000－1720－0002747 普02620 史部/政書類/邦交之屬

各國通商條約十六卷 （清）督辦浙江通商洋務總局編 清光緒二十八年（1902）浙江官書局刻本 四册 存六卷（二、四、六至七、十至十一）

330000－1720－0002748 普02621 新學/格致總

時務通攷三十一卷首一卷 （清）王奇英等編 清光緒二十三年（1897）上海點石齋石印本 十册 存十五卷（二至四、九至十一、十七至二十二、二十四至二十六）

330000－1720－0002749 普02622 新學/政治法律

政學叢書 清光緒上海商務印書館鉛印本 二册 存一種

330000－1720－0002750 普02623 史部/政書類/公牘檔册之屬

樊山公牘四卷 樊增祥撰 清宣統三年（1911）上海廣益書局石印本 四册

330000－1720－0002751 普02624 新學/格致總

時務通攷續編三十一卷 （清）王奇英等編 清光緒二十七年（1901）上海點石齋石印本 十六册

330000－1720－0002752 普02625 新學/兵制/海軍

防海新論十八卷 （德國）希理哈撰 （英國）傅蘭雅口譯 （清）華蘅芳筆述 清同治十二年（1873）江南機器製造局刻本 六册

330000－1720－0002753 普02626 新學/兵制/海軍

防海新論十八卷 （德國）希理哈撰 （英國）傅蘭雅口譯 （清）華蘅芳筆述 清同治十二年（1873）江南機器製造局刻本 六册

330000－1720－0002754 普02627 新學/兵制/海軍

防海新論十八卷 （德國）希理哈撰 （英國）傅蘭雅口譯 （清）華蘅芳筆述 清同治十二年（1873）江南機器製造局刻本 四册 存十二卷（一至五、十二至十八）

330000－1720－0002755 普02628 新學/兵制/陸軍

臨陣管見九卷 （美國）斯拉弗司撰 （美國）金楷理口譯 （清）趙元益筆述 清末江南機器製造總局刻本 三册 存七卷（一至五、八至九）

330000－1720－0002757 普02630 新學/格致總

時務通攷三十一卷首一卷 （清）王奇英等編 清光緒二十三年（1897）上海點石齋石印本 二十二册

330000－1720－0002758 普02631 新學/兵制/槍炮

攻守礮法一卷附克虜伯腰箍礮說一卷克虜伯礮架說一卷船礮操法一卷礮架說一卷螺繩礮架說一卷 （德國）軍政局原書 （美國）金楷理口譯 （清）李鳳苞筆述 清光緒江南機器製造總局刻本 一册

330000－1720－0002759 普02632 史部/政書類/邦計之屬/荒政

荒政輯要九卷首一卷 （清）汪志伊纂 清道光二十九年（1849）尚義堂刻本 三册

330000－1720－0002760 普02633 新學/兵制/船艦

輪船布陣十二卷圖一卷首一卷 （英國）裴路撰 （英國）傅蘭雅口譯 （清）徐建寅筆述 清江南製造總局刻本 一册 存一卷（圖）

330000－1720－0002761 普02634 新學/兵制/子藥

爆藥記要六卷附圖 （美國）水雷局撰 舒高第口譯 （清）趙元益筆述 清光緒元年

(1875)江南製造局刻本　一冊

330000－1720－0002763　普02636　史部/政書類

校邠廬抗議不分卷　(清)馮桂芬撰　清光緒九年(1883)津河廣仁堂刻本　一冊

330000－1720－0002764　普02637　新學/圖學/測繪

行軍測繪十卷首一卷圖一卷　(英國)連提撰　(英國)傅蘭雅口譯　(清)趙元益筆述　清末江南製造總局刻本　一冊　存六卷(首、一至五)

330000－1720－0002766　普02639　史部/政書類

校邠廬抗議二卷　(清)馮桂芬撰　清光緒十年(1884)鉛印本　一冊

330000－1720－0002767　普02640　新學/兵制/槍炮

兵船礮法六卷　(美國)金楷理口譯　(清)朱恩錫筆述　清光緒江南機器製造總局刻本　二冊　存四卷(一至四)

330000－1720－0002768　普02641　新學/兵制/營壘

營城揭要二卷附圖　(英國)儲意比撰　(英國)傅蘭雅口譯　(清)徐壽筆述　清光緒江南機器製造局刻本　一冊　存一卷(上)

330000－1720－0002772　普02645　新學/兵制/營壘

營城揭要二卷附圖　(英國)儲意比撰　(英國)傅蘭雅口譯　(清)徐壽筆述　清光緒江南機器製造局刻本　二冊

330000－1720－0002774　普02647　子部/兵家類/兵法之屬

前敵須知四卷　(英國)克利賴撰　舒高第(清)鄭昌棪譯　清光緒江南製造總局鉛印本　一冊　存一卷(二)

330000－1720－0002775　普02648　新學/政治法律/政治

列國歲計政要十二卷首一卷　(英國)麥丁富得力撰　(美國)林樂知譯　(清)鄭昌棪筆述　清光緒元年(1875)江南製造總局刻本　六冊

330000－1720－0002776　普02649　新學/兵制/海軍

水雷秘要五卷圖一卷　(英國)史理孟撰　舒高第口譯　(清)鄭昌棪筆述　清光緒江南機器製造總局鉛印本　三冊　存三卷(二至四)

330000－1720－0002777　普02650　史部/地理類

李氏五種　(清)李兆洛撰　清同治九年至十一年(1870－1872)合肥李鴻章刻本　二冊　存一種

330000－1720－0002778　普02651　新學/政治法律/政治

列國歲計政要十二卷首一卷　(英國)麥丁富得力撰　(美國)林樂知譯　(清)鄭昌棪筆述　清光緒元年(1875)江南製造總局刻本　五冊　存九卷(四至十二)

330000－1720－0002779　普02652　史部/地理類

李氏五種　(清)李兆洛撰　清同治九年至十一年(1870－1872)合肥李鴻章刻本　一冊　存一種

330000－1720－0002780　普02653　新學/交涉/交涉

歐洲東方交涉記十二卷　(英國)麥高爾撰　(美國)林樂知　(清)瞿昂來譯　清光緒江南機器製造總局刻本　二冊

330000－1720－0002783　普02656　史部/史表類/通代之屬

朝代紀元表一卷　(清)萬廷蘭撰　清刻本　一冊

330000－1720－0002784　普02657　子部/兵家類/兵法之屬

臨陣心法一卷　(清)劉連捷撰　清光緒十六年(1890)金陵刻本　一冊

330000－1720－0002786　普02659　史部/政

書類/邦計之屬

新增籌餉事例條款不分卷籌餉事例一卷增修現行常例一卷新章大八成一卷新章程一卷鄭工新例一卷　清刻本　四冊

330000－1720－0002789　普02662　史部/職官類/官箴之屬

欽定訓飭州縣規條一卷　(清)田文鏡　(清)李衛撰　清光緒元年(1875)湖南荷池書局刻本　一冊

330000－1720－0002793　普02666　史部/政書類/律令之屬/律例

欽定吏部則例八十七卷　(清)恩桂等修　(清)薛鳴臯等纂　清道光二十三年(1843)刻本　九冊　存十八卷(吏部銓選滿洲官員品級考一,吏部銓選漢官則例一、五至六,吏部處分則例十五至十七、二十四至二十九、四十二至四十六)

330000－1720－0002794　普02667　新學/兵制/海軍

外國師船圖表八卷雜説三卷圖一卷　(清)許景澄等編　清光緒十三年(1887)柏林使署石印本　五冊　存十卷(一至二、五至八,雜説一至三,圖)

330000－1720－0002795　普02668　新學/兵制/海軍

外國師船圖表八卷雜説三卷圖一卷　(清)許景澄等編　清光緒十三年(1887)柏林使署石印本　一冊　存二卷(雜説一至二)

330000－1720－0002796　普02669　史部/政書類/律令之屬/律例

欽定國子監則例□□卷　清刻本　二冊　存十五卷(五至十九)

330000－1720－0002797　普02670　子部/兵家類/兵法之屬

讀史兵略續編十卷　(清)胡林翼撰　清光緒二十六年(1900)上海圖書集成印書局鉛印本　十冊

330000－1720－0002798　普02671　史部/政書類/律令之屬/律例

大清律例增修統纂集成四十卷督捕則例附纂二卷　(清)姚潤輯　(清)陶駿　(清)陶念霖增輯　清刻本　十一冊　存十八卷(六至七、九至十二、十六至十九、二十三至二十八、三十六至三十七)

330000－1720－0002799　普02672　史部/政書類/公牘檔冊之屬

樊山政書二十卷　樊增祥撰　清宣統二年(1910)金陵湯明林聚珍書局鉛印本　十冊

330000－1720－0002807　普02680　史部/雜史類/斷代之屬

中西紀事二十四卷首一卷　(清)夏燮撰　清刻本　三冊　存十一卷(十四至二十四)

330000－1720－0002809　普02682　史部/政書類/公牘檔冊之屬

案事編一卷　(清)沈祖燕撰　清光緒三十四年(1908)刻本　一冊

330000－1720－0002812　普02685　新學/兵制/海軍

英國水師律例四卷　(英國)德麟　(英國)極福德撰　舒高第　(清)鄭昌棪譯　清光緒三年(1877)江南製造總局鉛印本　一冊　存二卷(一至二)

330000－1720－0002814　普02687　新學/兵制/陸軍

列國陸軍制不分卷　(美國)歐潑登撰　(美國)林樂知　(清)瞿昂來譯　清末江南機器製造總局刻本　三冊

330000－1720－0002817　普02690　新學/兵制/海軍

水師操練十八卷首一卷附一卷　(英國)戰船部撰　(英國)傅蘭雅口譯　(清)徐建寅筆述　清末江南機器製造總局刻本　三冊

330000－1720－0002818　普02691　新學/兵制/海軍

水師操練十八卷首一卷附一卷　(英國)戰船部撰　(英國)傅蘭雅口譯　(清)徐建寅筆述

清末江南機器製造總局刻本　二冊　存十二卷(八至十八、附)

330000－1720－0002820　普02693　新學/兵制/海軍
水師章程十四卷續編六卷　(英國)水師兵部撰　(美國)林樂知口譯　(清)鄭昌棪筆述　清光緒江南製造總局刻本　十五冊　缺二卷(續編五至六)

330000－1720－0002822　普02695　史部/政書類
三通考輯要　湯壽潛輯　清光緒二十五年(1899)上海圖書集成局鉛印本　二十七冊　缺十卷(欽定續文獻通考輯要十二至十四、十八至二十四)

330000－1720－0002825　普02698　史部/政書類
三通考輯要　湯壽潛輯　清光緒二十五年(1899)上海圖書集成局鉛印本　七冊　缺五十九卷(文獻通考輯要一至十二、十五至二十四,欽定續文獻通考輯要二至五、九至十五、十八至二十四,皇朝文獻通考輯要一、九至二十六)

330000－1720－0002827　普02700　史部/政書類
三通典輯要七十六卷　(清)蔣麟振輯　清光緒二十八年(1902)上海編譯局石印本　一冊　存一種

330000－1720－0002837　普02710　新學/商務/商學
原富八卷中西年表一卷　(英國)斯密亞丹撰　嚴復譯　清光緒二十八年(1902)上海南洋公學譯書院鉛印本　八冊

330000－1720－0002838　普02711　新學/商務/商學
原富八卷中西年表一卷　(英國)斯密亞丹撰　嚴復譯　清光緒二十八年(1902)上海南洋公學譯書院鉛印本　八冊

330000－1720－0002839　普02712　新學/商務/商學
原富八卷中西年表一卷　(英國)斯密亞丹撰　嚴復譯　清光緒二十九年(1903)上海南洋公學譯書院鉛印本　八冊

330000－1720－0002842　普02715　史部/政書類/邦計之屬/貿易
光緒通商列表一卷　(清)楊楷撰　清光緒十二年(1886)刻本　一冊

330000－1720－0002843　普02716　史部/政書類/邦計之屬/貿易
通商表四卷　(清)楊楷輯　錢恂再輯　(清)李圭三輯　清光緒二十一年(1895)海昌官廨刻本　四冊

330000－1720－0002844　普02717　史部/政書類/公牘檔冊之屬
浙江巡撫審訂諮議局議案錄八編　(清)浙江諮議局編　清末浙江官報兼印刷局鉛印本　一冊　存一編(戊編)

330000－1720－0002845　普02718　史部/政書類/公牘檔冊之屬
天台治略十卷　(清)戴兆佳撰　清道光二十六年(1846)迎瑞堂木活字印本　五冊　缺一卷(三)

330000－1720－0002846　普02719　史部/政書類/公牘檔冊之屬
浙江諮議局議決案不分卷　(清)浙江諮議局編　清宣統鉛印本　一冊

330000－1720－0002847　普02720　子部/儒家類/儒學之屬/經濟
袁易齋先生圖民錄四卷　(清)袁守定撰　清同治十二年(1873)湘鄉楊昌濬刻本　一冊　存二卷(一至二)

330000－1720－0002849　普02722　史部/地理類/遊記之屬/紀行
出使英法義比四國日記六卷(清光緒十六年正月十一日至十七年二月三十日)　(清)薛福成撰　清末石印本　一冊　存二卷(三至四)

330000－1720－0002850　普02723　史部/地理類

英軺日記十二卷　載振撰　清光緒鉛印本　一册　存四卷(四至七)

330000－1720－0002851　普02724　史部/政書類/律令之屬

治浙成規八卷　清道光刻本　八册

330000－1720－0002852　普02725　子部/兵家類/兵法之屬

兵學新法十三篇不分卷　沈桐生撰　清光緒二十七年(1901)會稽沈氏家塾刻本　一册

330000－1720－0002853　普02726　子部/雜著類/雜說之屬

西鐸九卷　(英國)李提摩太著　清光緒二十一年(1895)刻本　一册

330000－1720－0002856　普02729　類叢部/叢書類/自著之屬

曾惠敏公全集四種十七卷　(清)曾紀澤撰　清末石印本　王詠霓題記　一册　存一種

330000－1720－0002857　普02730　新學/兵制/陸軍

戰術學三卷　(日本)細田謙藏譯述　(日本)稻村新六參訂　清光緒南洋公學譯書院鉛印本　二册　存二卷(一至二)

330000－1720－0002858　普02731　新學/兵制/陸軍

作戰糧食給養法一卷　(日本)陸軍經理學校編　(清)楊志洵譯　清光緒二十八年(1902)南洋公學譯書院鉛印本　一册

330000－1720－0002859　普02732　新學/兵制/陸軍

陸軍教育摘要不分卷　(清)盧永銘譯述　清光緒二十八年(1902)南洋公學譯書院鉛印本　一册

330000－1720－0002860　普02733　新學/兵制/陸軍

野外要務令二卷　(日本)陸軍省編　(清)盧永銘譯　清光緒南洋公學譯書院鉛印本　三册

330000－1720－0002862　普02735　新學/兵制/陸軍

步兵工作教範不分卷　(日本)陸軍省編　樊炳清譯　清光緒南洋公學譯書院鉛印本　一册

330000－1720－0002865　普02738　史部/政書類

三通考輯要　湯壽潛輯　清光緒鉛印本　十一册　缺四十九卷(文獻通考輯要一至九、十二至十四,欽定續文獻通考輯要一至四、十五至二十六,皇朝文獻通考輯要二至九、十二至二十四)

330000－1720－0002866　普02739　新學/兵制/陸軍

步兵射擊教範四卷附表一卷圖一卷　(日本)日本陸軍省編　(日本)山根虎之助譯　清光緒二十八年(1902)南洋公學譯書院鉛印本　一册

330000－1720－0002868　普02741　新學/兵制/陸軍

美國陸軍制一卷　(清)葛勝芳譯　清光緒南洋公學譯書院鉛印本　一册

330000－1720－0002869　普02742　新學/兵制/陸軍

日本軍隊給與法一卷　孟森　(清)楊志洵譯述　清光緒南洋公學譯書院鉛印本　一册

330000－1720－0002871　普02744　子部/兵家類/兵法之屬

讀史兵略四十六卷　(清)胡林翼撰　清咸豐十一年(1861)武昌節署刻本　十六册

330000－1720－0002873　普02746　史部/政書類/通制之屬

二十四史九通政典類要合編三百二十卷　(清)黃書霖輯　清光緒二十八年(1902)約雅堂石印本　六十册

330000－1720－0002874　普02747　史部/雜史類/斷代之屬

皇朝掌故彙編内編六十卷首一卷外編四十卷首一卷　張壽鏞等輯　清光緒二十八年(1902)求實書社鉛印本　二十一册　存三十六卷(外編首,一至九、十二、十四至三十一、三十四至四十)

330000－1720－0002875　普02748　史部/雜史類/斷代之屬

皇朝掌故彙編内編六十卷首一卷外編四十卷首一卷　張壽鏞等輯　清光緒二十八年(1902)求實書社鉛印本　九册　存十四卷(外編十二、十四至十六、十九至二十一、二十四至二十八、三十四至三十五)

330000－1720－0002876　普02749　史部/政書類/律令之屬/律例

大清律例增修統纂集成四十卷督捕則例附纂二卷　(清)姚潤輯　(清)陶駿　(清)陶念霖增輯　清光緒二十六年(1900)上海文淵山房鉛印本　二十二册　存四十卷(一至二十三、二十五至三十六、三十八至四十,督捕則例附纂一至二)

330000－1720－0002877　普02750　史部/政書類/律令之屬/律例

大清律例增修統纂集成四十卷督捕則例附纂二卷　(清)姚潤輯　(清)陶駿　(清)陶念霖增輯　清光緒三十二年(1906)上海文淵山房鉛印本　二十四册

330000－1720－0002878　普02751　史部/政書類/律令之屬/律例

大清律例增修統纂集成四十卷督捕則例附纂二卷　(清)姚潤輯　(清)陶駿　(清)陶念霖增輯　清刻本　二十册　缺五卷(一至三、五、三十五)

330000－1720－0002879　普02752　史部/政書類/邦交之屬

各國約章纂要六卷首一卷附録一卷　勞乃宣等輯　清光緒十八年(1892)上海圖書集成印書局鉛印本　一册　存二卷(四至五)

330000－1720－0002880　普02753　史部/政書類/律令之屬/律例

大清律例彙輯便覽四十卷附督捕則例二卷五軍道里表一卷三流道里表一卷　清刻本　九册　存十三卷(十六至十七、二十至二十三、三十六至四十,五軍道里表,三流道里表)

330000－1720－0002881　普02754　類叢部/叢書類/彙編之屬

湘學報類編西政叢鈔　(清)養春堂主人編　清末石印本　二册　存一種

330000－1720－0002882　普02755　史部/政書類/軍政之屬/邊政

中俄界約斠注七卷首一卷　錢恂撰　清末上海書局石印本　二册

330000－1720－0002883　普02756　史部/政書類/邦計之屬/貿易

萬國通商史一卷　(英國)瑣米爾士撰　(日本)古城貞吉譯　清末南洋公學譯書院鉛印本　一册

330000－1720－0002884　普02757　類叢部/叢書類/彙編之屬

挹秀山房叢書十一種　(清)朱克敬編　清同治、光緒刻光緒十年(1884)挹秀山房湘南彙印本　四册　存一種

330000－1720－0002885　普02758　史部/政書類/通制之屬

西漢會要七十卷　(宋)徐天麟撰　清光緒五年(1879)嶺南學海堂刻本　十册

330000－1720－0002886　普02759　新學/史志/戰記

中國六十年戰史十三章　(英國)艾特華斯撰　史悠明　(清)程履祥譯校　清光緒二十九年(1903)上海美華書館鉛印本　六册

330000－1720－0002887　普02760　史部/政書類/通制之屬

東漢會要四十卷　(宋)徐天麟撰　清光緒五年(1879)嶺南學海堂刻本　八册

330000－1720－0002888　普02761　新學/政治法律/律例

美國議會條例不分卷美國原定律例初編不分

卷 (美國)科興氏撰 戴克敦譯 清光緒二十九年(1903)浙江官書局鉛印本 一冊

330000－1720－0002889 普02762 史部/職官類/官箴之屬

學治書紳二卷 (清)徐承禮輯 清光緒鉛印本 王舟瑤題記 一冊

330000－1720－0002890 普02763 史部/政書類/公牘檔冊之屬

教務輯要四卷 (清)徐家幹編 清光緒二十四年(1898)湖北官書局刻本 四冊

330000－1720－0002893 普02766 史部/雜史類/外紀之屬

皇朝藩部要略十八卷 (清)祁韻士纂 (清)毛嶽生編次 **皇朝藩部世系表四卷** (清)祁韻士纂 (清)宋景昌增輯 清光緒十年(1884)浙江書局刻本 八冊

330000－1720－0002894 普02767 史部/雜史類/外紀之屬

皇朝藩部要略十八卷 (清)祁韻士纂 (清)毛嶽生編次 **皇朝藩部世系表四卷** (清)祁韻士纂 (清)宋景昌增輯 清光緒十年(1884)浙江書局刻本 五冊 缺八卷(九至十六)

330000－1720－0002895 普02768 史部/職官類/官箴之屬

吏治輯要一卷 (清)倭仁撰 清光緒元年(1875)湖南荷池書局刻本 一冊

330000－1720－0002896 普02769 史部/地理類/遊記之屬/紀行

出使美日祕國日記十六卷(清光緒十五年九月初一至十九年八月初二) (清)崔國因撰 清光緒二十年(1894)鉛印本 九冊 存十二卷(一至六、八、十二至十六)

330000－1720－0002897 普02770 史部/政書類/邦交之屬

各國立約始末記三十卷首二卷 (清)陸元鼎編 清光緒三十二年(1906)上海商務印書館鉛印本 五冊 存七卷(十六至十八、二十五至二十六、二十九至三十)

330000－1720－0002898 普02771 史部/政書類/公牘檔冊之屬

憲政籌備處報告書第一期不分卷 (清)兩廣憲政籌備處編 清宣統元年(1909)鉛印本 一冊

330000－1720－0002899 普02772 史部/政書類/邦計之屬

商辦全浙鐵路有限公司第二屆報告不分卷 (清)商辦全浙鐵路有限公司編 清光緒三十三年(1907)鉛印本 一冊

330000－1720－0002900 普02773 史部/政書類/公牘檔冊之屬

奉天旗制變通案甲乙二類不分卷 (清)奉天旗務司編 清宣統鉛印本 一冊

330000－1720－0002901 普02774 史部/政書類/邦交之屬

各國通商條約十六卷附辛丑各國和約一卷 (清)督辦浙江通商洋務總局編 清光緒二十八年(1902)浙江官書局刻本 一冊 存一卷(辛丑各國和約)

330000－1720－0002902 普02775 史部/政書類/邦計之屬

度支部試辦宣統三年預算案總表不分卷 (清)度支部編 清宣統三年(1911)石印本 一冊

330000－1720－0002903 普02776 史部/政書類/邦計之屬

試辦宣統四年全國歲入歲出總預算表不分卷 (清)度支部編 清宣統三年(1911)石印本 一冊

330000－1720－0002904 普02777 史部/政書類/軍政之屬/邊政

中俄界約斠注七卷首一卷 錢恂撰 清光緒二十年(1894)上海醉六堂刻本 二冊

330000－1720－0002905 普02778 史部/政書類/邦交之屬

各國約章纂要六卷首一卷附錄一卷 勞乃宣

等輯　清光緒十七年(1891)吴橋官廨刻本　四册

330000－1720－0002906　普02779　史部/職官類/官制之屬
樞垣記略二十八卷　(清)梁章鉅撰　(清)朱智等續纂　清光緒元年(1875)鉛印本　四册

330000－1720－0002907　普02780　新學/政治法律/政治
佐治芻言不分卷　(英國)傅蘭雅口譯　應祖錫述　清光緒江南製造局刻本　三册

330000－1720－0002908　普02781　史部/政書類/邦交之屬
約章成案匯覽甲篇十卷乙篇四十二卷　(清)北洋洋務局輯　清光緒三十一年(1905)上海點石齋石印本　三十二册　存三十九卷(甲篇二、六、十,乙篇一至十、十二至三十二、三十七至四十一)

330000－1720－0002909　普02782　史部/政書類/通制之屬
明會要八十卷　(清)龍文彬撰　清光緒廣雅書局刻本　二十册

330000－1720－0002910　普02783　史部/傳記類/總傳之屬/斷代
國朝先正事略六十卷首一卷　(清)李元度撰　清光緒二十九年(1903)天章石印局石印本　七册

330000－1720－0002911　普02784　史部/傳記類/總傳之屬/斷代
國朝先正事略六十卷　(清)李元度撰　清光緒二十五年(1899)上海圖書集成印書局鉛印本　七册　存四十三卷(一至四十三)

330000－1720－0002912　普02785　史部/傳記類/總傳之屬/斷代
國朝先正事略六十卷　(清)李元度撰　清光緒二十五年(1899)上海圖書集成印書局鉛印本　一册　存四卷(一至四)

330000－1720－0002913　普02786　史部/傳記類/總傳之屬/斷代
國朝先正事略六十卷首一卷　(清)李元度撰　清光緒二十八年(1902)上海天章書局石印本　四册　存二十八卷(一至十、二十六至四十三)

330000－1720－0002914　普02787　史部/傳記類/總傳之屬/斷代
國朝先正事略六十卷首一卷　(清)李元度撰　清末石印本　六册　存四十三卷(七至三十、四十二至六十)

330000－1720－0002915　普02788　史部/傳記類/總傳之屬/仕宦
元朝名臣事略十五卷　(元)蘇天爵撰　清刻本　六册

330000－1720－0002916　普02789　史部/傳記類/總傳之屬/儒林
學案小識十四卷首一卷末一卷　(清)唐鑑撰　清光緒十年(1884)刻本　王舟瑶批　十册　缺一卷(四)

330000－1720－0002917　普02790　史部/傳記類/總傳之屬/儒林
學案小識十四卷首一卷末一卷　(清)唐鑑撰　清光緒十年(1884)刻本　九册　存十一卷(三至七、十至十四,末)

330000－1720－0002918　普02791　史部/傳記類/總傳之屬/斷代
國朝先正事略六十卷　(清)李元度撰　清同治五年至八年(1866－1869)循陔草堂刻本　十四册　存二十二卷(一至二十二)

330000－1720－0002919　普02792　史部/傳記類/總傳之屬/斷代
國朝先正事略六十卷　(清)李元度撰　清同治五年至八年(1866－1869)循陔草堂刻本　十八册　存五十卷(四至十三、十六至十七、二十至二十一、二十五至六十)

330000－1720－0002920　普02793　史部/傳記類/總傳之屬/斷代
國朝先正事略六十卷　(清)李元度撰　清刻本　十一册　存三十三卷(九至十、十四至十

八、二十至二十一、二十九至三十六、四十五至六十)

330000－1720－0002921　普02794　史部/傳記類/别傳之屬/年譜

孔子編年五卷　(宋)胡仔編　清同治九年(1870)胡湛刻本　二册

330000－1720－0002922　普02795　史部/傳記類

孔孟編年　(清)狄子奇輯　清光緒十三年(1887)浙江書局刻本　二册　存二種

330000－1720－0002924　普02797　史部/傳記類/總傳之屬/儒林

宋元學案一百卷首一卷考畧一卷　(清)黄宗羲撰　(清)全祖望修定　(清)王梓材(清)馮雲濠校並考　清光緒五年(1879)長沙寄廬刻本　三十二册

330000－1720－0002926　普02799　史部/傳記類/總傳之屬/儒林

明儒學案六十二卷師説一卷　(清)黄宗羲撰　清光緒十四年(1888)南昌縣學刻本　十六册　存二十八卷(三十五至六十二)

330000－1720－0002928　普02801　史部/傳記類/總傳之屬/儒林

宋元學案一百卷首一卷考畧一卷　(清)黄宗羲撰　(清)全祖望修定　(清)王梓材(清)馮雲濠校並考　清光緒五年(1879)長沙寄廬刻本　三十九册　存八十八卷(四至十七、二十至二十九、三十二至四十七、四十九至五十四、五十九至一百)

330000－1720－0002929　普02802　史部/傳記類/總傳之屬/儒林

宋元學案一百卷首一卷考畧一卷　(清)黄宗羲撰　(清)全祖望修定　(清)王梓材(清)馮雲濠校並考　清刻本　二十四册　存五十卷(五十一至一百)

330000－1720－0002930　普02803　史部/傳記類/總傳之屬/儒林

明儒學案六十二卷師説一卷附案一卷　(清)黄宗羲撰　清康熙三十年(1691)萬言、三十二年(1693)賈樸、雍正十三年至乾隆四年(1735－1739)慈溪鄭性二老閣刻本　二十四册

330000－1720－0002931　普02804　史部/傳記類/總傳之屬/儒林

宋元學案一百卷首一卷考畧一卷　(清)黄宗羲撰　(清)全祖望修定　(清)王梓材(清)馮雲濠校並考　清刻本　十八册　存四十八卷(五十三至一百)

330000－1720－0002932　普02805　類叢部/叢書類/郡邑之屬

顔李遺書十三種　徐世昌輯　清光緒五年(1879)全民國刻民國彙印本　一册　存一種

330000－1720－0002933　普02806　史部/史評類/史論之屬

讀史大畧六十卷首一卷　(清)沙張白撰　**小沙子史畧一卷**　(清)沙晉撰　清咸豐七年(1857)刻本　九册　存四十七卷(首,一至十四、二十一至四十四、五十至五十七)

330000－1720－0002935　普02808　史部/傳記類/别傳之屬/年譜

戚少保[繼光]年譜耆編十二卷首一卷　(明)戚祚國彙纂　(明)戚昌國集録　清刻本　四册　存四卷(二至五)

330000－1720－0002936　普02809　史部/傳記類/别傳之屬/年譜

左文襄公[宗棠]年譜十卷　(清)羅正鈞編　清光緒二十三年(1897)湘陰左氏刻本　十册

330000－1720－0002937　普02810　史部/史評類/史論之屬

史通通釋二十卷　(清)浦起龍撰　清刻本　七册　存十七卷(四至二十)

330000－1720－0002938　普02817　史部/史評類/史論之屬

讀史論畧二卷　(清)杜詔撰　清光緒二十七年(1901)武林載記刻本　二册

330000－1720－0002939　普02811　類叢部/

叢書類/彙編之屬
廣雅書局叢書一百五十九種　徐紹棨編　清光緒廣雅書局刻民國九年(1920)番禺徐紹棨彙編重印本　三冊　存一種

330000－1720－0002940　普02812　史部/傳記類/别傳之屬/年譜
歸顧朱三先生年譜合刻　(清)金吳瀾輯　清光緒六年(1880)嘉興金氏刻本　一冊　存一種

330000－1720－0002941　普02813　類叢部/叢書類/郡邑之屬
武林掌故叢編一百九十種　(清)丁丙編　清光緒三年至二十六年(1877－1900)錢塘丁氏嘉惠堂刻本　二冊　存一種

330000－1720－0002942　普02814　史部/史評類/史論之屬
讀史論畧增註三卷　(清)杜詔撰　(清)唐桂註　(清)傳傳增註　清光緒七年(1881)永嘉徐氏刻本　一冊

330000－1720－0002943　普02815　類叢部/叢書類/自著之屬
郝氏遺書三十三種　(清)郝懿行撰　清嘉慶至光緒刻彙印本　五冊　存一種

330000－1720－0002944　普02816　史部/傳記類/總傳之屬/列女
列女傳八卷　(漢)劉向撰　(清)梁端校注　清道光十七年(1837)錢唐汪氏振綺堂刻同治十三年(1874)汪曾學粤東補刻本　二冊

330000－1720－0002945　普02818　史部/史評類/史論之屬
東萊先生音註唐鑑二十四卷　(宋)范祖禹撰　(宋)吕祖謙注　清光緒十八年(1892)浙江書局刻本　四冊

330000－1720－0002946　普02819　史部/史評類/史論之屬
東萊先生音註唐鑑二十四卷　(宋)范祖禹撰　(宋)吕祖謙注　清光緒十八年(1892)浙江書局刻本　四冊

330000－1720－0002947　普02820　史部/傳記類/總傳之屬/列女
列女傳八卷　(漢)劉向撰　(清)梁端校注　清宣統二年(1910)上海會文堂書局石印本　四冊

330000－1720－0002948　普02821　史部/傳記類/總傳之屬/列女
列女傳八卷　(漢)劉向撰　(清)梁端校注　清道光十七年(1837)錢唐汪氏振綺堂刻同治十三年(1874)汪曾學粤東補刻本　一冊　存四卷(五至八)

330000－1720－0002949　普02822　史部/傳記類/總傳之屬/列女
列女傳八卷　(漢)劉向撰　(清)梁端校注　清道光十七年(1837)錢唐汪氏振綺堂刻同治十三年(1874)汪曾學粤東補刻本　二冊

330000－1720－0002951　普02824　類叢部/叢書類/彙編之屬
廣雅書局叢書一百五十九種　徐紹棨編　清光緒廣雅書局刻民國九年(1920)番禺徐紹棨彙編重印本　四冊　存三種

330000－1720－0002952　普02825　史部/雜史類/斷代之屬
皇朝掌故彙編内編六十卷首一卷外編四十卷首一卷　張壽鏞等輯　清光緒二十八年(1902)求實書社鉛印本　三十四冊　存五十九卷(内編首,一至六、九至六十)

330000－1720－0002953　普02826　史部/雜史類/斷代之屬
皇朝掌故彙編内編六十卷首一卷外編四十卷首一卷　張壽鏞等輯　清光緒二十八年(1902)求實書社鉛印本　十七冊　存三十四卷(内編首,一至二、四至六、十二、十四至十五、二十三至四十五、五十七至五十八)

330000－1720－0002955　普02828　類叢部/叢書類/彙編之屬
武英殿聚珍版書一百四十八種　清光緒二十五年(1899)廣雅書局刻本　二十八冊　存二種

330000－1720－0002956　普02829　史部/傳記類/别傳之屬/年譜

王船山先生[夫之]年譜二卷　(清)劉毓崧編　清光緒十二年(1886)江南書局刻本　二册

330000－1720－0002957　普02830　新學/雜著/叢編

西政叢書三十二種　梁啓超編　清光緒二十三年(1897)上海慎記書莊石印本　十册　存十種

330000－1720－0002958　普02831　史部/傳記類/總傳之屬/斷代

碑傳集一百六十卷首二卷末二卷　(清)錢儀吉輯　清光緒十九年(1893)江蘇書局刻本　十六册　存三十九卷(首一至二,七至九、十二至十五、二十二至二十五、五十二至五十四、六十七至六十八、七十五至七十六、一百五至一百六、一百十一至一百十二、一百二十至一百二十二、一百三十三至一百三十五、一百四十四至一百四十八、一百五十七至一百六十)

330000－1720－0002959　普02832　史部/傳記類/總傳之屬/斷代

續碑傳集八十六卷首二卷　繆荃孫纂　清宣統二年(1910)江楚編譯書局刻本　十九册　存六十八卷(四至十五、十九至五十、五十四至六十、六十四至七十四、七十八至八十三)

330000－1720－0002960　普02833　史部/傳記類/總傳之屬/儒林

台學源流七卷　(明)金賁亨撰　清道光金文煒刻光緒八年(1882)陳樹桐補刻本　一册

330000－1720－0002961　普02834　類叢部/叢書類/彙編之屬

漸西村舍彙刊(漸西村舍叢刻)四十四種　(清)袁昶編　清光緒十六年至二十四年(1890－1898)桐廬袁氏刻本　一册　存一種

330000－1720－0002962　普02835　新學/學校

兩廣優級師範選科講義□□種　(清)兩廣優級師範學堂編　清末鉛印本　一册　存一種

330000－1720－0002963　普02836　史部/傳記類/總傳之屬/儒林

台學源流七卷　(明)金賁亨撰　清道光金文煒刻本　一册

330000－1720－0002964　普02837　子部/雜著類/雜纂之屬

翼教叢編六卷　蘇輿輯　清刻本　一册　存二卷(五至六)

330000－1720－0002965　普02838　子部/雜著類/雜纂之屬

翼教叢編六卷　蘇輿輯　清刻本　一册　存二卷(五至六)

330000－1720－0002966　普02839　類叢部/叢書類/家集之屬

洪氏晦木齋叢書二十一種　(清)洪汝奎編　清同治八年至宣統元年(1869－1909)刻本　四册　存一種

330000－1720－0002967　普02840　類叢部/叢書類/家集之屬

洪氏晦木齋叢書二十一種　(清)洪汝奎編　清同治八年至宣統元年(1869－1909)刻本　封山題簽並記　三册　存一種

330000－1720－0002968　普02841　類叢部/叢書類/家集之屬

洪氏晦木齋叢書二十一種　(清)洪汝奎編　清同治八年至宣統元年(1869－1909)刻本　一册　存一種

330000－1720－0002969　普02842　史部/史評類/史論之屬

欽定古今儲貳金鑑六卷　(清)高宗弘曆等撰　清光緒二十一年(1895)浙江官書局刻本　四册

330000－1720－0002970　普02843　類叢部/叢書類/自著之屬

鄭氏四種　(清)鄭曉如撰　清同治八年(1869)廣州華文堂刻本　四册　存一種

330000－1720－0002971　普02844　史部/雜史類/斷代之屬

湘軍記二十卷　(清)王定安撰　清光緒十五年(1889)江南書局刻本　十二冊

330000－1720－0002972　普02845　類叢部/叢書類/彙編之屬

申報館叢書正集五十七種附録三種　(清)尊聞閣主編　**續集一百四十二種**　蔡爾康編　清同治至光緒上海申報館鉛印本　一冊　存一種

330000－1720－0002973　普02846　史部/史抄類

新舊唐書合鈔二百六十卷首一卷　(清)沈炳震輯　**唐書宰相世系表訂譌十二卷**　(清)沈炳震撰　**唐書合鈔補正六卷**　(清)丁子復撰　清嘉慶海昌查氏刻同治十年(1871)武林吴氏清來堂補刻本　二十六冊　存九十九卷(首,一至七、十一至十二、二十八至三十、四十七至四十九、五十四至五十七、六十一至六十三、七十三至七十四、八十一至八十五、九十三至一百、一百九至一百十三、一百二十三至一百二十六、一百三十一至一百三十六、一百六十一至一百六十七、一百七十二至一百八十四、一百九十四至一百九十七、二百二至二百六、二百三十九至二百五十;唐書宰相世系表訂譌十一至十二;補正一至三)

330000－1720－0002974　普02847　史部/傳記類/職官録之屬/總録

[清光緒二十四年]大清搢紳全書四卷　清光緒二十四年(1898)榮録堂刻本　四冊

330000－1720－0002976　普02849　史部/傳記類/職官録之屬/總録

大清搢紳全書四卷　清榮録堂刻本　二冊　存二卷(二至三)

330000－1720－0002977　普02850　史部/傳記類/職官録之屬/總録

大清搢紳全書□□卷　清榮録堂刻本　一冊　存一卷(下)

330000－1720－0002978　普02851　史部/傳記類/職官録之屬/總録

安徽同官録四卷　清光緒三十二年(1906)安徽藩經歷司鉛印本　三冊　存三卷(一至三)

330000－1720－0002979　普02852　史部/職官類/官制之屬/專志

大唐六典三十卷　(唐)玄宗李隆基撰　(唐)李林甫等注　清光緒二十一年(1895)廣雅書局刻本　四冊

330000－1720－0002982　普02855　史部/史評類/史論之屬

讀通鑑論十六卷附宋論十五卷　(清)王夫之撰　清光緒三十年(1904)上海商務印書館鉛印本　十冊

330000－1720－0002983　普02856　史部/史評類/史論之屬

讀通鑑論十六卷附宋論十五卷　(清)王夫之撰　清末上海商務印書館鉛印本　十冊

330000－1720－0002984　普02857　史部/史抄類

南史識小録十四卷北史識小録十四卷　(清)沈名蓀　(清)朱昆田輯　(清)張應昌補正　清同治十年(1871)武林吴氏清來堂刻本　九冊　存二十卷(南史識小録一至十四,北史識小録一至四、八至九)

330000－1720－0002985　普02858　類叢部/叢書類/自著之屬

章氏遺書二種　(清)章學誠撰　清道光十二年至十三年(1832－1833)章華紱刻浙江書局補刻本　六冊　存一種

330000－1720－0002986　普02859　史部/政書類/通制之屬

康熙政要二十四卷　章梫撰　清宣統二年(1910)鉛印本　十二冊

330000－1720－0002987　普02860　史部/傳記類/總傳之屬/郡邑

黄太人物志不分卷　(清)王棻撰　清末抄本　清王棻批　一冊

330000－1720－0002988　普02861　類叢部/叢書類/自著之屬

章氏遺書二種　(清)章學誠撰　清光緒三年

至四年(1877－1878)貴陽章氏刻十九年(1893)補刻本　六册　存一種

330000－1720－0002989　普02862　史部/政書類/通制之屬
康熙政要二十四卷　章梫撰　清宣統二年(1910)鉛印本　十二册

330000－1720－0002990　普02863　史部/傳記類/總傳之屬/儒林
闕里文獻考一百卷首一卷末一卷　(清)孔繼汾撰　清乾隆二十七年(1762)孔昭焕刻本　三册　存三十四卷(一至二十、五十二至六十五)

330000－1720－0002991　普02864　史部/傳記類/總傳之屬
忠節録一卷　(明)孫爾桂輯　清刻本　一册

330000－1720－0002992　普02865　史部/傳記類/總傳之屬/仕宦
漢名臣言行録十二卷　(清)夏之芳輯　清乾隆十七年(1752)積翠軒刻本　六册

330000－1720－0002994　普02867　類叢部/叢書類/彙編之屬
問影樓叢刻初編　胡思敬編　清光緒三十四年至民國二年(1908－1913)新昌胡氏南昌刻本暨鉛印本　一册　存一種

330000－1720－0002997　普02870　史部/史評類/史論之屬
歷代史論十二卷宋史論三卷元史論一卷　(明)張溥撰　**明史論四卷**　(清)谷應泰撰　**左傳史論二卷**　(清)高士奇撰　清光緒二十四年(1898)圖書集成局鉛印本　三册　缺六卷(明史論一至四、左傳史論一至二)

330000－1720－0003000　普02873　史部/政書類/邦交之屬
中俄國際約注五卷提綱一卷　(清)施紹常撰　清光緒三十一年(1905)上海商務印書館鉛印本　二册

330000－1720－0003001　普02874　史部/史評類/史論之屬
史通削繁四卷　(清)紀昀撰　清道光十三年(1833)涿州盧坤兩廣節署刻朱墨套印本　四册

330000－1720－0003002　普02875　類叢部/類書類/通類之屬
玉海二百卷辭學指南四卷詩攷一卷詩地理攷六卷漢藝文志攷證十卷通鑑地理通釋十四卷漢制攷四卷踐阼篇集解一卷周易鄭康成注一卷姓氏急就篇二卷急就篇補注四卷周書王會補注一卷小學紺珠十卷六經天文編二卷通鑑答問五卷　(宋)王應麟撰　**校補玉海瑣記二卷王深甯先生年譜一卷**　(清)張大昌撰　清光緒九年至十六年(1883－1890)浙江書局刻本　一册　存五卷(漢制攷一至四、踐阼篇集解)

330000－1720－0003004　普02877　類叢部/類書類/通類之屬
玉海二百卷辭學指南四卷詩攷一卷詩地理攷六卷漢藝文志攷證十卷通鑑地理通釋十四卷漢制攷四卷踐阼篇集解一卷周易鄭康成注一卷姓氏急就篇二卷急就篇補注四卷周書王會補注一卷小學紺珠十卷六經天文編二卷通鑑答問五卷　(宋)王應麟撰　**校補玉海瑣記二卷王深甯先生年譜一卷**　(清)張大昌撰　清光緒九年至十六年(1883－1890)浙江書局刻本　一册　存四卷(漢制攷一至四)

330000－1720－0003006　普02879　子部/儒家類/儒學之屬/俗訓
聖諭廣訓直解一卷　(清)世宗胤禛撰　(清)□□直解　清刻本　一册

330000－1720－0003007　普02880　史部/史評類/史論之屬
史通削繁四卷　(清)紀昀撰　清道光十三年(1833)涿州盧坤兩廣節署刻朱墨套印本　四册

330000－1720－0003010　普02883　史部/史評類/史論之屬
史通削繁四卷　(清)紀昀撰　清道光十三年(1833)涿州盧坤兩廣節署刻朱墨套印本

四冊

330000－1720－0003011　普02884　史部/傳記類/總傳之屬/仕宦

中興名臣事略八卷　朱孔彰撰　清光緒二十五年(1899)上海圖書集成印書局鉛印本　四冊

330000－1720－0003013　普02886　史部/傳記類/總傳之屬/仕宦

中興名臣事略八卷　朱孔彰撰　清光緒二十四年(1898)上海書局石印本　二冊

330000－1720－0003014　普02887　史部/雜史類/斷代之屬

重訂國語國策合註　(三國吳)韋昭　(宋)鮑彪註　清嘉慶十一年(1806)姑蘇書業堂刻本　四冊　存一種

330000－1720－0003015　普02888　史部/傳記類/總傳之屬/仕宦

中興名臣事略八卷　朱孔彰撰　清光緒二十四年(1898)上海書局石印本　二冊

330000－1720－0003016　普02889　史部/傳記類/總傳之屬/仕宦

中興名臣事略八卷　朱孔彰撰　清光緒二十四年(1898)上海書局石印本　二冊

330000－1720－0003017　普02890　史部/傳記類/總傳之屬/仕宦

中興名臣事略八卷　朱孔彰撰　清光緒二十四年(1898)上海書局石印本　二冊

330000－1720－0003018　普02891　史部/傳記類/總傳之屬/仕宦

中興名臣事略八卷　朱孔彰撰　清末石印本　二冊

330000－1720－0003019　普02892　史部/傳記類/總傳之屬/仕宦

中興名臣事略八卷　朱孔彰撰　清光緒二十四年(1898)上海書局石印本　二冊

330000－1720－0003020　普02893　史部/傳記類/總傳之屬/仕宦

中興名臣事略八卷　朱孔彰撰　清末石印本　二冊

330000－1720－0003021　普02894　史部/雜史類/斷代之屬

重訂國語國策合註　(三國吳)韋昭　(宋)鮑彪註　清乾隆四十八年(1783)武林三餘堂刻本　四冊　存一種

330000－1720－0003022　普02895　史部/傳記類/總傳之屬/仕宦

中興名臣事略八卷　朱孔彰撰　清末石印本　二冊

330000－1720－0003023　普02896　史部/紀事本末類/斷代之屬

聖武記十四卷　(清)魏源撰　清光緒二十八年(1902)上海書局石印本　四冊

330000－1720－0003024　普02897　史部/紀事本末類/斷代之屬

聖武記十四卷　(清)魏源撰　清光緒二十八年(1902)上海書局石印本　四冊

330000－1720－0003025　普02898　史部/紀事本末類/斷代之屬

聖武記十四卷　(清)魏源撰　清光緒二十八年(1902)上海書局石印本　四冊

330000－1720－0003026　普02899　史部/紀事本末類/斷代之屬

聖武記十四卷　(清)魏源撰　清光緒二十八年(1902)上海書局石印本　三冊　存十一卷(四至十四)

330000－1720－0003027　普02900　史部/紀事本末類/斷代之屬

聖武記十四卷　(清)魏源撰　清光緒二十八年(1902)上海書局石印本　三冊　存十一卷(四至十四)

330000－1720－0003028　普02901　史部/雜史類/斷代之屬

國語二十一卷　(三國吳)韋昭注　**校刊明道本韋氏解國語札記一卷**　(清)黃丕烈撰　**明道本考異四卷**　(清)汪遠孫撰　清同治八年

(1869)湖北崇文書局刻本　三冊　缺十卷(四至九、明道本考異一至四)

330000－1720－0003029　普02902　史部/紀事本末類/斷代之屬
聖武記十四卷　(清)魏源撰　清光緒二十九年(1903)上海六藝書莊石印本　五冊　存十卷(一至十)

330000－1720－0003030　普02903　史部/紀事本末類/斷代之屬
聖武記十四卷　(清)魏源撰　清光緒二十九年(1903)上海六藝書莊石印本　五冊　存十卷(一至十)

330000－1720－0003031　普02904　史部/雜史類/斷代之屬
國語二十一卷　(三國吳)韋昭注　**校刊明道本韋氏解國語札記一卷**　(清)黄丕烈撰　**明道本考異四卷**　(清)汪遠孫撰　清光緒三年(1877)永康胡氏退補齋刻本　四冊　缺四卷(明道本考異一至四)

330000－1720－0003032　普02905　史部/傳記類/總傳之屬/仕宦
中興將帥別傳三十卷　朱孔彰撰　清光緒二十三年(1897)江寧刻本　八冊

330000－1720－0003033　普02906　史部/傳記類/總傳之屬/郡邑
兩浙名賢録六十二卷　(明)徐象梅撰　清光緒二十六年(1900)浙江書局刻本　三十五冊　存三十五卷(一、三至十四、十六至二十一、二十四、二十六至二十九、三十四至三十六、四十三至四十四、四十九、五十三至五十四、五十七、六十至六十一)

330000－1720－0003035　普02908　新學/史志/戰記
中東戰紀本末八卷首一卷末一卷續編四卷首一卷末一卷三編四卷　(美國)林樂知撰並譯　蔡爾康輯　**文學興國策二卷**　(美國)林樂知譯　清光緒二十二年(1896)、二十三年(1897)、二十六年(1900)上海廣學會鉛印本　十冊　缺八卷(六、八,三編一至四,文學興國策一至二)

330000－1720－0003037　普02910　類叢部/叢書類/自著之屬
重刻朱文端公三傳　(清)朱軾撰　清同治古唐朱氏古懽齋刻本　四冊　存一種

330000－1720－0003049　普02922　史部/傳記類/別傳之屬/年譜
朱子[熹]年譜四卷考異四卷　(清)王懋竑撰　**朱子論學切要語二卷**　(清)王懋竑輯　清乾隆十七年(1752)寳應王氏白田草堂刻本　一冊　存二卷(三至四)

330000－1720－0003052　普02925　史部/史表類/通代之屬
廿一史四譜五十四卷　(清)沈炳震撰　清同治十年(1871)武林吳氏清來堂刻本　二十冊

330000－1720－0003053　普02926　史部/傳記類/總傳之屬/郡邑
浙江忠義録十卷表八卷又一卷續編二卷續表九卷　(清)浙江采訪忠義總局編　清同治六年(1867)浙江采訪忠義總局刻光緒元年(1875)續刻本　二十冊　缺五卷(表二至六)

330000－1720－0003054　普02927　史部/傳記類/總傳之屬/仕宦
歷代名臣言行録二十四卷　(清)朱桓輯　清光緒十三年(1887)上海廣百宋齋鉛印本　六冊　存十四卷(一至六、十一至十二、十九至二十四)

330000－1720－0003055　普02928　史部/傳記類/總傳之屬/仕宦
歷代名臣言行録二十四卷　(清)朱桓輯　清光緒十三年(1887)上海廣百宋齋鉛印本　九冊　存十八卷(一至六、九至十八、二十一至二十二)

330000－1720－0003059　普02932　史部/傳記類/別傳之屬/事狀
李鴻章(中國四十年來大事記)十二章　梁啓超撰　清末鉛印本　一冊

330000－1720－0003060　普02933　類叢部/

叢書類/自著之屬

有恆心齋集六種附一種　(清)程鴻詔撰　清同治刻本　四冊　存五種

330000－1720－0003061　普02934　史部/傳記類/總傳之屬/斷代

國朝先正事略續編三十卷　朱孔彰撰　清光緒二十六年(1900)石印本　一冊　存二卷(一至二)

330000－1720－0003062　普02935　史部/傳記類/别傳之屬/年譜

病榻夢痕録二卷録餘一卷　(清)汪輝祖撰　清刻本　三冊

330000－1720－0003063　普02936　類叢部/叢書類/自著之屬

振綺堂遺書五種　(清)汪遠孫撰　清道光刻民國十一年(1922)錢唐汪氏彙印本　六冊　存一種

330000－1720－0003065　普02938　集部/别集類/清别集

天岳山館文鈔四十卷　(清)李元度撰　清光緒六年(1880)爽溪精舍刻本　二冊　存三卷(三十三、三十八至三十九)

330000－1720－0003066　普02939　史部/傳記類/别傳之屬/年譜

明李文正公[東陽]年譜七卷　(清)法式善纂輯　(清)唐仲冕增補　清嘉慶九年(1804)詩龕刻本　二冊

330000－1720－0003067　普02940　集部/别集類/清别集

一鐙精舍甲部藁五卷　(清)何秋濤撰　清光緒五年(1879)淮南書局刻本　一冊

330000－1720－0003068　普02941　集部/别集類/清别集

大梅山館集五十五卷　(清)姚燮撰　清道光十三年至咸豐六年(1833－1856)大梅山館刻本　二冊　存一種

330000－1720－0003070　普02943　集部/别集類/清别集

勤補軒吟稿六卷雜著二卷　(清)鮑淦撰　(清)鮑繼聲輯　清末木活字印本　四冊

330000－1720－0003071　普02944　史部/雜史類/斷代之屬

小腆紀年坿攷二十卷　(清)徐鼒撰　清咸豐十一年(1861)刻本　清林元榮題簽並記　二十冊

330000－1720－0003072　普02945　類叢部/叢書類/自著之屬

郝氏遺書三十三種　(清)郝懿行撰　清嘉慶至光緒刻彙印本　八十五冊

330000－1720－0003073　普02946　類叢部/叢書類/自著之屬

煙嶼樓集四種　(清)徐時棟撰　清同治至光緒刻彙印本　五冊　存一種

330000－1720－0003074　普02947　史部/政書類

九通二千三百二十一卷　(清)□□輯　清光緒八年至二十二年(1882－1896)浙江書局刻本　二百冊　存一種

330000－1720－0003075　普02948　史部/政書類

九通二千三百二十一卷　(清)□□輯　清光緒八年至二十二年(1882－1896)浙江書局刻本　一百九十七冊　存一種

330000－1720－0003076　普02949　類叢部/叢書類/自著之屬

郝氏遺書三十三種　(清)郝懿行撰　清嘉慶至光緒刻彙印本　六十四冊　存二十六種

330000－1720－0003077　普02950　類叢部/叢書類/自著之屬

春在堂全書三十六種　(清)俞樾撰　清同治至光緒刻光緒末彙印本　八十四冊　存十八種

330000－1720－0003078　普02951　集部/别集類/清别集

袁文箋正十六卷補注一卷　(清)袁枚撰　(清)石韞玉箋　清光緒五年(1879)掃葉山房

刻本　六册

330000－1720－0003079　普02952　集部/總集類/氏族之屬

耐菴文集約選一卷寒香館集約選一卷　(清)賀長齡　(清)賀熙齡撰　(清)劉璈選　清同治五年(1866)台州府署木活字印本　一册

330000－1720－0003080　普02953　類叢部/叢書類/彙編之屬

洪氏唐石經館叢書十九種　(清)洪汝奎編　清光緒涇縣洪氏公善堂刻並彙印六安涂氏求我齋等刻本　四册　存一種

330000－1720－0003081　普02954　集部/別集類/清別集

胡文忠公遺集八十六卷首一卷　(清)胡林翼撰　(清)鄭敦謹　(清)曾國荃輯　(清)胡鳳丹重編　清光緒二十七年(1901)上海圖書集成印書局鉛印本　一册　存六卷(首、一至五)

330000－1720－0003083　普02956　類叢部/叢書類/自著之屬

春在堂全書三十六種　(清)俞樾撰　清同治至光緒刻光緒末彙印本　六十册　存二十三種

330000－1720－0003084　普02957　類叢部/叢書類/自著之屬

春在堂全書三十種　(清)俞樾撰　清同治至光緒刻光緒末彙印本　一百十二册

330000－1720－0003085　普02958　類叢部/叢書類/自著之屬

曾文正公全集十六種　(清)曾國藩撰　清同治至光緒傳忠書局刻本　一百二十一册　存十二種

330000－1720－0003086　普02959　類叢部/叢書類/自著之屬

曾文正公全集十六種　(清)曾國藩撰　清同治至光緒傳忠書局刻本　一百十八册　存十五種

330000－1720－0003087　普02960　類叢部/叢書類/自著之屬

曾文正公全集十六種　(清)曾國藩撰　清同治至光緒傳忠書局刻本　八十二册　存六種

330000－1720－0003088　普02961　集部/別集類/清別集

看雲樓詩存一卷試帖二卷　(清)高翔撰　清咸豐八年(1858)刻本　一册

330000－1720－0003089　普02962　集部/別集類/清別集

吳侍讀全集二十三卷　(清)吳慈鶴撰　清嘉慶十五年至道光七年(1810－1827)刻本　一册　存四卷(岑華居士蘭鯨錄一至四)

330000－1720－0003090　普02963　類叢部/叢書類/彙編之屬

求可堂兩世遺書五種　(清)廖冀亨　(清)廖鴻章撰　清光緒永定廖氏刻本　一册　存一種

330000－1720－0003091　普02964　集部/別集類/清別集

蔚霞堂詩稿十卷　(清)蔣履撰　清道光刻本　一册　存五卷(一至五)

330000－1720－0003092　普02965　集部/別集類/清別集

佩蘅詩鈔八卷　(清)寶鋆撰　清咸豐九年(1859)刻本　一册　存二卷(典試浙江記程草、浙省還轅紀游草)

330000－1720－0003093　普02966　集部/別集類/清別集

聽雪齋詩鈔四卷　(清)薛廷文撰　清乾隆刻本　一册　存二卷(一至二)

330000－1720－0003094　普02967　類叢部/叢書類/郡邑之屬

武林掌故叢編一百九十種　(清)丁丙編　清光緒三年至二十六年(1877－1900)錢塘丁氏嘉惠堂刻本　一册　存一種

330000－1720－0003095　普02968　集部/別集類/清別集

翠螺閣詩稾四卷詞稾一卷　(清)凌祉媛撰

清咸豐四年(1854)丁氏延慶堂刻本　一冊

330000－1720－0003096　普02969　集部/別集類/清别集
白華絳跗閣詩初集(越縵堂詩初集)十卷　(清)李慈銘撰　清末石印本　一冊　存二卷(三至四)

330000－1720－0003098　普02996　集部/別集類/清别集
板橋集五種六卷　(清)鄭燮撰　清乾隆四十八年(1783)清暉書屋刻本　一冊　存一種

330000－1720－0003099　普02971　類叢部/叢書類/自著之屬
石屋書四種　(清)曹金籀撰　清同治仁和曹氏刻本　一冊　存一種

330000－1720－0003100　普02972　史部/史評類/史學之屬
文史通義八卷　(清)章學誠撰　清刻本　一冊　存二卷(四至五)

330000－1720－0003101　普02973　集部/別集類/清别集
胡文忠公遺集八十六卷首一卷　(清)胡林翼撰　(清)鄭敦謹　(清)曾國荃輯　(清)胡鳳丹重編　清光緒元年(1875)湖北崇文書局刻本　十四冊　存四十四卷(首,一至六、十至十八、二十三至五十)

330000－1720－0003102　普02974　類叢部/叢書類/自著之屬
槐軒全書二十二種　(清)劉沅撰　清道光至民國刻本　七十四冊　存十八種

330000－1720－0003103　普02975　史部/政書類/通制之屬
通志略五十二卷　(宋)鄭樵撰　清乾隆十三年(1748)于敏中金匱山房刻本　十九冊　存四十三卷(氏族略一至六、六書略一至五、七音略一至二、天文略一至二、地理略一、都邑略一、禮略一至四、謚略一、樂略一至二、職官略一至七、選舉略一至二、刑法略一、食貨略一至二、藝文略一至四、圖譜略一、金石略一、災祥略一)

330000－1720－0003104　普02976　類叢部/叢書類/自著之屬
槐軒全集二十一種附九種　(清)劉沅撰　清咸豐至民國刻彙印本　六十六冊　存二十種

330000－1720－0003106　普02978　集部/總集類/選集之屬/斷代
皇朝經世文新編二十一卷　麥仲華輯　清光緒二十四年(1898)上海譯書局石印本　二十四冊

330000－1720－0003107　普02979　集部/總集類/選集之屬/斷代
皇朝經世文續編一百二十卷姓名總目二卷　(清)盛康輯　盛宣懷編次　清光緒二十三年(1897)武進盛氏思補樓刻本　五十六冊　存八十六卷(一至九、十一至十二、十四至二十二、二十六至二十九、三十三、三十六、四十二至六十三、六十六至八十一、八十三至八十六、九十二、九十四、九十六至九十九、一百四至一百七、一百九至一百十四,姓名總目一至二)

330000－1720－0003108　普02980　集部/總集類/選集之屬/斷代
皇朝經世文編一百二十卷姓名總目二卷　(清)賀長齡輯　**皇朝經世文續編一百二十卷**　(清)葛士濬輯　清雙峰書屋刻本　九冊　存四十五卷(九十至九十二、一百十三、一百十九至一百二十,續編五十八至七十六、八十四至一百三)

330000－1720－0003109　普02981　集部/總集類/選集之屬/斷代
皇朝經世文續編一百二十卷　(清)葛士濬輯　清光緒二十四年(1898)上海宏文閣鉛印本　二十二冊　存一百十三卷(一至五、八至八十六、九十二至一百二十)

330000－1720－0003110　普02982　集部/總集類/選集之屬/斷代
皇朝經世文續編一百二十卷　(清)葛士濬輯　清光緒二十四年(1898)上海宏文閣鉛印本

十四冊　存七十一卷(六至二十三、三十四至四十四、四十九至五十四、六十二至七十一、七十六至八十六、九十二至九十七、一百三至一百五、一百十至一百十五)

330000－1720－0003111　普02983　集部/總集類/選集之屬/斷代
皇朝經世文續編一百二十卷　(清)葛士濬輯　清光緒二十四年(1898)上海宏文閣鉛印本　一冊　存三卷(五至七)

330000－1720－0003112　普02984　集部/總集類/選集之屬/斷代
皇朝經世文新編三十二卷　麥仲華輯　清末石印本　十二冊　存二十五卷(三至十六、十八至二十六、二十九至三十)

330000－1720－0003113　普02985　集部/總集類/選集之屬/斷代
皇朝經世文新編二十一卷　麥仲華輯　清末石印本　八冊　存十四卷(七至九、十一至二十一)

330000－1720－0003114　普02986　集部/總集類/選集之屬/斷代
皇朝經世文新編二十一卷　麥仲華輯　清末石印本　十三冊　存十三卷(一至十三)

330000－1720－0003115　普02987　集部/總集類/選集之屬/斷代
皇朝經世文三編八十卷　(清)陳忠倚輯　清光緒二十四年(1898)浙省書局石印本　十六冊

330000－1720－0003116　普02988　集部/總集類/選集之屬/斷代
皇朝經世文續編一百二十卷　(清)葛士濬輯　清末鉛印本　十九冊　存九十九卷(八至九十七、一百三至一百五、一百十至一百十五)

330000－1720－0003117　普02989　集部/總集類/選集之屬/斷代
皇朝經世文新編二十一卷首一卷　麥仲華輯　清光緒二十七年(1901)上海書局石印本　十二冊

330000－1720－0003118　普02990　集部/總集類/選集之屬/斷代
皇朝經世文續編一百二十卷　(清)葛士濬輯　清末鉛印本　十四冊　存七十卷(五十一至一百二十)

330000－1720－0003121　普02993　集部/總集類/選集之屬/斷代
皇朝經世文續編一百二十卷　(清)葛士濬輯　清光緒十四年(1888)上海圖書集成局鉛印本　十一冊　存四十四卷(一至四、十至三十一、三十六至三十九、四十四至四十七、六十一至六十四、八十七至八十九、一百二至一百四)

330000－1720－0003122　普02994　集部/總集類/選集之屬/斷代
皇朝經世文續編一百二十卷　(清)葛士濬輯　清光緒十七年(1891)上海廣百宋齋鉛印本　十四冊　存六十九卷(一至八、二十七至三十六、五十二至六十四、七十至八十三、九十至一百二、一百十至一百二十)

330000－1720－0003123　普02995　集部/總集類/選集之屬/斷代
皇朝經世文續編一百二十卷　(清)葛士濬輯　清末鉛印本　四冊　存二十二卷(九至十四、二十一至二十六、四十五至五十、一百五至一百八)

330000－1720－0003124　普03051　類叢部/類書類/通類之屬
欽定古今圖書集成一萬卷目錄三十二卷　(清)蔣廷錫　(清)陳夢雷等輯　清光緒十年(1884)上海圖書集成書局鉛印本　一千六百二十七冊　缺六卷(儀禮典二十九至三十四)

330000－1720－0003125　普02997　子部/醫家類/本草之屬/歷代綜合本草
本草從新十八卷　(清)吳儀洛輯　清光緒二十二年(1896)上海圖書集成印書局鉛印本　二冊

330000－1720－0003130　普 03002　集部/總集類/彙編之屬

七家試帖輯註彙鈔　(清)張熙宇輯評　(清)王植桂輯註　清刻本　一冊　存一種

330000－1720－0003131　普 03003　子部/術數類/相宅相墓之屬

心眼指要四卷　(清)章仲山輯　清經元堂刻本　一冊　存三卷(一至三)

330000－1720－0003133　普 03005　子部/術數類/相宅相墓之屬

堪輿經二卷　(明)蕭克撰　明萬曆三十九年(1611)刻本　二冊

330000－1720－0003137　普 03009　新學/學校

最新國文教科書不分卷　莊俞　蔣維喬編纂　清光緒三十二年(1906)上海商務印書館鉛印本　一冊

330000－1720－0003138　普 03010　新學/學校

最新國文教科書不分卷　莊俞　蔣維喬編纂　清光緒三十二年(1906)上海商務印書館鉛印本　一冊

330000－1720－0003139　普 03011　新學/學校

最新國文教科書不分卷　莊俞　蔣維喬編纂　清光緒三十三年(1907)上海商務印書館鉛印本　一冊

330000－1720－0003140　普 03012　新學/學校

最新國文教科書不分卷　莊俞　蔣維喬編纂　清光緒三十一年(1905)上海商務印書館鉛印本　一冊

330000－1720－0003141　普 03013　新學/學校

初級國文教科書六編不分卷　何琪編輯　清光緒三十一年(1905)上海會文學社石印本　一冊

330000－1720－0003142　普 03014　新學/學校

高等小學國文課本四卷　華國銓撰　清光緒三十四年(1908)中國圖書公司石印本　一冊

330000－1720－0003143　普 03015　新學/學校

高等小學國文讀本四卷　(清)無錫三等公學堂編著　清宣統元年(1909)上海文明書局鉛印本　一冊　存一卷(一)

330000－1720－0003144　普 03016　集部/總集類/選集之屬/斷代

皇朝經世文三編八十卷　(清)陳忠倚輯　清光緒二十八年(1902)上海書局石印本　九冊　存四十五卷(一至五、二十一至三十五、四十一至四十五、五十六至六十、六十六至八十)

330000－1720－0003145　普 03017　新學/學校

高等小學國文讀本四卷　顧倬撰　清宣統二年(1910)上海文明書局鉛印本　一冊　存一卷(四)

330000－1720－0003146　普 03018　集部/總集類/選集之屬/斷代

皇朝經世文三編八十卷　(清)陳忠倚輯　清光緒二十四年(1898)寶文書局石印本　十一冊　存五十五卷(一至二十五、三十六至五十、六十一至六十五、七十一至八十)

330000－1720－0003148　普 03047　集部/總集類/選集之屬/斷代

皇朝經世文三編八十卷　(清)陳忠倚輯　清光緒二十四年(1898)寶文書局石印本　十六冊

330000－1720－0003149　普 03020　集部/總集類/選集之屬/斷代

皇朝經世文編一百二十卷姓名總目二卷　(清)賀長齡輯　清光緒十五年(1889)上海廣百宋齋鉛印本　二十一冊　存一百六卷(一至三、十五至三十九、四十五至一百二十,姓名總目一至二)

330000－1720－0003150　普03021　集部/總集類/選集之屬/斷代

皇朝經世文三編八十卷　(清)陳忠倚輯　清末鉛印本　四册　存二十卷(十一至十五、三十一至四十、五十六至六十)

330000－1720－0003151　普03022　集部/總集類/選集之屬/斷代

皇朝經世文編一百二十卷姓名總目二卷　(清)賀長齡輯　清末鉛印本　十册　存五十一卷(二十五至五十五、六十六至七十五、九十六至一百、一百六至一百十)

330000－1720－0003152　普03023　集部/總集類/選集之屬/斷代

皇朝經世文編一百二十卷姓名總目二卷　(清)賀長齡輯　清末鉛印本　三册　存十五卷(一百六至一百二十)

330000－1720－0003153　普03024　子部/術數類/相宅相墓之屬

嚴陵張九儀增釋地理琢玉斧巒頭歌括五卷　(明)張九儀增釋　(清)陳綵等課　(清)袁士麟參訂　清末石印本　一册

330000－1720－0003154　普03025　集部/總集類/選集之屬/斷代

皇朝經世文三編八十卷　(清)陳忠倚輯　清光緒二十七年(1901)上海書局石印本　七册　存三十五卷(一至五、十一至二十五、三十一至三十五、五十一至五十五、七十六至八十)

330000－1720－0003155　普03026　集部/總集類/選集之屬/斷代

皇朝經世文編一百二十卷姓名總目二卷　(清)賀長齡輯　清末鉛印本　三册　存十五卷(六十一至六十五、八十六至九十五)

330000－1720－0003156　普03027　集部/總集類/選集之屬/斷代

皇朝經世文新增時務續編四十卷洋務續編八卷　(清)甘韓輯　清光緒二十三年(1897)上海掃葉山房鉛印本　一册　存十九卷(一至十九)

330000－1720－0003159　普03030　史部/傳記類/總傳之屬/仕宦

鶴徵錄八卷首一卷　(清)李集輯　(清)李富孫　(清)李遇孫續輯　**鶴徵後錄十二卷首一卷**　(清)李富孫輯　清嘉慶漾葭老屋刻本　五册　缺八卷(鶴徵後錄首,一至四、十至十二)

330000－1720－0003161　普03031　類叢部/叢書類/彙編之屬

粵雅堂叢書一百八十四種　(清)伍崇曜編　清道光二十九年至光緒十一年(1849－1885)南海伍氏刻彙印本　二百六十册

330000－1720－0003164　普03035　類叢部/類書類/通類之屬

增廣留青新集二十四卷　(清)伊□□重編　(清)沈鼎銘　(清)馮善長校讎　清末石印本　與330000－1720－0003163合册　存二卷(七至八)

330000－1720－0003165　普03036　子部/天文曆算類/算書之屬

筆算數學全草□□章　清末上海科學編譯書局石印本　一册　存二章(七至八)

330000－1720－0003166　普03037　經部/叢編

遵阮本重校印十三經注疏并校勘記　(清)阮元撰校勘記　(清)盧宣旬摘錄校勘記　清光緒十三年(1887)上海點石齋石印本　二册　存三種

330000－1720－0003167　普03038　集部/別集類/清別集

劉禮部集十二卷　(清)劉逢祿撰　清道光十年(1830)思誤齋刻本　五册　缺二卷(四至五)

330000－1720－0003168　普03039　經部/叢編

重刊宋本十三經注疏四百十六卷　附十三經注疏校勘記四百十六卷　(清)阮元撰　(清)盧宣旬摘錄　**校勘記識語四卷**　(清)汪文臺撰　清光緒十三年(1887)上海脈望仙館石印

本　一册　存二種

330000－1720－0003169　普 03040　集部/別集類/清別集

臨江鄉人集拾遺一卷附一卷　（清）吳穎芳撰　清光緒六年（1880）福州刻本　一册

330000－1720－0003170　普 03041　類叢部/叢書類/家集之屬

侯官陳氏遺書　（清）陳壽祺　（清）陳喬樅撰　清嘉慶至同治三山陳氏刻本　六册　存一種

330000－1720－0003171　普 03042　新學/算學/曲綫

圓錐曲線一卷　（美國）求德生譯　（清）劉維師筆述　清光緒十九年（1893）上海美華書館鉛印本　一册

330000－1720－0003172　普 03043　經部/群經總義類/傳說之屬

皇朝五經彙解二百七十卷附五經正文五卷　（清）抉經心室纂　清光緒十九年（1893）寶文書局石印本　二十六册　存二百十二卷（一至一百六、一百十至一百十六、一百二十七至一百七十五、一百八十四至一百九十二、二百四至二百十一、二百二十二至二百二十五、二百四十二至二百七十）

330000－1720－0003173　普 03044　新學/算學/曲綫

圓錐曲線一卷　（美國）求德生譯　（清）劉維師筆述　清光緒三十四年（1908）上海美華書館鉛印本　一册

330000－1720－0003174　普 03045　新學/算學/形學

形學備旨十卷開端一卷　（美國）狄考文選譯　（清）鄒立文筆述　清光緒二十三年（1897）上海美華書館鉛印本　二册

330000－1720－0003175　普 03046　新學/算學/形學

形學備旨十卷開端一卷　（美國）狄考文選譯　（清）鄒立文筆述　清光緒二十九年（1903）上海美華書館鉛印本　一册

330000－1720－0003176　普 03048　新學/算學/代數

代數備旨不分卷總答一卷　（美國）狄考文選譯　（清）鄒立文　（清）生福維筆述　清光緒二十九年（1903）上海美華書館鉛印本　牟習題記　一册

330000－1720－0003177　普 03049　新學/算學/代數

代數備旨二卷總答一卷　（美國）狄考文譯　（清）范震亞校錄　清光緒二十八年（1902）上海會文編譯社石印本　一册　存二卷（下、總答）

330000－1720－0003178　普 03050　子部/天文曆算類/算書之屬

上虞算學堂課藝二卷　（清）支寶枏選　清光緒二十七年（1901）紹興經正書院刻本　一册　存一卷（二）

330000－1720－0003179　普 03052　集部/別集類/清別集

卷施閣文乙集八卷續編一卷更生齋文乙集四卷　（清）洪亮吉撰　清光緒九年（1883）紫藤花館刻本　六册

330000－1720－0003181　普 03054　新學/史志

普通新歷史十章附歷代帝王總紀一卷　（清）普通學書室編　清光緒二十八年（1902）上海書局石印本　一册

330000－1720－0003183　普 03056　經部/春秋左傳類/傳說之屬

春秋左傳（精校左傳杜林合註）五十卷　（晉）杜預　（宋）林堯叟註釋　（唐）陸德明音義　（明）鍾惺　（明）孫鑛　（明）韓范評點　清末上海錦章圖書局石印本　一册　存十二卷（二十六至三十七）

330000－1720－0003184　普 03057　集部/總集類/選集之屬/斷代

國朝駢體正宗評本十二卷　（清）曾燠輯

(清)姚燮評　(清)張壽榮參　清光緒二十一年(1895)上海點石齋石印本　二册　存六卷(一至三、十至十二)

330000－1720－0003197　普 03070　史部/編年類/通代之屬

資治通鑑二百九十四卷目錄三十卷　(宋)司馬光撰　(元)胡三省音注　**續資治通鑑二百二十卷**　(清)畢沅撰　清光緒十四年(1888)上海蜚英館石印本　一册　存七卷(目錄一至七)

330000－1720－0003201　普 03074　集部/別集類/唐五代別集

樊川詩集四卷詩補遺一卷外集一卷別集一卷　(唐)杜牧撰　(清)馮集梧注　清光緒十六年(1890)湘南書局刻本　五册　存五卷(一至四、別集)

330000－1720－0003202　普 03075　類叢部/叢書類/彙編之屬

祕書廿一種　(清)汪士漢編　清刻本　一册　存一種

330000－1720－0003203　普 03076　新學/算學/代數

代數鑰七卷　(清)黃慶澄撰　清光緒刻本　三册　存三卷(一、三至四)

330000－1720－0003204　普 03077　史部/地理類/雜志之屬

廣東新語二十八卷　(清)屈大均撰　清康熙刻本　三册　存五卷(一至三、六至七)

330000－1720－0003205　普 03078　集部/別集類/漢魏六朝別集

庾子山全集十卷　(北周)庾信撰　(清)吳兆宜箋註　清康熙刻本　六册

330000－1720－0003207　普 03080　類叢部/叢書類/郡邑之屬

湖北叢書三十種　(清)趙尚輔編　清光緒十七年(1891)三餘草堂刻本　五册　存一種

330000－1720－0003209　普 03082　集部/總集類/選集之屬/斷代

欽定國朝詩別裁集三十二卷　(清)沈德潛纂評　清刻本　九册　存十七卷(一至十七)

330000－1720－0003210　普 03083　經部/易類/傳說之屬

周易究三卷宅墳圖訣一卷　(清)徐梅撰　清末石印本　一册　存一卷(宅墳圖訣)

330000－1720－0003215　普 03088　集部/戲劇類/傳奇之屬

藏園九種曲　(清)蔣士銓撰　清乾隆漁古堂刻本　秉彝氏題簽並記　十一册　缺一卷(空谷香傳奇下)

330000－1720－0003218　普 03091　類叢部/叢書類/彙編之屬

半厂叢書初編十種　(清)譚獻編　清同治至光緒仁和譚氏刻本　一册　存一種

330000－1720－0003221　普 03094　類叢部/叢書類/自著之屬

拙盦叢稿　(清)朱一新撰　清光緒二十二年(1896)順德龍氏葆真堂刻本　一册　存一種

330000－1720－0003222　普 03095　集部/別集類/宋別集

後山先生集二十四卷首一卷　(宋)陳師道撰　清光緒十一年(1885)番禺陶氏愛廬刻本　一册　存六卷(首、一至五)

330000－1720－0003226　普 03099　類叢部/叢書類/彙編之屬

武英殿聚珍版書　清刻本　四册　存一種

330000－1720－0003227　普 03100　集部/別集類/宋別集

後山先生集二十四卷首一卷　(宋)陳師道撰　清光緒十一年(1885)番禺陶氏愛廬刻本　六册

330000－1720－0003228　普 03101　集部/別集類/宋別集

劍南詩鈔六卷　(宋)陸游撰　(清)楊大鶴選　清愛日堂刻本(卷五至六配清抄本)　八册

330000－1720－0003229　普 03102　集部/別

集類/宋別集

施註蘇詩四十二卷目錄二卷 (宋)蘇軾撰 (宋)施元之 (宋)顧禧注 (清)顧嗣立 (清)邵長蘅 (清)宋至删補 **蘇詩續補遺二卷** (宋)蘇軾撰 (清)馮景補註 **王註正譌一卷** (清)邵長蘅撰 **東坡先生年譜一卷** (宋)王宗稷編 清康熙刻本 十六册

330000－1720－0003232 普03105 類叢部/叢書類/彙編之屬

正誼堂全書六十三種續刻五種 (清)張伯行編 (清)楊浚重編 清同治五年(1866)福州正誼書院刻同治八年至光緒十三年(1869－1887)續刻本 五册 存四種

330000－1720－0003233 普03106 經部/群經總義類/傳說之屬

皇朝五經彙解二百七十卷 (清)抉經心室纂 清光緒十四年(1888)上海鴻文書局石印本 三十二册

330000－1720－0003234 普03107 史部/傳記類/總傳之屬/斷代

國朝先正事略六十卷首一卷 (清)李元度撰 清末石印本 三册 存十九卷(一至十九)

330000－1720－0003237 普03110 集部/別集類/宋別集

陸象山先生文集三十六卷 (宋)陸九淵撰 **附錄少湖徐先生學則辯一卷** (明)徐階撰 清道光三年(1823)金谿陸邦瑞槐堂書齋刻本 十六册

330000－1720－0003238 普03111 集部/別集類/宋別集

陸象山先生文集三十六卷 (宋)陸九淵撰 **附錄少湖徐先生學則辯一卷** (明)徐階撰 清道光三年(1823)金谿陸邦瑞槐堂書齋刻本 十六册

330000－1720－0003241 普03114 集部/別集類/宋別集

晦庵先生朱文公文集一百卷續集五卷別集七卷目錄二卷 (宋)朱熹撰 (清)臧眉錫等訂 清康熙二十七年(1688)蔡方炳刻本 二十二册 存八十七卷(一至十四、二十至三十四、三十八至四十六、五十一至五十六、六十三至一百,續集一至五)

330000－1720－0003242 普03115 史部/政書類

九通二千三百二十一卷 (清)□□輯 清光緒二十七年(1901)上海圖書集成局鉛印本 三十八册 存一種

330000－1720－0003243 普03116 子部/術數類/占卜之屬

卜筮正宗十四卷 (清)王維德撰 清大文堂刻本 一册 存三卷(一至三)

330000－1720－0003244 普03117 集部/別集類/唐五代別集

杜詩詳註二十五卷首一卷附編二卷 (唐)杜甫撰 (清)仇兆鰲輯注 清康熙刻本 十册 存二十卷(首,一至五、十至十一、十四至二十五)

330000－1720－0003245 普03118 子部/術數類/陰陽五行之屬

符咒靈經不分卷 清抄本 塵夢題簽並記 一册

330000－1720－0003246 普03119 集部/別集類/唐五代別集

重刊五百家註音辯昌黎先生文集四十卷 (唐)韓愈撰 (宋)魏仲舉輯注 清刻本 十二册 存三十三卷(四至三十六)

330000－1720－0003248 普03121 史部/政書類

九通二千三百二十一卷 (清)□□輯 清光緒八年至二十二年(1882－1896)浙江書局刻本 三十四册 存一種

330000－1720－0003253 普03126 集部/別集類/唐五代別集

唐陸宣公集二十二卷首一卷增輯一卷附錄一卷 (唐)陸贄撰 清刻本 五册 存二十卷(三至二十二)

330000－1720－0003254 普03127 新學/史

志/別國史

節本泰西新史攬要八卷　(英國)李提摩太譯　周慶雲節錄　清光緒二十七年(1901)周慶雲夢坡室刻本　一册　存五卷(一至五)

330000－1720－0003255　普 03128　史部/政書類/通制之屬

皇朝文獻通考三百卷　(清)嵇璜　(清)曹仁虎等纂修　清刻本　一册　存一卷(一百九)

330000－1720－0003256　普 03129　類叢部/叢書類/自著之屬

曾文正公全集十六種　(清)曾國藩撰　清同治至光緒傳忠書局刻本　八册　存三種

330000－1720－0003257　普 03130　集部/總集類/選集之屬/斷代

國朝律賦新機續鈔四卷　(清)葛其仁　(清)胡玉樹　(清)王賨仁編注　清嘉慶二十二年(1817)刻本　一册　存二卷(一至二)

330000－1720－0003258　普 03131　集部/別集類/唐五代別集

杜詩詳註二十五卷首一卷附編二卷　(唐)杜甫撰　(清)仇兆鰲輯注　清康熙刻本　一册　存一卷(附編上)

330000－1720－0003259　普 03132　集部/總集類/選集之屬/斷代

皇朝經世文編一百二十卷　(清)賀長齡輯　清刻本　一册　存二卷(一至二)

330000－1720－0003260　普 03133　集部/總集類/選集之屬/斷代

皇朝經世文編一百二十卷姓名總目二卷生存姓名一卷　(清)賀長齡輯　清道光七年(1827)刻本　二十九册　存四十七卷(一、三至十、十三至十五、十八至二十二、二十四至二十五、二十七至二十八、三十一、三十四至四十六、四十八至五十七,姓名總目一至二)

330000－1720－0003262　普 03135　集部/別集類/漢魏六朝別集

庾子山集十六卷總釋一卷　(北周)庾信撰　(清)倪璠註　**年譜一卷**　(清)倪璠撰　清金閶書業堂刻本　二十册

330000－1720－0003263　普 03136　集部/別集類/漢魏六朝別集

庾子山全集十卷　(北周)庾信撰　(清)吳兆宜箋註　清貴文堂刻本　四册

330000－1720－0003264　普 03137　集部/別集類/漢魏六朝別集

庾子山集十六卷總釋一卷　(北周)庾信撰　(清)倪璠註　**年譜一卷**　(清)倪璠撰　清刻本　三册　存四卷(二、四至六)

330000－1720－0003265　普 03138　類叢部/叢書類/彙編之屬

知不足齋叢書一百九十五種　(清)鮑廷博編　(清)鮑士恭續編　清乾隆三十七年至道光三年(1772－1823)長塘鮑氏刻彙印本　二百四十册

330000－1720－0003266　普 03139　新學/學校

歐美教育觀不分卷　(日本)日本育成會編　(清)呂烈煇譯　清光緒二十九年(1903)北京大學堂官書局鉛印本　一册

330000－1720－0003267　普 03140　新學/學校

教育叢書初集十一種二集十五種三集十一種　(清)教育世界社編譯　清光緒教育世界出板所刻本暨石印本　一册　存一種

330000－1720－0003268　普 03141　子部/雜著類/雜考之屬

古學校考一卷　(清)李熙撰　清光緒三十二年(1906)國文報館石印本　一册

330000－1720－0003270　普 03143　經部/叢編

皇清經解續編一千四百三十卷　王先謙輯　清光緒十四年(1888)江陰南菁書院刻本(卷三十原缺)　三百二十册

330000－1720－0003271　普 03144　經部/叢編

皇清經解續編一千四百三十卷　王先謙輯

清光緒十四年(1888)江陰南菁書院刻本(卷三十原缺) 三百十三冊 缺三十三卷(九經誤字、周易稗疏一至四、詩經稗疏一至四、卦氣解、周官記一至五、周官說一至二、周官說補一至三、儀禮管見一至四、周官故書攷一至四、儀禮古今文異同疏證一至五)

330000－1720－0003272 普 03145 經部/叢編

皇清經解續編一千四百三十卷 王先謙輯 清光緒十四年(1888)江陰南菁書院刻本(卷三十原缺) 二百九十五冊 缺一百四卷(春秋占筮書一至三,續詩傳鳥名一至三,白鷺洲主客說詩,春秋長歷八至十,易例一至二,儀禮管見十三至十七,爾雅補郭一至二,鄭氏儀禮目錄校證,深衣釋例一至三,詩聲類一至六,孟子四攷一至三,孟子趙注補正一至六,毛詩傳箋通釋一至三,周官故書攷一至四,春秋公羊傳異文釋,春秋穀梁傳異文釋,夏小正分箋一至四,夏小正異義一至二,春秋左氏古義一至六,説文解字音均表一至三,詩毛氏傳疏五至九、二十一至二十四,説文聲讀表一至七,穀梁大義述十一至十三,今文尚書經說攷上、中,魯詩遺說攷十二至十六,讀書偶識五至十、坿,劉貴陽經說,穀梁補注五至九,禮說略一至三)

330000－1720－0003273 普 03146 經部/叢編

皇清經解續編二百九卷 王先謙輯 清光緒十五年(1889)上海蜚英館石印本 三十二冊

330000－1720－0003275 普 03148 類叢部/叢書類/郡邑之屬

續台州叢書十種 楊晨編 清光緒二十四年(1898)翁氏刻本 二冊 存一種

330000－1720－0003276 普 03149 新學/學校

兩廣優級師範選科講義□□種 (清)兩廣優級師範學堂編 清末鉛印本 二冊 存一種

330000－1720－0003277 普 03150 史部/政書類/儀制之屬/專志/科舉校規

廣東官立女子師範附屬兩等小學堂章程不分卷 清光緒三十四年(1908)廣東學務公所鉛印本 一冊

330000－1720－0003278 普 03151 新學/學校

兩廣初級師範簡易科館講義□□種 (清)兩廣初級師範簡易科館編 清光緒鉛印本 一冊 存一種

330000－1720－0003279 普 03152 史部/政書類/儀制之屬/專志/科舉校規

兩廣優級師範學堂章程不分卷 (清)兩廣優級師範學堂編 清光緒三十四年(1908)廣東學務公所鉛印本 一冊

330000－1720－0003280 普 03153 史部/政書類/儀制之屬/專志/科舉校規

兩廣優級師範學堂附屬中小學章程不分卷 (清)兩廣優級師範學堂編 清宣統元年(1909)廣東學務公所鉛印本 一冊

330000－1720－0003281 普 03154 史部/政書類/儀制之屬/專志/科舉校規

兩廣初級師範簡易科館章程不分卷 (清)兩廣初級師範簡易科館編 清光緒三十一年(1905)兩廣學務處印刷所鉛印本 一冊

330000－1720－0003282 普 03155 史部/政書類/儀制之屬/專志/科舉校規

廣西學務處章程不分卷 (清)廣西學務處編 清末兩廣學務處印刷所鉛印本 一冊

330000－1720－0003283 普 03156 史部/政書類/儀制之屬/專志/科舉校規

廣東法政學堂章程不分卷 (清)廣東法政學堂編 清末鉛印本 一冊

330000－1720－0003284 普 03157 新學/政治法律

政學叢書 清光緒上海商務印書館鉛印本 一冊 存一種

330000－1720－0003285 普 03158 史部/政書類/儀制之屬/專志/科舉校規

奏定學堂章程二十種 (清)張百熙 (清)榮

慶　(清)張之洞撰　清末北京官書局鉛印本　五冊

330000－1720－0003286　普 03159　史部/政書類/儀制之屬/專志/科舉校規

奏定學堂章程二十種　(清)張百熙　(清)榮慶　(清)張之洞撰　清末鉛印本　二冊　存十三種

330000－1720－0003288　普 03161　經部/小學類/音韻之屬/韻書

詩韻合璧五卷　(清)湯祥瑟輯　**虛字韻藪一卷**　(清)潘維城輯　清末石印本　二冊　缺三卷(一至三)

330000－1720－0003289　普 03162　史部/傳記類/總傳之屬/仕宦

中興名臣事略八卷　朱孔彰撰　清光緒二十四年(1898)上海書局石印本　一冊　存四卷(一至四)

330000－1720－0003290　普 03163　史部/傳記類/總傳之屬/斷代

國朝先正事略六十卷首一卷　(清)李元度撰　清光緒二十八年(1902)上海天章書局石印本　五冊　存三十三卷(七至三十一、四十二至四十九)

330000－1720－0003291　普 03164　史部/傳記類/總傳之屬/斷代

國朝先正事略六十卷首一卷　(清)李元度撰　清末石印本　二冊　存十卷(七至十三、二十二至二十四)

330000－1720－0003292　普 03165　史部/傳記類/總傳之屬/斷代

國朝先正事略六十卷首一卷　(清)李元度撰　清末石印本　一冊　存五卷(二十一至二十五)

330000－1720－0003293　普 03166　史部/傳記類/總傳之屬/斷代

國朝先正事略續編三十卷　朱孔彰撰　清末石印本　一冊　存二卷(三至四)

330000－1720－0003294　普 03167　史部/傳記類/總傳之屬/斷代

國朝先正事略六十卷　(清)李元度撰　清末鉛印本　二冊　存十三卷(十至十四、二十六至三十三)

330000－1720－0003295　普 03168　史部/傳記類/總傳之屬/斷代

國朝先正事略六十卷　(清)李元度撰　清末鉛印本　四冊　存十七卷(十至二十六)

330000－1720－0003296　普 03169　經部/小學類/音韻之屬/韻書

詩韻合璧五卷　(清)湯祥瑟輯　**虛字韻藪一卷**　(清)潘維城輯　清末石印本　一冊　缺二卷(一至二)

330000－1720－0003297　普 03170　經部/小學類/音韻之屬/韻書

詩韻合璧五卷　(清)湯祥瑟輯　**虛字韻藪一卷**　(清)潘維城輯　清末鉛印本　二冊　缺三卷(一、三至四)

330000－1720－0003298　普 03171　經部/小學類/音韻之屬/韻書

詩韻合璧五卷　(清)湯祥瑟輯　清咸豐九年(1859)汲綆齋刻本　一冊　存二卷(一至二)

330000－1720－0003299　普 03172　經部/小學類/音韻之屬/韻書

詩韻合璧五卷　(清)湯祥瑟輯　清咸豐九年(1859)汲綆齋刻本　一冊　存二卷(一至二)

330000－1720－0003300　普 03173　史部/傳記類/總傳之屬/仕宦

歷代名臣言行錄二十四卷　(清)朱桓輯　清末鉛印本　二冊　存四卷(十三至十六)

330000－1720－0003301　普 03174　經部/春秋左傳類/傳說之屬

春秋左傳(春秋左傳杜林)五十卷　(晉)杜預　(宋)林堯叟註釋　(唐)陸德明音義　(明)鍾惺　(明)孫鑛　(明)韓范評點　清刻本　一冊　存十二卷(三十九至五十)

330000－1720－0003302　普 03175　史部/編年類/斷代之屬

明通鑑九十卷首一卷前編四卷坿編六卷 (清)夏燮撰　清光緒二十六年(1900)上海掃葉山房石印本　一册　存六卷(坿編一至六)

330000－1720－0003304　普03177　經部/小學類/音韻之屬/韻書

增廣詩韻全璧五卷 (清)湯祥瑟輯　清末石印本　一册　存一卷(四)

330000－1720－0003306　普03179　經部/小學類/音韻之屬/韻書

詩韻集成十卷 (清)余照輯　清刻本　一册　缺六卷(五至十)

330000－1720－0003307　普03180　經部/小學類/音韻之屬/韻書

詩韻集成十卷 (清)余照輯　清文奎堂刻本　二册　存五卷(三至四、八至十)

330000－1720－0003308　普03181　經部/小學類/音韻之屬/韻書

詩韻全璧五卷 (清)湯祥瑟輯　**初學檢韻袖珍一卷** (清)姚文登撰　**虚字韻藪一卷** (清)潘維城輯　清末錦章書局鉛印本　一册　缺三卷(一至三)

330000－1720－0003309　普03182　史部/地理類/山川之屬/水志

水道提綱二十八卷 (清)齊召南撰　清光緒二十三年(1897)上海古香閣書局石印本　二册　存十三卷(一至十三)

330000－1720－0003310　普03183　子部/小説家類/雜事之屬

虞初新志二十卷 (清)張潮輯　清刻本　八册

330000－1720－0003311　普03184　史部/編年類/通代之屬

尺木堂綱鑑易知録九十二卷 (清)吳乘權　(清)周之炯　(清)周之燦輯　清刻本　十八册　存四十一卷(十五至十六、二十三至三十、四十一至四十九、五十五至六十二、六十六至七十二、八十一至八十五、八十八至八十九)

330000－1720－0003312　普03185　經部/小學類/文字之屬/説文/傳説

説文解字句讀三十卷 (清)王筠撰　清刻本　六册　存十一卷(三至四、十一至十八、二十一)

330000－1720－0003313　普03186　集部/總集類/選集之屬/斷代

皇朝經世文編一百二十卷姓名總目二卷 (清)賀長齡輯　清末鉛印本　十四册　存七十四卷(三至十八、二十至二十四、三十至四十五、五十九至六十四、七十至八十四、九十至九十四、一百四至一百十四)

330000－1720－0003314　普03187　集部/總集類/選集之屬/斷代

皇朝經世文編一百二十卷姓名總目二卷 (清)賀長齡輯　清末石印本　二册　存十九卷(十至十九、八十至八十八)

330000－1720－0003315　普03188　經部/三禮總義類

讀禮叢鈔十六種十七卷 (清)李輔燿輯　清光緒十七年(1891)湘西李氏鞠園刻本　六册

330000－1720－0003316　普03189　子部/術數類/相宅相墓之屬

新編楊曾地理家傳心法捷訣一貫堪輿八卷 (明)唐世友編　(明)朱弘訂釋　清三讓堂刻本　八册

330000－1720－0003317　普03190　史部/編年類/通代之屬

分類歷代通鑑輯覽六十四卷終一卷 (清)陳善纂　清光緒二十九年(1903)上海文瀾書局石印本　二十二册　存六十二卷(一至六十二)

330000－1720－0003318　普03191　子部/叢編

萬國政治藝學全書三百八十卷 (清)朱大文　(清)凌賡揚編　清光緒二十八年(1902)上海鴻文書局石印本　二十八册　存二百二十卷(政治叢攷一至一百八十、政治最新文編一至四十)

330000－1720－0003320　普 03193　集部/詩文評類/文評之屬

文心雕龍十卷　(南朝梁)劉勰撰　(清)黃叔琳輯注　(清)紀昀評　清光緒二十年(1894)上海書局石印本　四册

330000－1720－0003321　普 03194　子部/天文曆算類/算書之屬

御製數理精蘊上編五卷下編四十卷表八卷　(清)聖祖玄燁撰　清末石印本　十八册　存四十一卷(下編八至四十、表一至八)

330000－1720－0003322　普 03195　集部/別集類/清別集

笠翁一家言全集十六卷　(清)李漁撰　清刻本　十六册

330000－1720－0003323　普 03196　類叢部/類書類/通類之屬

策學備纂三十二卷首一卷　(清)蔡啟盛　(清)吳潁炎等輯　清光緒上海點石齋石印本　十七册　存十三卷(一至二、七、十二、二十一至二十四、二十七至二十八、三十至三十二)

330000－1720－0003324　普 03197　子部/雜著類/雜纂之屬

雲林別墅新輯酬世錦囊初集八卷二集七卷三集二卷四集二卷　(清)鄒景揚輯　清末石印本　一册　存四卷(二集一至四)

330000－1720－0003325　普 03198　子部/藝術類/遊藝之屬/聯語

西湖楹聯四卷　清光緒二十七年(1901)浙省文彙書局鉛印本　四册

330000－1720－0003326　普 03199　史部/政書類/公牘檔册之屬

新文牘十卷　(清)陸春霖輯　清光緒三十四年(1908)石印本　十册

330000－1720－0003337　普 03210　類叢部/類書類/通類之屬

增補事類統編九十三卷首一卷　(清)黃葆真輯　清光緒十二年(1886)上海廣百宋齋石印本　四勿道人題記　十一册　缺八卷(五十一至五十八)

330000－1720－0003339　普 03212　史部/傳記類/總傳之屬/姓名

元和姓纂十卷　(唐)林寶撰　(清)孫星衍　(清)洪瑩補　清光緒六年(1880)金陵書局刻本　四册

330000－1720－0003342　普 03215　史部/傳記類/科舉録之屬/歷科鄉試録

[光緒癸卯恩科]浙江鄉試同年齒錄不分卷　清末刻本　四册

330000－1720－0003394　普 03267　子部/小說家類/異聞之屬

北東園筆錄初編六卷續編六卷三編六卷四編六卷　(清)梁恭辰撰　清同治五年(1866)汴城許義文齋刻字店刻本　七册　缺三卷(續編一至三)

330000－1720－0003395　普 03268　史部/地理類/總志之屬/斷代

大清一統志四百二十四卷　(清)和珅等纂修　清光緒二十七年(1901)上海寶善齋石印本　十四册　存一百七卷(一至四十八、五十八至六十三、六十九至一百、二百四十三至二百四十八、二百八十二至二百九十六)

330000－1720－0003396　普 03269　經部/叢編

重刊宋本十三經注疏四百十六卷　附十三經注疏校勘記四百十六卷　(清)阮元撰　(清)盧宣旬摘錄　**校勘記識語四卷**　(清)汪文臺撰　清光緒十三年(1887)上海脈望仙館石印本　七册　存五種

330000－1720－0003397　普 03270　經部/叢編

重刊宋本十三經注疏四百十六卷　附十三經注疏校勘記四百十六卷　(清)阮元撰　(清)盧宣旬摘錄　**校勘記識語四卷**　(清)汪文臺撰　清光緒十三年(1887)上海脈望仙館石印本　二册　存三種

330000－1720－0003398　普 03271　經部/叢編
重刊宋本十三經注疏四百十六卷　附十三經注疏校勘記四百十六卷　(清)阮元撰　(清)盧宣旬摘錄　**校勘記識語四卷**　(清)汪文臺撰　清光緒十三年(1887)上海脈望仙館石印本　一冊　存一種

330000－1720－0003399　普 03272　經部/叢編
遵阮本重校印十三經注疏并校勘記　(清)阮元撰校勘記　(清)盧宣旬摘錄校勘記　清光緒十三年(1887)上海點石齋石印本　二冊　存一種

330000－1720－0003400　普 03273　子部/叢編
萬國政治藝學全書三百八十卷　(清)朱大文　(清)凌賡揚編　清光緒二十八年(1902)上海鴻文書局石印本　二十五冊　存二百十二卷(政治叢攷一至一百十一、一百二十四至一百六十六,政治最新文編一至四十,藝學最新文編二十三至四十)

330000－1720－0003401　普 03274　子部/叢編
萬國政治藝學全書三百八十卷　(清)朱大文　(清)凌賡揚編　清光緒二十八年(1902)上海鴻文書局石印本　四十三冊　存二百九十卷(政治叢攷二十二至三十八、四十八至八十一、八十六至一百十三、一百二十六至一百四十一、一百四十六至一百八十,政治最新文編一至八、二十八至四十,藝學叢攷一至七十五、八十一至一百二十,藝學最新文編一至二十四)

330000－1720－0003402　普 03275　類叢部/叢書類/彙編之屬
正誼堂全書六十三種續刻五種　(清)張伯行編　(清)楊浚重編　清同治五年(1866)福州正誼書院刻同治八年至光緒十三年(1869－1887)續刻本　一百八十六冊

330000－1720－0003412　普 03285　集部/別集類
惺諟齋初稿十卷　喻長霖撰　清宣統三年(1911)鉛印本　一冊　存二卷(五至六)

330000－1720－0003414　普 03287　集部/總集類/選集之屬
詩賦摘錄不分卷　(清)陳匡國抄　清抄本　塵夢題簽並記　一冊

330000－1720－0003415　普 03288　史部/傳記類/科舉録之屬
己未詞科錄十二卷首一卷　(清)秦瀛輯　清光緒十四年(1888)木活字印本　一冊　缺十卷(三至十二)

330000－1720－0003416　普 03289　經部/春秋左傳類/傳說之屬
評點春秋綱目左傳句解彙雋六卷　(清)韓菼重訂　清宣統元年(1909)石印本　六冊

330000－1720－0003417　普 03290　集部/總集類/選集之屬/通代
古文翼八卷　(清)唐德宜編　清同治十二年(1873)常熟黄氏萩文堂刻本　六冊　缺二卷(六至七)

330000－1720－0003423　普 03296　集部/別集類/清別集
寶綸堂詩鈔六卷文鈔八卷　(清)齊召南撰　清光緒十三年(1887)郭傳璞金峨山館刻本　一冊　存三卷(四至六)

330000－1720－0003424　普 03297　子部/雜著類/雜說之屬
定香亭筆談四卷　(清)阮元撰　清光緒二十五年(1899)浙江書局刻本　四冊

330000－1720－0003425　普 03298　子部/雜著類/雜說之屬
定香亭筆談四卷　(清)阮元撰　清光緒二十五年(1899)浙江書局刻本　一冊　存一卷(三)

330000－1720－0003444　普 03316　類叢部/叢書類/彙編之屬
漸西村舍彙刊(漸西村舍叢刻)四十四種

(清)袁昶編　清光緒十六年至二十四年(1890－1898)桐廬袁氏刻本　一册　存四種

330000－1720－0003445　普03317　類叢部/叢書類/彙編之屬

國粹叢書四十九種　(清)國學保存會編　清光緒至宣統鉛印本　一册　存一種

330000－1720－0003451　普03324　經部/叢編

重刊宋本十三經注疏四百十六卷　附十三經注疏校勘記四百十六卷　(清)阮元撰　(清)盧宣旬摘錄　清光緒十八年(1892)湖南寶慶務本書局刻本　二册　存一種

330000－1720－0003453　普03326　經部/四書類/孟子之屬/傳説

孟子要略五卷　(宋)朱熹撰　(清)劉傳瑩輯　(清)曾國藩按　清同治十三年(1874)傳忠書局刻本　一册

330000－1720－0003458　普03331　經部/四書類/孟子之屬/傳説

翼聖堂重訂蘇老泉硃批孟子二卷　(宋)蘇洵撰　明末刻本　一册

330000－1720－0003460　普03333　經部/四書類/孟子之屬/傳説

孟子集註七卷　(宋)朱熹撰　清刻本　一册　存四卷(四至七)

330000－1720－0003462　普03335　集部/總集類/選集之屬/通代

古唐詩合解唐詩十二卷古詩四卷　(清)王堯衢注　清刻本　四册

330000－1720－0003464　普03337　集部/總集類/選集之屬/斷代

國朝駢體正宗十二卷　(清)曾燠輯　清光緒十三年(1887)上海蜚英舘石印本　六册

330000－1720－0003467　普03340　集部/別集類/清別集

煙霞萬古樓詩選二卷文集六卷　(清)王曇撰　清光緒二十一年(1895)鴻文書局石印本　四册

330000－1720－0003478　普03351　史部/金石類/金之屬/文字

歷代鐘鼎彝器款識法帖二十卷　(宋)薛尚功撰　清光緒八年(1882)上海點石齋影印本　三册　存十五卷(一至五、十一至二十)

330000－1720－0003483　普03356　集部/別集類

惺諟齋存稿十卷　喻長霖撰　清宣統鉛印本　五册

330000－1720－0003485　普03358　集部/別集類

惺諟齋存稿十卷　喻長霖撰　清宣統鉛印本　二册　存四卷(五至六、九至十)

330000－1720－0003491　普03364　集部/總集類/選集之屬/斷代

唐詩三百首註疏六卷　(清)孫洙編　(清)章燮注　清道光十五年(1835)刻本　臥月樓夢題簽並記　六册

330000－1720－0003493　普03366　子部/小説家類/雜事之屬

虞初新志二十卷　(清)張潮輯　清咸豐元年(1851)小嫏嬛山館刻本　二册　存四卷(七至十)

330000－1720－0003494　普03367　集部/別集類/清別集

東塾集六卷　(清)陳澧撰　清光緒十八年(1892)廣東菊坡精舍刻本　兆鏞題記　三册

330000－1720－0003496　普03369　類叢部/叢書類/自著之屬

戚鶴泉所著書十一種　(清)戚學標撰　清乾隆至嘉慶刻本　六册　存一種

330000－1720－0003498　普03371　類叢部/叢書類/彙編之屬

廣雅書局叢書一百五十九種　徐紹棨編　清光緒廣雅書局刻民國九年(1920)番禺徐紹棨彙編重印本　二册　存一種

330000－1720－0003500　普03373　集部/總集類/選集之屬/斷代

欽定國朝詩別裁集三十二卷　(清)沈德潛纂評　清乾隆二十六年(1761)刻本　十冊　缺一卷(六)

330000－1720－0003501　普 03374　類叢部/叢書類/自著之屬

羅忠節公遺集七種　(清)羅澤南撰　清咸豐至同治刻本　八冊

330000－1720－0003502　普 03375　新學/商務

通州興辦實業章程一卷　張謇撰　清末通州翰墨林編譯印書局鉛印本　一冊

330000－1720－0003504　普 03377　集部/總集類/選集之屬/通代

賦海大觀三十二卷　(清)沈祖燕編輯　清光緒十四年(1888)上海鴻寶齋石印本　二十八冊

330000－1720－0003505　普 03378　集部/總集類/郡邑之屬

黃巖集三十二卷首一卷　(清)王棻　王詠霓輯　清光緒三年(1877)刻本　一冊　存三卷(首、一至二)

330000－1720－0003506　普 03379　類叢部/類書類/通類之屬

通俗編三十八卷　(清)翟灝撰　清乾隆十六年(1751)刻本　十二冊

330000－1720－0003507　普 03380　史部/政書類/邦交之屬

支那教案論不分卷　(英國)宓克撰　嚴復譯　清光緒南洋公學譯書院鉛印本　一冊

330000－1720－0003508　普 03381　子部/術數類/陰陽五行之屬

尅擇晶元八卷　(清)汪之璡鈔　(清)孫思逈述　清刻本　一冊　存二卷(五至六)

330000－1720－0003510　普 03383　子部/醫家類/類編之屬

婦嬰至寶三種六卷　(清)徐尚慧編　清同治八年(1869)竟成堂刻本　一冊

330000－1720－0003511　普 03384　子部/醫家類/類編之屬

婦嬰至寶三種六卷　(清)徐尚慧編　清刻本　一冊

330000－1720－0003512　普 03385　子部/醫家類/婦科之屬

傅青主女科二卷產後編二卷　(清)傅山撰　清同治八年(1869)竟成堂刻本　二冊　存二卷(女科上、下)

330000－1720－0003513　普 03386　新學/工藝/雜藝

西藝知新二十二卷　(英國)諾格德撰　(英國)傅蘭雅口譯　(清)徐壽筆述　清刻本　九冊　存十三卷(十至二十二)

330000－1720－0003537　普 03410　集部/總集類/郡邑之屬

金華文畧二十卷　(清)王崇炳輯　清康熙四十八年(1709)蘭谿唐屺菴刻乾隆七年(1742)金華夏氏補刻咸豐、同治學耨堂印本　定圃題簽並記　十五冊　缺二卷(十七至十八)

330000－1720－0003538　普 03411　子部/儒家類/儒學之屬

二程全書六十七卷　(宋)程顥　(宋)程頤撰　清小嫏嬛山館刻本　十冊　存五種

330000－1720－0003540　普 03413　集部/別集類/明別集

王陽明先生全集十六卷目錄二卷　(明)王守仁撰　(清)王貽樂編　(清)陶潯批評　清道光六年(1826)柳庭芳刻本　十八冊

330000－1720－0003544　普 03417　集部/總集類/選集之屬/通代

忠雅堂評選四六法海八卷　(清)蔣士銓評選　清光緒八年(1882)刻本　八冊

330000－1720－0003547　普 03420　子部/醫家類/類編之屬

中西匯通醫書五種　唐宗海撰　清光緒三十四年(1908)上海千頃堂書局石印本　一冊　存一種

330000－1720－0003548　普 03421　類叢部/叢書類/彙編之屬

崇文書局彙刻書三十一種　(清)崇文書局編　清光緒元年至三年(1875－1877)湖北崇文書局刻本　二册　存一種

330000－1720－0003549　普 03422　集部/別集類/清別集

培遠堂手札節存三卷　(清)陳弘謀撰　清同治十三年(1874)桂林唐濟刻本　二册

330000－1720－0003551　普 03424　集部/別集類/清別集

培遠堂手札節存三卷　(清)陳弘謀撰　清同治十三年(1874)桂林唐濟刻本　二册　存二卷(中、下)

330000－1720－0003553　普 03426　類叢部/叢書類/家集之屬

侯官陳氏遺書　(清)陳壽祺　(清)陳喬樅撰　清嘉慶至同治三山陳氏刻本　二册　存一種

330000－1720－0003554　普 03427　史部/雜史類/通代之屬

重訂路史全本四十七卷　(宋)羅泌撰　(宋)羅苹注　(明)吴弘基等重編　清嘉慶六年(1801)西山堂刻本　一册　存三卷(餘論一至三)

330000－1720－0003556　普 03429　經部/四書類/總義之屬/傳說

四書經註集證十九卷　(清)吴昌宗撰　清刻本　一册　存六卷(論語一至三、六至八)

330000－1720－0003557　普 03430　子部/醫家類/方書之屬/單方驗方

普濟應驗良方八卷　(清)德軒氏輯　**保生編一卷**　(清)亟齋居士撰　**慈幼編一卷**　(清)莊大椿輯　清道光四年(1824)刻本　一册　存一卷(保生編)

330000－1720－0003558　普 03431　經部/詩類/傳說之屬

博古齋遵注詩經直解指南彙編三十一卷首一卷　(明)張居正撰　清易林脩怡廷刻本　一册　缺十三卷(十九至三十一)

330000－1720－0003559　普 03432　子部/醫家類/類編之屬

婦嬰至寶三種六卷　(清)徐尚慧編　清光緒二年(1876)刻本　一册

330000－1720－0003561　普 03434　類叢部/叢書類/自著之屬

鹿洲全集八種　(清)藍鼎元撰　清雍正十年(1732)刻本　二十册　缺六卷(鹿洲初集十四至十五、十九至二十,鹿洲公案上,脩史試筆上)

330000－1720－0003565　普 03438　集部/別集類/宋別集

歐陽文忠公全集一百五十三卷首一卷附錄五卷　(宋)歐陽修撰　清嘉慶二十四年(1819)歐陽衡刻本　十九册　存八十六卷(二十二至三十三、五十九至六十三、七十至七十五、八十二至九十六、九十八至一百二十五、一百三十四至一百五十三)

330000－1720－0003566　普 03439　類叢部/叢書類/彙編之屬

積學齋叢書二十種　徐乃昌編　清光緒南陵徐乃昌刻本　七册　存七種

330000－1720－0003567　普 03440　史部/傳記類/科舉録之屬/總録

國朝兩浙科名錄不分卷　(清)黄安綬輯　清咸豐七年(1857)京師刻光緒補刻本　一册

330000－1720－0003568　普 03441　集部/總集類/選集之屬/通代

賦海大觀三十二卷　(清)沈祖燕編輯　清光緒十四年(1888)石印本　一册　存一卷(三十)

330000－1720－0003569　普 03442　史部/傳記類/日記之屬

三魚堂日記(陸清獻公日記)十卷(清康熙五年至六年、八年至九年、十一年、十四年、十六年至十七年、十九年至三十一年)　(清)陸隴

其撰　清同治九年(1870)浙江書局刻本　四册

330000－1720－0003572　普03469　新學/幼學
蒙學叢書一百十一種　(清)汪鍾霖輯　清光緒二十九年(1903)吳縣汪氏鉛印本　十七册　存四十種

330000－1720－0003573　普03446　集部/總集類/選集之屬/通代
雞跖賦續刻二十八卷擬古二卷　(清)應泰泉輯　清同治十三年(1874)蘭言室刻本　九册　缺五卷(二十至二十四)

330000－1720－0003574　普03447　類叢部/類書類/專類之屬
叩鉢齋行厨集選十七卷　(清)李之澎　(清)汪建封輯　清刻本　一册　存二卷(四至五)

330000－1720－0003575　普03448　集部/總集類/選集之屬/斷代
唐人應試賦選八卷　(清)劉文蔚　(清)姚亢宗箋輯　清嘉慶元年(1796)蠡城探珠樓刻本　四册

330000－1720－0003576　普03449　集部/總集類/選集之屬/斷代
國朝駢體正宗評本十二卷補編一卷　(清)曾燠輯　(清)姚燮評　(清)張壽榮參　清光緒十年(1884)鎮海張氏花雨樓刻朱墨套印本　六册

330000－1720－0003577　普03450　新學/地學/地志學
地質學教科書二編　(日本)橫山又次郎撰　葉瀚譯　清末上海蒙學報館正記書局石印本　二册

330000－1720－0003579　普03452　新學/格致總
格致精華錄四卷　王仁俊撰　(清)江標編次　**德國議院章程合盟紀事本末一卷**　(清)徐建寅編　清光緒二十二年(1896)石印本　四册

330000－1720－0003580　普03453　集部/楚辭類
楚辭章句十七卷　(漢)王逸撰　(宋)洪興祖補注　清初海虞毛氏汲古閣刻本　四册　存六卷(二至七)

330000－1720－0003581　普03454　類叢部/叢書類/郡邑之屬
武林往哲遺箸五十六種後編十種　(清)丁丙編　清光緒二十年至二十六年(1894－1900)錢塘丁氏嘉惠堂刻本　四册　存一種

330000－1720－0003582　普03455　史部/紀傳類/正史之屬
二十四史附考證　清末石印本　二册　存一種

330000－1720－0003583　普03456　經部/叢編
皇清經解續編二百九卷　王先謙輯　清光緒十五年(1889)上海蜚英館石印本　三十二册

330000－1720－0003584　普03457　經部/叢編
皇清經解續編二百九卷　王先謙輯　清光緒十五年(1889)上海蜚英館石印本　三十二册

330000－1720－0003585　普03458　經部/叢編
皇清經解續編二百九卷　王先謙輯　清光緒十五年(1889)上海蜚英館石印本　三十六册

330000－1720－0003586　普03459　經部/叢編
皇清經解續編二百九卷　王先謙輯　清光緒十五年(1889)上海蜚英館石印本　二十册　存一百十八卷(二、五、七、十三至十四、二十二至二十三、二十六至二十七、三十五至三十七、三十九至四十一、四十三、四十五、四十八至四十九、五十二至五十六、五十九至七十六、七十九、八十二至八十三、八十六、九十、九十七至九十八、一百至一百一、一百四至一百六、一百八至一百九、一百十四至一百十七、一百二十二至一百二十八、一百三十二、一百三十四至一百三十六、一百四十至一百四十二、一百四十四至一百四十五、一百四十七至一百四十八、一百五十一至一百五十二、一百五十五至一百五十九、一百六十一至一百六十二、一百六十五、一百六十九至一百八十三、一百九十至一百九十七、二百一、二百三至二百四、二百六至二百七、二百九)

330000－1720－0003587　普 03460　史部/紀傳類/正史之屬

二十四史附考證　清末石印本　四冊　存一種

330000－1720－0003588　普 03461　史部/紀傳類/正史之屬

二十四史附考證　清末石印本　九冊　存一種

330000－1720－0003590　普 03463　經部/叢編

皇清經解一百九十卷首一卷正訛記一卷　(清)阮元輯　清光緒石印本　十二冊　存一百一卷(九十一至一百九十、正訛記)

330000－1720－0003592　普 03465　類叢部/叢書類/彙編之屬

校經山房叢書二十七種　(清)朱記榮編　清光緒三十年(1904)孫谿朱氏槐廬家塾重編印式訓堂叢書本　二冊　存二種

330000－1720－0003593　普 03466　子部/雜著類/雜考之屬

十駕齋養新錄二十卷餘錄三卷　(清)錢大昕撰　**錢辛楣先生年譜一卷**　(清)錢大昕編(清)錢慶曾校註　**竹汀居士年譜續編一卷**　(清)錢慶曾撰　清光緒二年(1876)浙江書局刻本　七冊　缺三卷(六至八)

330000－1720－0003594　普 03467　集部/別集類/元別集

剡源佚文二卷佚詩六卷　(元)戴表元撰　孫鏘編　清光緒二十一年(1895)奉化孫鏘刻本　一冊

330000－1720－0003595　普 03468　子部/雜著類/雜考之屬

十駕齋養新錄二十卷餘錄三卷　(清)錢大昕撰　**錢辛楣先生年譜一卷**　(清)錢大昕編(清)錢慶曾校註　**竹汀居士年譜續編一卷**　(清)錢慶曾撰　清光緒二年(1876)浙江書局刻本　五冊　缺九卷(一至三、六至九、十三至十四)

330000－1720－0003597　普 03471　子部/雜著類/雜說之屬

夢溪筆談二十六卷補筆談三卷續筆談一卷　(宋)沈括撰　**校字記一卷**　(清)陶福祥訂　清刻本　一冊　存十卷(九至十八)

330000－1720－0003603　普 03477　經部/群經總義類/文字音義之屬

經籍籑詁一百六卷補遺一百六卷首一卷　(清)阮元撰　清刻本　十二冊　存三十五卷(四十六至八十)

330000－1720－0003604　普 03478　類叢部/叢書類/彙編之屬

武英殿聚珍版書　清刻本　十二冊　存五種

330000－1720－0003606　普 03480　子部/藝術類/書畫之屬/畫譜

芥子園畫傳初集六卷二集九卷三集六卷　(清)王槩　(清)王著　(清)王臬輯　清光緒十四年(1888)上海天寶書局石印本　一冊　存六卷(初集一至六)

330000－1720－0003607　普 03481　類叢部/叢書類/彙編之屬

增訂漢魏叢書八十六種　(清)王謨編　清乾隆五十六年(1791)金谿王氏刻本　七十冊　存六十九種

330000－1720－0003608　普 03482　類叢部/叢書類/彙編之屬

增訂漢魏叢書八十六種　(清)王謨編　清光緒二十年(1894)湖南藝文書局刻本　八十四冊　存八十一種

330000－1720－0003609　普 03483　子部/藝術類/書畫之屬/畫譜

芥子園畫傳初集六卷二集九卷三集六卷

(清)王槩　(清)王蓍　(清)王臬輯　清末石印本　一册　存八卷(初集三至五,二集一至二,三集一至二、六)

330000－1720－0003610　普03484　史部/紀傳類/正史之屬

二十四史附考證　清末石印本　一册　存一種

330000－1720－0003612　普03486　經部/春秋左傳類/傳說之屬

增批輯註東萊博議四卷　(宋)呂祖謙撰　劉鍾英輯注　清光緒三十一年(1905)上海寶善齋書莊鉛印本　二册　存二卷(一、四)

330000－1720－0003613　普03487　類叢部/叢書類/自著之屬

錢氏政學叢書五種　錢恂撰　清光緒上海醉六堂石印本　二册　存二種

330000－1720－0003617　普03491　類叢部/叢書類/彙編之屬

藝海珠塵二百六種　(清)吳省蘭輯　清嘉慶南匯吳氏聽彝堂刻本　四十五册　存一百十一種

330000－1720－0003619　普03493　史部/紀傳類/正史之屬

二十四史附考證　清末石印本　一册　存一種

330000－1720－0003620　普03494　類叢部/叢書類/彙編之屬

海山仙館叢書五十六種　(清)潘仕成編　清道光二十五年至咸豐元年(1845－1851)番禺潘氏刻光緒十一年(1885)增刻彙印本　一百二十册

330000－1720－0003623　普03497　類叢部/叢書類/彙編之屬

武英殿聚珍版書一百四十八種　清乾隆四十二年(1777)福建刻道光至同治遞修光緒二十一年(1895)增刻本　一百二十八册　存二十一種

330000－1720－0003624　普03498　子部/醫家類/傷寒金匱之屬/金匱要略

金匱要略淺註補正九卷　(清)陳念祖注　唐宗海補注　清末石印本　一册　存三卷(七至九)

330000－1720－0003628　普03502　類叢部/叢書類/彙編之屬

元和江氏靈鶼閣叢書五十六種　(清)江標輯　清光緒元和江氏湖南使院刻蘇州振新書社印本　十二册　存二十八種

330000－1720－0003630　普03504　類叢部/叢書類/彙編之屬

當歸草堂叢書八種　(清)丁丙編　清同治二年至五年(1863－1866)錢塘丁氏刻本　七册

330000－1720－0003632　普03506　類叢部/叢書類/彙編之屬

求實齋叢書十五種　蔣德鈞編　清光緒湘鄉蔣氏龍安郡署刻本　九册　存五種

330000－1720－0003633　普03507　類叢部/叢書類/彙編之屬

經訓堂叢書二十一種　(清)畢沅編　清乾隆至嘉慶鎮洋畢氏刻本　十三册　存十二種

330000－1720－0003634　普03508　集部/總集類/選集之屬/斷代

皇朝經世文編一百二十卷姓名總目二卷　(清)賀長齡輯　清光緒二十四年(1898)上海宏文閣鉛印本　二十三册　缺九卷(十五至十九、二十九、七十三、一百十九至一百二十)

330000－1720－0003635　普03509　集部/總集類/選集之屬/斷代

皇朝經世文編一百二十卷姓名總目二卷　(清)賀長齡輯　清光緒二十四年(1898)上海宏文閣鉛印本　十九册　缺九卷(十五至十九、二十九、七十三、一百十九至一百二十)

330000－1720－0003637　普03511　集部/總集類/選集之屬/斷代

皇朝經世文編一百二十卷姓名總目二卷　(清)賀長齡輯　清上海廣百宋齋鉛印本　二十四册

330000－1720－0003638　普03512　集部/總集類/選集之屬/斷代

皇朝經世文編一百二十卷姓名總目二卷　(清)賀長齡輯　清上海宏文閣鉛印本　二十二册　缺十三卷(四至九、一百十一至一百十五、一百十九至一百二十)

330000－1720－0003639　普03513　類叢部/叢書類/彙編之屬

昭代叢書甲集五十種乙集四十種丙集五十六種　(清)張潮編　清康熙三十六年至四十二年(1697－1703)刻後印本　八册　存甲集三十九種、乙集七種

330000－1720－0003640　普03514　類叢部/叢書類/彙編之屬

昭代叢書甲集五十種乙集四十種丙集五十六種　(清)張潮編　清康熙三十六年至四十二年(1697－1703)刻後印本　四册　存乙集二十六種

330000－1720－0003641　普03515　集部/總集類/選集之屬/斷代

全唐詩三十二卷　(清)曹寅等輯　清末石印本　十五册　存十五卷(四、六至七、九、十一至十四、二十一至二十二、二十七、二十九至三十二)

330000－1720－0003642　普03516　集部/總集類/郡邑之屬

西泠五布衣遺箸五種　(清)丁丙輯　清同治至光緒錢塘丁氏當歸草堂刻本　九册　缺一卷(臨江鄉人詩拾遺)

330000－1720－0003644　普03518　集部/總集類/郡邑之屬

西泠五布衣遺箸五種　(清)丁丙輯　清同治至光緒錢塘丁氏當歸草堂刻本　一册　存一種

330000－1720－0003646　普03520　集部/總集類/課藝之屬

庚辰集五卷　(清)紀昀輯　清乾隆二十七年(1762)學源堂刻本　大呂鹿溪氏題簽並記　一册

330000－1720－0003648　普03522　集部/總集類/選集之屬/斷代

删訂唐詩解二十四卷　(明)唐汝詢輯　(清)吴昌祺評　清刻本　三册　存十卷(二至四、十一至十七)

330000－1720－0003649　普03523　集部/別集類/宋別集

歐陽文忠公集一百五卷　(宋)歐陽修撰　**廬陵歐陽文忠公年譜一卷**　(宋)胡柯編　清康熙十一年(1672)曾弘刻本　一册　存一卷(年譜)

330000－1720－0003650　普03524　子部/藝術類/書畫之屬/畫譜

清刻佛教五百羅漢像不分卷　清光緒七年(1881)湖南衡山祝聖寺影印本　銘心題簽並記　三册

330000－1720－0003651　普03525　新學/天學

測候叢談四卷　(美國)金楷理口譯　(清)華蘅芳筆述　清末江南製造總局刻本　二册

330000－1720－0003652　普03526　類叢部/叢書類/自著之屬

思益堂集四種　(清)周壽昌撰　清光緒十四年(1888)王先謙等刻本　三册　存三種

330000－1720－0003653　普03527　類叢部/叢書類/自著之屬

思益堂集四種　(清)周壽昌撰　清光緒十四年(1888)王先謙等刻本　三册　存二種

330000－1720－0003654　普03528　子部/雜著類/雜考之屬

札迻十二卷　(清)孫詒讓撰　清光緒二十年(1894)籀廎刻二十一年(1895)重修本　一册　存三卷(一至三)

330000－1720－0003655　普03529　集部/別集類/清別集

培遠堂手札節存三卷　(清)陳弘謀撰　清同治十三年(1874)桂林唐濟刻本　一册　存一卷(上)

330000－1720－0003657　普 03531　集部/別集類/宋別集

蘇文忠公詩集五十卷目錄二卷　(宋)蘇軾撰　(清)紀昀評點　清同治八年(1869)韞玉山房刻翰墨園朱墨套印本　十二冊

330000－1720－0003659　普 03533　子部/醫家類/本草之屬/歷代綜合本草

本草綱目五十二卷附圖三卷　(明)李時珍撰　清同治十一年(1872)芥子園刻本　一冊　存一卷(三)

330000－1720－0003661　普 03535　集部/別集類/宋別集

山谷内集詩註二十卷外集詩註十七卷別集詩註二卷　(宋)黄庭堅撰　(宋)任淵　(宋)史容　(宋)史溫注　清光緒二十一年至二十五年(1895－1899)義寧陳三立刻宣統二年(1910)印本　二冊　存四卷(外集詩註五至八)

330000－1720－0003662　普 03536　集部/別集類/宋別集

黄詩全集五十八卷　(宋)黄庭堅撰　清乾隆五十四年(1789)南康謝氏樹經堂刻本　十冊　存二十五卷(山谷詩内集注一至二十、外集注一至五)

330000－1720－0003664　普 03538　類叢部/叢書類/彙編之屬

武英殿聚珍版書　清刻本　三冊　存一種

330000－1720－0003665　普 03539　史部/地理類/總志之屬/通代

天下郡國利病書一百二十卷　(清)顧炎武撰　清光緒二十九年(1903)上海益吾齋石印本　三冊　存二十一卷(一至六、二十至二十三、六十八至七十八)

330000－1720－0003666　普 03540　集部/別集類/宋別集

司馬文正公傳家集八十卷目錄二卷　(宋)司馬光撰　**年譜一卷附錄一卷**　(清)陳弘謀編　清乾隆六年(1741)桂林陳氏培遠堂刻本　拙安氏題簽並記　十四冊

330000－1720－0003667　普 03541　類叢部/叢書類/輯佚之屬

玉函山房輯佚書六百二十二種附一種　(清)馬國翰輯　清光緒十年(1884)楚南書局刻本　八十七冊　缺二卷(爾雅李氏注下、目耕帖八)

330000－1720－0003668　普 03542　類叢部/叢書類/輯佚之屬

玉函山房輯佚書六百二十二種附一種　(清)馬國翰輯　清光緒十年(1884)楚南湘遠堂刻本　二十一冊　存七十六種

330000－1720－0003669　普 03543　類叢部/叢書類/郡邑之屬

永嘉叢書十三種　(清)孫衣言編　清同治至光緒瑞安孫氏詒善祠塾刻本　三十四冊　存八種

330000－1720－0003672　普 03546　集部/別集類/宋別集

王臨川文集四卷　(宋)王安石撰　清宣統二年(1910)上海會文堂書局石印本　四冊

330000－1720－0003673　普 03547　史部/地理類/總志之屬/通代

讀史方輿紀要一百三十卷方輿全圖總說四卷　(清)顧祖禹撰　清光緒二十九年(1903)上海益吾齋石印本　六冊　存三十四卷(三十至三十八、六十六至八十二、八十九至九十四,方輿全圖總說一至二)

330000－1720－0003674　普 03548　集部/別集類/宋別集

劍南詩鈔六卷　(宋)陸游撰　(清)楊大鶴選　清康熙二十四年(1685)毗陵楊氏刻本　七冊　缺二卷(五言絶句、七言絶句)

330000－1720－0003676　普 03550　集部/別集類/宋別集

蘇文忠詩合註五十卷首一卷目錄一卷　(宋)蘇軾撰　(清)馮應榴輯　清乾隆六十年(1795)桐鄉馮氏踵息齋刻同治九年(1870)增修本　二十四冊

330000－1720－0003678　普 03552　史部/地理類/總志之屬/通代
歷代地理志韻編今釋二十卷　（清）李兆洛撰　清刻本　一冊　存二卷（三至四）

330000－1720－0003679　普 03553　類叢部/叢書類/彙編之屬
式訓堂叢書四十一種　（清）章壽康編　清光緒會稽章氏刻本　三冊　存一種

330000－1720－0003681　普 03555　史部/職官類/官制之屬/專志
皇朝詞林典故六十四卷　（清）朱珪等撰　清嘉慶十年（1805）武英殿刻本　五冊　存八卷（十一至十二、十五至十六、五十五至五十八）

330000－1720－0003682　普 03556　集部/別集類/宋別集
蘇文忠公詩編註集成四十六卷集成總案四十五卷諸家雜綴酌存一卷蘇海識餘四卷牋詩圖一卷　（宋）蘇軾撰　（清）王文誥輯注　清嘉慶二十四年（1819）武林王氏韻山堂刻道光補刻本　二十二冊　存九十一卷（一至四十六、集成總案一至四十五）

330000－1720－0003683　普 03557　集部/別集類/宋別集
宋大家蘇文忠公文集二十八卷　（宋）蘇軾撰　（明）茅坤批評　清末上海彪蒙書室石印本　一冊　存四卷（十九至二十二）

330000－1720－0003685　普 03559　集部/別集類/宋別集
劍南詩鈔六卷　（宋）陸游撰　（清）楊大鶴選　清宣統二年（1910）上海掃葉山房石印本　六冊

330000－1720－0003687　普 03561　集部/別集類/宋別集
劍南詩鈔六卷　（宋）陸游撰　（清）楊大鶴選　清光緒八年（1882）文苑山房刻本　七冊

330000－1720－0003689　普 03563　集部/別集類/宋別集
劍南詩鈔六卷　（宋）陸游撰　（清）楊大鶴選　清愛日堂刻本　八冊

330000－1720－0003690　普 03564　集部/總集類/彙編之屬
宋四名家詩　（清）周之鱗　（清）柴升編　清嘉慶二十二年（1817）博古堂刻本　一冊　存一種

330000－1720－0003693　普 03567　類叢部/叢書類/自著之屬
船山遺書六十三種　（清）王夫之撰　清同治四年（1865）湘鄉曾國荃金陵刻本　一百二十冊　存五十七種

330000－1720－0003694　普 03568　類叢部/叢書類/自著之屬
船山遺書五十八種　（清）王夫之撰　清同治四年（1865）湘鄉曾國荃金陵刻本　二十冊　存三種

330000－1720－0003695　普 03569　子部/藝術類/書畫之屬/畫譜
芥子園畫傳初集六卷二集九卷三集四卷續集二卷　（清）王槩　（清）王蓍　（清）王臬輯　清光緒十三年至十四年（1887－1888）鴻文書局石印本　二冊　存三卷（初集一至三）

330000－1720－0003696　普 03570　類叢部/叢書類/自著之屬
章氏遺書二種　（清）章學誠撰　清光緒三年至四年（1877－1878）貴陽章氏刻十九年（1893）補刻本　一冊　存一種

330000－1720－0003697　普 03571　集部/別集類/宋別集
晦庵先生朱文公文集一百卷續集五卷別集七卷目錄二卷　（宋）朱熹撰　（清）臧眉錫等訂　清康熙二十七年（1688）蔡方炳刻本　三冊　存八卷（五十七至六十二、目錄一至二）

330000－1720－0003700　普 03574　子部/藝術類/書畫之屬/畫譜
芥子園畫傳初集六卷二集九卷三集六卷　（清）王槩　（清）王蓍　（清）王臬輯　清末石印本　四冊　存六卷（三集一至六）

330000－1720－0003701　普 03575　子部/儒家類/儒學之屬/性理

淵鑒齋御纂朱子全書六十六卷　(宋)朱熹撰　(清)李光地等輯　清刻本　一册　存二卷(二至三)

330000－1720－0003707　普 03581　類叢部/叢書類/彙編之屬

正誼堂全書六十三種續刻五種　(清)張伯行編　(清)楊浚重編　清同治五年(1866)福州正誼書院刻同治八年至光緒十三年(1869－1887)續刻本　二百二十册　存六十五種

330000－1720－0003708　普 03582　類叢部/叢書類/彙編之屬

正誼堂全書六十三種續刻五種　(清)張伯行編　(清)楊浚重編　清同治五年(1866)福州正誼書院刻同治八年至光緒十三年(1869－1887)續刻本　一百五十八册　存五十七種

330000－1720－0003709　普 03583　類叢部/叢書類/彙編之屬

正誼堂全書六十三種續刻五種　(清)張伯行編　(清)楊浚重編　清同治五年(1866)福州正誼書院刻同治八年至光緒十三年(1869－1887)續刻本　九十八册　存四十八種

330000－1720－0003711　普 03585　類叢部/叢書類/郡邑之屬

台州叢書九種　(清)宋世犖輯　清嘉慶至道光臨海宋氏刻本　十八册　存七種

330000－1720－0003713　普 03587　類叢部/叢書類/郡邑之屬

續台州叢書十種　楊晨編　清光緒二十四年(1898)翁氏刻本　十一册　存八種

330000－1720－0003714　普 03588　類叢部/叢書類/郡邑之屬

續台州叢書十種　楊晨編　清光緒二十四年(1898)翁氏刻本　一册　存一種

330000－1720－0003716　普 03590　類叢部/叢書類/彙編之屬

正誼堂全書六十三種續刻五種　(清)張伯行編　(清)楊浚重編　清同治五年(1866)福州正誼書院刻同治八年至光緒十三年(1869－1887)續刻本　七十九册　存三十三種

330000－1720－0003717　普 03591　類叢部/叢書類/彙編之屬

正誼堂全書六十三種續刻五種　(清)張伯行編　(清)楊浚重編　清同治五年(1866)福州正誼書院刻同治八年至光緒十三年(1869－1887)續刻本　六十册　存十三種

330000－1720－0003718　普 03592　類叢部/叢書類/彙編之屬

洪氏唐石經館叢書十九種　(清)洪汝奎編　清光緒涇縣洪氏公善堂刻並彙印六安涂氏求我齋等刻本　六十四册　存一種

330000－1720－0003719　普 03593　史部/編年類/通代之屬

資治通鑑二百九十四卷　(宋)司馬光撰　(元)胡三省音注　**通鑑釋文辯誤十二卷**　(元)胡三省撰　清嘉慶二十一年(1816)鄱陽胡克家影元刻本　一百册

330000－1720－0003720　普 03594　史部/編年類/通代之屬

資治通鑑二百九十四卷　(宋)司馬光撰　(元)胡三省音注　**通鑑釋文辯誤十二卷**　(元)胡三省撰　清嘉慶二十一年(1816)鄱陽胡克家影元刻同治八年(1869)江蘇書局重修本　一百册

330000－1720－0003721　普 03595　史部/編年類/通代之屬

資治通鑑二百九十四卷　(宋)司馬光撰　(元)胡三省音注　**通鑑釋文辯誤十二卷**　(元)胡三省撰　清嘉慶二十一年(1816)鄱陽胡克家影元刻同治八年(1869)江蘇書局重修本　二十册　存六十卷(一至六十)

330000－1720－0003722　普 03596　史部/編年類/通代之屬

資治通鑑綱目五十九卷　(宋)朱熹撰　(明)陳仁錫評　**資治通鑑綱目續編一卷**　(明)陳桱撰　(明)陳仁錫評　**資治通鑑綱目前編二**

十五卷　(明)南軒撰　(明)陳仁錫評　**續資治通鑑綱目二十七卷**　(明)商輅等撰　(明)陳仁錫評　清刻本　二十六冊　存十九卷(一至二、四十四至五十九,續編)

330000－1720－0003723　普03597　史部/編年類/通代之屬

資治通鑑綱目五十九卷　(宋)朱熹撰　(明)陳仁錫評　**資治通鑑綱目續編一卷**　(明)陳桱撰　(明)陳仁錫評　**資治通鑑綱目前編二十五卷**　(明)南軒撰　(明)陳仁錫評　**續資治通鑑綱目二十七卷**　(明)商輅等撰　(明)陳仁錫評　清嘉慶八年(1803)敬書堂刻本　九十六冊　存五十六卷(二上至四上、五上至八上、九上至四十一下、四十三上至四十八下、四十九下至五十二上、五十四上至五十九)

330000－1720－0003724　普03598　史部/編年類/通代之屬

續資治通鑑長編五百二十卷目錄二卷　(宋)李燾撰　**續資治通鑑長編拾補六十卷**　(清)黄以周等編　(清)張大昌輯注　清光緒七年(1881)、九年(1883)浙江書局刻本　一百三十六冊

330000－1720－0003725　普03599　類叢部/叢書類/彙編之屬

廣雅書局叢書一百五十九種　徐紹棨編　清光緒廣雅書局刻民國九年(1920)番禺徐紹棨彙編重印本　六冊　存一種

330000－1720－0003726　普03600　集部/別集類/宋別集

晦庵先生朱文公文集一百卷續集五卷別集七卷目錄二卷　(宋)朱熹撰　(清)臧眉錫等訂　清康熙二十七年(1688)蔡方炳刻本　三十三冊　存九十卷(十六至八十三、八十八至九十一、九十五至一百,續集一至五,別集一至七)

330000－1720－0003727　普03601　集部/別集類/宋別集

朱子文集大全類編一百十一卷首一卷　(宋)朱熹撰　(清)朱玉訂補　清雍正八年(1730)紫陽書院刻乾隆十五年(1750)朱氏采芝山房印本　四十八冊

330000－1720－0003728　普03602　類叢部/叢書類/彙編之屬

武英殿聚珍版書　清刻本　十冊　存二種

330000－1720－0003729　普03603　集部/別集類/宋別集

王臨川文集四卷　(宋)王安石撰　清宣統二年(1910)上海會文堂書局石印本　四冊

330000－1720－0003730　普03604　集部/詞類/類編之屬

蘇東坡黄山谷詞合刊二種　(宋)蘇軾　(宋)黄庭堅撰　清宣統元年(1909)二友堂石印本　三冊

330000－1720－0003731　普03605　集部/別集類/宋別集

宋黄文節公全集正集三十二卷首四卷外集二十四卷別集十九卷續集十卷詞一卷　(宋)黄庭堅撰　清光緒二十年(1894)義寧州署刻本　十二冊　存三十二卷(正集一至三十二)

330000－1720－0003732　普03606　集部/別集類/宋別集

宋王忠文公文集五十卷目錄四卷　(宋)王十朋撰　**梅溪王忠文公年譜一卷**　(清)徐炯文編　清雍正六年(1728)唐傳鉎刻鴈就堂印本　五冊　存二十六卷(一至二十一、目錄一至四、年譜)

330000－1720－0003733　普03607　類叢部/叢書類/郡邑之屬

永嘉叢書十三種　(清)孫衣言編　清同治至光緒瑞安孫氏詒善祠塾刻本　十三冊　存二種

330000－1720－0003734　普03608　子部/儒家類/儒學之屬

二程全書　(宋)程顥　(宋)程頤撰　清刻本　十冊　存五種

330000－1720－0003735　普03609　集部/別

集類/宋別集

岳忠武王文集八卷首一卷末一卷 (宋)岳飛撰 (清)黄邦寧纂修 清光緒十二年(1886)上海簡玉山房刻本 四冊

330000－1720－0003736 普03610 類叢部/叢書類/彙編之屬

正誼堂全書六十三種續刻五種 (清)張伯行編 (清)楊浚重編 清同治五年(1866)福州正誼書院刻同治八年至光緒十三年(1869－1887)續刻本 二冊 存一種

330000－1720－0003737 普03611 集部/別集類/宋別集

宋王忠文公文集五十卷目錄四卷 (宋)王十朋撰 **梅溪王忠文公年譜一卷** (清)徐炯文編 清雍正六年(1728)唐傳鉎刻殟就堂印本 十五冊

330000－1720－0003739 普03613 集部/別集類/宋別集

艮齋先生薛常州浪語集三十五卷 (宋)薛季宣撰 清同治十年(1871)金陵書局刻本 六冊

330000－1720－0003740 普03614 集部/別集類/宋別集

岳忠武王文集八卷首一卷末一卷 (宋)岳飛撰 (清)黄邦寧纂修 清光緒二年(1876)刻本 四冊

330000－1720－0003741 普03615 史部/金石類/金之屬/文字

歷代鐘鼎彝器款識法帖二十卷 (宋)薛尚功撰 清光緒八年(1882)上海點石齋影印本 一冊 存五卷(六至十)

330000－1720－0003745 普03619 集部/戲劇類/傳奇之屬

藏園九種曲 (清)蔣士銓撰 清乾隆漁古堂刻本 一冊 存一種

330000－1720－0003746 普03620 子部/儒家類/儒學之屬/性理

淵鑒齋御纂朱子全書六十六卷 (宋)朱熹撰 (清)李光地等輯 清嘉慶二十二年(1817)刻本 十六冊 存二十九卷(一、十六至二十、二十四至三十八、四十五至四十九、六十至六十一、六十三)

330000－1720－0003747 普03621 子部/小說家類/異聞之屬

見聞隨筆二十六卷 (清)齊學裘撰 清刻本 二冊 存八卷(六至十三)

330000－1720－0003748 普03622 集部/別集類/宋別集

宋邵康節先生伊川擊壤集十卷三世名賢一卷 (宋)邵雍撰 (明)吳瀚摘註 (明)吳泰增註 清康熙八年(1669)邵泰定、邵養貞刻本 十二冊

330000－1720－0003751 普03625 集部/別集類/宋別集

黃詩全集五十八卷 (宋)黃庭堅撰 清乾隆五十四年(1789)南康謝氏樹經堂刻本 十冊 存三十四卷(山谷詩外集注五至十七、補一至四,山谷別集注一至二、補,年譜一至十四)

330000－1720－0003752 普03626 類叢部/叢書類/自著之屬

春在堂全書三十六種 (清)俞樾撰 清同治至光緒刻光緒末彙印本 一冊 存一種

330000－1720－0003753 普03627 子部/儒家類/儒學之屬/蒙學

初學文引一卷 (清)葉廉鍔選注 清刻本 一冊

330000－1720－0003754 普03628 集部/總集類/彙編之屬

三唐人集三種三十七卷 (清)馮焌光編 清光緒南海馮氏讀有用書齋刻本 六冊

330000－1720－0003755 普03629 類叢部/叢書類/自著之屬

王漁洋遺書三十八種 (清)王士禛撰 清刻本 一冊 存一種

330000－1720－0003757 普03631 子部/術數類/命書相書之屬

星平要訣一卷百年經一卷　清刻本　陶渠城題簽並記　一冊

330000－1720－0003760　普03634　集部/總集類/選集之屬/斷代

七家詩選七卷　(清)張熙宇輯評　清刻朱墨套印本　一冊　存二種

330000－1720－0003761　普03635　經部/叢編

皇清經解一百九十卷　(清)阮元輯　清末石印本　一冊　存五種

330000－1720－0003762　普03636　集部/別集類/唐五代別集

玉谿生詩詳註三卷首一卷樊南文集箋註八卷首一卷　(唐)李商隱撰　(清)馮浩編訂　**玉谿生年譜一卷**　(清)馮浩輯　(清)蔣德馨批注　清乾隆四十五年(1780)德聚堂刻本　四冊　存八卷(樊南文集箋註一至八)

330000－1720－0003763　普03637　子部/天文曆算類/算書之屬

九數通考十一卷首一卷末一卷　(清)屈曾發撰　**九數通考續集十卷**　(清)顧觀光撰　清末石印本　一冊　存一卷(續集九)

330000－1720－0003764　普03638　集部/總集類/彙編之屬

唐宋八大家文鈔一百六十六卷　(明)茅坤編　明崇禎刻本　七冊　存二種

330000－1720－0003765　普03639　史部/紀傳類/正史之屬

二十四史附考證　清光緒二十八年(1902)武林竹簡齋石印本　二冊　存一種

330000－1720－0003766　普03640　新學/史志/戰記

中東戰紀本末八卷首一卷末一卷續編四卷首一卷末一卷三編四卷　(美國)林樂知撰並譯　蔡爾康輯　**文學興國策二卷**　(美國)林樂知譯　清光緒二十二年(1896)、二十三年(1897)、二十六年(1900)上海廣學會鉛印本　一冊　存一卷(三編一)

330000－1720－0003767　普03641　類叢部/叢書類/郡邑之屬

台州叢書九種　(清)宋世犖輯　清嘉慶至道光臨海宋氏刻本　一冊　存一種

330000－1720－0003768　普03642　史部/傳記類/科舉録之屬

己未詞科錄十二卷首一卷　(清)秦瀛輯　清光緒十四年(1888)木活字印本　一冊　存二卷(七至八)

330000－1720－0003769　普03643　史部/傳記類/總傳之屬

京師譯學館同學錄一卷　清宣統三年(1911)京華書局鉛印本　一冊

330000－1720－0003770　普03644　集部/別集類/唐五代別集

白香山詩長慶集二十卷後集十七卷別集一卷補遺二卷　(唐)白居易撰　(清)汪立名編訂　**白香山年譜一卷**　(清)汪立名撰　**白香山年譜舊本一卷**　(宋)陳振孫撰　清康熙四十一年至四十二年(1702－1703)汪立名一隅草堂刻本　八冊

330000－1720－0003771　普03645　集部/別集類/唐五代別集

讀杜心解六卷首二卷　(清)浦起龍撰　清雍正二年至三年(1724－1725)前澗浦氏寧我齋刻本　八冊

330000－1720－0003772　普03646　史部/政書類/通制之屬

文獻通考三百四十八卷　(元)馬端臨撰　清初刻本　三冊

330000－1720－0003773　普03647　子部/叢編

二十二子(二十二子彙函)　(清)浙江書局編　清光緒元年至三年(1875－1877)浙江書局刻本　一冊　存一種

330000－1720－0003774　普03648　類叢部/叢書類/自著之屬

槐軒全書二十二種　(清)劉沅撰　清道光至

民國刻本　一冊　存一種

330000－1720－0003775　普03649　集部/別集類/清別集

忠雅堂文集十二卷　(清)蔣士銓撰　清刻本　湘湄漁隱題簽並記　一冊　存二卷(五至六)

330000－1720－0003776　普03650　集部/別集類/唐五代別集

唐陸宣公集二十二卷　(唐)陸贄撰　清刻本　六冊　缺一卷(二)

330000－1720－0003777　普03651　子部/儒家類/儒學之屬/禮教/女範

女兒經一卷　清刻本　一冊

330000－1720－0003778　普03652　子部/術數類/相宅相墓之屬

地學□□卷　(清)沈鎬撰　清刻本　四冊　存四卷(二至五)

330000－1720－0003779　普03653　史部/詔令奏議類/奏議之屬

註陸宣公奏議十五卷制誥十卷表一卷　(唐)陸贄撰　(宋)郎曄註　**附錄一卷年譜輯略一卷**　(清)江榕撰　**校記二十五卷**　(清)郭夔等撰　清光緒十一年(1885)刻十二年(1886)增刻本　四冊

330000－1720－0003780　普03654　集部/別集類/唐五代別集

李義山詩集三卷　(唐)李商隱撰　(清)朱鶴齡箋注　(清)沈厚塽輯評　**李義山詩譜一卷附錄諸家詩評一卷**　清同治九年(1870)廣州倅署刻三色套印本　四冊

330000－1720－0003781　普03655　集部/別集類/唐五代別集

玉谿生詩詳註三卷首一卷樊南文集詳註八卷首一卷　(唐)李商隱撰　(清)馮浩編訂　**玉谿生年譜一卷**　(清)馮浩輯　(清)蔣德馨批注　清乾隆四十五年(1780)德聚堂刻嘉慶元年(1796)增刻同治七年(1868)上海馮寶圻補刻本　八冊

330000－1720－0003782　普03656　類叢部/類書類/通類之屬

小嫏嬛山館彙刊類書十二種　(清)小嫏嬛山館編　清咸豐元年(1851)刻本　六冊　存十一種

330000－1720－0003783　普03657　類叢部/叢書類/彙編之屬

說鈴前集三十七種後集十六種　(清)吳震方編　清同治七年(1868)大文堂刻本　二十五冊　存四十五種

330000－1720－0003784　普03658　集部/別集類/唐五代別集

昌黎先生集四十卷外集十卷遺文一卷　(唐)韓愈撰　(宋)廖瑩中校正　**朱子校昌黎先生集傳一卷**　(宋)朱熹撰　**韓集點勘四卷**　(清)陳景雲撰　清同治八年至九年(1869－1870)江蘇書局刻本　十八冊

330000－1720－0003786　普03660　集部/別集類/唐五代別集

駱賓王文集十卷　(唐)駱賓王撰　**考異一卷**　(清)顧廣圻撰　清宣統三年(1911)上海文瑞樓石印本　二冊

330000－1720－0003787　普03661　類叢部/類書類/通類之屬

玉海纂二十二卷　(宋)王應麟輯　(明)劉鴻訓纂　(明)劉鴻采　(明)劉孔中編次　清光緒五年(1879)八杉齋刻本　一冊　存一卷(十五)

330000－1720－0003788　普03662　經部/易類/傳說之屬

順泰號易經正文二卷易傳一卷　清刻本　一冊

330000－1720－0003789　普03663　集部/別集類/唐五代別集

唐丞相曲江張文獻公集十二卷首一卷附錄一卷千秋金鑑錄五卷　(唐)張九齡撰　清光緒十八年(1892)張曉如刻本　六冊

330000－1720－0003790　普03664　集部/別

集類/唐五代别集

唐丞相曲江張文獻公集十二卷首一卷附録一卷千秋金鑑録五卷 (唐)張九齡撰 清光緒十八年(1892)張曉如刻本 三册 存八卷(一至六、十一至十二)

330000-1720-0003791 普03665 集部/别集類/唐五代别集

李太白文集三十六卷 (唐)李白撰 (清)王琦輯注 清乾隆刻本 十册

330000-1720-0003792 普03666 集部/别集類/唐五代别集

李太白文集三十六卷 (唐)李白撰 (清)王琦輯注 清乾隆聚錦堂刻本 十六册

330000-1720-0003794 普03668 集部/别集類/唐五代别集

孟東野集十卷附一卷 (唐)孟郊撰 **追昔遊集三卷** (唐)李紳撰 清宣統二年(1910)上海著易堂石印本 四册

330000-1720-0003795 普03669 集部/别集類/唐五代别集

昌黎先生集四十卷外集十卷遺文一卷 (唐)韓愈撰 (宋)廖瑩中校正 **朱子校昌黎先生集傳一卷** (宋)朱熹撰 **韓集點勘四卷** (清)陳景雲撰 清宣統二年(1910)掃葉山房石印本 十二册

330000-1720-0003796 普03670 集部/别集類/唐五代别集

重刊五百家註音辯昌黎先生文集四十卷 (唐)韓愈撰 (宋)魏仲舉輯注 清乾隆四十九年(1784)刻本 十二册

330000-1720-0003797 普03671 集部/别集類/唐五代别集

唐陸宣公集二十二卷首一卷增輯一卷附録一卷 (唐)陸贄撰 清光緒二年(1876)江蘇書局刻本 六册

330000-1720-0003798 普03672 集部/别集類/唐五代别集

重刊五百家註音辯昌黎先生文集四十卷 (唐)韓愈撰 (宋)魏仲舉輯注 清乾隆四十九年(1784)刻本 四册 存七卷(一至三、三十七至四十)

330000-1720-0003799 普03673 集部/别集類/唐五代别集

昌黎先生集四十卷外集十卷遺文一卷 (唐)韓愈撰 (宋)廖瑩中校正 **朱子校昌黎先生集傳一卷** (宋)朱熹撰 **韓集點勘四卷** (清)陳景雲撰 清同治八年至九年(1869-1870)江蘇書局刻本 四册 存二十一卷(二至四、十七至二十一、二十八至四十)

330000-1720-0003800 普03674 集部/别集類/唐五代别集

王子安集註二十卷首一卷末一卷 (唐)王勃撰 (清)蔣清翊注 清光緒九年(1883)吴縣蔣氏雙唐碑館刻本 五册 存十八卷(首,一至四、九至二十,末)

330000-1720-0003801 普03675 集部/别集類/唐五代别集

重訂李義山詩集箋注三卷集外詩箋注一卷 (唐)李商隱撰 (清)朱鶴齡箋注 (清)程夢星删補 **附年譜一卷詩話一卷** (清)程夢星輯 清乾隆八年(1743)東柯草堂刻十一年(1746)重校印本 六册

330000-1720-0003803 普03677 集部/别集類/明别集

徐文長文集三十卷 (明)徐渭撰 (明)袁宏道批點 **四聲猿一卷** (明)徐渭編 明萬曆四十二年(1614)鍾人傑刻本 六册 缺一卷(四聲猿)

330000-1720-0003804 普03678 史部/雜史類/斷代之屬

弇山堂别集一百卷 (明)王世貞撰 清光緒廣雅書局刻本 二十册

330000-1720-0003805 普03679 集部/别集類/明别集

太史升菴全集八十一卷目録二卷 (明)楊慎撰 (明)楊有仁録 **升菴外集一百卷** (明)楊慎撰 (明)焦竑編 **太史升菴遺集二十六**

卷　（明）楊慎撰　（清）楊金吾　（清）楊宗吾輯　**升菴先生年譜一卷**　清乾隆六十年(1795)新都周氏養拙山房刻本、道光二十四年(1844)刻本　四十四册　缺四十一卷(外集二十二至二十五、七十九至八十一、八十五至八十八、九十七至一百,遺集一至二十六)

330000-1720-0003806　普03680　集部/別集類/明別集

高子遺書十二卷附錄一卷　（明）高攀龍撰　（明）陳龍正輯　**高忠憲公年譜一卷**　（明）華允誠編　清光緒二年(1876)周士錦無錫東林書院刻民國十一年(1922)補刻本　八册

330000-1720-0003807　普03681　集部/別集類/明別集

高子遺書十二卷附錄一卷　（明）高攀龍撰　（明）陳龍正輯　**高忠憲公年譜一卷**　（明）華允誠編　清光緒二年(1876)周士錦無錫東林書院刻民國十一年(1922)補刻本　八册

330000-1720-0003808　普03682　集部/總集類/彙編之屬

文瑞樓彙刻書三種　（清）金檀編　清康熙至雍正桐鄉金氏文瑞樓燕翼堂刻本　十四册　存一種

330000-1720-0003809　普03683　經部/小學類/文字之屬/字書/字典

字彙十二卷首一卷末一卷韻法直圖一卷　（明）梅膺祚撰　**韻法橫圖一卷**　（明）李世澤撰　明刻本　七册　存七卷(丑集、寅集、卯集、辰集、巳集、午集、申集)

330000-1720-0003810　普03684　經部/小學類/文字之屬/字書/字典

字彙十二卷首一卷末一卷韻法直圖一卷　（明）梅膺祚撰　**韻法橫圖一卷**　（明）李世澤撰　清同治三年(1864)積慶堂刻本　一册　存一卷(首)

330000-1720-0003811　普03685　集部/總集類/選集之屬/通代

古文翼八卷　（清）唐德宜編　清同治十二年(1873)常熟黄氏萩文堂刻本　一册　存一卷(七)

330000-1720-0003812　普03686　子部/雜家類

鬼谷子三卷　（南朝梁）陶弘景注　（清）秦恩復校　**篇目考一卷附錄一卷**　（清）秦恩復撰輯　清嘉慶十年(1805)江都秦氏石研齋刻本　二册

330000-1720-0003813　普03687　子部/藝術類/遊藝之屬/雜藝

益智圖二卷　（清）童叶庚撰　清末虎林任有容齋刻本　一册　存一卷(下)

330000-1720-0003814　普03688　集部/別集類/明別集

黄漳浦集五十卷首一卷目錄二卷　（明）黄道周撰　（清）陳壽祺重編　**漳浦黄先生年譜二卷**　（明）莊起儔編　清道光八年至十年(1828-1830)福州陳氏刻本　二十四册

330000-1720-0003815　普03689　子部/儒家類/儒學之屬/勸學

輶軒語六卷　（清）張之洞撰　**求在我齋示子弟帖一卷**　（清）成毅撰　清刻本　一册

330000-1720-0003816　普03690　集部/別集類/明別集

震川先生集三十卷別集十卷附録一卷補編一卷　（明）歸有光撰　（清）歸莊校勘　（清）錢謙益選定　（清）歸玠編輯　清光緒六年(1880)常熟歸氏刻本　十六册

330000-1720-0003817　普03691　集部/別集類/明別集

楊椒山先生集四卷椒山先生自著年譜一卷　（明）楊繼盛撰　清康熙三十七年(1698)胡范刻本　四册

330000-1720-0003818　普03692　集部/總集類/選集之屬/斷代

理學孜□□卷　（清）高忠憲等撰　（清）鄭祚等輯　清刻本　一册　存二卷(一至二)

330000-1720-0003819　普03693　集部/別集類/明別集

太師誠意伯劉文成公集二十卷首一卷 （明）劉基撰　清光緒二十六年（1900）浙江書局刻本　十册

330000－1720－0003820　普03694　子部/醫家類/婦科之屬/通論

女科經綸八卷 （清）蕭壎撰　清乾隆四十六年（1781）湖郡有鴻齋刻本　一册　存二卷（一至二）

330000－1720－0003821　普03695　類叢部/類書類/專類之屬

佩文韻府一百六卷 （清）張玉書　（清）蔡升元等輯　**韻府拾遺一百六卷** （清）汪灝（清）何焯等輯　清光緒八年（1882）上海點石齋石印本　八册　存一百九十六卷（一至二十三、三十一至八十九、九十九至一百六，韻府拾遺一至一百六）

330000－1720－0003822　普03696　集部/别集類/明别集

重刊校正唐荆川先生文集十二卷補遺五卷外集三卷附錄一卷 （明）唐順之撰　清光緒三十年（1904）江南書局刻本　十册

330000－1720－0003823　普03697　經部/小學類/文字之屬/字書/訓蒙

增註三千字文一卷 （清）補拙居士編　清刻本　一册

330000－1720－0003827　普03701　史部/編年類/通代之屬

御批歷代通鑑輯覽一百二十卷 （清）傅恒等撰　清末石印本　一册　存四卷（四十七至五十）

330000－1720－0003828　普03702　類叢部/叢書類/彙編之屬

武英殿聚珍版書　清刻本　四册　存一種

330000－1720－0003829　普03703　史部/編年類/通代之屬

御批歷代通鑑輯覽一百二十卷 （清）傅恒等撰　清末石印本　二册　存十一卷（九十六至一百六）

330000－1720－0003830　普03704　經部/小學類/音韻之屬/古今韻說

古韻通說二十卷 （清）龍啟瑞撰　清刻本一册　存十一卷（十至二十）

330000－1720－0003832　普03706　子部/醫家類/方書之屬/單方驗方

平易方四卷 （清）葉香侶輯　清刻本　一册存一卷（四）

330000－1720－0003833　普03707　類叢部/叢書類/彙編之屬

湘學報類編西政叢鈔 （清）養春堂主人編　清末石印本　一册　存一種

330000－1720－0003834　普03708　集部/詩文評類/文評之屬

四六叢話三十三卷選詩叢話一卷 （清）孫梅撰　清刻本　三册　存十一卷（四至五、二十一至二十五、二十九至三十二）

330000－1720－0003839　普03713　子部/醫家類/綜合之屬/合刻、合抄

景岳全書六十四卷 （明）張介賓撰　清刻本二册　存七卷（二十二至二十五、四十三至四十五）

330000－1720－0003841　普03715　集部/别集類/唐五代别集

河東先生文集六卷 （唐）柳宗元撰　清宣統二年（1910）上海會文堂粹記石印本　楷亭題記　五册　存五卷（一至四、六）

330000－1720－0003842　普03716　集部/别集類/明别集

青藤書屋文集三十卷 （明）徐渭撰　（明）袁宏道編　清宣統三年（1911）石印本　八册

330000－1720－0003843　普03717　類叢部/類書類/專類之屬

子史精華一百六十卷 （清）吳士玉　（清）吳襄等輯　清末石印本　五册　存一百卷（二十一至八十、一百一至一百四十）

330000－1720－0003844　普03718　集部/别集類/明别集

青湖先生文集十四卷首一卷末一卷　(明)汪應軫撰　清同治十三年(1874)汪瑔廣州刻本　二册　存四卷(首,一、六至七)

330000－1720－0003845　普03719　類叢部/類書類/通類之屬
類纂精華三十卷　(清)吳壽昌　(清)高大爵(清)吳壽國纂　清乾隆二十三年(1758)刻本　悟靜衛人題簽並記　五册　缺九卷(十七至二十五)

330000－1720－0003848　普03722　集部/別集類/唐五代別集
溫飛卿詩集七卷別集一卷集外詩一卷附錄諸家詩評一卷　(唐)溫庭筠撰　(明)曾益注　(清)顧予咸補注　(清)顧嗣立續注　清宣統二年(1910)掃葉山房石印本　三册　存七卷(三至七、別集、集外詩)

330000－1720－0003849　普03723　經部/小學類/文字之屬/字書/字典
字彙十二卷首一卷末一卷韻法直圖一卷(明)梅膺祚撰　**韻法橫圖一卷**　(明)李世澤撰　清刻本　三册　存三卷(未集、酉集、戌集)

330000－1720－0003851　普03725　子部/醫家類/傷寒金匱之屬/金匱要略
金匱要略淺注十卷　(清)陳念祖撰　清末上海錦章書局石印本　一册　存五卷(六至十)

330000－1720－0003852　普03726　集部/別集類/唐五代別集
杜詩詳註二十五卷首一卷附編二卷　(唐)杜甫撰　(清)仇兆鰲輯注　清刻本　十三册　存十三卷(二、四至五、九、十一、十三至十六、十八、二十至二十二)

330000－1720－0003853　普03727　子部/醫家類/傷寒金匱之屬/金匱要略
金匱要略淺注十卷　(清)陳念祖撰　清末石印本　一册　存五卷(一至五)

330000－1720－0003855　普03729　子部/醫家類/傷寒金匱之屬/金匱要略
金匱要略淺注十卷　(清)陳念祖撰　清末石印本　一册

330000－1720－0003856　普03730　集部/別集類/宋別集
晦庵先生朱文公文集一百卷續集五卷別集七卷目錄二卷　(宋)朱熹撰　(清)臧眉錫等訂　清康熙二十七年(1688)蔡方炳刻本　五册　存十七卷(一至十五、目錄一至二)

330000－1720－0003857　普03731　子部/醫家類/本草之屬/歷代綜合本草
本草從新十八卷　(清)吳儀洛輯　清末石印本　一册　存四卷(十至十三)

330000－1720－0003858　普03732　集部/別集類/明別集
震川先生集三十卷別集十卷附録一卷補編一卷　(明)歸有光撰　(清)歸莊校勘　(清)錢謙益選定　(清)歸玠編輯　清刻本　三册　存八卷(八至九、十二至十三、十九至二十二)

330000－1720－0003859　普03733　子部/醫家類/婦科之屬/產科
小蓬萊山館方鈔二卷　(清)馬二泉輯　清道光十七年(1837)刻本　一册　存一卷(上)

330000－1720－0003860　普03734　集部/別集類/明別集
明張文忠公全集四十六卷坿錄二卷　(明)張居正撰　清光緒二十七年(1901)紅藤碧樹山館刻本　八册　存二十五卷(文集一至十一、詩一至六、書牘十一至十五、女誡直解,坿錄一至二)

330000－1720－0003861　普03735　類叢部/叢書類/彙編之屬
古今說部叢書二百七十二種　國學扶輪社編　清宣統二年至民國二年(1910－1913)上海國學扶輪社鉛印本　一册　存十一種

330000－1720－0003862　普03736　集部/別集類/唐五代別集
溫飛卿詩集七卷別集一卷集外詩一卷附錄諸

家詩評一卷　(唐)溫庭筠撰　(明)曾益注　(清)顧予咸補注　(清)顧嗣立續注　清光緒八年(1882)泉唐汪氏萬軸山房刻本　一冊　存五卷(一至四、諸家詩評)

330000－1720－0003863　普03737　史部/編年類/通代之屬

御批歷代通鑑輯覽一百二十卷　(清)傅恆等撰　清光緒三十年(1904)上海通元書局石印本　十冊　存五十卷(十三至二十三、二十九至三十八、五十四至六十二、六十七至七十一、八十至九十四)

330000－1720－0003864　普03738　類叢部/叢書類/彙編之屬

正誼堂全書六十三種續刻五種　(清)張伯行編　(清)楊浚重編　清同治五年(1866)福州正誼書院刻同治八年至光緒十三年(1869－1887)續刻本　一冊　存一種

330000－1720－0003865　普03739　類叢部/類書類/通類之屬

淵鑑類函四十五卷　(清)張英　(清)王士禛等纂　清末石印本　一冊　存一卷(人部)

330000－1720－0003867　普03741　集部/別集類

含英軒文集十六卷(學堂芻言一卷經世曝言二卷中史辨論三卷外史論要六卷記傳雜著四卷)　鄭傳笈撰　清光緒三十年(1904)競化書局鉛印本　一冊　存一卷(中史辨論三)

330000－1720－0003868　普03742　類叢部/叢書類/郡邑之屬

永嘉叢書十三種　(清)孫衣言編　清同治至光緒瑞安孫氏詒善祠塾刻本　七冊　存四種

330000－1720－0003869　普03743　經部/三禮總義類/通論之屬

禮書通故五十卷　(清)黃以周撰　清光緒十九年(1893)黃氏試館刻本　一冊　存一卷(四十七)

330000－1720－0003871　普03745　類叢部/叢書類/郡邑之屬

永嘉叢書十三種　(清)孫衣言編　清同治至光緒瑞安孫氏詒善祠塾刻本　二冊　存二種

330000－1720－0003874　普03748　集部/小說類/短篇之屬

西湖佳話古今遺蹟十六卷　(清)墨浪子撰　清刻本　一冊　存二卷(八至九)

330000－1720－0003876　普03750　集部/別集類/明別集

方正學先生遜志齋集二十四卷拾補一卷外紀一卷記略一卷校勘記一卷　(明)方孝孺撰　(明)張紹謙纂定　**方正學先生年譜一卷附辨證一卷**　(明)盧演　(明)翁明英編　清同治十二年(1873)吳縣孫氏刻本　十六冊

330000－1720－0003877　普03751　集部/別集類/明別集

方正學先生遜志齋集二十四卷拾補一卷外紀一卷記略一卷校勘記一卷　(明)方孝孺撰　(明)張紹謙纂定　**方正學先生年譜一卷附辨證一卷**　(明)盧演　(明)翁明英編　清同治十二年(1873)吳縣孫氏刻本　十六冊

330000－1720－0003878　普03752　集部/別集類/明別集

方正學先生遜志齋集二十四卷拾補一卷外紀一卷記略一卷校勘記一卷　(明)方孝孺撰　(明)張紹謙纂定　**方正學先生年譜一卷附辨證一卷**　(明)盧演　(明)翁明英編　清同治十二年(1873)吳縣孫氏刻本　十六冊

330000－1720－0003879　普03753　集部/別集類/明別集

方正學先生遜志齋集二十四卷拾補一卷外紀一卷記略一卷校勘記一卷　(明)方孝孺撰　(明)張紹謙纂定　**方正學先生年譜一卷附辨證一卷**　(明)盧演　(明)翁明英編　清同治十二年(1873)吳縣孫氏刻本　十四冊　存二十五卷(三至二十四、拾補、外紀、校勘記)

330000－1720－0003880　普03754　集部/別集類/明別集

方正學先生遜志齋集二十四卷拾補一卷外紀一卷記略一卷校勘記一卷　(明)方孝孺撰

(明)張紹謙纂定 **方正學先生年譜一卷附辨證一卷** (明)盧演 (明)翁明英編 清同治十二年(1873)吳縣孫氏刻本 十四冊 缺四卷(三至四、十二至十三)

330000－1720－0003881 普03755 集部/別集類/明別集
方正學先生遜志齋集二十四卷拾補一卷外紀一卷記畧一卷校勘記一卷 (明)方孝孺撰 (明)張紹謙纂定 **方正學先生年譜一卷附辨證一卷** (明)盧演 (明)翁明英編 清同治十二年(1873)吳縣孫氏刻本 二冊 存三卷(二十二至二十四)

330000－1720－0003883 普03757 集部/別集類/明別集
方正學先生遜志齋集二十四卷 (明)方孝孺撰 **方正學先生遜志齋外紀二卷續集一卷** (明)姚履旋編輯 明萬曆四十年(1612)丁賓等刻本 清王棻校 一冊 存二卷(方正學先生遜志齋外紀一至二)

330000－1720－0003884 普03758 史部/政書類/通制之屬
二十四史九通政典類要合編三百二十卷 (清)黄書霖輯 清光緒二十八年(1902)約雅堂石印本 十六冊 存八十六卷(五十二至六十六、八十四至九十一、一百四十三至一百四十七、一百九十六至一百九十九、二百五至二百十六、二百四十至二百四十五、二百五十七至二百九十二)

330000－1720－0003887 普03761 史部/編年類/通代之屬
資治通鑑綱目五十九卷 (宋)朱熹撰 (明)陳仁錫評 **資治通鑑綱目續編一卷** (明)陳桱撰 (明)陳仁錫評 **資治通鑑綱目前編二十五卷** (明)南軒撰 (明)陳仁錫評 **續資治通鑑綱目二十七卷** (明)商輅等撰 (明)陳仁錫評 清刻本 五冊 存五卷(十五、十七至十八、二十五、二十七)

330000－1720－0003889 普03763 經部/叢編
通志堂經解一百三十九種一千八百四十五卷 (清)成德輯 清同治十二年(1873)粵東書局刻本 四百七十三冊 缺二十二卷(周易本義通釋十一至十二、木訥先生春秋經筌三至七、禮記集說一至十五)

330000－1720－0003890 普03764 經部/叢編
通志堂經解一百三十九種一千八百四十五卷 (清)成德輯 清同治十二年(1873)粵東書局刻本 八十二冊 存二十七種

330000－1720－0003891 普03765 集部/別集類/清別集
潛研堂文集五十卷 (清)錢大昕撰 清嘉慶十一年(1806)瞿中溶刻本 十二冊

330000－1720－0003892 普03766 集部/別集類/清別集
胡文忠公遺集十卷首一卷 (清)胡林翼撰 (清)閻敬銘 (清)厲雲官 (清)盛康輯 清同治七年(1868)吳申甫醉六堂刻本 八冊

330000－1720－0003893 普03767 集部/別集類/清別集
曝書亭集八十卷附錄一卷 (清)朱彝尊撰 **笛漁小稾十卷** (清)朱昆田撰 清康熙五十三年(1714)朱稻孫刻本 十六冊

330000－1720－0003894 普03768 集部/總集類/氏族之屬
寧都三魏全集八十三卷 (清)林時益編 清康熙易堂刻本 三十六冊 存二種

330000－1720－0003895 普03769 集部/別集類/清別集
遜學齋文鈔十卷首一卷末一卷 (清)孫衣言撰 清同治十二年(1873)刻光緒增刻本 四冊

330000－1720－0003896 普03770 集部/別集類/清別集
遜學齋文鈔十卷首一卷末一卷 (清)孫衣言撰 清同治十二年(1873)刻本 四冊

330000－1720－0003897 普03771 集部/別

集類/清別集

遜學齋文鈔十二卷首一卷末一卷　(清)孫衣言撰　清同治十二年(1873)刻光緒增刻本　三冊　存九卷(首、一至八)

330000-1720-0003898　普03772　集部/別集類/清別集

遜學齋文鈔十二卷首一卷末一卷續鈔五卷　(清)孫衣言撰　清同治十二年(1873)刻光緒增刻本　三冊　存十卷(首,一至二、六至七,續鈔一至五)

330000-1720-0003899　普03773　集部/別集類/清別集

遜學齋詩鈔十卷　(清)孫衣言撰　清同治三年(1864)刻本　二冊

330000-1720-0003900　普03774　集部/別集類/清別集

遜學齋詩鈔十卷　(清)孫衣言撰　清同治三年(1864)刻本　二冊

330000-1720-0003901　普03775　集部/別集類/清別集

遜學齋詩鈔十卷　(清)孫衣言撰　清同治三年(1864)刻本　一冊　存五卷(一至五)

330000-1720-0003905　普03779　類叢部/叢書類/郡邑之屬

畿輔叢書一百二十六種　(清)王灝編　清光緒五年至十八年(1879-1892)定州王氏謙德堂刻三十二年(1906)彙印本　十二冊　存一種

330000-1720-0003906　普03780　集部/別集類/清別集

三魚堂文集十二卷外集六卷附錄一卷賸言十二卷　(清)陸隴其撰　**年譜一卷**　(清)吳光酉編　清同治七年(1868)楊昌濬武林薇署刻本　七冊

330000-1720-0003907　普03781　集部/別集類/清別集

三魚堂文集十二卷外集六卷附錄一卷　(清)陸隴其撰　清康熙四十年(1701)嘉會堂刻本　六冊

330000-1720-0003908　普03782　集部/別集類/清別集

鮚埼亭集三十八卷經史問答十卷鮚埼亭集外編五十卷　(清)全祖望撰　**全氏世譜一卷年譜一卷**　(清)董秉純撰　清嘉慶九年(1804)餘姚史夢蛟借樹山房刻同治十一年(1872)印本(經史問答爲清乾隆三十年董秉純刻本)　二十四冊　缺一卷(十六)

330000-1720-0003909　普03783　集部/別集類/清別集

鮚埼亭集三十八卷經史問答十卷鮚埼亭集外編五十卷　(清)全祖望撰　**全氏世譜一卷年譜一卷**　(清)董秉純撰　清嘉慶九年(1804)餘姚史夢蛟借樹山房刻同治十一年(1872)印本(經史問答爲清乾隆三十年董秉純刻本)　二十冊　存六十三卷(一至十六,經史問答四至十,鮚埼亭集外編六至二十一、二十五至四十六,全氏世譜,年譜)

330000-1720-0003910　普03784　集部/別集類/清別集

鮚埼亭集三十八卷經史問答十卷鮚埼亭集外編五十卷　(清)全祖望撰　**全氏世譜一卷年譜一卷**　(清)董秉純撰　清嘉慶九年(1804)餘姚史夢蛟借樹山房刻同治十一年(1872)印本(經史問答爲清乾隆三十年董秉純刻本)　二十八冊

330000-1720-0003911　普03785　類叢部/叢書類/彙編之屬

風雨樓叢書二十三種　鄧實編　清宣統順德鄧氏鉛印本　四冊　存一種

330000-1720-0003912　普03786　集部/別集類/清別集

梅村詩集箋注十八卷　(清)吳偉業撰　(清)吳翌鳳箋注　清光緒十年(1884)湖北官書處刻本　十冊　存十五卷(一至五、七至十五、十八)

330000-1720-0003913　普03787　集部/別集類/清別集

梅村詩集箋注十八卷　(清)吳偉業撰　(清)吳翌鳳箋注　清光緒十年(1884)湖北官書處刻本　十二冊

330000－1720－0003914　普03788　集部/別集類/清別集

梅村詩集箋注十八卷　(清)吳偉業撰　(清)吳翌鳳箋注　清光緒十年(1884)湖北官書處刻本　十二冊

330000－1720－0003915　普03789　集部/別集類/清別集

梅村詩集箋注十八卷　(清)吳偉業撰　(清)吳翌鳳箋注　清光緒二十二年(1896)新化三味堂刻本　陳元斌題記　六冊　存十一卷(八至十八)

330000－1720－0003916　普03790　集部/別集類/清別集

吳詩集覽二十卷補註二十卷吳詩談藪二卷拾遺一卷　(清)吳偉業撰　(清)靳榮藩注並輯　清乾隆四十年(1775)凌雲亭刻四十六年(1781)重修本　十六冊　存二十一卷(吳詩集覽一至二十、吳詩談藪上)

330000－1720－0003917　普03791　集部/別集類/清別集

壯悔堂文集十卷遺稿一卷首一卷四憶堂詩集六卷遺稿一卷　(清)侯方域著　(清)賈開宗等評點　清宣統元年(1909)上海中國圖書公司鉛印本　四冊

330000－1720－0003920　普03794　集部/別集類/清別集

亭林詩集五卷　(清)顧炎武撰　清光緒二年(1876)湖南書局刻本　二冊

330000－1720－0003922　普03796　集部/別集類/清別集

袁文箋正十六卷補註一卷　(清)袁枚撰　(清)石韞玉輯　**增訂袁文箋正四卷**　(清)袁枚撰　(清)魏大縉輯　清光緒十四年(1888)上海蜚英館石印本　三冊

330000－1720－0003924　普03798　集部/別集類/清別集

木雞書屋文鈔四卷二集六卷三集八卷四集六卷五集六卷　(清)黃金臺撰　清道光五年至咸豐元年(1825－1851)刻同治十年(1871)黃晉馝心窗樓補刻本　二冊　存四卷(文鈔一至四)

330000－1720－0003925　普03799　集部/總集類/選集之屬/斷代

八家詩選八種　(清)吳之振編　清康熙十一年(1672)洲泉吳氏鑑古堂刻本　四冊

330000－1720－0003926　普03800　類叢部/叢書類/自著之屬

甌北全集八種　(清)趙翼撰　清乾隆至嘉慶湛貽堂刻本　十八冊　存三種

330000－1720－0003929　普03803　類叢部/叢書類/郡邑之屬

粟香室叢書五十九種　金武祥編　清光緒至民國江陰金氏刻本　四冊　存四種

330000－1720－0003930　普03804　類叢部/叢書類/郡邑之屬

粟香室叢書五十九種　金武祥編　清光緒至民國江陰金氏刻本　二冊　存二種

330000－1720－0003931　普03805　子部/小說家類/異聞之屬

池上草堂筆記八卷　(清)梁恭辰撰　清同治十二年(1873)聽鸝館主人金陵刻本　二冊　存二卷(三、七)

330000－1720－0003932　普03806　類叢部/叢書類/自著之屬

曾惠敏公全集四種十七卷　(清)曾紀澤撰　清末石印本　一冊　存一種

330000－1720－0003933　普03807　經部/春秋左傳類/傳說之屬

春秋左傳杜注三十卷首一卷　(清)姚培謙撰　清刻本　一冊　存三卷(二十五至二十七)

330000－1720－0003934　普03808　類叢部/叢書類/彙編之屬

心矩齋叢書十一種　(清)蔣鳳藻編　清光緒

長洲蔣氏刻本　二冊　存一種

330000－1720－0003935　普 03809　經部/春秋左傳類/傳説之屬

左繡三十卷首一卷　(清)馮李驊　(清)陸浩評輯　清末石印本　一冊　存三卷(二十三至二十四)

330000－1720－0003936　普 03810　子部/醫家類/綜合之屬/合刻、合抄

景岳全書六十四卷　(明)張介賓撰　清刻本　十七冊　存四十七卷(三至六、九至二十一、二十六至二十九、三十四至四十五、五十至六十三)

330000－1720－0003937　普 03811　集部/別集類/清別集

湛園未定藁六卷　(清)姜宸英撰　清宣統二年(1910)寧波汲綆齋書局、上海國學扶輪社石印本　六冊

330000－1720－0003938　普 03812　經部/叢編

皇清經解一千四百八卷首一卷　(清)阮元輯　清道光九年(1829)廣東學海堂刻咸豐十一年(1861)補刻本　四冊　存十一卷(二百八十八至二百八十九、二百九十三至三百一)

330000－1720－0003939　普 03813　集部/別集類/清別集

二曲集□□卷　(清)李顒撰　清刻本　三冊　存五卷(十八至十九、二十四至二十六)

330000－1720－0003940　普 03814　史部/編年類/斷代之屬

御撰資治通鑑綱目三編二十卷　(清)張廷玉等撰　清刻本　一冊　存六卷(五至十)

330000－1720－0003941　普 03815　集部/別集類/清別集

安般簃詩續鈔(安般簃集)十卷附春闈雜詠一卷　(清)袁昶撰　清光緒袁氏小漚巢刻本　四冊　缺一卷(春闈雜詠)

330000－1720－0003942　普 03816　集部/別集類/清別集

安般簃詩續鈔(安般簃集)十卷附春闈雜詠一卷　(清)袁昶撰　清光緒袁氏小漚巢刻本　二冊　存四卷(七至十)

330000－1720－0003943　普 03817　史部/編年類/通代之屬

御批歷代通鑑輯覽一百二十卷　(清)傅恒等撰　清刻朱墨套印本　一冊　存三卷(三十九至四十一)

330000－1720－0003944　普 03818　集部/別集類/清別集

于湖小集六卷附金陵褉事詩一卷　(清)袁昶撰　清光緒二十年(1894)水明樓刻本　二冊　存四卷(一至四)

330000－1720－0003945　普 03819　集部/別集類/清別集

于湖小集六卷附金陵褉事詩一卷　(清)袁昶撰　清光緒二十年(1894)水明樓刻本　二冊　存三卷(一至三)

330000－1720－0003946　普 03820　類叢部/叢書類/彙編之屬

漸西村舍彙刊(漸西村舍叢刻)四十四種　(清)袁昶編　清光緒十六年至二十四年(1890－1898)桐廬袁氏刻本　三冊　存一種

330000－1720－0003947　普 03821　史部/傳記類/科舉録之屬/歷科鄉試録

順天鄉試錄不分卷　清光緒二十八年(1902)刻本　六冊

330000－1720－0003949　普 03823　史部/傳記類/科舉録之屬/歷科登科録

朝考卷一卷　(清)李文田等撰　清石印本　一冊

330000－1720－0003950　普 03824　集部/別集類/清別集

太乙舟文集八卷　(清)陳用光撰　清道光二十三年(1843)陳大煥孝友堂武昌刻本　二冊　存三卷(一至二、八)

330000－1720－0003951　普 03825　集部/別集類/清別集

豸華堂文鈔八卷　(清)金應麟撰　清刻本　二册

330000－1720－0003952　普03826　子部/醫家類/診法之屬/脈經脈訣
圖註脈訣辨真四卷脈訣附方一卷　題(晉)王叔和撰　(明)張世賢注　清刻本　一册　存二卷(一至二)

330000－1720－0003953　普03827　子部/醫家類/溫病之屬/瘧痢
痢證匯參十卷　(清)吳道源輯　清乾隆三十八年(1773)敦厚堂刻本　一册　存二卷(一至二)

330000－1720－0003954　普03828　子部/醫家類/溫病之屬/其他溫疫病證
溫病條辨六卷首一卷　(清)吳瑭撰　(清)朱武曹點評　清光緒十五年(1889)葉金潮濬吾樓刻本　一册　存一卷(二)

330000－1720－0003955　普03829　子部/醫家類/傷寒金匱之屬/傷寒論
傷寒來蘇集三種　(清)柯琴撰　清乾隆二十年(1755)崑山馬中驊綏福堂刻本　二册　存一種

330000－1720－0003956　普03830　子部/醫家類/兒科之屬/痘疹
沈氏痳科一卷　(清)趙開泰輯　清光緒二年(1876)黃邑管作鼎刻本　一册

330000－1720－0003957　普03831　集部/別集類/清別集
望溪先生文集十八卷集外文十卷集外文補遺二卷年譜二卷　(清)方苞撰　清咸豐元年(1851)戴鈞衡刻二年(1852)增刻本　十六册

330000－1720－0003958　普03832　集部/別集類/清別集
望溪先生文集十八卷集外文十卷集外文補遺二卷年譜二卷　(清)方苞撰　清咸豐元年(1851)戴鈞衡刻二年(1852)增刻本　十六册

330000－1720－0003962　普03836　集部/別集類/清別集
通義堂集二卷　(清)劉毓崧撰　清光緒十六年(1890)思賢講舍刻本　一册

330000－1720－0003963　普03837　集部/總集類/彙編之屬
臨海葉氏蔭玉閣叢書　(清)葉書輯　清光緒臨海葉氏木活字印本　鶴帆題簽並記　一册　存一種

330000－1720－0003964　普03838　集部/總集類/郡邑之屬
台山懷舊集十二卷　(清)張廷俊選　**同懷集附一卷**　(清)盧錫埰選　清嘉慶元年(1796)刻本　四册

330000－1720－0003965　普03839　集部/別集類/清別集
更生齋文甲集四卷文乙集四卷附鮚軒詩八卷詩餘二卷　(清)洪亮吉撰　清嘉慶七年(1802)旌德洋川書院刻本　三册　存十二卷(甲集一至四、附鮚軒詩一至八)

330000－1720－0003966　普03840　集部/別集類/清別集
大雲山房文稿初集四卷二集四卷　(清)惲敬撰　清光緒十四年(1888)官書處刻本　八册

330000－1720－0003967　普03841　史部/傳記類/科舉録之屬/歷科鄉試録
順天鄉試錄不分卷　清光緒二十八年(1902)刻本　一册

330000－1720－0003968　普03842　經部/小學類/文字之屬/字書/字典
字彙十二卷首一卷末一卷韻法直圖一卷　(明)梅膺祚撰　**韻法橫圖一卷**　(明)李世澤撰　清刻本　二册　存二卷(巳集、午集)

330000－1720－0003969　普03843　類叢部/叢書類/彙編之屬
文選樓叢書三十三種　(清)阮亨編　清嘉慶至道光阮元刻道光二十二年(1842)阮亨彙印本　十二册　存一種

330000－1720－0003970　普03844　經部/小學類/文字之屬/字書/字典

康熙字典十二集三十六卷總目一卷檢字一卷辨似一卷等韻一卷補遺一卷備考一卷　(清)張玉書等纂修　清刻本　十册　存十卷(卯集上中下、辰集下、巳集上中下、午集下、申集上中)

330000－1720－0003971　普03845　類叢部/叢書類/彙編之屬

文選樓叢書三十三種　(清)阮亨編　清嘉慶至道光阮元刻道光二十二年(1842)阮亨彙印本　十二册　存一種

330000－1720－0003972　普03846　集部/別集類/清別集

小倉山房詩集三十一卷補遺一卷附錄一卷　(清)袁枚撰　清刻本　二册　存十四卷(一至八、二十八至三十一,補遺,附錄)

330000－1720－0003973　普03847　集部/別集類/清別集

本朝文讀本不分卷　(清)袁枚撰　清刻本　四册

330000－1720－0003974　普03848　經部/詩類/傳說之屬

詩經旁訓四卷　(清)徐立綱撰　(清)俞質仁輯　清黄巖俞大酉山房刻本　丁介士題簽並記　三册　存三卷(二至四)

330000－1720－0003975　普03849　經部/叢編

五經旁訓十九卷　(清)徐立綱旁訓　清匠門書屋刻墨潤堂印本　三册　存一種

330000－1720－0003977　普03851　經部/禮記類/傳說之屬

禮記增訂旁訓六卷　(清)徐立綱撰　清簡香齋刻本　五册　存五卷(二至六)

330000－1720－0003978　普03852　經部/禮記類/傳說之屬

禮記增訂旁訓六卷　(清)徐立綱撰　清簡香齋刻本　二册　存二卷(四、六)

330000－1720－0003979　普03853　集部/別集類/清別集

小謨觴館文集四卷　(清)彭兆蓀撰　清光緒七年(1881)近性樓刻本　二册

330000－1720－0003980　普03854　經部/禮記類/傳說之屬

禮記旁訓辨體合訂六卷　(清)徐立綱輯　清三益堂刻本　五册　缺一卷(六)

330000－1720－0003981　普03855　集部/別集類/清別集

小謨觴館詩集注八卷詩餘注一卷詩續集注二卷續集詩餘注一卷文集注四卷文續集注二卷　(清)彭兆蓀撰　(清)孫元培　(清)孫長熙注　清光緒二十年(1894)泉唐汪氏刻本　六册　存十二卷(一至六、文集注一至四、文續集注一至二)

330000－1720－0003982　普03856　經部/禮記類/傳說之屬

禮記旁訓辨體合訂六卷　(清)徐立綱輯　清同治十二年(1873)奎照樓刻本　五册　缺一卷(二)

330000－1720－0003984　普03858　類叢部/叢書類/彙編之屬

風雨樓叢書二十三種　鄧實編　清宣統順德鄧氏鉛印本　二册　存一種

330000－1720－0003985　普03859　經部/禮記類/傳說之屬

禮記增訂旁訓六卷　(清)徐立綱撰　清養正堂刻本　六册

330000－1720－0003986　普03860　集部/別集類/清別集

定盦文集三卷續集四卷文集補編四卷續錄一卷古今體詩二卷己亥雜詩一卷詞選一卷詞錄一卷　(清)龔自珍撰　清光緒二十九年(1903)文瑞樓石印本　二册

330000－1720－0003987　普03861　集部/別集類/清別集

定盦文集三卷續集四卷文集補編四卷續錄一卷古今體詩二卷己亥雜詩一卷詞選一卷詞錄一卷　(清)龔自珍撰　清光緒二十九年

(1903)文瑞樓石印本　三冊　缺四卷(文集補編一至四)

330000－1720－0003988　普03862　集部/别集類/清别集

校訂定盦全集十卷　(清)龔自珍撰　**定盦年譜藁本一卷**　(清)黄守恆撰　清宣統二年(1910)時中書局鉛印本　一冊　存一卷(一)

330000－1720－0003989　普03863　集部/别集類/清别集

定盦文集三卷續集四卷續録一卷古今體詩二卷己亥雜詩一卷庚子雅詞一卷　(清)龔自珍撰　清同治七年(1868)吴煦刻本　四冊　缺二卷(己亥雜詩、庚子雅詞)

330000－1720－0003990　普03864　集部/别集類/清别集

蠶尾集十卷後集二卷續集二卷　(清)王士禛撰　清宣統三年(1911)上海集成圖書公司影印本　四冊

330000－1720－0003991　普03865　集部/别集類/清别集

遜學齋文鈔十二卷首一卷末一卷　(清)孫衣言撰　清同治十二年(1873)刻光緒增刻本　二冊　存七卷(首、一至六)

330000－1720－0003993　普03867　集部/别集類/清别集

兩當軒詩鈔十四卷悔存詞鈔二卷　(清)黄景仁撰　清嘉慶四年(1799)長寧趙希璜河南高堰廳署刻二十二年(1817)侯官鄭炳文補刻萉古山房印本　六冊

330000－1720－0003994　普03868　集部/别集類/明别集

方正學先生遜志齋集二十四卷拾補一卷外紀一卷記畧一卷校勘記一卷　(明)方孝孺撰　(明)張紹謙纂定　**方正學先生年譜一卷附辨證一卷**　(明)盧演　(明)翁明英編　清同治十二年(1873)吴縣孫氏刻本　十六冊

330000－1720－0003996　普03870　史部/編年類/通代之屬

鼎鍥趙田了凡袁先生編纂古本歷史大方綱鑑補三十九卷首一卷　(明)袁黄纂　**御撰資治通鑑綱目三編二十二卷**　(清)張廷玉等編次　清末石印本　二冊　存三卷(二、御撰資治通鑑綱目三編一至二)

330000－1720－0003997　普03871　史部/編年類/通代之屬

袁王綱鑑合編三十九卷首一卷　(明)袁黄輯　(明)王世貞編　清末石印本　二冊　存六卷(十六至十八、三十七至三十九)

330000－1720－0003998　普03872　史部/編年類/通代之屬

增評加批歷史綱鑑補三十九卷首一卷　(明)王世貞　(明)袁黄纂　清末上海中華書局石印本　三冊　存九卷(二至四、三十一至三十三、三十七至三十九)

330000－1720－0003999　普03873　史部/編年類/通代之屬

袁王綱鑑合編三十九卷首一卷　(明)袁黄輯　(明)王世貞編　清末上海商務印書館鉛印本　九冊　存二十六卷(五至三十)

330000－1720－0004001　普03875　類叢部/叢書類/彙編之屬

古逸叢書二十六種　(清)黎庶昌編　清光緒八年至十年(1882－1884)黎庶昌日本東京使署影刻本　十冊　存二種

330000－1720－0004002　普03876　史部/地理類/總志之屬/斷代

大清一統志四百二十四卷　(清)和珅等纂修　清末石印本　十二冊　存七十五卷(一至九、二百九至二百十九、二百二十六至二百四十八、二百五十七至二百八十、二百九十七至三百四)

330000－1720－0004003　普03877　集部/别集類/清别集

胡文忠公遺集八十六卷首一卷　(清)胡林翼撰　(清)鄭敦謹　(清)曾國荃輯　(清)胡鳳丹重編　清末石印本　七冊　存八十一卷(六至八十六)

330000－1720－0004004　普 03878　集部/别集類/清别集

胡文忠公遺集八十六卷首一卷　(清)胡林翼撰　(清)鄭敦謹　(清)曾國荃輯　(清)胡鳳丹重編　清光緒十四年(1888)上海著易堂石印本　五册　存五十三卷(首,一至十九、二十八至六十)

330000－1720－0004005　普 03879　類叢部/叢書類/家集之屬

新城王氏家集四十種　(清)□□編　明崇禎至清康熙刻彙印本　四册　存一種

330000－1720－0004006　普 03880　集部/别集類/清别集

潛虚先生文集十四卷遺集一卷年譜一卷　(清)戴名世撰　清光緒十八年(1892)刻本　六册　存十一卷(一、四至十一,遺集,年譜)

330000－1720－0004008　普 03882　集部/别集類/清别集

漁洋山人精華錄箋注十二卷補一卷年譜一卷附錄一卷　(清)王士禛撰　(清)金榮箋注　(清)徐淮纂輯　清康熙五十一年(1712)鳳翽堂刻本　六册

330000－1720－0004009　普 03883　類叢部/類書類/通類之屬

重訂事類賦三十卷　(宋)吳淑撰並注　清刻本　一册　存四卷(十至十三)

330000－1720－0004010　普 03884　集部/别集類/清别集

漁洋山人精華錄箋注十二卷補一卷年譜一卷附錄一卷　(清)王士禛撰　(清)金榮箋注　(清)徐淮纂輯　清刻本　七册　存七卷(一至七)

330000－1720－0004012　普 03886　集部/别集類/清别集

求闕齋文鈔不分卷　(清)曾國藩撰　清同治十一年(1872)李鴻章刻本　清王棻校並題記　二册

330000－1720－0004020　普 03894　集部/别集類/清别集

笠翁一家言全集十六卷　(清)李漁撰　清雍正芥子園刻本　陳桂林題簽並記　十五册　缺一卷(詩集一)

330000－1720－0004021　普 03895　集部/别集類/清别集

梅崖居士文集三十卷首一卷外集八卷　(清)朱仕琇撰　清乾隆四十七年(1782)新城魯仕驥刻道光重修本　十册　缺五卷(外集四至八)

330000－1720－0004022　普 03896　集部/别集類/清别集

湖海樓全集五十一卷　(清)陳維崧撰　清光緒十七年(1891)弇山鐸署刻本　二十册

330000－1720－0004023　普 03897　集部/别集類/清别集

樊榭山房全集四十二卷　(清)厲鶚撰　清光緒十年至十五年(1884－1889)汪氏振綺堂刻本　十册　缺三卷(集外詞、集外文、輓辭)

330000－1720－0004024　普 03898　集部/别集類/清别集

曝書亭集八十卷附錄一卷　(清)朱彝尊撰

笛漁小稾十卷　(清)朱昆田撰　清康熙五十三年(1714)朱稻孫刻本　九册　存四十七卷(十至十三、十九至四十七、五十六至六十一、七十四至八十,附錄)

330000－1720－0004025　普 03899　集部/别集類/清别集

陳檢討集二十卷　(清)陳維崧撰　(清)程師恭注　清道光二年(1822)金閶步月樓刻本　四册　存十四卷(一至十四)

330000－1720－0004026　普 03900　類叢部/叢書類/自著之屬

甌北全集八種　(清)趙翼撰　清乾隆至嘉慶湛貽堂刻本　四册　存一種

330000－1720－0004028　普 03902　集部/總集類/郡邑之屬

西泠五布衣遺箸五種　(清)丁丙輯　清同治

至光緒錢塘丁氏當歸草堂刻本　四冊　存二種

330000－1720－0004030　普03904　類叢部/叢書類/自著之屬
惜抱軒全集十種　（清）姚鼐撰　清同治五年(1866)李瀚章省心閣刻本　漱泉題簽並記　七冊　存四種

330000－1720－0004032　普03906　經部/小學類/訓詁之屬/譯語
法字入門一卷　（清）龔渭琳編譯　清光緒十三年(1887)上海美華書館鉛印本　一冊

330000－1720－0004033　普03907　類叢部/叢書類/自著之屬
吴翊寅所著書七種　（清）吴翊寅撰　清光緒十九年至二十一年(1893－1895)廣州刻本　四冊　存一種

330000－1720－0004034　普03908　集部/别集類/清别集
變雅堂文集八卷詩集十卷附錄二卷　（清）杜濬撰　清光緒二十年(1894)黄岡沈氏刻本　四冊　存十五卷(三至五、詩集一至十、附錄一至二)

330000－1720－0004036　普03910　集部/别集類/清别集
有正味齋駢文箋注十六卷補注一卷　（清）吴錫麒撰　（清）葉聯芬注　清道光二十年(1840)慈谿葉氏刻本　五冊　存十二卷(一、三至八、十一至十五)

330000－1720－0004037　普03911　集部/别集類/清别集
有正味齋駢文箋注十六卷補注一卷　（清）吴錫麒撰　（清）葉聯芬注　清道光二十年(1840)慈谿葉氏刻本　一冊　存十四卷(四至十六、補注)

330000－1720－0004038　普03912　集部/别集類/清别集
有正味齋駢文箋注十六卷補注一卷　（清）吴錫麒撰　（清）葉聯芬注　清刻本　三冊　存七卷(九至十五)

330000－1720－0004040　普03914　集部/别集類/清别集
沈文忠公集十卷自訂年譜一卷　（清）沈兆霖撰　（清）錢保塘編　清同治八年(1869)刻本　二冊　存四卷(四至七)

330000－1720－0004041　普03915　經部/叢編
重刊宋本十三經注疏四百十六卷　附十三經注疏校勘記四百十六卷　（清）阮元撰　（清）盧宣旬摘錄　**校勘記識語四卷**　（清）汪文臺撰　清光緒十三年(1887)上海脈望仙館石印本　一冊　存一種

330000－1720－0004043　普03917　集部/别集類/清别集
介軒詩鈔十卷文鈔八卷外集二卷　（清）張振夔撰　清同治九年(1870)刻本　五冊　缺四卷(文鈔五至八)

330000－1720－0004044　普03918　子部/醫家類/綜合之屬/通論
辨證奇聞十卷　（清）陳士鐸撰　（清）錢松删定　清末石印本　三冊　存五卷(五至九)

330000－1720－0004045　普03919　史部/編年類/通代之屬
御批歷代通鑑輯覽一百二十卷　（清）傅恆等撰　清通文書局石印本　三冊　存十二卷(一百至一百十一)

330000－1720－0004046　普03920　集部/别集類/清别集
介軒詩鈔十卷文鈔八卷外集二卷　（清）張振夔撰　清同治九年(1870)刻本　六冊　存十六卷(三至十、文鈔一至八)

330000－1720－0004048　普03922　集部/别集類/清别集
介軒詩鈔十卷文鈔八卷外集二卷　（清）張振夔撰　清同治九年(1870)刻本　八冊

330000－1720－0004049　普03923　集部/别集類/宋别集

王臨川文集四卷　(宋)王安石撰　清宣統二年(1910)上海會文堂書局石印本　三冊　存三卷(一至三)

330000－1720－0004051　普 03925　類叢部/叢書類/彙編之屬

半厂叢書初編十種　(清)譚獻編　清同治至光緒仁和譚氏刻本　三冊　存二種

330000－1720－0004054　普 03928　集部/別集類/唐五代別集

河東先生文集六卷　(唐)柳宗元撰　清末石印本　二冊　存二卷(五至六)

330000－1720－0004055　普 03929　子部/小說家類/雜事之屬

虞初新志二十卷　(清)張潮輯　清咸豐元年(1851)小嫏嬛山館刻本　一冊　存二卷(十九至二十)

330000－1720－0004056　普 03930　類叢部/叢書類/自著之屬

煙嶼樓集四種　(清)徐時棟撰　清同治至光緒刻彙印本　四冊　存一種

330000－1720－0004058　普 03932　子部/天文曆算類/算書之屬

翼梅八卷續一卷　(清)江永撰　清光緒七年(1881)羣玉山房刻本　四冊　存八卷(一至八)

330000－1720－0004060　普 03934　集部/別集類/清別集

忠雅堂詩集二十七卷補遺二卷銅絃詞附南北曲二卷　(清)蔣士銓撰　清刻本　一冊　存一卷(銅絃詞附南北曲下)

330000－1720－0004061　普 03935　集部/別集類/清別集

敦艮齋遺書十七卷　(清)徐潤第撰　清道光二十八年(1848)五臺徐繼畬福州刻本　一冊　存三卷(一至三)

330000－1720－0004063　普 03937　集部/別集類/清別集

遠志齋文稿四卷詩稿二卷　(清)葛士達著　(清)段鎮等編輯　清光緒九年(1883)黎陽縣署自刻本　二冊　存二卷(二至三)

330000－1720－0004065　普 03939　集部/總集類/選集之屬/通代

文選六十卷　(南朝梁)蕭統輯　(唐)李善注　**文選考異十卷**　(清)胡克家撰　清光緒十六年(1890)上海鴻文書局石印本　六冊

330000－1720－0004066　普 03940　集部/別集類/清別集

船山詩草二十卷　(清)張問陶撰　清嘉慶二十年(1815)經文堂刻本　四冊　存九卷(一至三、十至十五)

330000－1720－0004067　普 03941　類叢部/叢書類/家集之屬

侯官陳氏遺書　(清)陳壽祺　(清)陳喬樅撰　清嘉慶至同治三山陳氏刻本　一冊　存三種

330000－1720－0004069　普 03943　史部/政書類/通制之屬

皇朝文獻通考三百卷　(清)嵇璜　(清)曹仁虎等纂修　清刻本　三十六冊　存七十卷(四十六至四十八、五十一至六十七、七十至七十五、一百六十四至一百六十五、一百六十九至一百八十、一百八十四至一百八十五、一百八十九至一百九十四、二百一至二百二、二百九至二百二十八)

330000－1720－0004070　普 03944　集部/別集類/唐五代別集

樊川詩集四卷詩補遺一卷外集一卷別集一卷　(唐)杜牧撰　(清)馮集梧注　清刻本　一冊　存一卷(一)

330000－1720－0004071　普 03945　子部/兵家類/兵法之屬

孫子十家註十三卷　(三國魏)武帝曹操等撰　**敘錄一卷**　(清)畢以珣撰　**遺說一卷**　(宋)鄭友賢撰　清刻本　一冊　存二卷(九至十)

330000－1720－0004072　普 03946　子部/雜

著類/雜說之屬

論學舉隅二卷 (清)兩部鼓吹軒編校 清末石印本 一冊 存一卷(二)

330000－1720－0004073 普03947 史部/傳記類/别傳之屬

宜堂類編二十五卷 丁立中編 清光緒二十六年(1900)錢塘丁氏嘉惠堂刻本 一冊 存五卷(一至五)

330000－1720－0004075 普03949 類叢部/叢書類/郡邑之屬

武林往哲遺箸五十六種後編十種 (清)丁丙編 清光緒二十年至二十六年(1894－1900)錢塘丁氏嘉惠堂刻本 二冊 存一種

330000－1720－0004076 普03950 類叢部/叢書類/彙編之屬

漢魏叢書(增訂漢魏叢書)九十六種 (清)王謨編 清光緒六年(1880)三餘堂刻本 一冊 存一種

330000－1720－0004077 普03951 集部/小說類/長篇之屬

西遊真詮六卷一百回 (清)陳士斌詮解 清善成堂刻本 二冊

330000－1720－0004079 普03953 集部/總集類/尺牘之屬

分類尺牘備覽正集三十卷續集八卷 (清)王虎榜輯 清末石印本 四冊 存四卷(二至四、八)

330000－1720－0004082 普03956 集部/總集類/選集之屬/通代

重訂文選集評十五卷首一卷末一卷 (清)于光華輯 清同治七年(1868)刻本 十五冊 缺一卷(一)

330000－1720－0004083 普03957 集部/别集類/宋别集

山谷内集詩註二十卷外集詩註十七卷别集詩註二卷 (宋)黄庭堅撰 (宋)任淵 (宋)史容 (宋)史溫注 清光緒二十一年至二十五年(1895－1899)義寧陳三立刻宣統二年(1910)印本 六冊 存十五卷(外集詩註一至四、九至十七,别集詩註一至二)

330000－1720－0004085 普03959 集部/總集類/選集之屬/通代

重訂文選集評十五卷首一卷末一卷 (清)于光華輯 清刻本 五冊 存五卷(五、七、九、十一至十二)

330000－1720－0004086 普03960 集部/總集類/選集之屬/通代

重訂文選集評十五卷首一卷末一卷 (清)于光華輯 清刻本 一冊 存一卷(十一)

330000－1720－0004087 普03961 集部/總集類/選集之屬/通代

文選六十卷 (南朝梁)蕭統輯 (唐)李善注 清末石印本 六冊 存二十八卷(三至三十)

330000－1720－0004088 普03962 集部/總集類/選集之屬/通代

文選五卷首一卷 (南朝梁)蕭統輯 (唐)李善注 **文選考異一卷** (清)胡克家撰 清末石印本 四冊 存四卷(二至三、五,考異)

330000－1720－0004089 普03963 經部/四書類/總義之屬/傳說

四書典林三十卷四書古人典林十二卷 (清)江永輯 清寧波汲綆齋刻本 三冊 存九卷(古人典林一至七、十一至十二)

330000－1720－0004090 普03964 經部/四書類/總義之屬/傳說

四書典林三十卷四書古人典林十二卷 (清)江永輯 清寧波汲綆齋刻本 五冊 存十三卷(一至二、五至七、十三至十四、十九至二十四)

330000－1720－0004091 普03965 類叢部/類書類/通類之屬

小嫏嬛山館彙刊類書十二種 (清)小嫏嬛山館編 清刻本 二冊 存二種

330000－1720－0004092 普03966 集部/總集類/選集之屬/通代

文選五卷首一卷 (南朝梁)蕭統輯 (唐)李善注 **文選考異一卷** (清)胡克家撰 清末石印本 二冊 存二卷(五、考異)

330000－1720－0004093 普 03967 類叢部/類書類/通類之屬

淵鑑類函四十五卷 (清)張英 (清)王士禛等纂 清末石印本 五冊 存二十五卷(文學部、武功部、邊塞部、人部、釋教部、道部、靈異部、方術部、巧藝部、京邑部、州郡部、居處部、產業部、火部、珍寶部、布帛部、儀飾部、服飾部、器物部、舟部、車部、食物部、五穀部、藥部、菜蔬部)

330000－1720－0004094 普 03968 集部/總集類/彙編之屬

山曉閣文選十五種 (清)孫琮編 清康熙山曉閣刻本 十四冊 存八種

330000－1720－0004095 普 03969 集部/總集類/選集之屬/斷代

初唐四傑文集二十一卷 (清)□□編 清光緒五年(1879)淮南書局刻本 四冊

330000－1720－0004096 普 03970 集部/總集類/選集之屬/通代

六朝文絜四卷 (清)許槤評選 清光緒三年(1877)南海馮氏讀有用書齋刻朱墨套印本二冊

330000－1720－0004097 普 03971 集部/總集類/選集之屬/通代

唐宋八家文讀本三十卷 (清)沈德潛評點清乾隆十五年(1750)小欝林刻本 十冊

330000－1720－0004099 普 03973 集部/詞類/總集之屬

御選歷代詩餘一百二十卷 (清)聖祖玄燁定 (清)沈辰垣等輯 清康熙四十六年(1707)內府刻本 三十二冊

330000－1720－0004100 普 03974 集部/總集類/選集之屬/通代

御選唐宋詩醇四十七卷目錄二卷 (清)高宗弘曆輯 清刻本 十冊 存二十一卷(二十七至四十七)

330000－1720－0004104 普 03978 集部/小說類/長篇之屬

新刻鍾伯敬先生批評封神演義十九卷一百回 (明)陸西星撰 (明)鍾惺評 清康熙四雪草堂刻學庫山房印本 二十冊

330000－1720－0004105 普 03979 集部/別集類/金別集

遺山先生詩集二十卷 (金)元好問撰 **遺山詩集考異一卷** (清)黎維樅輯 清光緒六年(1880)南海黎氏刻本 六冊

330000－1720－0004106 普 03980 集部/別集類/金別集

元遺山詩集箋注十四卷首一卷末一卷 (金)元好問撰 (元)張德輝類次 (清)施國祁箋 清道光二年(1822)南潯蔣氏瑞松堂刻本七冊 存十三卷(首,一至五、九至十四,末)

330000－1720－0004109 普 03983 集部/詩文評類/詩評之屬

甌北詩話十卷續詩話二卷 (清)趙翼撰 清宣統元年(1909)上海掃葉山房石印本 四冊

330000－1720－0004111 普 03985 集部/詩文評類/文評之屬

文心雕龍十卷 (南朝梁)劉勰撰 (清)黃叔琳輯注 (清)紀昀評 清道光十三年(1833)盧坤兩廣節署刻朱墨套印本 四冊

330000－1720－0004112 普 03986 集部/詩文評類/文評之屬

文心雕龍十卷 (南朝梁)劉勰撰 (清)黃叔琳輯注 (清)紀昀評 清道光十三年(1833)盧坤兩廣節署刻朱墨套印本 六冊

330000－1720－0004113 普 03987 集部/詞類/總集之屬

詞綜三十八卷 (清)朱彝尊輯 (清)汪森增定 (清)柯崇樸編次 (清)周質辨譌 (清)王昶補纂 **明詞綜十二卷國朝詞綜四十八卷國朝詞綜二集八卷** (清)王昶輯 清嘉慶七年(1802)青浦王氏刻本 十四冊 缺三

十八卷(詞綜一至三十八)

330000－1720－0004114　普03988　集部/詞類/總集之屬
昭代詞選三十八卷　(清)蔣重光輯　清乾隆三十二年(1767)經鉏堂刻本　十五冊　存三十六卷(一至十、十三至三十八)

330000－1720－0004115　普03989　集部/詞類/詞譜之屬
詞律二十卷　(清)萬樹撰　清康熙萬氏堆絮園刻保滋堂印本　十冊

330000－1720－0004117　普03991　集部/詩文評類/詩評之屬
宋詩紀事一百卷　(清)厲鶚　(清)馬曰琯輯　清乾隆十一年(1746)厲氏樊榭山房刻本　二十四冊

330000－1720－0004120　普03994　集部/詩文評類/郡邑之屬
全浙詩話五十四卷　(清)陶元藻輯　(清)陶廷珍　(清)陶廷琡編　清刻本　十一冊　存二十四卷(八至十、十四至十五、十九至二十七、四十至四十九)

330000－1720－0004131　普04005　集部/總集類/郡邑之屬
西泠五布衣遺箸五種　(清)丁丙輯　清同治至光緒錢塘丁氏當歸草堂刻本　一冊　存一種

330000－1720－0004132　普04006　類叢部/叢書類/自著之屬
郝氏遺書三十三種　(清)郝懿行撰　清嘉慶至光緒刻彙印本　一冊　存一種

330000－1720－0004134　普04008　史部/雜史類/斷代之屬
湘軍記二十卷　(清)王定安撰　清光緒十五年(1889)江南書局刻本　五冊　存九卷(三至十一)

330000－1720－0004136　普04010　集部/總集類/選集之屬/通代
光霽堂古文觀止十二卷　(清)吳乘權　(清)吳大職輯　清永言堂刻本　六冊

330000－1720－0004137　普04011　集部/詩文評類/詩評之屬
帶經堂詩話三十卷首一卷　(清)王士禛撰　(清)張宗柟輯　清同治十二年(1873)廣州藏脩堂刻本　張子遠題簽　方有度題記　八冊

330000－1720－0004138　普04012　集部/總集類/選集之屬/通代
博古堂古文觀止十二卷　(清)吳乘權　(清)吳大職輯　清乾隆四十二年(1777)刻本　六冊

330000－1720－0004140　普04014　集部/總集類/選集之屬/通代
東萊先生古文關鍵二卷　(宋)呂祖謙評　(宋)蔡文子註　(清)徐樹屏考異　清光緒二十四年(1898)江蘇書局刻本　二冊

330000－1720－0004141　普04015　集部/總集類/選集之屬/通代
東萊先生古文關鍵二卷　(宋)呂祖謙評　(宋)蔡文子註　(清)徐樹屏考異　清光緒二十四年(1898)江蘇書局刻本　一冊　存一卷(二)

330000－1720－0004142　普04016　集部/總集類/選集之屬/通代
經史百家雜鈔二十六卷　(清)曾國藩輯　清光緒三十二年(1906)上海商務印書館鉛印本　十一冊　存二十三卷(一至十二、十六至二十六)

330000－1720－0004143　普04017　史部/政書類/律令之屬
說帖類編三十六卷簡明目錄六卷　(清)律例館編　清道光十五年(1835)刻本　十九冊　缺十七卷(六至七、九、十三、十五至十八、二十二至二十五、二十七、三十、三十二、三十五至三十六)

330000－1720－0004144　普04018　集部/總集類/選集之屬/通代
經史百家雜鈔二十六卷　(清)曾國藩輯　清

光緒三十二年(1906)上海商務印書館鉛印本　二冊　存四卷(三至四、十八至十九)

330000－1720－0004146　普 04020　集部/總集類/選集之屬/通代

古詩箋三十二卷　(清)王士禛輯　(清)聞人倓箋　清乾隆三十一年(1766)芷蘭堂刻本　四冊　存六卷(五言詩八至九,七言詩歌行鈔八至九、十二下至十三)

330000－1720－0004147　普 04021　史部/詔令奏議類/奏議之屬

李文忠公奏議二十卷　(清)李鴻章撰　(清)章洪鈞　(清)吳汝綸編輯　清光緒蓮池石印本　一冊　存一卷(二十)

330000－1720－0004148　普 04022　集部/總集類/選集之屬/通代

文選六十卷　(南朝梁)蕭統輯　(唐)李善注　清同治八年(1869)金陵書局刻本　四冊　存二十五卷(一至六、三十六至四十一、四十八至六十)

330000－1720－0004152　普 04026　子部/藝術類/遊藝之屬/聯語

西湖楹聯四卷　清光緒十五年(1889)知止軒刻本　四冊

330000－1720－0004153　普 04027　集部/總集類/選集之屬/斷代

國朝駢體正宗評本十二卷　(清)曾燠輯　(清)姚燮評　(清)張壽榮參　清光緒二十一年(1895)上海點石齋石印本　二冊　存六卷(四至九)

330000－1720－0004155　普 04029　經部/易類/傳說之屬

易經精華六卷首一卷末一卷　(清)薛嘉穎撰　清刻本(卷首原缺)　一冊　存三卷(五至六、末)

330000－1720－0004156　普 04030　集部/詩文評類/文評之屬

文心雕龍十卷　(南朝梁)劉勰撰　(清)黄叔琳輯注　(清)紀昀評　清道光十三年(1833)盧坤兩廣節署刻朱墨套印本　四冊

330000－1720－0004157　普 04031　集部/詩文評類/文評之屬

文心雕龍十卷　(南朝梁)劉勰撰　(清)黄叔琳輯注　(清)紀昀評　清道光十三年(1833)盧坤兩廣節署刻朱墨套印本　二冊　存四卷(一至四)

330000－1720－0004158　普 04032　經部/叢編

重刊宋本十三經注疏四百十六卷　附十三經注疏校勘記四百十六卷　(清)阮元撰　(清)盧宣旬摘錄　清嘉慶二十年(1815)南昌府學刻本　一冊　存一種

330000－1720－0004159　普 04033　集部/詩文評類/文評之屬

文心雕龍十卷　(南朝梁)劉勰撰　(明)楊慎批　(明)張松孫輯注　清同治七年(1868)杭城文元堂刻本　二冊　存五卷(一至二、五至七)

330000－1720－0004160　普 04034　經部/禮記類/傳說之屬

禮記增訂旁訓六卷　(清)徐立綱撰　清養正堂刻本　一冊　存一卷(五)

330000－1720－0004162　普 04036　經部/禮記類/傳說之屬

全本禮記體註十卷　(清)徐瓊撰　清乾隆三十一年(1766)百尺樓刻本　一冊　存一卷(七)

330000－1720－0004163　普 04037　集部/別集類/明別集

太師誠意伯劉文成公集二十卷首一卷　(明)劉基撰　清刻本　二冊　存四卷(一至四)

330000－1720－0004164　普 04038　類叢部/叢書類/彙編之屬

祕書廿一種　(清)汪士漢編　清刻本　三冊　存五種

330000－1720－0004165　普 04039　經部/禮記類/傳說之屬

禮記質疑四十九卷 (清)郭嵩燾撰 清光緒十六年(1890)思賢講舍刻本 一冊 存二卷(一至二)

330000－1720－0004166 普04040 經部/禮記類/傳說之屬
欽定禮記義疏八十二卷首一卷 (清)允祿等撰 清刻本 一冊 缺八十一卷(二至八十二)

330000－1720－0004167 普04041 子部/叢編
二十二子(二十二子彙函) (清)浙江書局編 清光緒元年至三年(1875－1877)浙江書局刻本 三冊 存一種

330000－1720－0004169 普04043 集部/別集類/明別集
止止堂集五卷 (明)戚繼光撰 清光緒十四年(1888)山東書局刻本 四冊

330000－1720－0004170 普04044 子部/小說家類/異聞之屬
山海經箋疏十八卷圖讚一卷訂譌一卷敘錄一卷 (清)郝懿行撰 清末石印本 二冊 存十三卷(六至十八)

330000－1720－0004171 普04045 子部/雜著類/雜考之屬
癸巳類稿十五卷 (清)俞正燮撰 清光緒五年(1879)會稽章氏刻本 三冊 存三卷(八至九、十五)

330000－1720－0004172 普04046 集部/小說類/長篇之屬
西遊真詮六卷一百回 (清)陳士斌詮解 清善成堂刻本 六冊

330000－1720－0004173 普04047 史部/紀傳類/正史之屬
欽定二十四史 清末石印本 六冊 存一種

330000－1720－0004174 普04048 子部/小說家類/異聞之屬
山海經箋疏十八卷圖讚一卷訂譌一卷敘錄一卷 (清)郝懿行撰 清光緒七年(1881)刻本 四冊

330000－1720－0004175 普04049 集部/別集類/元別集
鐵厓樂府註十卷詠史註八卷逸編註八卷 (元)楊維楨撰 (清)樓卜瀍註 清宣統二年(1910)上海掃葉山房石印本 九冊 缺二卷(詠史註七至八)

330000－1720－0004179 普04053 集部/總集類/選集之屬/通代
重訂文選集評十五卷首一卷末一卷 (清)于光華輯 清文富堂刻本 一冊 存一卷(首)

330000－1720－0004184 普04058 類叢部/叢書類/自著之屬
隨園三十種 (清)袁枚撰 清刻本 二冊 存一種

330000－1720－0004185 普04059 集部/詞類/別集之屬
雯窗瘦影詞一卷 (清)許誦珠撰 清光緒三十一年(1905)刻本 一冊

330000－1720－0004189 普04063 集部/總集類/選集之屬/通代
涵芬樓古今文鈔一百卷 吳曾祺輯 清宣統上海商務印書館鉛印本 四冊 存四卷(七十四、七十六至七十八)

330000－1720－0004192 普04066 集部/總集類/選集之屬/通代
駢體文鈔三十一卷 (清)李兆洛輯 清道光元年(1821)合河康氏家塾刻本 二冊 存八卷(二十四至三十一)

330000－1720－0004193 普04067 集部/總集類/選集之屬/通代
駢體文鈔三十一卷 (清)李兆洛輯 清道光元年(1821)合河康氏家塾刻本 二冊 存五卷(二十五至二十九)

330000－1720－0004194 普04068 類叢部/叢書類/自著之屬
曾文正公全集十六種 (清)曾國藩撰 清同治至光緒傳忠書局刻本 十二冊 存一種

330000－1720－0004196　普04070　史部/紀傳類/正史之屬

二十四史附考證　清上海點石齋石印本　一冊　存一種

330000－1720－0004198　普04072　史部/編年類/通代之屬

資治通鑑綱目前編二十五卷首一卷　(明)南軒撰　(明)陳仁錫評　清末石印本　一冊　缺十二卷(十四至二十五)

330000－1720－0004200　普04074　新學/圖學/圖算

運規約指三卷　(英國)白起德輯　(英國)傅蘭雅口譯　(清)徐建寅筆述　清光緒二十六年(1900)香港文運書局石印本　一冊

330000－1720－0004201　普04075　集部/總集類/選集之屬/斷代

七家詩選七卷　(清)張熙宇輯評　(清)張昶註釋　清刻本　一冊

330000－1720－0004204　普04078　史部/地理類/總志之屬/斷代

大清一統志四百二十四卷　(清)和珅等纂修　清末石印本　十一冊　存七十一卷(十七至二十三、四十九至六十八、八十二至八十八、九十五至一百、一百二十五至一百三十一、一百六十五至一百六十九、一百七十七至一百八十一、二百八十一至二百九十、三百二十九至三百三十二)

330000－1720－0004208　普04082　子部/術數類/占卜之屬

字易二卷　(清)學易居士撰　清嘉慶七年(1802)刻本　一冊

330000－1720－0004209　普04083　經部/易類/傳說之屬

大西齋易經正文二卷易傳一卷　清光緒四年(1878)黃邑大西齋刻本　一冊

330000－1720－0004210　普04084　經部/易類/傳說之屬

順泰號易經正文二卷易傳一卷　清咸豐四年(1854)黃邑順泰號刻本　一冊

330000－1720－0004211　普04085　類叢部/類書類/專類之屬

王先生十七史蒙求十六卷　(宋)王令撰　清道光二十八年(1848)大文堂刻本　一冊　存六卷(一至六)

330000－1720－0004216　普04090　經部/四書類/總義之屬/傳說

松陽講義十二卷　(清)陸隴其撰　清同治十三年(1874)湖南省城書局刻本　六冊　存九卷(一至九)

330000－1720－0004217　普04091　史部/政書類/律令之屬/律例

大清律例增修統纂集成四十卷督捕則例附纂二卷　(清)姚潤輯　(清)陶駿　(清)陶念霖增輯　清光緒二十六年(1900)上海文淵山房鉛印本　一冊　存一卷(二十四)

330000－1720－0004218　普04092　史部/編年類/通代之屬

袁王綱鑑合編三十九卷首一卷　(明)袁黃輯　(明)王世貞編　清末石印本　二冊　存六卷(二十二至二十五、二十九至三十)

330000－1720－0004219　普04093　集部/別集類/清別集

御製詩初集四十四卷目錄四卷二集九十卷目錄十卷　(清)高宗弘曆撰　清乾隆内府刻本　二十冊　存六十四卷(初集一至四十四、目錄一至四,二集五至七、十二至二十四)

330000－1720－0004220　普04094　史部/編年類/通代之屬

增評加批歷史綱鑑補三十九卷首一卷　(明)王世貞　(明)袁黃纂　清末上海中華書局石印本　二冊　存七卷(五至七、十七至二十)

330000－1720－0004222　普04096　子部/天文曆算類/算書之屬

翠薇山房數學十四種　(清)張作楠撰　清光緒二十三年(1897)上海鴻寶齋石印本　一冊　存二種

330000－1720－0004224　普 04098　史部/地理類/方志之屬/郡縣志
[光緒]黄巖縣志四十卷首一卷附黄巖集三十二卷首一卷　(清)陳寶善　(清)孫憙修　(清)王棻纂　(清)陳鍾英　(清)鄭錫滜續修　王詠霓續纂　**黄巖志校議二卷**　(清)王棻撰　清光緒三年(1877)刻六年(1880)校補刻本　二册　存四卷(二至三、十五至十六)

330000－1720－0004225　普 04099　集部/别集類
飲冰室文集十六卷補遺二卷　梁啓超撰　清末鉛印本　一册　存一卷(四)

330000－1720－0004226　普 04100　史部/地理類/方志之屬/郡縣志
[光緒]黄巖縣志四十卷首一卷附黄巖集三十二卷首一卷　(清)陳寶善　(清)孫憙修　(清)王棻纂　(清)陳鍾英　(清)鄭錫滜續修　王詠霓續纂　**黄巖志校議二卷**　(清)王棻撰　稿本　四册　存十卷(二至三、二十二至二十七、三十六至三十七)

330000－1720－0004228　普 04102　史部/地理類/方志之屬/郡縣志
[光緒]黄巖縣志四十卷首一卷附黄巖集三十二卷首一卷　(清)陳寶善　(清)孫憙修　(清)王棻纂　(清)陳鍾英　(清)鄭錫滜續修　王詠霓續纂　**黄巖志校議二卷**　(清)王棻撰　清光緒三年(1877)刻六年(1880)校補刻本　一册　存二卷(二至三)

330000－1720－0004231　普 04105　經部/小學類/文字之屬/字書/字典
康熙字典十二集三十六卷總目一卷檢字一卷辨似一卷等韻一卷補遺一卷備考一卷　(清)張玉書等纂修　清刻本　五册　存五卷(卯集上中、辰集中下、亥集上)

330000－1720－0004233　普 04107　經部/小學類/文字之屬/字書/字典
康熙字典十二集三十六卷總目一卷檢字一卷辨似一卷等韻一卷補遺一卷備考一卷　(清)張玉書等纂修　清刻本　六册　存六卷(丑集上中、卯集上中、辰集中、午集下)

330000－1720－0004235　普 04109　子部/叢編
二十二子(二十二子彙函)　(清)浙江書局編　清光緒元年至三年(1875－1877)浙江書局刻本　一册　存一種

330000－1720－0004236　普 04110　類叢部/叢書類/郡邑之屬
台州叢書九種　(清)宋世犖輯　清嘉慶至道光臨海宋氏刻本　一册　存一種

330000－1720－0004239　普 04113　史部/編年類/通代之屬
前編紀年近信録十二卷　(清)陳階撰　清光緒十五年(1889)甯邑陳樹德堂刻本　一册　存四卷(五至八)

330000－1720－0004240　普 04114　集部/總集類/課藝之屬
南菁講舍文集六卷書院文集一卷　(清)黄以周輯　清光緒十五年(1889)刻本　一册　存二卷(六、書院文集)

330000－1720－0004241　普 04115　史部/編年類/通代之屬
資治通鑑綱目五十九卷　(宋)朱熹撰　(明)陳仁錫評　**資治通鑑綱目續編一卷**　(明)陳桱撰　(明)陳仁錫評　**資治通鑑綱目前編二十五卷**　(明)南軒撰　(明)陳仁錫評　**續資治通鑑綱目二十七卷**　(明)商輅等撰　(明)陳仁錫評　清刻本　三册　存三卷(二十八至二十九、三十三)

330000－1720－0004242　普 04116　史部/傳記類/科舉録之屬/諸貢録
江蘇試牘十四卷　溥良編　清光緒二十年(1894)江陰使署刻本　五册　缺三卷(十至十二)

330000－1720－0004243　普 04117　經部/四書類/總義之屬/傳説
四書集註十九卷　(宋)朱熹撰　清慎詒堂刻本　四册　存十二卷(論語六至十、孟子一至

七)

330000－1720－0004244　普04118　集部/別集類/清別集

韞山堂時文初集不分卷二集不分卷三集不分卷　(清)管世銘撰　清同治四年(1865)緯文堂刻本　四冊

330000－1720－0004245　普04119　史部/雜史類/斷代之屬

王會篇箋釋三卷　(清)何秋濤撰　清光緒十七年(1891)江蘇書局刻本　一冊　存一卷(一)

330000－1720－0004246　普04120　類叢部/叢書類/自著之屬

郝氏遺書三十三種　(清)郝懿行撰　清嘉慶至光緒刻彙印本　一冊　存一種

330000－1720－0004247　普04121　集部/總集類/課藝之屬

湘雅扶輪集十二卷　(清)吴樹梅輯　清光緒二十六年(1900)長沙節署刻本　一冊　存一卷(二)

330000－1720－0004249　普04123　子部/儒家類/儒學之屬/性理

淵鑒齋御纂朱子全書六十六卷　(宋)朱熹撰　(清)李光地等輯　清刻本　十冊　存十八卷(三十三至五十)

330000－1720－0004250　普04124　經部/四書類/總義之屬/傳說

酌雅齋四書遵注合講十九卷圖說一卷　(清)翁復編次　清酌雅齋刻本　牟永康題簽並記　二冊　存五卷(孟子一至五)

330000－1720－0004252　普04126　史部/史抄類

史鑑節要便讀六卷　(清)鮑東里撰　清同治十二年(1873)台郡培元局刻本　二冊

330000－1720－0004253　普04127　子部/小說家類/異聞之屬

閱微草堂筆記擇要二卷　(清)紀昀撰　(清)籜園居士選訂　清光緒十五年(1889)泉唐沈氏刻本　一冊　存一卷(上)

330000－1720－0004254　普04128　經部/四書類/論語之屬

鄉黨文正編不分卷　(清)江永撰　清刻本　一冊　存葉一百三十三至一百八十五

330000－1720－0004255　普04129　子部/小說家類/異聞之屬

閱微草堂筆記擇要二卷　(清)紀昀撰　(清)籜園居士選訂　清光緒十五年(1889)泉唐沈氏刻本　二冊

330000－1720－0004256　普04130　集部/總集類/選集之屬/通代

欽定四書文五種　(清)方苞輯　清刻本　六冊　存二種

330000－1720－0004257　普04131　子部/小說家類/異聞之屬

閱微草堂筆記擇要二卷　(清)紀昀撰　(清)籜園居士選訂　清光緒十五年(1889)泉唐沈氏刻本　二冊

330000－1720－0004258　普04132　子部/小說家類/異聞之屬

閱微草堂筆記擇要二卷　(清)紀昀撰　(清)籜園居士選訂　清光緒十五年(1889)泉唐沈氏刻本　二冊

330000－1720－0004259　普04133　子部/小說家類/異聞之屬

閱微草堂筆記擇要二卷　(清)紀昀撰　(清)籜園居士選訂　清光緒十五年(1889)泉唐沈氏刻本　二冊

330000－1720－0004260　普04134　集部/總集類/課藝之屬

詁經精舍課藝六集十二卷　(清)俞樾編　清光緒十一年(1885)刻本　四冊

330000－1720－0004261　普04135　子部/小說家類/異聞之屬

閱微草堂筆記擇要二卷　(清)紀昀撰　(清)籜園居士選訂　清光緒十五年(1889)泉唐沈氏刻本　一冊　存一卷(上)

330000－1720－0004262　普 04136　集部/總集類/課藝之屬

詁經精舍課藝七集十二卷　(清)俞樾編　清光緒二十一年(1895)刻本　三册　缺三卷(四至六)

330000－1720－0004263　普 04137　子部/小說家類/雜事之屬

世說新語六卷　(南朝宋)劉義慶撰　(南朝梁)劉孝標標注　清刻本　一册　存二卷(二至三)

330000－1720－0004264　普 04138　新學/學校

三台中學堂課藝初編一卷　(清)三台中學堂編　清光緒三十年(1904)三台中學堂木活字印本　一册

330000－1720－0004265　普 04139　經部/叢編

重刊宋本十三經注疏四百十六卷　附十三經注疏校勘記四百十六卷　(清)阮元撰　(清)盧宣旬摘錄　**校勘記識語四卷**　(清)汪文臺撰　清光緒十三年(1887)上海脈望仙館石印本　一册　存二種

330000－1720－0004266　普 04140　經部/群經總義類/傳說之屬

經學講義二編　(清)京師大學堂編　清光緒三十年(1904)官書局鉛印本　一册

330000－1720－0004268　普 04142　經部/孝經類/傳說之屬

孝經一卷　(清)李光地注　**曾子大孝一卷**　(清)邵懿辰錄　清咸豐五年(1855)浦城與古齋祝氏刻本　一册

330000－1720－0004269　普 04143　類叢部/叢書類/自著之屬

春在堂全書三十六種　(清)俞樾撰　清同治至光緒刻光緒末彙印本　王舟瑤題簽並記　二册　存一種

330000－1720－0004270　普 04144　經部/書類/傳說之屬

書經增訂旁訓四卷　(清)徐立綱旁訓　(清)□□增訂　清遵義堂刻本　一册　存二卷(三至四)

330000－1720－0004272　普 04146　經部/叢編

五經旁訓辨體合訂五種　(清)徐立綱輯　清刻本　一册　存一種

330000－1720－0004274　普 04148　經部/叢編

四益館經學叢書　廖平撰　清刻本　一册　存二種

330000－1720－0004275　普 04149　經部/詩類/傳說之屬

詩經旁訓四卷　(清)徐立綱撰　(清)俞質仁輯　清黄巖俞大西山房刻本　三册

330000－1720－0004276　普 04150　經部/小學類/文字之屬/字書/字典

字彙十二卷首一卷末一卷　(明)梅膺祚撰　清刻本　一册　存一卷(未集)

330000－1720－0004277　普 04151　經部/小學類/文字之屬/字書/字典

字彙十二卷首一卷末一卷　(明)梅膺祚撰　清刻本　一册　存一卷(未集)

330000－1720－0004278　普 04152　經部/四書類/總義之屬/傳說

四書經註集證十九卷　(清)吴昌宗撰　清刻本　三册　存九卷(論語四至五、九至十，孟子一、三至四、六至七)

330000－1720－0004279　普 04153　經部/小學類/文字之屬/說文

說文通訓定聲十八卷分部柬韻一卷說雅一卷古今韻準一卷　(清)朱駿聲撰　(清)朱鏡蓉參訂　清刻本　一册　存一卷(十四)

330000－1720－0004280　普 04154　經部/詩類/傳說之屬

詩經精華十卷　(清)薛嘉穎輯　清刻本　一册　存二卷(八至九)

330000－1720－0004282　普 04156　經部/易類/傳說之屬

易經精華六卷首一卷末一卷　(清)薛嘉穎撰　清咸豐元年(1851)蘇州會文堂刻本(卷首原缺)　一冊　存一卷(一)

330000－1720－0004283　普 04157　經部/詩類/傳說之屬

詩經精華十卷　(清)薛嘉穎輯　清道光五年(1825)光韙堂刻本　一冊　存三卷(八至十)

330000－1720－0004284　普 04158　史部/雜史類/通代之屬

路史四十七卷　(宋)羅泌撰　(宋)羅苹注　清刻本　九冊　存十六卷(後紀四至五、十至十三,國名記信、丁、戊、巳,餘論一至六)

330000－1720－0004287　普 04161　新學/重學/重學

重學二十卷圜錐曲線說三卷　(英國)艾約瑟口譯　(清)李善蘭筆述　清同治五年(1866)刻本　六冊

330000－1720－0004289　普 04163　子部/醫家類/溫病之屬/瘟疫

瘟疫論補注二卷　(明)吳有性撰　(清)鄭重光補注　清末上海廣益書局石印本　一冊

330000－1720－0004292　普 04166　集部/總集類/選集之屬/通代

味經堂重訂千家詩二卷韻府對語一卷　(清)許世鋑註解　清咸豐八年(1858)刻本　一冊

330000－1720－0004294　普 04168　子部/醫家類/兒科之屬/痘疹

痲症集成四卷　(清)朱載揚撰　清宣統元年(1909)紹興公報社鉛印本　廉泉題簽並記　一冊

330000－1720－0004296　普 04170　子部/醫家類/溫病之屬/瘟疫

瘟疫論補注二卷　(明)吳有性撰　(清)鄭重光補注　清末上海大成書局石印本　一冊

330000－1720－0004303　普 04177　子部/醫家類/婦科之屬/產科

達生編二卷補遺一卷附方一卷　(清)亟齋居士撰　清光緒二十年(1894)黃邑金師古齋刻本　袁南薰題簽並記　恒園主人題記　一冊

330000－1720－0004304　普 04178　子部/醫家類/婦科之屬/產科

達生編二卷附刊急救神方一卷　(清)亟齋居士撰　清刻本　一冊

330000－1720－0004306　普 04180　子部/醫家類/醫案之屬

三家醫案合刻三種　(清)吳金壽編　清道光十二年(1832)笠澤吳金壽刻本　一冊　存一種

330000－1720－0004307　普 04181　子部/醫家類/溫病之屬/其他溫疫病證

溫熱贅言一卷　(清)寄瓢子撰　清吳氏靈鶴山房刻本　一冊

330000－1720－0004308　普 04182　子部/醫家類/溫病之屬/瘟疫

瘟疫條辨摘要不分卷　(清)呂田輯　清光緒十五年(1889)浙江書局刻本　徐原白題簽並觀款　一冊

330000－1720－0004309　普 04183　子部/醫家類/推拿按摩外治之屬

幼科秘書推拿廣意三卷　(清)熊應雄纂輯　(清)陳世凱重訂　清刻本　一冊　存二卷(二至三)

330000－1720－0004310　普 04184　子部/醫家類/溫病之屬/痧症

痧法備旨二種二卷　(清)管頌聲編　清咸豐二年(1852)管頌聲刻本　一冊　存一卷(祕授治痧要畧)

330000－1720－0004311　普 04185　子部/醫家類/溫病之屬/痧症

痧法備旨二種二卷　(清)管頌聲編　清咸豐二年(1852)管頌聲刻本　童智題簽並記　一冊

330000－1720－0004312　普 04186　子部/醫家類/兒科之屬/痘疹

沈氏痳科一卷 (清)趙開泰輯 清光緒二年(1876)黃邑管作鼎刻本 與330000－1720－0004311、4313、4314合册

330000－1720－0004313 普04187 子部/醫家類/傷科之屬
救傷秘旨一卷 (清)趙廷海輯 **跌損妙方一卷** (明)異真道人撰 清咸豐二年(1852)黃巖管頌聲刻本 與330000－1720－0004311、4312、4314合册 存一卷(救傷秘旨)

330000－1720－0004314 普04188 子部/醫家類/婦科之屬/產科
達生編二卷補遺一卷 (清)亟齋居士撰 清光緒三十二年(1906)台金嗣獻師果齋刻本 與330000－1720－0004311、4312、4313合册

330000－1720－0004315 普04189 子部/醫家類/兒科之屬/通論
幼科鐵鏡六卷 (清)夏鼎撰 清刻本 一册 存三卷(一至三)

330000－1720－0004316 普04190 子部/醫家類/婦科之屬/產科
產後編二卷 (清)傅山撰 清刻本 一册

330000－1720－0004317 普04191 子部/醫家類/溫病之屬/痧症
痧症全書三卷 (清)王凱輯 清刻本 一册 存二卷(二至三)

330000－1720－0004318 普04192 子部/醫家類/婦科之屬
傅青主女科二卷產後編二卷 (清)傅山撰 清光緒二十八年(1902)新化三味書室刻本 一册 存一卷(女科上)

330000－1720－0004320 普04194 子部/醫家類/診法之屬/脈經脈訣
圖註脈訣辨真四卷脈訣附方一卷 題(晉)王叔和撰 (明)張世賢注 清刻本 一册 存二卷(一至二)

330000－1720－0004321 普04195 子部/醫家類/傷寒金匱之屬/傷寒論
醫效秘傳三卷 (清)葉桂撰 清刻本 二册 存二卷(二至三)

330000－1720－0004323 普04197 子部/宗教類/道教之屬/神符
秘本符書一卷 清末抄本 塵夢題簽並記 一册

330000－1720－0004325 普04199 史部/編年類/通代之屬
資治通鑑二百九十四卷目錄三十卷 (宋)司馬光撰 (元)胡三省音注 **續資治通鑑二百二十卷** (清)畢沅撰 清光緒十四年(1888)上海蜚英館石印本 十六册 存一百二十一卷(一至七、五十一至一百六十四)

330000－1720－0004329 普04203 經部/春秋左傳類/傳說之屬
如西所刻諸名家評點春秋綱目左傳句解彙雋六卷 (清)韓菼重訂 清咸豐二年(1852)刻本 一册 存一卷(一)

330000－1720－0004331 普04205 經部/四書類/總義之屬/傳說
四書反身錄八卷 (清)李顒撰 清道光十一年(1831)浙江書局刻本 一册 存二卷(一至二)

330000－1720－0004333 普04207 經部/小學類/文字之屬
增訂釋文虛字解六卷 (清)張文炳撰 (清)王士駿釋文 清光緒二十三年(1897)黃巖抱冬心館活字印學仕叢鈔附編本 一册

330000－1720－0004334 普04208 經部/四書類/總義之屬/傳說
新訂四書補註備旨十卷 (明)鄧林撰 (清)杜定基增訂 清務本堂刻本 王調笙題簽並記 三册 存四卷(論語三至四、孟子三至四)

330000－1720－0004335 普04209 經部/四書類/總義之屬/傳說
新訂四書補註備旨十卷 (明)鄧林撰 (清)杜定基增訂 清綵香樓刻本 五册 存八卷(論語一至四、孟子一至四)

330000－1720－0004336　普 04210　子部/叢編
子書百家　(清)崇文書局編　清光緒元年(1875)湖北崇文書局刻本　三冊　存一種

330000－1720－0004337　普 04211　集部/詩文評類/詩評之屬
藥欄詩話二集　(清)嚴廷中撰　清刻本　一冊

330000－1720－0004339　普 04213　類叢部/叢書類/彙編之屬
廣雅書局叢書一百五十九種　徐紹棨編　清光緒廣雅書局刻民國九年(1920)番禺徐紹棨彙編重印本　一冊　存一種

330000－1720－0004340　普 04214　史部/傳記類/總傳之屬/忠孝
江西忠義錄十二卷首一卷　(清)沈葆楨編　清同治十二年(1873)刻本　二冊　存六卷(首、一至五)

330000－1720－0004342　普 04216　史部/地理類/外紀之屬
地球韻言四卷　(清)張士瀛撰　清光緒二十四年(1898)鄂垣務急書館刻本　二冊

330000－1720－0004343　普 04217　史部/地理類/水利之屬
新譯中國江海險要圖誌二十二卷首一卷附圖五卷　(英國)海軍海圖官局編　陳壽彭譯并增輯圖　清光緒二十七年(1901)上海經世文社石印本　一冊　存一卷(圖三)

330000－1720－0004344　普 04218　新學/史志/諸國史
萬國通史前編十卷　(英國)李思倫白輯譯　蔡爾康紀述　清光緒二十六年(1900)上海廣學會鉛印本　一冊　存一卷(二)

330000－1720－0004345　普 04219　新學/史志/別國史
大英國志八卷　(英國)托馬斯米爾納撰　(英國)慕維廉譯　清刻本　一冊　存三卷(六至八)

330000－1720－0004346　普 04220　類叢部/叢書類/郡邑之屬
台州叢書續編十三種　(清)王棻等輯　清光緒王棻等刻本　一冊　存一種

330000－1720－0004347　普 04221　新學/史志/諸國史
歷史叢書　清光緒上海商務印書館鉛印本　一冊　存一種

330000－1720－0004348　普 04222　類叢部/叢書類/自著之屬
洪北江全集二十一種　(清)洪亮吉撰　清光緒三年至五年(1877－1879)洪用懃授經堂刻本　一冊　存一種

330000－1720－0004349　普 04223　史部/政書類/儀制之屬/典禮
文廟祀典考五十卷首一卷　(清)龐鍾璐輯　清刻本　二冊　存八卷(二至五、四十七至五十)

330000－1720－0004350　普 04224　史部/紀傳類/正史之屬
唐書二百二十五卷　(宋)歐陽修　(宋)宋祁等撰　明崇禎二年(1629)毛氏汲古閣刻本　三冊　存十一卷(一、三至七、二十二至二十六)

330000－1720－0004351　普 04225　史部/政書類/儀制之屬/典禮
大清通禮五十四卷　(清)來保等纂修　(清)穆克登額等續纂　清刻本　一冊　存二卷(十三至十四)

330000－1720－0004352　普 04226　經部/四書類/總義之屬/傳說
新訂四書補註備旨十卷　(明)鄧林撰　(清)杜定基增訂　清末石印本　一冊　存二卷(孟子一至二)

330000－1720－0004354　普 04228　史部/政書類/律令之屬
清案例彙編□□卷　清刻本　五冊　存五卷(二十四至二十五、二十七、三十、三十二)

330000－1720－0004355　普04229　集部/總集類/課藝之屬

三書雜訂不分卷　清刻本　一冊

330000－1720－0004356　普04230　類叢部/類書類/通類之屬

策學纂要正續編十六卷　(清)戴朋　(清)黄卷輯　清末刻本　一冊　存三卷(九至十一)

330000－1720－0004357　普04231　經部/叢編

五經揭要　(清)許寶善編　清刻本　三冊　存二種

330000－1720－0004359　普04233　集部/總集類/酬唱之屬

臨池一助二卷　(清)北清書屋主人輯　清光緒三十三年(1907)石印本　一冊　存一卷(一)

330000－1720－0004360　普04234　史部/地理類/總志之屬/通代

讀史方輿紀要詳節二十二卷方輿全圖總説五卷　(清)顧祖禹撰　(清)蔣錫礽輯　清末石印本　四冊　存十卷(十三至二十、方輿全圖總説一至二)

330000－1720－0004361　普04235　類叢部/類書類/專類之屬

縮本精選經藝淵海不分卷　(清)常安室主人輯　清末石印本　一冊　存詩經

330000－1720－0004363　普04237　史部/編年類/通代之屬

尺木堂綱鑑易知録九十二卷明鑑易知録十五卷　(清)吴乘權　(清)周之炯　(清)周之燦輯　清光緒十七年(1891)廣百宋齋鉛印本　七冊　存四十七卷(三十三至五十一、五十四至五十九、七十九至九十二,明鑑易知録一至八)

330000－1720－0004364　普04238　子部/宗教類/道教之屬/雜著

儆信録八卷附編四卷首一卷末一卷　清同治十二年(1873)管米船賡刻民國二十年(1931)印本　三冊　存六卷(三、七至八,附編三至四,末)

330000－1720－0004365　普04239　史部/編年類/通代之屬

尺木堂綱鑑易知録九十二卷　(清)吴乘權　(清)周之炯　(清)周之燦輯　清末鉛印本　二冊　存十四卷(五至十八)

330000－1720－0004373　普04247　集部/總集類/尺牘之屬

名賢手札八種　(清)郭慶藩輯　清光緒十年(1884)湘陰郭氏岵瞻堂刻本　一冊　存四種

330000－1720－0004374　普04248　經部/詩類/傳説之屬

詩經體註大全合參八卷　(清)高朝瓔定　(清)沈世楷輯　清刻本　一冊　存一卷(三)

330000－1720－0004375　普04249　集部/總集類/課藝之屬

格致書院課藝不分卷　(清)王韜編　清光緒弢園石印本　十冊　存丙戌年、丁亥年、戊子年、己丑年、庚寅年下、辛卯年、壬辰年

330000－1720－0004377　普04251　集部/總集類/課藝之屬

五經文府不分卷　(清)鴻寶齋輯　清光緒十五年(1889)上海鴻寶齋石印本　十七冊

330000－1720－0004381　普04255　經部/叢編

重刊宋本十三經注疏四百十六卷　附十三經注疏校勘記四百十六卷　(清)阮元撰　(清)盧宣旬摘録　**校勘記識語四卷**　(清)汪文臺撰　清末石印本　一冊　存一種

330000－1720－0004382　普04256　集部/總集類/課藝之屬

成均課士録□□卷　清光緒刻本　二冊　存三卷(四、九集十一至十二)

330000－1720－0004383　普04257　經部/叢編

重刊宋本十三經注疏四百十六卷　附十三經注疏校勘記四百十六卷　(清)阮元撰　(清)

盧宣旬摘錄　**校勘記識語四卷**　(清)汪文臺撰　清光緒十三年(1887)上海脈望仙館石印本　五册　存二種

330000－1720－0004384　普04258　集部/總集類/課藝之屬

紫陽課藝不分卷　(清)高學治　(清)駱金藻　(清)陸宗翰編次　清同治六年(1867)刻本　二册

330000－1720－0004385　普04259　子部/儒家類/儒學之屬/蒙學

發蒙小品選二卷　(清)唐惟懋編　(清)俞魯琴重訂　清慈溪養正堂刻本　一册

330000－1720－0004386　普04260　經部/叢編

重刊宋本十三經注疏四百十六卷　附十三經注疏校勘記四百十六卷　(清)阮元撰　(清)盧宣旬摘錄　**校勘記識語四卷**　(清)汪文臺撰　清末石印本　七册　存三種

330000－1720－0004387　普04261　類叢部/類書類/通類之屬

淵鑑類函四十五卷　(清)張英　(清)王士禛等纂　清光緒二十一年(1895)上海點石齋石印本　六册　存三十七卷(天部、歲時部、地部、帝王部、文學部、武功部、邊塞部、人部、釋教部、道部、靈異部、方術部、巧藝部、京邑部、州郡部、居處部、產業部、火部、珍寶部、布帛部、儀飾部、服飾部、器物部、舟部、車部、食物部、五穀部、藥部、菜蔬部、果部、花部、草部、木部、鳥部、獸部、鱗介部、蟲豸部)

330000－1720－0004388　普04262　子部/儒家類/儒學之屬/蒙學

國朝歷科發蒙小品六卷　(清)唐惟懋評選　清刻本　一册　存一卷(上孟)

330000－1720－0004389　普04263　經部/小學類/文字之屬/字書/字典

康熙字典十二集三十六卷總目一卷檢字一卷辨似一卷等韻一卷補遺一卷備考一卷　(清)張玉書等纂修　清刻本　三册　存三卷(未集中、申集上,補遺)

330000－1720－0004390　普04264　集部/總集類/選集之屬/斷代

本朝三十家不分卷　(清)蔡寅斗輯　清刻本　一册

330000－1720－0004391　普04265　經部/小學類/文字之屬/字書/字典

康熙字典十二集三十六卷總目一卷檢字一卷辨似一卷等韻一卷補遺一卷備考一卷　(清)張玉書等纂修　清刻本　七册　存七卷(子集上、午集上中下、未集上、酉集中下)

330000－1720－0004392　普04266　集部/總集類/課藝之屬

國朝小題文敬業編不分卷　清刻本　一册

330000－1720－0004393　普04267　集部/總集類/選集之屬/通代

合刻註釋張子房解學士千家詩講讀二卷　(清)湯海若校釋　清刻本　一册

330000－1720－0004399　普04273　集部/總集類/選集之屬/通代

新鐫五言千家詩箋註二卷　(清)王相選注　**增補重訂千家詩註解二卷**　(宋)謝枋得選　(清)王相注　**諸名家百花詩一卷百壽詩一卷贈賀詩一卷**　(清)王相輯　**百花詩引一卷**　(清)顧宗孔撰　清光緒十五年(1889)姜文奎堂刻本　二册　缺四卷(新鐫五言千家詩箋註一至二、諸名家百花詩、百花詩引)

330000－1720－0004404　普04278　經部/小學類/文字之屬/字書/字典

康熙字典十二集三十六卷總目一卷檢字一卷辨似一卷等韻一卷補遺一卷備考一卷　(清)張玉書等纂修　清刻本　十三册　存十三卷(丑集上、寅集上下、辰集上中、巳集中下、午集上中、未集下、酉集中下、戌集下)

330000－1720－0004405　普04279　新學/雜著/叢編

江南製造局譯書　(清)江南製造局編　清光緒江南製造局刻本暨鉛印本　二十九册　存七種

330000－1720－0004406　普04280　子部/雜著類/雜説之屬

詹曝雜記七卷　（清）趙翼撰　清刻本　一冊

330000－1720－0004407　普04281　史部/地理類/輿圖之屬/全國

大清帝國全圖不分卷　商務印書館編　清光緒三十一年(1905)上海商務印書館石印本　一冊

330000－1720－0004409　普04283　類叢部/叢書類/自著之屬

庸庵全集七種　（清）薛福成撰　清光緒二十三年(1897)上海醉六堂石印本　一冊　存一種

330000－1720－0004411　普04285　新學/學校

最新國文教科書不分卷　莊俞　蔣維喬編　楊瑜統編纂　清光緒三十一年(1905)上海商務印書館鉛印本　一冊

330000－1720－0004416　普04290　經部/小學類/文字之屬/字書/字體

篆隸行楷對照不分卷　清刻本　一冊

330000－1720－0004421　普04295　子部/叢編

子書百家　（清）崇文書局編　清光緒元年(1875)湖北崇文書局刻本　三冊　存一種

330000－1720－0004424　普04298　子部/叢編

二十二子(二十二子彙函)　（清）浙江書局編　清光緒元年至三年(1875－1877)浙江書局刻本　六冊　存一種

330000－1720－0004426　普04300　子部/叢編

二十二子(二十二子彙函)　（清）浙江書局編　清光緒元年至三年(1875－1877)浙江書局刻本　六冊　存一種

330000－1720－0004427　普04301　子部/叢編

二十二子(二十二子彙函)　（清）浙江書局編　清光緒元年至三年(1875－1877)浙江書局刻本　六冊　存二種

330000－1720－0004430　普04304　類叢部/叢書類/彙編之屬

校經山房叢書二十七種　（清）朱記榮編　清光緒三十年(1904)孫谿朱氏槐廬家塾重編印式訓堂叢書本　一冊　存二種

330000－1720－0004433　普04307　史部/傳記類/總傳之屬/家乘

[浙江黄巖]黄巖路橋蔡氏宗譜二十四卷首一卷　（清）蔡寶森纂修　清同治十三年(1874)木活字印本　三冊　存五卷(首、一至四)

330000－1720－0004434　普04308　史部/傳記類/總傳之屬/家乘

[浙江黄巖]重修畬川牟氏宗譜二十三卷　（清）牟育等纂修　清光緒三十三年(1907)木活字印本　二冊　存□□卷(詩集一至二、人物傳一至二、雜纂、祀田、公據、祭田序、祭祀例、譜略)

330000－1720－0004437　普04311　史部/傳記類/總傳之屬/家乘

[浙江黄巖]南隅花廳王氏宗譜十卷首一卷　（清）王笠舟修　（清）王鶯橋纂　清光緒十六年(1890)敦睦堂木活字印本　紫綬題記　十冊

330000－1720－0004441　普04315　史部/傳記類/總傳之屬/家乘

[浙江台州]台臨葭沚黄氏宗譜六卷文集一卷詩集一卷　（清）黄蒸雲等修　清光緒三十三年(1907)木活字印本　七冊　存六卷(一至四、文集、詩集)

330000－1720－0004444　普04318　史部/傳記類/總傳之屬/家乘

[浙江黄巖]赤山塘岸丁氏宗譜六卷　（清）丁可信等纂修　清宣統二年(1910)木活字印本　六冊

330000－1720－0004446　普04320　集部/小説類/長篇之屬

臺灣外記三十卷　(清)江日昇撰　清末鉛印本　二册　存八卷(一至四、十二至十五)

330000－1720－0004491　普04365　史部/傳記類/總傳之屬/家乘

[浙江黄巖]赤山陶氏重修宗譜□□卷　(清)□□纂修　清同治九年(1870)木活字印本　一册　存二卷(五至六)

330000－1720－0004492　普04366　史部/傳記類/總傳之屬/家乘

[浙江黄巖]黄邑解氏宗譜三卷　(清)□□纂修　清光緒二十三年(1897)木活字印本　一册　存二卷(一至二)

330000－1720－0004498　普04389　史部/傳記類/總傳之屬/家乘

[浙江黄巖]壕頭鄭氏宗譜一卷　(清)鄭祥菴纂修　清光緒三十二年(1906)木活字印本　一册

330000－1720－0004517　普04391　子部/雜著類/雜纂之屬

酬世錦囊初集八卷二集七卷三集二卷四集二卷　(清)鄒景揚輯　清石印本　三册　存十卷(初集五至八、二集一至四、四集一至二)

330000－1720－0004519　普04393　類叢部/類書類/專類之屬

新增應酬彙選五卷　(清)陸九如纂輯　(清)茹古齋主人重訂　清末鉛印本　一册　存一卷(一)

330000－1720－0004521　普04395　史部/傳記類/總傳之屬/家乘

[浙江黄巖]壕頭鄭氏宗譜四卷首一卷　(清)鄭南纂修　清咸豐九年(1859)木活字印本　四册

330000－1720－0004522　普04396　史部/傳記類/總傳之屬/家乘

[浙江黄巖]横河陳氏宗譜十六卷　(清)□□纂修　清光緒二十三年(1897)木活字印本　八册　存二十一至二十五世行傳

330000－1720－0004523　普04397　史部/傳記類/總傳之屬/家乘

[浙江黄巖]椒江乃堰陳氏宗譜不分卷　(清)陶懋保纂修　清嘉慶八年(1803)木活字印本　一册

330000－1720－0004524　普04398　史部/傳記類/總傳之屬/家乘

[浙江黄巖]椒江乃堰陳氏宗譜不分卷　(清)陳采華等纂修　清光緒五年(1879)木活字印本　一册

330000－1720－0004525　普04399　史部/傳記類/總傳之屬/家乘

[浙江黄巖]椒江乃堰陳氏宗譜不分卷　(清)陳采華等纂修　清光緒五年(1879)木活字印本　二册

330000－1720－0004526　普04400　史部/傳記類/總傳之屬/家乘

[浙江黄巖]椒江陳氏宗譜不分卷　(清)陳采華等纂修　清宣統元年(1909)木活字印本　一册

330000－1720－0004527　普04401　史部/傳記類/總傳之屬/家乘

[浙江黄巖]椒江陳氏宗譜不分卷　(清)陳采華等纂修　清宣統元年(1909)木活字印本　一册

330000－1720－0004528　普04402　史部/傳記類/總傳之屬/家乘

[浙江黄巖]椒江陳氏宗譜不分卷　(清)陳采華等纂修　清宣統元年(1909)木活字印本　一册

330000－1720－0004529　普04403　史部/傳記類/總傳之屬/家乘

[浙江黄巖]椒江陳氏宗譜不分卷　(清)陳采華等纂修　清宣統元年(1909)木活字印本　一册

330000－1720－0004531　普04405　史部/傳記類/總傳之屬/家乘

[浙江台州]台臨柵浦蘇氏宗譜□□卷　(清)蘇步洲等纂修　清光緒二十七年(1901)木活

字印本　一冊　存一卷(世系圖)

330000－1720－0004535　普04409　史部/傳記類/總傳之屬/家乘

[浙江黃巖]椒江廖洋陳氏宗譜二卷　(清)陶懋保纂修　清抄本　一冊

330000－1720－0004536　普04410　史部/傳記類/總傳之屬/家乘

[浙江台州]方氏宗譜不分卷　清乾隆抄本　一冊

330000－1720－0004543　普04417　史部/傳記類/總傳之屬/家乘

[浙江黃巖]重修大路茅氏宗譜四卷　清光緒十一年(1885)木活字印本　二冊　存三卷(一至三)

330000－1720－0004546　普04420　史部/傳記類/總傳之屬/家乘

[浙江黃巖]黃邑洋嶴陳氏宗譜不分卷　(清)夏心田等纂修　清光緒十六年(1890)木活字印本　一冊

330000－1720－0004550　普04424　集部/總集類/選集之屬/通代

經史百家雜鈔二十六卷　(清)曾國藩輯　清光緒三十二年(1906)上海商務印書館鉛印本　七冊　存十四卷(一至十、十六至十九)

330000－1720－0004553　普04427　集部/別集類/清別集

初學集二十卷　(清)錢謙益撰　(清)錢曾箋注　清末上海國學扶輪社石印本　一冊　存一卷(一)

330000－1720－0004554　普04428　類叢部/叢書類/郡邑之屬

永嘉叢書十三種　(清)孫衣言編　清同治至光緒瑞安孫氏詒善祠塾刻本　一冊　存一種

330000－1720－0004555　普04429　史部/傳記類/總傳之屬/家乘

[浙江黃巖]黃邑南城花廳王氏宗譜□□卷　(清)韓譙纂修　清乾隆十二年(1747)敦睦堂抄本　一冊　存詩、文

330000－1720－0004557　普04431　子部/醫家類/綜合之屬/通論

御纂醫宗金鑑九十卷首一卷　(清)吳謙等撰　清宣統元年(1909)簡青齋書局石印本　一冊　存四卷(五十一至五十四)

330000－1720－0004563　普04437　經部/四書類/總義之屬/傳說

四書註疏刪四卷　(清)李誠撰　稿本　一冊　存二卷(大學、論語)

330000－1720－0004564　普04438　類叢部/叢書類/彙編之屬

榆園叢刻十五種附一種　(清)許增編　清同治至光緒刻本　一冊　存一種

330000－1720－0004565　普04439　集部/別集類/唐五代別集

昌黎先生集四十卷外集十卷遺文一卷　(唐)韓愈撰　(宋)廖瑩中校正　**韓集點勘四卷**　(清)陳景雲撰　清末石印本　五冊　缺二十卷(一至二十)

330000－1720－0004573　普04447　集部/總集類/課藝之屬

塾課小題正鵠二集一卷　(清)李元度輯　清光緒六年(1880)浙紹墨潤堂刻本　一冊

330000－1720－0004576　普04449　類叢部/類書類/專類之屬

文典類函二十八卷　(清)周世樟撰　清刻本　一冊　存三卷(二十四至二十六)

330000－1720－0004579　普04452　類叢部/類書類/通類之屬

淵鑑類函四十五卷　(清)張英　(清)王士禛等纂　清光緒九年(1883)上海點石齋石印本　一冊　存四卷(一至四)

330000－1720－0004589　普04461　子部/術數類/陰陽五行之屬

剋擇晶元八卷　(清)汪之璉鈔　(清)孫思廻述　清乾隆二十五年(1760)菉猗園書屋刻本　三冊　缺二卷(五至六)

330000－1720－0004591　普04464　子部/醫

家類/方書之屬/單方驗方

驗方新編□□卷 (清)鮑相璈輯 清刻本 一冊 存一卷(十一)

330000－1720－0004592 普04465 子部/醫家類/方書之屬/單方驗方

驗方新編二十四卷 (清)鮑相璈輯 清刻本 九冊 存十七卷(二至八、十、十二至十六、十八至二十、二十三)

330000－1720－0004593 普04466 子部/藝術類/遊藝之屬/聯語

楹聯錄存三卷四書文一卷 (清)俞樾撰 清光緒二十年(1894)刻本 一冊 存三卷(二至三、四書文)

330000－1720－0004594 普04467 子部/醫家類/方書之屬/單方驗方

增廣驗方新編十六卷 (清)鮑相璈輯 清同治八年(1869)竟成堂刻本 二冊 存二卷(一、九)

330000－1720－0004595 普04468 子部/儒家類/儒學之屬/蒙學

七字蒙求一卷賣田契式一卷 清刻本 一冊

330000－1720－0004596 普04469 集部/總集類/選集之屬/通代

重訂文選集評十五卷首一卷末一卷 (清)于光華輯 清刻本 十四冊 存十四卷(一至十四)

330000－1720－0004599 普04472 子部/藝術類/遊藝之屬/聯語

集古三百聯三卷 (清)王樹之撰 清光緒十四年(1888)棲雲山館刻本 一冊

330000－1720－0004602 普04475 史部/金石類/總志之屬

金石萃編一百六十卷 (清)王昶撰 清末石印本 一冊 存六卷(一百四十九至一百五十四)

330000－1720－0004603 普04476 經部/春秋左傳類/傳說之屬

讀左補義五十卷首二卷 (清)姜炳璋輯 清刻本 三冊 存十卷(三十一至四十)

330000－1720－0004604 普04477 子部/雜著類/雜考之屬

讀書雜志八十二卷餘編二卷 (清)王念孫撰 清刻本 四冊 存二十三卷(淮南內篇一至二十二、補遺)

330000－1720－0004605 普04478 經部/詩類/傳說之屬

詩經旁訓四卷 (清)徐立綱撰 (清)俞質仁輯 清黃巖俞大酉山房刻本 丁介士題簽、批並題記 一冊 存一卷(一)

330000－1720－0004606 普04479 經部/詩類/傳說之屬

詩經旁訓四卷 (清)徐立綱撰 清文奎堂刻本 三冊 存三卷(一至三)

330000－1720－0004607 普04480 史部/政書類/通制之屬

皇朝文獻通考三百卷 (清)嵇璜 (清)曹仁虎等纂修 清刻本 一冊 存一卷(一百二十二)

330000－1720－0004608 普04481 子部/叢編

二十二子(二十二子彙函) (清)浙江書局編 清光緒元年至三年(1875－1877)浙江書局刻本 三冊 存一種

330000－1720－0004609 普04482 子部/叢編

二十二子(二十二子彙函) (清)浙江書局編 清光緒元年至三年(1875－1877)浙江書局刻本 七冊 存一種

330000－1720－0004610 普04483 子部/叢編

二十二子(二十二子彙函) (清)浙江書局編 清光緒元年至三年(1875－1877)浙江書局刻本 四冊 存一種

330000－1720－0004611 普04484 經部/易類/傳說之屬

來瞿唐先生易註十五卷首一卷末一卷圖一卷

（明）來知德撰　清寧遠堂刻本　一冊　存一卷（十四）

330000－1720－0004612　普04485　新學/史志/諸國史
歐羅巴通史不分卷　（日本）箕作元八　（日本）峰岸米造纂　（清）胡景伊　（清）徐有成　（清）唐人傑譯　清末鉛印本　一冊

330000－1720－0004613　普04486　新學/學校
兩廣速成師範館講義□□種　（清）兩廣速成師範館編　清光緒鉛印本　一冊　存一種

330000－1720－0004614　普04487　新學/學校
兩廣速成師範館講義□□種　（清）兩廣速成師範館編　清光緒鉛印本　一冊　存一種

330000－1720－0004615　普04488　新學/學校
師範半夜講習所講本　師範半夜講習所編　清末鉛印本　一冊　存一種

330000－1720－0004616　普04489　新學/學校
兩廣優級師範選科講義□□種　（清）兩廣優級師範學堂編　清末鉛印本　三冊　存三種

330000－1720－0004617　普04490　新學/學校
兩廣初級師範簡易科館講義□□種　（清）兩廣初級師範簡易科館編　清光緒鉛印本　一冊　存一種

330000－1720－0004627　普04500　集部/總集類/選集之屬
簡練揣摩不分卷　清末抄本　一冊

330000－1720－0004628　普04501　子部/宗教類/道教之屬
九天東廚司命九靈元皇灶君感應天尊救劫懺不分卷　清光緒十三年（1887）抄本　一冊

330000－1720－0004629　普04502　子部/宗教類/道教之屬
項批三註悟真篇三卷　（宋）張伯端撰　（宋）薛道光　（宋）陸墅　（宋）陳致虛注　（清）傅金銓批點　清末抄本　一冊　存一卷（上）

330000－1720－0004630　普04503　子部/宗教類/道教之屬
太乙救苦天尊濟度錫福寶仍不分卷　清抄本　一冊

330000－1720－0004631　普04504　子部/宗教類/道教之屬
三教辯論不分卷　清抄本　一冊

330000－1720－0004632　普04505　子部/宗教類/佛教之屬
慈悲十王妙懺法三卷　清浙台黃邑金師古齋刻本　一冊

330000－1720－0004633　普04506　經部/四書類/總義之屬/傳說
銅板四書體註合講十九卷圖說一卷　（清）翁復編　清咸豐十年（1860）刻本　四冊　存十卷（大學、中庸、孟子一至七，圖說）

330000－1720－0004634　普04507　子部/醫家類/類編之屬
霄鵬先生遺著　（清）黃保康撰　清宣統三年（1911）刻民國八年（1919）印本　一冊　存二種

330000－1720－0004636　普04509　子部/雜著類/雜纂之屬
寄園寄所寄十二卷　（清）趙吉士輯　清宣統三年（1911）文盛書局石印本　五冊　存九卷（一至四、七至九、十一至十二）

330000－1720－0004640　普04513　經部/群經總義類/傳說之屬
經義述聞三十二卷　（清）王引之撰　清末上海文瑞樓石印本　十冊　存十六卷（十七至三十二）

330000－1720－0004642　普04515　子部/宗教類/道教之屬
七真祖師列仙傳一卷　性命至理論一卷　（清）悟眞子註解　清光緒十九年（1893）刻本

一册

330000－1720－0004643　普 04516　子部/叢編

二十二子(二十二子彙函)　(清)浙江書局編　清光緒元年至三年(1875－1877)浙江書局刻本　三册　存一種

330000－1720－0004644　普 04517　經部/易類/傳說之屬

周易闡真四卷首一卷孔易闡真二卷　(清)劉一明撰　清嘉慶二十四年(1819)常郡護國菴刻本　三册　存三卷(一至三)

330000－1720－0004645　普 04518　子部/儒家類/儒學之屬

中庸衍義十七卷　(明)夏良勝撰　清同治十年(1871)刻本　十二册

330000－1720－0004646　普 04519　經部/叢編

經苑二十五種　(清)錢儀吉輯　清道光至咸豐大梁書院刻同治七年(1868)王儒行等印本　十八册　存三種

330000－1720－0004647　普 04520　子部/雜著類/雜考之屬

讀書雜志八十二卷餘編二卷　(清)王念孫撰　清同治九年(1870)金陵書局刻本　二十二册　缺二卷(荀子雜志補遺、讀書雜志餘編上)

330000－1720－0004650　普 04523　集部/別集類/清別集

北窗閒詠六卷　(清)馬東山撰　清抄本　清王嘯林、清王棻跋　清彭穎批校並跋　清荃士題記　一册　存四卷(一至四)

330000－1720－0004651　普 04524　子部/宗教類/道教之屬/經文

太上洞玄靈寶無量度人上品妙經一卷　清王棻抄本　王棻題記　一册

330000－1720－0004652　普 04525　子部/宗教類/道教之屬

浙江省主城隍尊神集福儲祥寶懺不分卷　清光緒二十年(1894)蔣永記抄本　清蔣永記題簽並記　一册

330000－1720－0004653　普 04526　子部/宗教類/道教之屬/譜籙

太上八十一化圖說不分卷　題令狐彰編修　題通微道人解　清海門太和宫抄本　一册

330000－1720－0004654　普 04527　子部/宗教類/道教之屬/經文

元始天尊說北方真武妙經一卷　清海門太和宫抄本　一册

330000－1720－0004655　普 04528　子部/宗教類/道教之屬/戒律

全真清規一卷　(元)陸道和編集　清海門太和宫抄本　一册

330000－1720－0004656　普 04529　子部/宗教類/道教之屬/經文

金碧古文龍虎上經一卷　(明)彭好古解　清海門太和宫抄本　一册

330000－1720－0004657　普 04530　子部/宗教類/道教之屬

北斗延生度厄寶懺一卷　清同治十二年(1873)福壽堂抄本　一册

330000－1720－0004658　普 04531　新學/學校

最新修身教科書不分卷　(清)商務印書館編譯所編纂　清宣統二年(1910)上海商務印書館石印本(第一册補配清光緒三十四年上海商務印書館石印本)　十册

330000－1720－0004661　普 04534　新學/學校

最新修身教科書不分卷　(清)商務印書館編譯所編纂　清光緒三十二年(1906)上海商務印書館石印本　一册

330000－1720－0004663　普 04536　新學/學校

最新地理教科書四卷　謝洪賚編纂　清宣統二年(1910)上海商務印書館鉛印本　四册

330000－1720－0004664　普04537　子部/儒家類/儒學之屬/俗訓

戒淫寶訓二卷　(清)傅伯辰撰　清光緒二十年(1894)守經堂刻本　一册

330000－1720－0004665　普04538　新學/學校

最新地理教科書四卷　謝洪賚編纂　清宣統二年(1910)上海商務印書館鉛印本　四册

330000－1720－0004666　普04539　子部/宗教類/佛教之屬

慈悲道場目連報本懺法三卷　清同治十三年(1874)路橋金師古齋刻本　釋□云、陳煥燐題記　一册

330000－1720－0004668　普04541　史部/史評類/史論之屬

最新中國歷史教科書四卷　姚祖義編　清宣統二年(1910)上海商務印書館鉛印本　四册

330000－1720－0004669　普04542　子部/宗教類/其他宗教之屬/其他

護國佑民伏魔寶卷二卷二十四品　(明)悟空撰　清光緒二十二年(1896)吉林學善堂刻本　一册　存一卷(上)

330000－1720－0004670　普04543　子部/藝術類/書畫之屬/畫譜

飛影閣叢畫二集八卷　(清)吳嘉猷繪　清末石印本　一册　存一卷(七)

330000－1720－0004671　普04544　新學/史志/諸國史

西洋歷史教科書二卷中西名表一卷　(英國)默爾化撰　(清)出洋學生編輯所譯　清宣統二年(1910)上海商務印書館鉛印本　二册

330000－1720－0004674　普04547　經部/小學類/文字之屬

虛字會通法續編不分卷　(清)徐超編　清末上海羣學社鉛印本　一册

330000－1720－0004675　普04548　子部/術數類/雜術之屬

大聖五公海元救劫轉天圖經解不分卷　清蘇子彬抄本　蘇子彬題簽並記　一册

330000－1720－0004677　普04550　子部/宗教類/佛教之屬/總録

釋氏稽古略四卷　(元)釋覺岸撰　**續集三卷**　(明)釋幻輪撰　清光緒十二年(1886)釋清道刻本　佛呆子題簽並記　四册　存六卷(二至四、續集一至三)

330000－1720－0004678　普04551　新學/學校

高等小學歷史課本不分卷　趙鉦鐸編　清宣統三年(1911)中國圖書公司鉛印本　一册　存第七册

330000－1720－0004679　普04552　集部/總集類/選集之屬/通代

千家詩選二卷二十四孝不分卷　清刻本　一册

330000－1720－0004680　普04553　類叢部/叢書類/彙編之屬

湖海樓叢書十二種　(清)陳春編　清嘉慶蕭山陳氏湖海樓刻二十四年(1819)彙印本　四册　存二種

330000－1720－0004682　普04555　經部/大戴禮記類/分篇之屬

夏小正四卷　(清)王貞撰　清同治十一年(1872)刻本　一册

330000－1720－0004684　普04557　經部/群經總義類/傳説之屬

稽古日鈔八卷　(清)郁文等輯　清乾隆二十九年(1764)秋曉山房刻本　三册　存五卷(四至八)

330000－1720－0004685　普04558　新學/學校

高等小學修身教科書二卷　杜芝庭編輯　清光緒三十一年(1905)會文政記書莊石印本　二册

330000－1720－0004686　普04559　子部/雜著類/雜考之屬

羣書疑辨十二卷　(清)萬斯同撰　清刻本

四册　存八卷(三至四、七至十二)

330000－1720－0004688　普04561　新學/學校
初等小學經訓修身教科書二卷　杜芝庭編輯　清光緒三十二年(1906)會文學社石印本　一册

330000－1720－0004691　普04564　經部/四書類/總義之屬/傳說
四書反身錄八卷　(清)李顒撰　清刻本　一册　存二卷(七至八)

330000－1720－0004692　普04565　集部/别集類/清别集
硯林集拾遺一卷硯林印款一卷　(清)丁敬撰　**三丁詩文拾遺一卷**　(清)丁健　(清)丁傳　(清)丁佺撰　清光緒六年(1880)福州刻本　一册　存二卷(硯林集拾遺、三丁詩文拾遺)

330000－1720－0004693　普04566　集部/别集類/清别集
繡佛齋草一卷附録諸賢題詠　(清)陳氏撰　清抄本　襄臣校　一册

330000－1720－0004694　普04567　集部/别集類/清别集
遜學齋文鈔十二卷首一卷末一卷　(清)孫衣言撰　清同治十二年(1873)刻光緒增刻本　二册　存七卷(七至十二、末)

330000－1720－0004695　普04568　史部/政書類
九通二千三百二十一卷　(清)□□輯　清光緒八年至二十二年(1882－1896)浙江書局刻本　十册　存一種

330000－1720－0004696　普04569　經部/三禮總義類/通禮雜禮之屬
四禮翼四卷　(明)呂坤撰　清同治二年(1863)王禹疇刻本　一册

330000－1720－0004697　普04570　類叢部/叢書類/自著之屬
半巖廬所箸書九種　(清)邵懿辰撰　清宣統三年至民國二十年(1911－1931)仁和邵氏家祠刻本　五册　存一種

330000－1720－0004699　普04572　史部/地理類/總志之屬/斷代
大清一統志四百二十四卷　(清)和珅等纂修　清末石印本　三十八册　存二百六十九卷(一百一至二百十八、二百三十三至二百四十二、二百五十七至二百九十六、三百五至三百二十八、三百三十三至三百五十九、三百六十八至四百三、四百十一至四百二十四)

330000－1720－0004700　普04573　史部/地理類/總志之屬/斷代
大清一統志四百二十四卷　(清)和珅等纂修　清末石印本　三册　存二十九卷(三百四十五至三百五十三、三百六十至三百六十七、三百七十八至三百八十九)

330000－1720－0004702　普04575　史部/傳記類/總傳之屬/斷代
國朝先正事略六十卷　(清)李元度撰　清同治五年至八年(1866－1869)循陔草堂刻本　二十三册　缺二卷(二十六至二十七)

330000－1720－0004705　普04578　子部/醫家類/類編之屬
六科證治準繩七種　(明)王肯堂撰　清九思堂刻本　三册　存一種

330000－1720－0004707　普04580　經部/叢編
經苑二十五種　(清)錢儀吉輯　清道光至咸豐大梁書院刻同治七年(1868)王儒行等印本　十一册　存八種

330000－1720－0004708　普04581　集部/詩文評類/詩評之屬
說詩晬語二卷　(清)沈德潛撰　清末鉛印本　一册

330000－1720－0004709　普04582　子部/醫家類/本草之屬/歷代綜合本草
本草綱目五十二卷　(明)李時珍撰　清刻本　十六册　存二十卷(六、十二至二十一、三

十九至四十二、四十七至五十一）

330000－1720－0004710　普04583　史部/紀傳類/正史之屬
二十四史附考證　清光緒二十八年（1902）武林竹簡齋石印本　十五册　存四種

330000－1720－0004712　普04585　子部/雜著類/雜纂之屬
經餘必讀續編八卷　（清）雷琳　（清）錢樹棠　（清）錢樹立輯　清刻本　一册　存二卷（五至六）

330000－1720－0004713　普04586　史部/紀事本末類
歷朝紀事本末七種　（清）陳如升　（清）朱記榮輯　清光緒二十一年（1895）上海積山書局石印本　二册　存一種

330000－1720－0004714　普04587　史部/紀事本末類
歷朝紀事本末七種　（清）陳如升　（清）朱記榮輯　清光緒十四年（1888）上海書業公所鉛印本　三册　存一種

330000－1720－0004716　普04589　子部/醫家類/類編之屬
婦嬰至寶三種六卷　（清）徐尚慧編　清刻本　一册　存五卷（一至五）

330000－1720－0004718　普04591　史部/紀傳類/正史之屬
二十四史　清光緒二十八年（1902）上海文瀾書局石印本　三册　存二種

330000－1720－0004719　普04592　子部/醫家類/溫病之屬/其他溫疫病證
溫病條辨六卷首一卷　（清）吳瑭撰　清刻本　一册　存一卷（三）

330000－1720－0004721　普04594　子部/醫家類/兒科之屬/痘疹
增補秘傳痘疹玉髓金鏡錄真本四卷圖像一卷　（明）翁仲仁輯著　（明）陸道元參補　（明）陸道光補遺　清末石印本　金泉題簽並記　一册　存二卷（三至四）

330000－1720－0004722　普04595　集部/小說類/長篇之屬
精訂綱鑑廿四史通俗衍義二十六卷四十四回首一卷　（清）呂撫撰　清光緒石印本　四册　存十八卷（九至二十六）

330000－1720－0004723　普04596　史部/職官類/官制之屬
歷代職官表六卷　（清）黄本驥纂　清光緒八年（1882）王氏校刻本　四册

330000－1720－0004724　普04597　類叢部/叢書類/自著之屬
潛廬全集五種附一種　金蓉鏡撰　清光緒三十四年（1908）、宣統二年（1910）刻本　一册　存一種

330000－1720－0004728　普04601　子部/醫家類/方書之屬/單方驗方
急救經驗良方一卷　清刻本　一册

330000－1720－0004729　普04602　子部/雜著類/雜說之屬
池北偶談二十六卷　（清）王士禛撰　清光緒二十二年（1896）上海慎記書莊石印本　一册　存五卷（一至五）

330000－1720－0004730　普04603　類叢部/叢書類/彙編之屬
花雨樓叢鈔十一種續鈔十一種附一種　（清）張壽榮編　清光緒八年至十四年（1882－1888）蛟川張氏花雨樓刻本　一册　存一種

330000－1720－0004733　普04606　子部/藝術類/書畫之屬/畫譜
芥子園畫傳初集六卷二集九卷三集六卷　（清）王槩　（清）王蓍　（清）王臬輯　清末石印本　一册　存二卷（二集六至七）

330000－1720－0004734　普04607　集部/別集類/清別集
錢牧齋文鈔不分卷　（清）錢謙益撰　清宣統元年（1909）國學扶輪社鉛印本　一册

330000－1720－0004735　普04608　子部/宗教類/道教之屬

三聖經靈驗圖註一卷　清光緒二十四年(1898)上海鴻寶齋書局石印本　沅甫題記　一冊

330000－1720－0004737　普04610　集部/別集類/清別集

劉葆眞太史遺槀二卷　(清)劉可毅撰　清宣統二年(1910)刻本　一冊

330000－1720－0004739　普04612　史部/職官類/官箴之屬

在官法戒錄摘抄四卷　(清)陳弘謀撰　清石印本　一冊

330000－1720－0004743　普04616　類叢部/叢書類/彙編之屬

湖海樓叢書十二種　(清)陳春編　清嘉慶蕭山陳氏湖海樓刻二十四年(1819)彙印本　一冊　存一種

330000－1720－0004744　普04617　類叢部/叢書類/自著之屬

曾惠敏公全集四種十七卷　(清)曾紀澤撰　清末石印本　二冊　存二種

330000－1720－0004748　普04621　類叢部/叢書類/郡邑之屬

永嘉叢書十三種　(清)孫衣言編　清同治至光緒瑞安孫氏詒善祠塾刻本　一冊　存一種

330000－1720－0004749　普04622　集部/總集類/選集之屬

文抄不分卷　清抄本　一冊

330000－1720－0004750　普04623　類叢部/類書類/專類之屬

李氏蒙求補注六卷　(唐)李瀚撰　(清)金三俊補注　清刻本　三冊

330000－1720－0004751　普04624　經部/三禮總義類/通論之屬

禮書通故五十卷　(清)黃以周撰　清光緒十九年(1893)黃氏試館刻本　一冊　存二卷(四至五)

330000－1720－0004752　普04625　類叢部/叢書類/彙編之屬

貸園叢書初集十二種四十九卷　(清)周永年編　清乾隆五十四年(1789)歷城周氏竹西書屋重編印益都李文藻等刻本　一冊　存一種

330000－1720－0004754　普04627　集部/曲類/寶卷之屬

如如寶卷一卷　清刻本　一冊

330000－1720－0004757　普04630　子部/雜著類/雜考之屬

校訂困學紀聞集證二十卷　(宋)王應麟撰　(清)閻若璩等箋　(清)萬希槐集證　清刻本　王詠霓補箋　八冊　存十六卷(二至十七)

330000－1720－0004760　普04633　子部/雜著類/雜纂之屬

傳家寶初集八卷二集八卷三集八卷四集八卷　(清)金天基撰　清末石印本　一冊　存三卷(二集六至八)

330000－1720－0004761　普04634　經部/小學類/音韻之屬/韻書

增廣詩韻全璧五卷　(清)湯祥瑟輯　(清)奕詢增編　**虛字韻藪一卷**　(清)潘維城輯　**初學檢韻袖珍一卷**　清末石印本　一冊　存一卷(二)

330000－1720－0004762　普04635　新學/雜著/叢編

富強叢書正集七十七種續集一百二十一種　(清)袁俊德編　清光緒二十五年(1899)、二十七年(1901)石印本　一冊　存一種

330000－1720－0004765　普04638　新學/學校

師範半夜講習所講本　師範半夜講習所編　清光緒廣東學務公所印刷處鉛印本　一冊　存一種

330000－1720－0004769　普04642　類叢部/叢書類/自著之屬

曾文正公全集十六種　(清)曾國藩撰　清同治至光緒傳忠書局刻本　十一冊　存一種

330000－1720－0004770　普04643　子部/宗

教類/道教之屬

刻天仙正理直論增註二卷 (明)伍守陽撰並注 (明)伍守虛注 清上海翼化堂刻本 王伯權題簽並記 一冊

330000－1720－0004771 普04644 子部/雜著類/雜纂之屬

通關文二卷 (清)劉一明撰 清刻本 一冊 存一卷(二)

330000－1720－0004772 普04645 史部/政書類/律令之屬

清案例彙編□□卷 清刻本 一冊 存一卷(二十三)

330000－1720－0004773 普04646 子部/宗教類/道教之屬

象言破疑二卷 (清)劉一明撰 清嘉慶二十二年(1817)湖南常德府護國庵刻本 一冊

330000－1720－0004774 普04647 子部/儒家類/儒學之屬/禮教

五種遺規摘鈔 (清)陳弘謀輯並撰 (清)劉肇紳摘抄 清末石印本 一冊 存一種

330000－1720－0004775 普04648 子部/宗教類/道教之屬/戒律

太上感應篇圖說八卷首一卷 (清)黃正元纂 (清)毛金蘭補 清刻本 五冊 存五卷(二至三、五至七)

330000－1720－0004776 普04649 子部/宗教類/道教之屬/戒律

太上感應篇直講一卷 清同治十二年(1873)杭城瑪瑙經房刻本 一冊

330000－1720－0004777 普04650 子部/雜著類/雜說之屬

中權居士協和講堂演說初錄不分卷 (清)貴林撰 清光緒三十一年(1905)刻本 一冊

330000－1720－0004778 普04651 子部/宗教類/道教之屬

文昌帝君功過格不分卷 清刻本 一冊

330000－1720－0004780 普04653 子部/宗教類/道教之屬/戒律

太上感應篇註講證案彙編四卷 清光緒二十二年(1896)廣陵藏經禪院刻本 一冊

330000－1720－0004783 普04656 子部/宗教類/道教之屬

感應篇註釋四卷 清同治十二年(1873)守經堂刻本 四冊

330000－1720－0004786 普04659 子部/宗教類/道教之屬

陀陽真人入火鏡注解一卷 (清)陀陽真人原編 清光緒十二年(1886)浙省瑪瑙經房刻本 一冊

330000－1720－0004787 普04660 經部/叢編

重刊宋本十三經注疏四百十六卷 附十三經注疏校勘記四百十六卷 (清)阮元撰 (清)盧宣旬摘錄 **十三經注疏校勘記識語四卷** (清)汪文臺撰 清光緒十三年(1887)上海脈望仙館石印本 三冊 存二種

330000－1720－0004789 普04662 子部/宗教類/道教之屬

悟道錄二卷 (清)劉一明撰 清嘉慶二十一年(1816)湖南常德府護國庵刻本 一冊 存一卷(上)

330000－1720－0004790 普04663 經部/叢編

重刊宋本十三經注疏四百十六卷 附十三經注疏校勘記四百十六卷 (清)阮元撰 (清)盧宣旬摘錄 **校勘記識語四卷** (清)汪文臺撰 清光緒十三年(1887)上海脈望仙館石印本 七冊 存三種

330000－1720－0004792 普04665 子部/宗教類/道教之屬

感應類鈔十卷 (清)史潔珵輯 清光緒二十四年(1898)刻本 一冊 存一卷(十)

330000－1720－0004793 普04666 經部/叢編

重刊宋本十三經注疏四百十六卷 附十三經

注疏校勘記四百十六卷　(清)阮元撰　(清)盧宣旬摘錄　**校勘記識語四卷**　(清)汪文臺撰　清光緒十三年(1887)上海脈望仙館石印本　三冊　存二種

330000－1720－0004794　普 04667　經部/叢編

重刊宋本十三經注疏四百十六卷　附十三經注疏校勘記四百十六卷　(清)阮元撰　(清)盧宣旬摘錄　**校勘記識語四卷**　(清)汪文臺撰　清光緒十三年(1887)上海脈望仙館石印本　一冊　存一種

330000－1720－0004796　普 04669　經部/叢編

重刊宋本十三經注疏四百十六卷　附十三經注疏校勘記四百十六卷　(清)阮元撰　(清)盧宣旬摘錄　**校勘記識語四卷**　(清)汪文臺撰　清末石印本　一冊　存一種

330000－1720－0004799　普 04672　子部/雜著類/雜考之屬

癸巳類稿十五卷　(清)俞正燮撰　清道光十三年(1833)王藻求日益齋刻本　六冊　存十二卷(四至十五)

330000－1720－0004800　普 04673　經部/易類/傳說之屬

周易究三卷宅墳圖訣一卷　(清)徐梅撰　清光緒三年(1877)刻本　三冊　存三卷(一至三)

330000－1720－0004801　普 04674　子部/術數類/相宅相墓之屬

地理五訣八卷　(清)趙廷棟撰　清末上海江東書局石印本　一冊　存六卷(一至六)

330000－1720－0004802　普 04675　類叢部/叢書類/自著之屬

汪雙池先生叢書二十種附浙刻雙池遺書十二種　(清)汪紱撰　清道光至光緒刻光緒二十三年(1897)長安趙舒翹等彙印本　五冊　存二種

330000－1720－0004803　普 04676　集部/總集類/課藝之屬

八銘堂塾鈔初集不分卷二集不分卷　(清)吳懋政編　清刻本　一冊

330000－1720－0004807　普 04680　經部/四書類/總義之屬/傳說

四書集註十九卷　(宋)朱熹撰　清三味堂刻本　一冊　存一卷(大學)

330000－1720－0004808　普 04681　經部/四書類/總義之屬/傳說

集虛齋四書口義十卷　(清)方棨如撰　(清)于光華編　清刻本　六冊　存六卷(三至四、七至十)

330000－1720－0004810　普 04683　經部/詩類/傳說之屬

詩經融註大全體要八卷　(清)沈世楷輯　清刻本　應春園題簽並記　一冊　存一種

330000－1720－0004811　普 04684　經部/春秋左傳類/傳說之屬

左繡三十卷首一卷　(清)馮李驊　(清)陸浩評輯　清華川書屋刻本　一冊　存四卷(首，一、九至十)

330000－1720－0004812　普 04685　經部/小學類/文字之屬/說文

說文通訓定聲十八卷分部柬韻一卷說雅一卷古今韻準一卷　(清)朱駿聲撰　(清)朱鏡蓉參訂　**行述一卷**　朱孔彰撰　清道光二十九年(1849)刻同治九年(1870)朱孔彰臨嘯閣補刻本　十九冊　存十六卷(一至二、五至六、九至十八,分部柬韻,說雅)

330000－1720－0004813　普 04686　經部/群經總義類/文字音義之屬

經籍籑詁一百六卷補遺一百六卷首一卷　(清)阮元撰　清刻本　十二冊　存五十二卷(八十一至一百六、補遺八十一至一百六)

330000－1720－0004814　普 04687　經部/群經總義類/傳說之屬

經學講義二編　(清)京師大學堂編　清光緒三十年(1904)官書局鉛印本　一冊

330000－1720－0004815　普04688　經部/小學類/文字之屬/說文
說文通訓定聲十八卷分部柬韻一卷說雅一卷古今韻準一卷　(清)朱駿聲撰　(清)朱鏡蓉參訂　**行述一卷**　朱孔彰撰　清道光二十九年(1849)刻同治九年(1870)朱孔彰臨嘯閣補刻本　十三册　存十卷(五至十三、十五)

330000－1720－0004816　普04689　史部/雜史類/斷代之屬
本朝史講義不分卷　汪榮寶撰　清光緒三十二年(1906)京師譯學館鉛印本　三册

330000－1720－0004817　普04690　經部/小學類/文字之屬/說文
說文通訓定聲十八卷分部柬韻一卷說雅一卷古今韻準一卷　(清)朱駿聲撰　(清)朱鏡蓉參訂　**行述一卷**　朱孔彰撰　清道光二十九年(1849)刻同治九年(1870)朱孔彰臨嘯閣補刻本　一册　存一卷(九)

330000－1720－0004818　普04691　新學/學校
京師大學堂講義初編七種二編七種　(清)京師大學堂輯　清末鉛印本　一册　存一種

330000－1720－0004819　普04692　新學/政治法律/律例
行政法二卷　(清)寧波巡警學堂編　清末油印本　一册　存一卷(下)

330000－1720－0004820　普04693　經部/叢編
遵阮本重校印十三經注疏并校勘記　(清)阮元撰校勘記　(清)盧宣旬摘錄校勘記　清光緒十三年(1887)上海點石齋石印本　十二册　存四種

330000－1720－0004821　普04694　經部/叢編
重刊宋本十三經注疏四百十六卷　附十三經注疏校勘記四百十六卷　(清)阮元撰　(清)盧宣旬摘錄　**校勘記識語四卷**　(清)汪文臺撰　清末石印本　五册　存二種

330000－1720－0004822　普04695　史部/編年類/通代之屬
御批歷代通鑑輯覽一百二十卷　(清)傅恆等撰　清末上海廣益書局石印本　三册　存十卷(三十五至三十七、六十至六十二、一百十至一百十三)

330000－1720－0004823　普04696　史部/地理類/外紀之屬
最新萬國輿地韻編十二卷　(清)齊忠甲輯　清光緒二十九年(1903)京都刻本　二册　存二卷(一、七)

330000－1720－0004826　普04699　新學/史志/别國史
東洋史要二卷　(日本)桑元隲藏撰　樊炳清譯　清光緒二十五年(1899)東文學社石印本　牟叔方題簽並記　二册

330000－1720－0004827　普04700　新學/史志/别國史
東洋史要二卷　(日本)桑元隲藏撰　樊炳清譯　清末石印本　二册

330000－1720－0004829　普04702　集部/小說類/長篇之屬
聖朝鼎盛萬年清八集七十六回　清光緒石印本　一册　存二十六回(一至二十六)

330000－1720－0004831　普04704　類叢部/叢書類/彙編之屬
龍威秘書一百六十九種　(清)馬俊良編　清乾隆五十九年至嘉慶元年(1794－1796)浙江石門馬氏大酉山房刻本　一册　存一種

330000－1720－0004832　普04705　集部/小說類/長篇之屬
嶺南逸史二十八回　(清)黃巖撰　(清)醉園狂客評　清刻本　一册　存六回(十九至二十四)

330000－1720－0004834　普04707　類叢部/叢書類/彙編之屬
說鈴前集三十七種後集十六種　(清)吳震方編　清刻本　一册　存二種

330000－1720－0004840　普 04713　子部/宗教類/道教之屬

太上寶筏圖說八卷　(清)黄正元纂　清光緒二十八年(1902)上海點石齋石印本　一册　存一卷(一)

330000－1720－0004841　普 04714　經部/群經總義類/文字音義之屬

經籍籑詁一百六卷補遺一百六卷首一卷　(清)阮元撰　清石印本　六册　存一百八卷(二十至二十二、三十二至四十三、六十至九十八,補遺二十至二十二、三十二至四十三、六十至九十八)

330000－1720－0004842　普 04715　經部/群經總義類/文字音義之屬

經籍籑詁五卷首一卷　(清)阮元撰　清石印本　四册　存三卷(上下平聲、上聲、入聲)

330000－1720－0004844　普 04717　子部/雜著類/雜考之屬

日知錄三十二卷　(清)顧炎武撰　清刻本　一册　存二卷(三十一至三十二)

330000－1720－0004845　普 04718　集部/戲劇類/傳奇之屬

南樓傳□□卷　清末石印本　一册　存三卷(七至九)

330000－1720－0004846　普 04719　類叢部/叢書類/彙編之屬

唐代叢書一百六十四種　(清)陳世熙編　清光緒二十二年(1896)上海賜書堂石印本　一册　存六種

330000－1720－0004847　普 04720　經部/詩類/傳說之屬

詩經旁訓四卷　(清)徐立綱撰　(清)俞質仁輯　清黄巖俞大酉山房刻本　二册　存二卷(二至三)

330000－1720－0004854　普 04727　子部/醫家類/傷寒金匱之屬/傷寒論

醫效秘傳三卷　(清)葉桂撰　清刻本　一册　存一卷(二)

330000－1720－0004857　普 04730　子部/小說家類/異聞之屬

燕山外史註釋八卷　(清)陳球撰　(清)若駭子輯註　清光緒三十二年(1906)上海海左書局石印本　一册

330000－1720－0004861　普 04734　集部/小說類/長篇之屬

精訂綱鑑廿四史通俗衍義六卷四十四回首一卷　(清)呂撫撰　清光緒二十一年(1895)珍藝書局鉛印本　四册　缺二卷(二至三)

330000－1720－0004863　普 04736　集部/小說類/長篇之屬

東周列國全志二十三卷一百八回　(清)蔡奡評點　清刻本　十五册　存十五卷(三至六、八至十五、十七、十九、二十三)

330000－1720－0004865　普 04738　集部/戲劇類/總集之屬/雜劇

清容外集(紅雪樓九種曲)九種　(清)蔣士銓撰　清乾隆蔣氏紅雪樓刻本　二册　存二種

330000－1720－0004866　普 04739　集部/曲類/寶卷之屬

如如寶卷一卷　清刻本　一册

330000－1720－0004867　普 04740　集部/曲類/寶卷之屬

孚佑帝君純陽祖師三世因果說一卷　清刻本　一册

330000－1720－0004868　普 04741　經部/小學類/文字之屬/說文

說文通訓定聲十八卷分部柬韻一卷說雅一卷古今韻準一卷　(清)朱駿聲撰　(清)朱鏡蓉參訂　**行述一卷**　朱孔彰撰　清道光二十九年(1849)刻同治九年(1870)朱孔彰臨嘯閣補刻本　一册　存一卷(四)

330000－1720－0004869　普 04742　子部/宗教類/道教之屬

感應篇贅言一卷附集經驗諸方一卷　(清)于覺世撰　清光緒刻本　一册

330000－1720－0004870　普 04743　子部/宗

教類/佛教之屬/經

大佛頂如來密因修證了義諸菩薩萬行首楞嚴經十卷 （唐）釋般剌密帝譯 （唐）釋彌伽釋迦譯語 （唐）房融筆受 清刻本 一册 存四卷（一至四）

330000－1720－0004871 普04744 集部/曲類/寶卷之屬

重刻觀世音菩薩本行經簡集二卷 （宋）釋普明撰 （清）釋淨宏簡集 清乾隆十六年（1751）刻本 一册

330000－1720－0004872 普04745 史部/編年類/通代之屬

御批歷代通鑑輯覽一百二十卷 （清）傅恒等撰 清末石印本 一册 存五卷（一百六至一百十）

330000－1720－0004873 普04746 集部/曲類/寶卷之屬

孚佑帝君純陽祖師三世因果說一卷 清滋德堂刻本 一册

330000－1720－0004875 普04748 史部/編年類/通代之屬

御批歷代通鑑輯覽一百二十卷 （清）傅恒等撰 清末上海商務印書館鉛印本 三册 存九卷（七十至七十八）

330000－1720－0004876 普04749 子部/儒家類/儒學之屬/蒙學

重刻醒世千家詩二卷 （清）晦齋學人輯 清同治十一年（1872）刻本 一册

330000－1720－0004877 普04750 子部/術數類/數學之屬

皇極經世緒言九卷首二卷 （宋）邵雍撰 （明）黃畿注 （清）劉斯組輯 （清）包耀圖注 清刻本 一册 存一卷（四）

330000－1720－0004879 普04752 新學/史志/别國史

續支那通史二卷 （日本）山峯畯藏撰 （清）中國漢陽青年編 清光緒二十九年（1903）石印本 三册

330000－1720－0004880 普04753 史部/史評類/史論之屬

中國歷史教科書不分卷 清末南洋官書局鉛印本 一册

330000－1720－0004881 普04754 子部/儒家類/儒學之屬/俗訓

續善編一卷 （清）虞富榮輯 清光緒二十年（1894）黃巖余仲友刻本 一册

330000－1720－0004882 普04755 集部/曲類/寶卷之屬

古佛天真考證龍華寶經四卷 （明）弓長祖撰 清康熙三十五年（1696）刻本 一册 存二卷（一至二）

330000－1720－0004883 普04756 史部/編年類/通代之屬

御批歷代通鑑輯覽一百二十卷 （清）傅恒等撰 清末石印本 一册 存四卷（十五至十八）

330000－1720－0004884 普04757 子部/宗教類/佛教之屬/經

金剛般若波羅密經一卷 （後秦）釋鳩摩羅什譯 **般若波羅密多心經一卷** （唐）釋玄奘譯 清浙江溫嶺錦雲齋經坊刻本 一册

330000－1720－0004885 普04758 子部/宗教類/佛教之屬/經

地藏菩薩本願經三卷 （唐）釋實叉難陀譯 清光緒三十年（1904）金陵刻經處刻本 一册

330000－1720－0004888 普04761 史部/傳記類/别傳之屬/事狀

關聖帝君聖蹟圖誌全集五卷 （清）盧湛輯 清同治十三年（1874）福省麟經堂刻本 一册 存一卷（五）

330000－1720－0004889 普04762 史部/政書類/通制之屬

二十四史九通政典類要合編三百二十卷 （清）黃書霖輯 清末約雅堂石印本 一册 存七卷（六十七至七十三）

330000－1720－0004890 普04763 子部/宗

教類/其他宗教之屬/其他

衆喜粗言五卷 (清)陳衆喜撰 清刻本 一冊 存一卷(三)

330000－1720－0004891 普04764 子部/宗教類/其他宗教之屬/其他

衆喜粗言五卷 (清)陳衆喜撰 清刻本 一冊 存一卷(三)

330000－1720－0004892 普04765 子部/宗教類/佛教之屬

慈悲道場懺法十卷 (南朝梁)武帝蕭衍撰 清路橋金師古齋刻本 會因堂題簽並記 二冊 存七卷(一至三、七至十)

330000－1720－0004893 普04766 經部/書類/分篇之屬

禹貢會箋十二卷圖一卷山水總目一卷 (清)徐文靖撰 (清)趙弁訂 清同治十三年(1874)慈溪何氏常惺惺齋刻本 一冊 缺十卷(三至十二)

330000－1720－0004894 普04767 子部/宗教類

十王寶懺三卷 清光緒十六年(1890)浙台臨邑王永明齋木活字印本 一冊 存一卷(三)

330000－1720－0004895 普04768 經部/三禮總義類/通論之屬

禮書通故五十卷 (清)黄以周撰 清刻本 一冊 存二卷(三至四)

330000－1720－0004896 普04769 類叢部/類書類/通類之屬

玉海二百卷辭學指南四卷詩攷一卷詩地理攷六卷漢藝文志攷證十卷通鑑地理通釋十四卷周書王會補注一卷漢制攷四卷踐阼篇集解一卷急就篇補注四卷姓氏急就篇二卷小學紺珠十卷六經天文編二卷周易鄭康成注一卷通鑑答問五卷 (宋)王應麟撰 元刻明清遞修本 五冊 存十七卷(一百九十五至二百、辭學指南一至四、姓氏急就篇一至二、通鑑答問一至五)

330000－1720－0004897 普04770 子部/宗教類/佛教之屬/經

妙法蓮華經七卷 (後秦)釋鳩摩羅什譯 清刻本 一冊 存三卷(五至七)

330000－1720－0004898 普04771 子部/宗教類/佛教之屬/經

妙法蓮華經七卷 (後秦)釋鳩摩羅什譯 清光緒三十年(1904)釋智睿刻本 懷忠題簽並記 二冊 存五卷(三至七)

330000－1720－0004899 普04772 新學/史志/别國史

最近支那史二卷 (日本)河野通之 (日本)石村貞一輯 清光緒上海振東室學社影印本 二冊

330000－1720－0004901 普04774 史部/編年類/斷代之屬

東華錄詳節二十四卷 (清)鄔樹庭編 清末上海東文學堂石印本 四冊 存五卷(十二至十四、十七至十八)

330000－1720－0004902 普04775 類叢部/類書類/通類之屬

玉海二百卷辭學指南四卷詩攷一卷詩地理攷六卷漢藝文志攷證十卷通鑑地理通釋十四卷漢制攷四卷踐阼篇集解一卷周易鄭康成注一卷姓氏急就篇二卷急就篇補注四卷周書王會補注一卷小學紺珠十卷六經天文編二卷通鑑答問五卷 (宋)王應麟撰 **校補玉海瑣記二卷王深甯先生年譜一卷** (清)張大昌撰 清光緒九年至十六年(1883－1890)浙江書局刻本 二冊 存十卷(漢藝文志攷證一至十)

330000－1720－0004905 普04778 史部/編年類/通代之屬

御批歷代通鑑輯覽一百二十卷 (清)傅恒等撰 清同治十年(1871)浙江書局刻朱墨套印本 一冊 存三卷(三至五)

330000－1720－0004908 普04781 類叢部/叢書類/自著之屬

曾惠敏公全集四種十七卷 (清)曾紀澤撰 清末石印本 一冊 存一種

330000－1720－0004909　普 04782　史部/紀傳類/正史之屬

二十四史　清同治至光緒五省官書局據汲古閣本等合刻光緒五年(1879)湖北書局彙印本　二冊　存二種

330000－1720－0004912　普 04785　類叢部/類書類/專類之屬

王先生十七史蒙求十六卷　(宋)王令撰　清道光二十八年(1848)大文堂刻本　一冊　存四卷(七至十)

330000－1720－0004913　普 04786　經部/春秋左傳類/傳說之屬

左繡三十卷首一卷　(清)馮李驊　(清)陸浩評輯　清末石印本　五冊　存十卷(五至八、十一至十四、二十五至二十六)

330000－1720－0004915　普 04788　史部/紀傳類/正史之屬

史記一百三十卷　(漢)司馬遷撰　(南朝宋)裴駰集解　(唐)司馬貞索隱　(唐)張守節正義　(明)徐孚遠　(明)陳子龍測議　清刻本　四冊　存二十八卷(五十八至六十七、八十二至八十七、一百十九至一百三十)

330000－1720－0004916　普 04789　史部/編年類/通代之屬

鼎鍥趙田了凡袁先生編纂古本歷史大方綱鑑補三十九卷首一卷　(明)袁黃纂　**御撰資治通鑑綱目三編二十二卷**　(清)張廷玉等編次　清末石印本　六冊　存六卷(三至七、九)

330000－1720－0004919　普 04792　經部/易類/專著之屬

學易餘聞四卷首一卷　(清)林丙修撰　清宣統二年(1910)石印本　一冊

330000－1720－0004920　普 04793　史部/政書類

三通考輯要　湯壽潛輯　清末通雅堂鉛印本　一冊　存一種

330000－1720－0004923　普 04796　類叢部/叢書類/彙編之屬

祕書廿一種　(清)汪士漢編　清刻本　一冊　存三種

330000－1720－0004924　普 04797　集部/總集類/選集之屬/通代

重訂文選集評十五卷首一卷末一卷　(清)于光華輯　清刻本　一冊　存三卷(十四至十五、末)

330000－1720－0004926　普 04799　子部/醫家類/綜合之屬/通論

御纂醫宗金鑑九十卷首一卷　(清)吳謙等撰　清刻本　一冊　存一卷(六十二)

330000－1720－0004928　普 04801　子部/術數類/陰陽五行之屬

欽定協紀辨方書三十六卷　(清)允祿　(清)張照等纂修　清刻本　一冊　存一卷(三十五)

330000－1720－0004934　普 04807　集部/總集類/尺牘之屬

應酬尺牘彙選八卷　(清)陸九如纂輯　清刻本　一冊　存二卷(一至二)

330000－1720－0004939　普 04812　集部/小說類/短篇之屬

聊齋志異新評十六卷　(清)蒲松齡撰　(清)王士禛評　(清)但明倫新評　清刻朱墨套印本　二冊　存二卷(八、十四)

330000－1720－0004942　普 04815　集部/小說類/短篇之屬

詳註聊齋志異圖詠十六卷　(清)蒲松齡撰　(清)呂湛恩注　清光緒三十四年(1908)上海鴻寶齋書局石印本　一冊　存二卷(一至二)

330000－1720－0004945　普 04818　經部/春秋左傳類/傳說之屬

讀左補義五十卷首二卷　(清)姜炳璋輯　清刻本　一冊　存三卷(四十一至四十三)

330000－1720－0004947　普 04820　史部/政書類

三通考輯要　湯壽潛輯　清末通雅堂鉛印本　一冊　存一種

330000－1720－0004948　普 04821　集部/小說類/短篇之屬

詳註聊齋志異圖詠十六卷首一卷　(清)蒲松齡撰　(清)呂湛恩注　清光緒三十年(1904)上海錦章書局石印本　一冊　存三卷(首、一至二)

330000－1720－0004950　普 04823　經部/小學類/文字之屬/字書/字典

字彙十二卷首一卷末一卷韻法直圖一卷　(明)梅膺祚撰　**韻法橫圖一卷**　(明)李世澤撰　清刻本　一冊　存一卷(亥集)

330000－1720－0004952　普 04825　集部/小說類/短篇之屬

後聊齋志異圖說十二卷　(清)王韜撰　清末石印本　一冊　存二卷(七至八)

330000－1720－0004953　普 04826　集部/小說類/短篇之屬

聊齋志異新評十六卷　(清)蒲松齡撰　(清)王士禛評　(清)但明倫新評　(清)呂湛恩注　清末鉛印本　二冊　存二卷(五至六)

330000－1720－0004954　普 04827　經部/群經總義類/傳說之屬

五經典要註釋五卷總目一卷　(清)袁壯行纂註　(清)袁時行編輯　清刻本　三冊　存四卷(一至三、總目)

330000－1720－0004955　普 04828　新學/學校

兩廣優級師範科講義□□種　(清)兩廣優級師範學堂編　清末鉛印本　二冊　存一種

330000－1720－0004957　普 04830　新學/學校

兩廣初級師範簡易科館講義□□種　(清)兩廣初級師範簡易科館編　清光緒鉛印本　一冊　存一種

330000－1720－0004964　普 04837　經部/小學類/文字之屬/字書/字典

字彙十二卷首一卷末一卷韻法直圖一卷　(明)梅膺祚撰　**韻法橫圖一卷**　(明)李世澤撰　清刻本　一冊　存四卷(亥集、末,韻法直圖,韻法橫圖)

330000－1720－0004966　普 04839　類叢部/叢書類/彙編之屬

說鈴前集三十七種後集十六種　(清)吳震方編　清刻本　一冊　存一種

330000－1720－0004967　普 04840　集部/小說類/長篇之屬

增像全圖東周列國志二十七卷一百八回首一卷　(清)蔡奡評點　清末鉛印本　一冊　存三卷(首、一至二)

330000－1720－0004968　普 04841　史部/史表類/通代之屬

紀元編三卷末一卷　(清)李兆洛撰　(清)六承如輯　清刻本　一冊　存一卷(中)

330000－1720－0004969　普 04842　集部/小說類/長篇之屬

東周列國全志□□卷一百八回　(清)蔡奡評點　清末石印本　三冊　存三卷(一至二、六)

330000－1720－0004970　普 04843　經部/四書類/總義之屬/傳說

四書典林三十卷四書古人典林十二卷　(清)江永輯　清光緒十五年(1889)上海石印本　一冊　存十二卷(古人典林一至十二)

330000－1720－0004973　普 04846　集部/小說類/長篇之屬

增像全圖東周列國志八卷一百八回首一卷　(清)蔡奡評點　清末石印本　四冊　存八卷(增像全圖東周列國志一至八)

330000－1720－0004975　普 04848　集部/總集類

文料觸機二卷　(清)西圃主人撰　清同治十二年(1873)刻本　一冊

330000－1720－0004978　普 04851　經部/叢編

五經體注　清光緒十九年(1893)鴻寶齋石印本　三冊　存二種

330000－1720－0004981　普 04854　集部/總集類/選集之屬/斷代

欽定國朝詩別裁集三十二卷　（清）沈德潛纂評　清刻本　一冊　存二卷（七至八）

330000－1720－0004985　普 04858　集部/別集類/清別集

許竹篔時文一卷　（清）許景澄撰　**元魁八秘一卷**　清同治十年（1871）瑞萁山房刻本　李□廉題簽並記　一冊

330000－1720－0004988　普 04861　子部/術數類/命書相書之屬

校正鬼谷先師四字經命理前定數一卷　（晉）王詡撰　清光緒二十一年（1895）刻本　一冊

330000－1720－0004990　普 04863　經部/四書類/總義之屬

四書古註羣義彙解九種九十四卷　（清）□□輯　清末石印本　一冊　存一種

330000－1720－0004993　普 04866　集部/小說類/長篇之屬

繪圖增像第五才子書水滸全傳十卷首一卷七十回　（元）施耐庵撰　（清）金人瑞評　清光緒十三年（1887）上海廣百宋齋鉛印本　一冊　存一卷（首）

330000－1720－0004998　普 04871　經部/詩類/傳說之屬

詩經旁訓四卷　（清）徐立綱撰　（清）俞質仁輯　清黄巖俞大西山房刻本　二冊　存一卷（一）

330000－1720－0004999　普 04872　子部/宗教類/道教之屬

道書二十三種　（清）劉一明撰　清嘉慶二十四年（1819）常郡護國庵刻本　一冊　存一種

330000－1720－0005001　普 04874　子部/宗教類/佛教之屬

慈悲道場懺法十卷　（南朝梁）武帝蕭衍撰　清刻同治五年（1866）蒼溪釋法濟等重修本　二冊　存七卷（四至十）

330000－1720－0005003　普 04876　子部/宗教類/佛教之屬/經疏

佛遺教經一卷　（後秦）釋鳩摩羅什譯　**佛說四十二章經解一卷**　（清）釋智旭撰　**八大人覺經略解一卷**　（漢）釋安世高譯　（清）釋智旭解　**金剛般若波羅蜜經一卷**　（後秦）釋鳩摩羅什譯　**般若波羅蜜多心經一卷**　清抄本　二冊

330000－1720－0005004　普 04877　集部/別集類/明別集

高季迪先生大全集十八卷　（明）高啟撰　清光緒十四年（1888）木活字印本　一冊　存三卷（四至六）

330000－1720－0005005　普 04878　史部/政書類/邦計之屬/錢弊

銀經發秘二卷　（清）梁思澤撰　清傲雪山房刻本　一冊

330000－1720－0005006　普 04879　集部/總集類/選集之屬/通代

憑山閣增輯留青新集三十卷　（清）陳枚選　（清）陳德裕增輯　清刻本　張輯五題簽並記　一冊　存一卷（十）

330000－1720－0005007　普 04880　子部/儒家類/儒家之屬

中外經世緒言十六卷續編十二卷　（清）汪紫卿輯　清光緒石印本　二冊　存二卷（續編二、四）

330000－1720－0005008　普 04881　集部/總集類/選集之屬/斷代

陸陳二先生詩文鈔　（清）葉裕仁輯　清同治九年至光緒二年（1870－1876）安道書院刻本　一冊　存一種

330000－1720－0005009　普 04882　集部/總集類/課藝之屬

試律青雲集四卷　（清）楊逢春輯　（清）沈品華　（清）沈品全　（清）沈品三等注　清刻本　一冊　存一卷（二）

330000－1720－0005011　普 04884　史部/史評類

史論彙函甲編二十六種 （清）述古齋主人輯 清末石印本 一冊 存二種

330000－1720－0005012 普04885 子部/宗教類/道教之屬

三聖寶訓不分卷享福錦囊三卷附一卷 清光緒二十四年(1898)鑑湖諸誠刻本 一冊

330000－1720－0005014 普04887 子部/儒家類/儒學之屬/俗訓

天香籍二卷 清光緒五年(1879)刻本 一冊

330000－1720－0005015 普04888 集部/別集類/明別集

王陽明先生全集十六卷目錄二卷 （明）王守仁撰 （清）王貽樂編 （清）陶潯批評 清道光六年(1826)柳庭芳刻本 十五冊 缺一卷(目錄上)

330000－1720－0005016 普04889 子部/小說家類/異聞之屬

燕山外史註釋八卷 （清）陳球撰 （清）傅傳輯註 清光緒十二年(1886)刻本 四冊

330000－1720－0005017 普04890 子部/小說家類/異聞之屬

燕山外史註釋八卷補註一卷 （清）陳球撰 （清）若騤子輯註 清光緒五年(1879)刻本 二冊 存五卷(三至四、七至八,補註)

330000－1720－0005018 普04891 子部/天文曆算類/算書之屬

翠薇山房數學十四種 （清）張作楠撰 清光緒二十三年(1897)上海鴻寶齋石印本 一冊 存二種

330000－1720－0005019 普04892 新學/農政/蠶務

喝茫蠶書八卷 （法國）喝茫勒窩滂撰 （清）鄭守箴譯 清光緒二十四年(1898)杭州蠶學館石印本 一冊

330000－1720－0005021 普04894 集部/別集類/明別集

王陽明先生全集十六卷目錄二卷 （明）王守仁撰 （清）王貽樂編 （清）陶潯批評 清道光六年(1826)柳庭芳刻本 二冊 存二卷(十四至十五)

330000－1720－0005024 普04897 子部/天文曆算類/算書之屬

翠薇山房數學十四種 （清）張作楠撰 清刻本 一冊 存一種

330000－1720－0005025 普04898 集部/總集類/選集之屬/斷代

普天忠憤全集十四卷首一卷 （清）孔廣德編 清光緒二十一年(1895)石印本 九冊 存十三卷(首,一至四、七至十四)

330000－1720－0005026 普04899 集部/詞類/總集之屬

詞綜三十八卷 （清）朱彝尊輯 （清）汪森增定 （清）柯崇樸編次 （清）周篔辨譌 （清）王昶補纂 **明詞綜十二卷國朝詞綜四十八卷國朝詞綜二集八卷** （清）王昶輯 清光緒二十八年(1902)金匱浦氏刻本 一冊 存三卷(一至三)

330000－1720－0005030 普04903 集部/總集類/選集之屬/通代

經史百家雜鈔二十六卷 （清）曾國藩輯 清光緒三十二年(1906)上海商務印書館鉛印本 一冊 存二卷(一至二)

330000－1720－0005031 普04904 集部/總集類/選集之屬/通代

涵芬樓古今文鈔一百卷 吳曾祺輯 清宣統上海商務印書館鉛印本 一冊 存一卷(一)

330000－1720－0005033 普04906 集部/小說類/短篇之屬

中國偵探案□□卷 （清）吳趼人撰 清末石印本 一冊 存一卷(三)

330000－1720－0005040 普04913 子部/宗教類/佛教之屬/諸宗

修習瑜伽集要施食壇儀二卷 （明）釋袾宏輯 清同治五年(1866)溫邑錦雲齋刻本 一冊

330000－1720－0005041 普04914 子部/宗教類/道教之屬/威儀

月府廣寒無極寶懺儀文一卷　清光緒二十年(1894)黄巖王棻抄本　一册

330000－1720－0005042　普 04915　子部/宗教類/道教之屬

遣箋發文不分卷梁皇懺獻一卷判斛科儀不分卷請靈科不分卷　清道光二十年(1840)抄本　一册

330000－1720－0005044　普 04917　經部/易類/傳説之屬

周易本義四卷附圖説一卷卦歌一卷筮儀一卷　(宋)朱熹撰　清末上海錦章書局石印本　黄正遼題記　一册

330000－1720－0005050　普 04923　經部/四書類/孟子之屬/傳説

孟子注疏解經十四卷　(漢)趙岐注　(宋)孫奭疏並撰音義　**附校勘記十四卷**　(清)阮元撰　(清)盧宣旬摘録　清光緒十三年(1887)上海脈望仙館石印重刊宋本十三經注疏本　徐綱題簽並記　一册　存十四卷(孟子注疏解經一至十四)

330000－1720－0005051　普 04924　集部/總集類/選集之屬/通代

重訂文選集評十五卷首一卷末一卷　(清)于光華輯　清刻本　一册　存二卷(十五、末)

330000－1720－0005063　普 04936　子部/宗教類/佛教之屬/經

佛説佛名經十二卷　(北魏)釋菩提留支譯　清末抄本　一册　存一卷(四)

330000－1720－0005064　普 04937　子部/宗教類/佛教之屬/經

維摩詰所説經三卷　(後秦)釋鳩摩羅什譯　清同治九年(1870)金陵刻經處刻本　一册

330000－1720－0005068　普 04941　子部/宗教類/佛教之屬/經

妙法蓮華經七卷　(後秦)釋鳩摩羅什譯　清刻本　一册　存二卷(三至四)

330000－1720－0005069　普 04942　子部/宗教類/佛教之屬/經

妙法蓮華經七卷　(後秦)釋鳩摩羅什譯　清刻本　懷忠題簽並記　一册　存二卷(一至二)

330000－1720－0005070　普 04943　子部/宗教類/佛教之屬

慈悲道場懺法十卷　(南朝梁)武帝蕭衍撰　清杭州瑪瑙寺明臺南房刻本　一册　存三卷(一至三)

330000－1720－0005073　普 04946　類叢部/叢書類/彙編之屬

香艷叢書三百二十六種　(清)蟲天子輯　清末鉛印本　二册　存十二種

330000－1720－0005074　普 04947　集部/小説類/長篇之屬

第一才子書六十卷首一卷一百二十回　(明)羅本撰　(清)毛宗崗評　清刻本　一册　存四卷(一至四)

330000－1720－0005075　普 04948　史部/地理類/山川之屬/水志

水道提綱二十八卷　(清)齊召南撰　清末石印本　一册　存七卷(十四至二十)

330000－1720－0005078　普 04951　集部/小説類/短篇之屬

聊齋志異十六卷　(清)蒲松齡撰　(清)何垠注釋　清道光二十三年(1843)刻本　七册　存七卷(一、三至四、六至七、十、十三)

330000－1720－0005086　普 04959　史部/傳記類/科舉録之屬/歷科鄉試録

直省新聞墨八卷　清光緒二十九年(1903)上海同文書社鉛印本　一册　存一卷(一)

330000－1720－0005091　普 04964　集部/小説類/長篇之屬

增像全圖加批西遊記八卷一百回　(明)吴承恩撰　(清)陳士斌詮解　清光緒二十七年(1901)上洋書局石印本　八册

330000－1720－0005094　普 04967　集部/小説類/短篇之屬

詳註聊齋志異圖詠十六卷　(清)蒲松齡撰

(清)吕湛恩注　清末石印本　一册　存二卷(十一至十二)

330000－1720－0005096　普04969　集部/曲類/寶卷之屬

新出繪圖金枝寶卷二卷　清末石印本　一册

330000－1720－0005101　普04974　集部/小說類/長篇之屬

增評補圖石頭記一百二十卷一百二十回首一卷　(清)曹霑　(清)高鶚撰　(清)王希廉　(清)姚燮評　清末鉛印本　五册　存三十九卷(二十五至三十二、七十三至八十八、九十七至一百四、一百十三至一百十九)

330000－1720－0005102　普04975　集部/小說類/長篇之屬

增評加批金玉緣圖說十六卷一百二十回首一卷　(清)曹霑　(清)高鶚撰　(清)蝶薌仙史評訂　清末石印本　三册　存六卷(首、六至十)

330000－1720－0005104　普04977　集部/小說類/長篇之屬

增評補圖石頭記十六卷一百二十回首一卷　(清)曹霑　(清)高鶚撰　(清)王希廉　(清)姚燮評　清末石印本　一册　存五卷(首、一至四)

330000－1720－0005105　普04978　集部/小說類/長篇之屬

增評補像全圖金玉緣一百二十回首一卷　(清)曹霑　(清)高鶚撰　(清)王希廉　(清)張新之　(清)姚燮評　清末石印本　八册　存六十四回(二十五至四十八、七十三至八十、八十九至一百二十)

330000－1720－0005106　普04979　集部/詞類/總集之屬

宋六十一家詞選十二卷　馮煦輯　清宣統二年(1910)上海掃葉山房石印本　一册　存三卷(四至六)

330000－1720－0005114　普04987　史部/傳記類/總傳之屬/通代

校正尚友錄續集二十二卷　(清)張亮基輯　清光緒二十五年(1899)上海益記書莊石印本　一册　存五卷(一至五)

330000－1720－0005118　普04991　史部/史抄類

廿四史約編八卷首一卷　(清)鄭元慶撰　清末石印本　六册　存六卷(石、絲、竹、匏、革、木)

330000－1720－0005122　普04995　集部/總集類/選集之屬/通代

分類賦學十二卷　(清)張維城輯　清光緒十四年(1888)上海點石齋石印本　二册　存八卷(一至四、九至十二)

330000－1720－0005125　普04998　子部/雜著類/雜說之屬

古學萬花谷八卷　(清)駢瑜堂主人編　清光緒三年(1877)京都琉璃廠刻本　二册　存四卷(一至四)

330000－1720－0005127　普05000　史部/傳記類/總傳之屬/列女

列女傳八卷　(漢)劉向撰　(清)梁端校注　清宣統二年(1910)上海會文堂書局石印本　二册　存四卷(一至二、五至六)

330000－1720－0005128　普05001　經部/小學類/音韻之屬/韻書

詩韻全璧五卷　(清)湯祥瑟輯　**初學檢韻袖珍一卷**　(清)姚文登撰　**虛字韻藪一卷**　(清)潘維城輯　清光緒十五年(1889)上海點石齋石印本　一册　存二卷(一至二)

330000－1720－0005130　普05003　史部/史評類/史論之屬

讀史大略六十卷首一卷　(清)沙張白撰　**小沙子史略一卷**　(清)沙晉撰　清末石印本　一册　存十二卷(一至十二)

330000－1720－0005131　普05004　集部/戲劇類/總集之屬/傳奇

笠翁傳奇十種　(清)李漁撰　清刻本　八册　存五種

330000－1720－0005133　普 05006　集部/總集類/課藝之屬

目耕齋二刻不分卷　(清)徐楷評註　(清)沈叔眉選刊　清光緒二年(1876)四明四友居刻本　一册

330000－1720－0005135　普 05008　經部/四書類/孟子之屬/傳說

孟子文椒不分卷　清刻本　六册

330000－1720－0005137　普 05010　集部/總集類/尺牘之屬

最新商畍新尺牘二卷　(清)周㑆著　清光緒三十三年(1907)石印本　馮汕誦題記　一册

330000－1720－0005139　普 05012　經部/四書類/孟子之屬/傳說

孟子文椒續編不分卷　清光緒七年(1881)刻本　三册

330000－1720－0005140　普 05013　集部/別集類/元別集

鐵厓樂府註十卷詠史註八卷逸編註八卷　(元)楊維楨撰　(清)樓卜瀍註　清宣統二年(1910)上海掃葉山房石印本　一册　存二卷(詠史註七至八)

330000－1720－0005141　普 05014　集部/小說類/長篇之屬

檮杌閒評五十卷五十回首一卷　清刻本　十册　存二十三卷(九至十、十三至十四、十七至二十三、二十八至三十五、四十二至四十三、四十九至五十)

330000－1720－0005143　普 05016　集部/小說類/長篇之屬

新刻按鑑編纂開闢衍繹通俗志傳六卷八十回　(明)周游撰　(明)王黌釋　清刻本　三册　存三卷(二、四、六)

330000－1720－0005145　普 05018　集部/總集類/課藝之屬

格致書院課藝不分卷　(清)王韜編　清光緒弢園石印本　一册　存辛卯年、壬辰年、癸巳年

330000－1720－0005146　普 05019　子部/醫家類/類編之屬

陳修園醫書二十一種　(清)陳念祖等撰　清光緒十八年(1892)上海圖書集成印書局鉛印本　一册　存一種

330000－1720－0005148　普 05021　經部/小學類/訓詁之屬/爾雅

爾雅音圖三卷　(晉)郭璞註　(清)姚之麟摹圖　清光緒十年(1884)上海同文書局石印本　一册　存二卷(一至二)

330000－1720－0005153　普 05026　經部/叢編

皇清經解一百九十卷　(清)阮元輯　清末石印本　四册　存三十三卷(三十三至四十七、五十五至五十七、一百六十八至一百八十二)

330000－1720－0005154　普 05027　子部/雜著類/雜考之屬

札迻十二卷　(清)孫詒讓撰　清光緒二十年(1894)籀高刻二十一年(1895)重修本　一册　存三卷(十至十二)

330000－1720－0005155　普 05028　子部/醫家類/方書之屬/單方驗方

驗方新編十六卷　(清)鮑相璈輯　**痧症全書三卷首一卷**　(清)王凱輯　**咽喉秘集二卷首一卷**　(清)海山仙館輯　清末石印本　一册　存三卷(咽喉秘集首、一至二)

330000－1720－0005156　普 05029　經部/小學類/訓詁之屬/群雅

續廣雅三卷　(清)劉燦輯　(清)王堃訂　清道光二十五年(1845)鄞邑陸鑑刻本　一册

330000－1720－0005161　普 05034　經部/四書類/論語之屬/傳說

增訂二論詳解四卷　(清)劉忠輯　清李光明莊刻本　二册

330000－1720－0005162　普 05035　類叢部/叢書類/自著之屬

劉端臨先生遺書九種　(清)劉台拱撰　清道光十四年(1834)世德堂刻光緒印本　一册

存一種

330000－1720－0005164　普 05037　經部/四書類/總義之屬/傳說

四書類典賦二十四卷　（清）甘紱撰　清刻本　一冊　存二卷（八至九）

330000－1720－0005165　普 05038　子部/醫家類/類編之屬

陳修園醫書三十二種　（清）陳念祖等撰　清光緒三十一年（1905）上海醉六書局石印本　一冊　存一種

330000－1720－0005166　普 05039　經部/春秋左傳類/傳說之屬

評點春秋綱目左傳句解彙雋六卷　（清）韓菼重訂　清末石印本　一冊　存一卷（五）

330000－1720－0005168　普 05041　經部/書類/傳說之屬

書經旁訓辨體合訂四卷　（清）徐立綱輯　清光緒二十一年（1895）文奎堂刻本　一冊　存二卷（一至二）

330000－1720－0005170　普 05043　經部/小學類/文字之屬/說文

說文通訓定聲十八卷分部柬韻一卷說雅一卷古今韻準一卷　（清）朱駿聲撰　（清）朱鏡蓉參訂　清刻本　一冊　存一卷（六）

330000－1720－0005173　普 05046　經部/小學類/文字之屬/字書/字典

康熙字典十二集三十六卷總目一卷檢字一卷辨似一卷等韻一卷補遺一卷備考一卷　（清）張玉書等纂修　清末上海久敬齋石印本　二冊　存十五卷（寅集上中下、卯集上中下、辰集上中下、巳集上中下、午集上中下）

330000－1720－0005174　普 05047　新學/學校

京師大學堂講義初編七種二編七種　（清）京師大學堂輯　清末鉛印本　一冊　存一種

330000－1720－0005175　普 05048　子部/藝術類/篆刻之屬/印譜

賴古堂印譜不分卷　（清）沈石民篆　清鈐印本　清陳一夔觀款　一冊

330000－1720－0005179　普 05052　集部/曲類/彈詞之屬

繡像倭袍傳十二卷一百回　（清）海蘭濤撰　清末石印本　一冊　存十一卷（二至十二）

330000－1720－0005183　普 05056　集部/別集類/清別集

鄭板橋全集五種　（清）鄭燮撰　清宣統元年（1909）上海掃葉山房石印本　四冊

330000－1720－0005184　普 05057　集部/小說類/短篇之屬

新刻京臺公餘勝覽國色天香十卷　（明）吳敬所輯　清宣統二年（1910）香港書局石印本　二冊　存四卷（一至四）

330000－1720－0005185　普 05058　史部/地理類/遊記之屬/紀行

隨軺紀遊續集二卷餘編一卷　吳宗濂撰　清光緒二十三年（1897）經世報館石印本　一冊

330000－1720－0005186　普 05059　子部/小說家類/異聞之屬

可驚可愕集四卷　（清）杜鄉漁隱撰　清末石印本　一冊　存一卷（四）

330000－1720－0005189　普 05062　集部/小說類/短篇之屬

詳註聊齋志異圖詠十六卷　（清）蒲松齡撰　（清）呂湛恩注　清末石印本　一冊　存一卷（十六）

330000－1720－0005190　普 05063　集部/小說類/短篇之屬

詳註聊齋志異圖詠十六卷　（清）蒲松齡撰　（清）呂湛恩注　清末石印本　一冊　存一卷（五）

330000－1720－0005194　普 05067　集部/小說類/短篇之屬

詳註聊齋誌異圖詠十六卷　（清）蒲松齡撰　（清）呂湛恩注　清末石印本　一冊　存二卷（九至十）

330000－1720－0005197　普05070　集部/小說類/短篇之屬

詳註聊齋志異圖詠十六卷　（清）蒲松齡撰　（清）呂湛恩注　清末上海鴻寶齋書局石印本　一冊　存二卷（九至十）

330000－1720－0005199　普05072　子部/宗教類/道教之屬

覺世新新集八卷　清末刻本　合樂子題記　一冊　存一卷（七）

330000－1720－0005204　普05077　子部/藝術類/書畫之屬/法帖

御刻三希堂石渠寶笈法帖不分卷　（清）梁詩正等輯　清末石印本　三十二冊

330000－1720－0005205　普05078　子部/術數類/命書相書之屬

三命通會十二卷　（明）萬民英撰　清刻本　一冊　存一卷（四）

330000－1720－0005206　普05079　子部/宗教類/道教之屬/靈圖

竈君靈籤不分卷　（清）李瀚芳撰　清光緒十三年（1887）刻本　一冊

330000－1720－0005207　普05080　子部/小說家類/異聞之屬

諧鐸十二卷　（清）沈起鳳撰　清刻本　一冊　存三卷（十至十二）

330000－1720－0005208　普05081　子部/天文曆算類/曆法之屬

百年經不分卷　清刻本　一冊

330000－1720－0005210　普05083　子部/農家農學類/獸醫之屬

元亨療馬集四卷　（明）喻仁　（明）喻傑撰　清刻本　一冊　存一卷（夏）

330000－1720－0005211　普05084　子部/醫家類/外科之屬

瘡瘍經驗全書六卷　（宋）竇默撰　（明）竇夢麟增輯　清刻本　一冊　存一卷（四）

330000－1720－0005212　普05085　集部/小說類/短篇之屬

聊齋志異新評十六卷　（清）蒲松齡撰　（清）王士禛評　（清）但明倫新評　清刻朱墨套印本　一冊　存一卷（一）

330000－1720－0005213　普05086　類叢部/叢書類/彙編之屬

知不足齋叢書一百九十五種　（清）鮑廷博編　（清）鮑士恭續編　清乾隆三十七年至道光三年（1772－1823）長塘鮑氏刻彙印本　一冊　存一種

330000－1720－0005214　普05087　子部/小說家類/異聞之屬

池上草堂筆記八卷　（清）梁恭辰撰　清同治十二年（1873）聽鸝館主人金陵刻本　三冊　存六卷（三至八）

330000－1720－0005215　普05088　子部/藝術類/書畫之屬/畫譜

芥子園畫傳二集不分卷　（清）王槩　（清）王蓍　（清）王臬輯　清末石印本　一冊

330000－1720－0005216　普05089　經部/小學類/音韻之屬/韻書

詩韻集成十卷　（清）余照輯　清道光二十一年（1841）藜照樓刻本　一冊　存四卷（一至四）

330000－1720－0005217　普05090　子部/術數類/相宅相墓之屬

地理五訣八卷　（清）趙廷棟撰　清刻本　二冊　存四卷（五至八）

330000－1720－0005218　普05091　類叢部/類書類/專類之屬

文典類函二十八卷　（清）周世樟撰　清刻本　一冊　存三卷（二十一至二十三）

330000－1720－0005219　普05092　經部/四書類/論語之屬/專著

鄉黨圖考十卷　（清）江永撰　清嘉慶元年（1796）文學堂刻本　三冊　缺二卷（三至四）

330000－1720－0005220　普05093　子部/小說家類/異聞之屬

燕山外史註釋八卷補註一卷 (清)陳球撰 (清)若騤子輯註 清光緒五年(1879)刻本 一冊 存二卷(一至二)

330000-1720-0005221 普05094 經部/書類/傳說之屬

尚書離句六卷 (清)錢在培輯解 清寒香草堂刻本 一冊

330000-1720-0005222 普05095 經部/小學類/文字之屬/字書/字典

字彙十二卷首一卷末一卷韻法直圖一卷 (明)梅膺祚撰 **韻法橫圖一卷** (明)李世澤撰 清刻本 一冊 存二卷(韻法直圖、韻法橫圖)

330000-1720-0005223 普05096 子部/醫家類/綜合之屬/通論

醫宗必讀五卷 (明)李中梓撰 清刻本 一冊 存三卷(三至五)

330000-1720-0005224 普05097 類叢部/類書類/專類之屬

五經類編二十八卷 (清)周世樟撰 清刻本 二冊 存四卷(十八至二十、二十八)

330000-1720-0005225 普05098 子部/醫家類/本草之屬/本草藥性

雷公炮製藥性解六卷 (明)李中梓撰 清羣玉山房刻本 一冊 存三卷(四至六)

330000-1720-0005226 普05099 子部/醫家類/眼科之屬

傅氏眼科審視瑤函六卷首一卷 (明)傅仁宇撰 (明)林長生校補 清小酉堂刻本 一冊 存一卷(三)

330000-1720-0005227 普05100 子部/儒家類/儒學之屬/蒙學

小學集註六卷 (明)陳選集注 **忠經一卷** (漢)鄭玄集注 **孝經一卷** (明)陳選集注 清光緒三十二年(1906)鴻寶齋石印本 丁介士題簽並記 三冊

330000-1720-0005228 普05101 經部/禮記類/傳說之屬

禮記增訂旁訓六卷 (清)徐立綱撰 清簡香齋刻本 一冊 存一卷(二)

330000-1720-0005229 普05102 子部/宗教類/佛教之屬/經

妙法蓮華經二卷 (後秦)釋鳩摩羅什譯 清刻本 一冊

330000-1720-0005230 普05103 經部/書類/傳說之屬

書經集傳六卷 (宋)蔡沈撰 清刻本 一冊 存三卷(四至六)

330000-1720-0005231 普05104 史部/叢編

蓬萊軒輿地學叢書十一種 丁謙撰 清光緒石印本 一冊 存四種

330000-1720-0005234 普05107 子部/醫家類/方書之屬/單方驗方

經驗百方一卷 (清)汪氏叢桂堂輯 清刻本 一冊

330000-1720-0005236 普05109 子部/醫家類

繪圖中西醫學入門二卷 唐宗海撰 清末石印本 一冊 存一卷(二)

330000-1720-0005238 普05111 史部/金石類/金之屬/文字

積古齋鐘鼎彝器款識十卷 (清)阮元 (清)朱爲弼撰 清光緒三十三年(1907)上海醉六堂石印本 四冊 存八卷(一至六、九至十)

330000-1720-0005241 普05114 史部/史評類

史論彙函甲編二十六種 (清)述古齋主人輯 清光緒二十九年(1903)申江開文書局石印本 四冊 存七種

330000-1720-0005243 普05116 子部/醫家類/類編之屬

陳修園醫書三十種 (清)陳念祖等撰 清光緒十八年(1892)上海圖書集成印書局鉛印本 一冊 存一種

330000－1720－0005244　普05117　集部/總集類/課藝之屬

兩論聯章採風集不分卷　(清)靜香館主人輯　清同治十二年(1873)刻本　二册

330000－1720－0005245　普05118　經部/叢編

五經備旨四十五卷　(清)鄒聖脉纂輯　清光緒十三年(1887)上海鴻文書局石印本　四册　存十六卷(書經一至四、詩經五至八、春秋一至八)

330000－1720－0005247　普05120　集部/總集類/選集之屬/通代

咏物詩選註釋八卷　(清)俞琰輯　(清)易開繒　(清)孫洊鳴註　清同治四年(1865)奎照樓刻本　四册

330000－1720－0005249　普05122　類叢部/叢書類/自著之屬

春在堂全書三十六種　(清)俞樾撰　清同治至光緒刻光緒末彙印本　一册　存二種

330000－1720－0005253　普05126　經部/群經總義類/傳說之屬

雪樵經解三十卷附錄三卷　(清)馮世瀛輯　清光緒十五年(1889)邗江晉銅古齋鉛印本　六册　存二十七卷(一至十一、十五至三十)

330000－1720－0005254　普05127　經部/叢編

重刊宋本十三經注疏四百十六卷　附十三經注疏校勘記四百十六卷　(清)阮元撰　(清)盧宣旬摘錄　清嘉慶二十年(1815)南昌府學刻本　八册　存一種

330000－1720－0005255　普05128　集部/別集類/清別集

培遠堂手札節存不分卷　(清)陳弘謀撰　清刻本　一册　存葉七至一百七

330000－1720－0005258　普05131　集部/戲劇類/傳奇之屬

邯鄲夢傳奇二卷三十齣　(明)湯顯祖撰　清刻本　一册　存一卷(一)

330000－1720－0005259　普05132　子部/宗教類/佛教之屬/諸宗

修習止觀坐禪法要一卷六妙法門一卷　(隋)釋智顗撰　清咸豐七年(1857)武林護國寺刻本　一册

330000－1720－0005260　普05133　子部/儒家類/儒學之屬/禮教

元宰必讀不分卷　(清)彭定求撰　清刻本　一册

330000－1720－0005262　普05135　子部/宗教類/佛教之屬/經

佛說高王觀世音經一卷緣啟一卷　清末刻本　一册

330000－1720－0005263　普05136　子部/宗教類/佛教之屬

觀音大士自訂觀音經一卷　(清)劉沅注　清嘉慶三年(1798)刻本　一册

330000－1720－0005266　普05139　類叢部/叢書類/彙編之屬

武英殿聚珍版書一百四十八種　清乾隆四十二年(1777)福建刻道光至同治遞修光緒二十一年(1895)增刻本　三册　存一種

330000－1720－0005268　普05141　子部/宗教類/佛教之屬

慈悲水懺法三卷　(唐)釋知玄撰　清刻本　一册

330000－1720－0005269　普05142　集部/別集類/清別集

胡文忠公遺集八十六卷首一卷　(清)胡林翼撰　(清)鄭敦謹　(清)曾國荃輯　(清)胡鳳丹重編　清光緒元年(1875)湖北崇文書局刻本　十六册　存三十三卷(五十一至五十三、五十七至八十六)

330000－1720－0005270　普05143　子部/宗教類/佛教之屬

慈悲水懺法三卷　(唐)釋知玄撰　清湖北釋慧朗刻本　成道題記　一册

330000－1720－0005271　普05144　類叢部/

叢書類/自著之屬
陽明先生集要三編四種　(明)王守仁撰　(明)施邦曜編　清光緒三十一年至三十二年(1905－1906)桂林書局刻本　一册　存二種

330000－1720－0005272　普05145　子部/宗教類/佛教之屬
慈悲道場懺法十卷　(南朝梁)武帝蕭衍撰　清刻同治五年(1866)蒼溪釋法濟等重修本　陳紫霞題簽並記　一册　存四卷(七至十)

330000－1720－0005274　普05147　子部/宗教類/道教之屬
關聖垂訓寶文不分卷附刻勸戒格言一卷　清光緒十二年(1886)溫州博古齋刻本　一册

330000－1720－0005275　普05148　類叢部/叢書類/彙編之屬
武英殿聚珍版書一百四十八種　清乾隆四十二年(1777)福建刻道光至同治遞修光緒二十一年(1895)增刻本　十二册　存四種

330000－1720－0005276　普05149　史部/傳記類/別傳之屬/事狀
關聖帝君聖蹟圖誌全集五卷　(清)盧湛輯　清同治十三年(1874)福省麟經堂刻本　一册　存一卷(一)

330000－1720－0005277　普05150　子部/宗教類/佛教之屬
玄門日誦不分卷　清浙台溫邑錦雲齋經坊刻本　一册

330000－1720－0005278　普05151　子部/宗教類/佛教之屬/經疏
佛說阿彌陀經疏鈔四卷　(明)釋袾宏撰　清刻本　二册　存二卷(三至四)

330000－1720－0005279　普05152　史部/史抄類
史略八十七卷　(清)朱堃輯　清末石印本　四册　存六十一卷(十六至六十五、七十七至八十七)

330000－1720－0005280　普05153　子部/宗教類/道教之屬/戒律
太上感應篇註講證案彙編二卷　清道光十九年(1839)蘇州劉家浜尤氏刻本　一册　存一卷(一)

330000－1720－0005282　普05155　史部/傳記類/總傳之屬/通代
尚友錄二十二卷補遺一卷　(明)廖用賢輯　(清)張伯琮補輯　清光緒十六年(1890)上海掃葉山房銅版印本　六册

330000－1720－0005283　普05156　史部/金石類/總志之屬
金石索十二卷首一卷　(清)馮雲鵬　(清)馮雲鵷輯　清末石印本　十五册　存八卷(金索五至六、石索一至六)

330000－1720－0005287　普05160　集部/別集類/清別集
定盦文集三卷續集四卷補編四卷餘集一卷續錄一卷　(清)龔自珍撰　清光緒二十八年(1902)浙省文彙書局鉛印本　二册　存八卷(文集一至三、補編一至四、續錄)

330000－1720－0005290　普05163　集部/總集類
舫廬墨選二卷　(清)張壽榮編　清光緒六年(1880)刻本　四册

330000－1720－0005291　普05164　新學/雜著/叢編
西政叢書三十二種　梁啓超編　清光緒石印本　二册　存三種

330000－1720－0005292　普05165　集部/別集類/清別集
韻香閣詩草一卷　(清)孔祥淑撰　清光緒十三年(1887)石印本　一册

330000－1720－0005296　普05169　史部/編年類/通代之屬
御批歷代通鑑輯覽一百二十卷　(清)傅恆等撰　清末石印本　二册　存四卷(二十七至三十)

330000－1720－0005298　普05171　集部/別集類/清別集

定盦文集三卷續集四卷續錄一卷古今體詩二卷己亥雜詩一卷詞選一卷詞錄一卷文集補編四卷文拾遺一卷龔孝珙手抄本一卷 （清）龔自珍撰 **定盦先生年譜一卷** 吴昌綬編 清宣統元年（1909）上海國學扶輪社鉛印本 二冊 存七卷（文集一至三、續集一至四）

330000－1720－0005302 普05175 類叢部/叢書類/彙編之屬
雲自在龕叢書五集十九種 繆荃孫輯 清光緒江陰繆氏刻本 一冊 存二種

330000－1720－0005303 普05176 子部/雜著類/雜考之屬
全謝山先生經史問答十卷 （清）全祖望撰 清乾隆三十年（1765）刻本 二冊

330000－1720－0005304 普05177 類叢部/叢書類/自著之屬
郝氏遺書三十三種 （清）郝懿行撰 清嘉慶至光緒刻彙印本 三冊 存一種

330000－1720－0005305 普05178 經部/禮記類/傳説之屬
禮記增訂旁訓六卷 （清）徐立綱撰 清簡香齋刻本 一冊 存一卷（一）

330000－1720－0005306 普05179 經部/詩類/傳説之屬
詩經精華十卷 （清）薛嘉穎輯 清道光七年（1827）姑蘇步月樓刻本 一冊 存二卷（一至二）

330000－1720－0005307 普05180 集部/別集類/清別集
定盦文集補編四卷 （清）龔自珍撰 （清）朱之榛輯 清光緒十二年（1886）平湖朱氏刻本 二冊

330000－1720－0005309 普05182 史部/雜史類/斷代之屬
吴越春秋六卷 （漢）趙曄撰 （清）汪士漢考校 清刻本 一冊 存三卷（一至三）

330000－1720－0005311 普05184 經部/春秋左傳類/傳説之屬
春秋左傳杜注三十卷首一卷 （清）姚培謙撰 清刻本 一冊 存三卷（十六至十八）

330000－1720－0005312 普05185 集部/別集類/宋別集
杜清獻公集十九卷首一卷 （宋）杜範撰 **杜清獻公集補遺一卷附録一卷杜清獻公年譜一卷** （清）王棻輯 **杜清獻公集校注一卷** （清）王棻 王詠霓撰 清同治九年（1870）吴縣孫氏九峰書院刻光緒六年（1880）重修本 三冊 存十七卷（首、一至十六）

330000－1720－0005314 普05187 史部/史抄類
史略八十七卷 （清）朱堃輯 清末石印本 一冊 存十一卷（六十六至七十六）

330000－1720－0005315 普05188 集部/別集類/清別集
太鶴山人集十三卷 （清）端木國瑚撰 清道光二十年（1840）瑞安洪坤刻本 二冊 存四卷（一至二、九至十）

330000－1720－0005317 普05190 集部/別集類/清別集
板橋集五種六卷 （清）鄭燮撰 清乾隆清暉書屋刻本 二冊

330000－1720－0005318 普05191 集部/別集類/清別集
板橋集五種六卷 （清）鄭燮撰 清乾隆清暉書屋刻本 三冊

330000－1720－0005319 普05192 集部/別集類/清別集
亦有生齋集文二十卷詩三十二卷樂府二卷詞五卷 （清）趙懷玉撰 清嘉慶至道光元年（1821）刻本 一冊 存四卷（詩五至八）

330000－1720－0005320 普05193 集部/別集類/清別集
鄭板橋全集五種 （清）鄭燮撰 清宣統元年（1909）上海掃葉山房石印本 一冊 存一種

330000－1720－0005321 普05194 子部/宗教類/道教之屬

道書二十三種　(清)劉一明撰　清刻本　一冊　存一種

330000－1720－0005322　普 05195　集部/別集類/清別集
綠雪堂遺集二十卷　(清)王衍梅撰　清道光二十年(1840)刻二十九年(1849)增刻本　八冊

330000－1720－0005323　普 05196　史部/叢編
蓬萊軒輿地學叢書十一種　丁謙撰　清光緒石印本　三冊　存五種

330000－1720－0005325　普 05198　類叢部/叢書類/彙編之屬
問影樓叢刻初編　胡思敬編　清光緒三十四年至民國二年(1908－1913)新昌胡氏南昌刻本暨鉛印本　二冊　存一種

330000－1720－0005326　普 05199　集部/小說類/長篇之屬
異說後唐傳三集薛丁山征西樊梨花全傳□□卷八十八回　(清)中都逸叟編次　清刻本　一冊　存一卷(十二)

330000－1720－0005327　普 05200　集部/別集類/清別集
懺盦詩鈔二卷詞鈔一卷詞話一卷　(清)沈澤棠撰　清光緒二十九年(1903)刻本　一冊　存二卷(下、詞鈔)

330000－1720－0005328　普 05201　集部/總集類/郡邑之屬
石城七子詩鈔　翁長森輯　清光緒十六年(1890)刻本　一冊　存二種

330000－1720－0005329　普 05202　類叢部/叢書類/彙編之屬
粵雅堂叢書一百八十四種　(清)伍崇曜編　清道光二十九年至光緒十一年(1849－1885)南海伍氏刻彙印本　一冊　存一種

330000－1720－0005331　普 05204　類叢部/叢書類/彙編之屬
問影樓叢刻初編　胡思敬編　清光緒三十四年至民國二年(1908－1913)新昌胡氏南昌刻本暨鉛印本　一冊　存一種

330000－1720－0005332　普 05205　集部/別集類/清別集
長真閣詩集七卷詩餘一卷　(清)席佩蘭撰　清光緒二十二年(1896)刻本　一冊　存三卷(一至三)

330000－1720－0005333　普 05206　子部/儒家類/儒家之屬
中外經世緒言三編□□卷　(清)廬山老人輯　清末石印本　一冊　存二卷(十九至二十)

330000－1720－0005334　普 05207　子部/雜著類/雜纂之屬
雲林別墅新輯酬世錦囊初集八卷二集七卷三集二卷四集二卷　(清)鄒景揚輯　清末石印本　一冊　存四卷(初集五至八)

330000－1720－0005335　普 05208　集部/別集類/清別集
小萬卷齋詩藁三十二卷詩續藁十二卷詩遺藁一卷文藁二十四卷經進藁四卷　(清)朱琦撰　清光緒十一年(1885)朱臧成嘉樹山房刻本　一冊　存四卷(一至四)

330000－1720－0005336　普 05209　集部/總集類/氏族之屬
新安先集二十卷　(清)朱之榛輯　清同治十三年(1874)蘇州刻本　三冊　存十九卷(一至十九)

330000－1720－0005337　普 05210　集部/總集類/課藝之屬
各省課藝匯海□□卷　清末石印本　一冊　存上孟、中孟

330000－1720－0005338　普 05211　史部/傳記類/總傳之屬/仕宦
滿洲名臣傳四十八卷漢名臣傳三十二卷　(清)國史館撰　清刻本　一冊　存一卷(漢名臣傳十一)

330000－1720－0005339　普 05212　集部/別集類/清別集

小謨觴館詩集八卷詩餘附録一卷文集四卷 (清)彭兆蓀撰 清刻本 四冊 缺四卷(文集一至四)

330000－1720－0005340 普05213 經部/小學類/文字之屬/字書/字典

攷正玉堂字彙四卷 (清)知足子編 清末鉛印本 一冊 存一卷(四)

330000－1720－0005341 普05214 集部/別集類/清別集

少岳賦草四卷 (清)夏思沺撰 清刻本 一冊 存二卷(一至二)

330000－1720－0005342 普05215 集部/別集類/清別集

西雲詩鈔四卷 (清)李枝青撰 清刻本 一冊 缺一卷(一)

330000－1720－0005343 普05216 類叢部/叢書類/彙編之屬

漸西村舍彙刊(漸西村舍叢刻)四十四種 (清)袁昶編 清光緒十六年至二十四年(1890－1898)桐廬袁氏刻本 一冊 存一種

330000－1720－0005345 普05218 史部/傳記類/科舉録之屬/歷科鄉試録

鄉墨金鎞不分卷 (清)鮑敦甫評輯 清光緒十二年(1886)刻本 一冊

330000－1720－0005347 普05220 集部/總集類/選集之屬/斷代

新選秋詩又新集二卷附西湖名勝試帖補編一卷 (清)葉乃喜輯 清光緒元年(1875)杭州運署刻本 □□氏題簽並記 三冊 缺一卷(上)

330000－1720－0005348 普05221 集部/總集類/選集之屬/斷代

詳註七家詩七卷 (清)王廷紹等著 (清)張熙宇評選 (清)石暉甲箋注 清光緒十八年(1892)上海廣百宋齋鉛印本 四冊

330000－1720－0005349 普05222 經部/詩類

詩經韻例不分卷 清抄本 一冊

330000－1720－0005351 普05224 集部/總集類/課藝之屬

宣南登瀛社稿一卷 (清)曾之撰輯 清同治七年(1868)刻本 二冊

330000－1720－0005352 普05225 經部/叢編

五經體注大全五種三十二卷 (清)嚴氏家塾主人輯 清刻本 九冊 存三種

330000－1720－0005353 普05226 集部/總集類/課藝之屬

登瀛社稿三刻一卷 (明)張澐卿評選 清刻本 二冊

330000－1720－0005354 普05227 集部/總集類/選集之屬

詩文集□□卷 清刻本 三冊 存三卷(賦、五言排律、時文)

330000－1720－0005355 普05228 集部/總集類/尺牘之屬

增廣尺牘句解初集三卷 (清)桃花館主編

婚喪帖式一卷 清光緒二十五年(1899)上海鴻寶齋石印本 一冊

330000－1720－0005356 普05229 史部/傳記類/科舉録之屬/歷科登科録

光緒二十年甲午恩科會試硃卷一卷 (清)陶世鳳撰 清光緒刻本 一冊

330000－1720－0005357 普05230 經部/禮記類/傳說之屬

禮記集說十卷 (元)陳澔撰 清刻本 五冊 存五卷(一、五至八)

330000－1720－0005358 普05231 集部/總集類/郡邑之屬

雙湖翹秀集不分卷 (清)陳康祺選 清同治十三年(1874)刻本 一冊

330000－1720－0005359 普05232 經部/易類/傳說之屬

寄傲山房塾課纂輯御案易經備旨七卷 (清)鄒聖脉纂輯 (清)鄒廷猷編次 清刻本 一冊 存四卷(四至七)

330000－1720－0005363　普05236　史部/紀傳類/正史之屬
二十四史　清光緒二十八年(1902)上海文瀾書局石印本　一冊　存一種

330000－1720－0005364　普05237　史部/史抄類
廿四史約編八卷首一卷　(清)鄭元慶撰　清末石印本　一冊　存一卷(土)

330000－1720－0005365　普05238　子部/雜著類/雜說之屬
古學萬花谷八卷　(清)駢瑜堂主人編　清光緒三年(1877)京都琉璃廠刻本　一冊　存二卷(五至六)

330000－1720－0005366　普05239　子部/術數類/相宅相墓之屬
龍頭大全不分卷　清刻本　一冊

330000－1720－0005368　普05241　類叢部/類書類/專類之屬
子史精華一百六十卷　(清)吳士玉　(清)吳襄等輯　清末石印本　一冊　存二十卷(八十一至一百)

330000－1720－0005370　普05243　集部/別集類/清別集
胡文忠公遺集八十六卷首一卷　(清)胡林翼撰　(清)鄭敦謹　(清)曾國荃輯　清同治六年(1867)黃鶴樓刻本　梁敏中題簽並記　三十四冊　缺三卷(二十七至二十九)

330000－1720－0005371　普05244　經部/小學類/音韻之屬/韻書
詩韻全璧五卷　(清)湯祥瑟輯　**虛字韻藪一卷**　(清)潘維城輯　清末石印本　一冊　缺三卷(一至三)

330000－1720－0005372　普05245　子部/雜著類/雜纂之屬
酬世錦囊全編十九卷　(清)謝梅林　(清)鄒可庭輯　清刻本　一冊　存二卷(酬世錦囊對聯一至二)

330000－1720－0005373　普05246　集部/戲劇類/傳奇之屬
憐香伴傳奇二卷三十六齣　(清)李漁撰　清刻本　一冊

330000－1720－0005374　普05247　類叢部/類書類/通類之屬
重訂廣事類賦四十卷　(清)華希閔撰　清乾隆五十四年(1789)劍光閣刻本　清吳劍跋　八冊

330000－1720－0005375　普05248　集部/總集類/選集之屬/斷代
國朝二十四家文鈔二十四卷　(清)徐斐然輯　清道光十年(1830)文光堂刻本　二冊　存六卷(一至三、八至十)

330000－1720－0005377　普05250　經部/春秋左傳類/傳說之屬
左繡三十卷首一卷　(清)馮李驊　(清)陸浩評輯　清華川書屋刻本　王道寅題簽　一冊　存二卷(十二至十三)

330000－1720－0005378　普05251　類叢部/類書類/通類之屬
事類賦三十卷　(宋)吳淑撰並注　清乾隆五十四年(1789)劍光閣刻本　清汪于鳴跋　四冊

330000－1720－0005379　普05252　集部/總集類/課藝之屬
得月樓搭截文鈔一卷　(清)張元灝評次　清光緒三年(1877)刻本　一冊

330000－1720－0005380　普05253　經部/三禮總義類/通禮雜禮之屬
司馬氏書儀十卷　(宋)司馬光撰　清同治七年(1868)江蘇書局刻本　一冊

330000－1720－0005381　普05254　經部/三禮總義類/通禮雜禮之屬
朱子家禮五卷　(宋)朱熹撰　(清)郭嵩燾校訂　清光緒十七年(1891)思賢講舍刻本　一冊

330000－1720－0005382　普05255　集部/總集類/課藝之屬

館賦鴛鍼四卷　(清)蔣圻編次　清刻本　陳氏題簽並記　二冊　存二卷(三至四)

330000－1720－0005383　普 05256　類叢部/叢書類/郡邑之屬
續台州叢書十種　楊晨編　清光緒二十四年(1898)翁氏刻本　一冊　存一種

330000－1720－0005384　普 05257　類叢部/類書類/通類之屬
廣事類賦四十卷　(清)華希閔撰　清刻本　六冊

330000－1720－0005385　普 05258　類叢部/叢書類/郡邑之屬
續台州叢書十種　楊晨編　清光緒二十四年(1898)翁氏刻本　一冊　存一種

330000－1720－0005386　普 05259　集部/別集類/清別集
插花窗詩草六卷賦草二卷　(清)楊昌光撰　清刻本　與 330000－1720－0005382 合冊　存一卷(插花窗賦草一)

330000－1720－0005387　普 05260　類叢部/叢書類/郡邑之屬
續台州叢書十種　楊晨編　清光緒二十四年(1898)翁氏刻本　一冊　存一種

330000－1720－0005388　普 05261　類叢部/叢書類/郡邑之屬
續台州叢書十種　楊晨編　清光緒二十四年(1898)翁氏刻本　一冊　存一種

330000－1720－0005390　普 05263　經部/叢編
增訂五經備旨　(清)鄒聖脈輯　(清)鄒廷猷編次　清末石印本　二冊　存一種

330000－1720－0005392　普 05265　集部/詞類/別集之屬
山中白雲詞八卷　(宋)張炎著　**逸事一卷**　(清)王昶撰　**附錄一卷**　(清)張樞撰　清光緒八年(1882)仁和許增娱園刻榆園叢書本　王功福題簽並跋　一冊　存四卷(一至四)

330000－1720－0005393　普 05266　集部/總集類/課藝之屬
新墨管窺不分卷　清光緒三年(1877)簡香齋刻本　四冊

330000－1720－0005394　普 05267　經部/四書類/總義之屬/傳說
四書古人典林十二卷　(清)江永輯　清刻本　一冊　存三卷(十至十二)

330000－1720－0005395　普 05268　經部/周禮類/傳說之屬
宋葉文康公禮經會元節本四卷　(宋)葉時撰　(清)陸隴其點定　(清)許元淮刪節並評　清刻本　�渠氏題簽並記　一冊　存二卷(一至二)

330000－1720－0005396　普 05269　子部/藝術類/書畫之屬/總論
庚子銷夏記八卷　(清)孫承澤撰　清京都龍威閣刻本　二冊　存五卷(一至五)

330000－1720－0005397　普 05270　史部/傳記類/科舉録之屬/歷科鄉試録
[光緒癸卯恩科]直省闈墨□□卷　(清)常堉璋輯　清光緒三十年(1904)上海煥文書局石印本　一冊　存三卷(一至三)

330000－1720－0005399　普 05272　集部/小說類/長篇之屬
新刻按鑑編纂開闢衍繹通俗志傳六卷八十回　(明)周游撰　(明)王黌釋　清道光十年(1830)刻本　旭堂氏題簽　三冊　存三卷(一至三)

330000－1720－0005400　普 05273　集部/小說類/長篇之屬
新刻按鑑編纂開闢衍繹通俗志傳六卷八十回　(明)周游撰　(明)王黌釋　清刻本　秉彝氏題簽並記　二冊　存二卷(三、五)

330000－1720－0005401　普 05274　經部/四書類/論語之屬/專著
鄉黨圖考十卷　(清)江永撰　清刻本　一冊　存二卷(三至四)

330000－1720－0005403　普 05276　子部/道家類
南華簡鈔(南華經)四卷　(清)徐廷槐輯注　清乾隆六年(1741)碩儒堂刻本　三冊

330000－1720－0005404　普 05277　子部/醫家類/婦科之屬/通論
摘錄婦科指歸產後方一卷　(清)曾鼎撰　清刻本　一冊

330000－1720－0005405　普 05278　類叢部/叢書類/彙編之屬
祕書二十八種　(清)汪士漢編　清刻本　一冊　存二種

330000－1720－0005406　普 00126　集部/別集類/清別集
柔橋詩集九卷　(清)王棻撰　稿本　清山鬼主人題簽並跋　清碧橋、清王旭東題跋　三冊　缺一卷(同治集一)

330000－1720－0005407　普 05279　子部/雜著類/雜纂之屬
古諷籀齋目耕胜錄三十二卷　(清)鄭霞逸輯　清同治十二年(1873)古諷籀齋刻本　一冊　存一卷(一)

330000－1720－0005408　普 05280　集部/總集類/課藝之屬
九峯精舍文集六卷首二卷　(清)王棻編　稿本　管世駿校　一冊　存二卷(首上下)

330000－1720－0005409　普 05281　集部/總集類/選集之屬/通代
古唐詩合解唐詩十二卷古詩四卷　(清)王堯衢注　清令德堂刻本　六冊　存十二卷(唐詩一至十二)

330000－1720－0005410　普 05282　類叢部/類書類/通類之屬
通天秘書要覽五卷附江湖切口要訣一卷續集六卷附生產合纂一卷　(清)王纕堂編　(清)石巖逸叟增定　清末石印本　一冊

330000－1720－0005413　普 05285　史部/地理類/方志之屬/郡縣志
[光緒]黃巖縣志四十卷首一卷附黃巖集三十二卷首一卷　(清)陳寶善　(清)孫憙修　(清)王棻纂　(清)陳鍾英　(清)鄭錫滜續修　王詠霓續纂　**黃巖志校議二卷**　(清)王棻撰　清光緒三年(1877)刻六年(1880)校補刻本　十六冊　存四十一卷(黃巖縣志首、一至四十)

330000－1720－0005414　普 05286　經部/禮記類/傳說之屬
禮記增訂旁訓六卷　(清)徐立綱撰　清刻本　一冊　存一卷(二)

330000－1720－0005416　普 05288　史部/職官類/官箴之屬
為官指南不分卷　清刻本　一冊

330000－1720－0005417　普 05289　集部/總集類/課藝之屬
九峯精舍文集六卷首二卷　(清)王棻編　清光緒二十三年(1897)名山閣刻本　四冊

330000－1720－0005418　普 05290　經部/叢編
重刊宋本十三經注疏四百十六卷　附十三經注疏校勘記四百十六卷　(清)阮元撰　(清)盧宣旬摘錄　清嘉慶二十年(1815)南昌府學刻道光六年(1826)盱江朱華臨重校印本　二冊　存一種

330000－1720－0005419　普 05291　集部/總集類/郡邑之屬
台詩四錄□□卷　(清)王棻輯　清光緒二十五年(1899)稿本　一冊　存一卷(一)

330000－1720－0005420　普 05292　類叢部/叢書類/彙編之屬
榆園叢刻十五種附一種　(清)許增編　清同治至光緒刻本　一冊　存一種

330000－1720－0005421　普 05293　類叢部/叢書類/郡邑之屬
台說郛　(清)王棻輯　清光緒稿本　王舟瑤批校　一冊　存四種

330000－1720－0005422　普 05294　類叢部/

叢書類/彙編之屬

小四書四種五卷　(明)朱升編　清康熙三十二年(1693)恒德堂刻本　一册

330000－1720－0005423　普05295　集部/總集類/選集之屬/通代

古祕文鈔一卷續一卷　(清)王棻輯　稿本　一册

330000－1720－0005424　普05296　史部/地理類/方志之屬/郡縣志

仙居志稾不分卷　(清)王棻撰　稿本　一册

330000－1720－0005425　普05297　集部/總集類/選集之屬

律賦金針初集不分卷　清刻本　一册

330000－1720－0005428　普05300　史部/目録類

鄉獻史目不分卷　(清)王棻輯　清光緒稿本　王舟瑤批校　一册

330000－1720－0005429　普05301　史部/傳記類/總傳之屬/郡邑

明史稾台人列傳一卷　清光緒七年(1881)抄本　清王棻題簽並記　一册

330000－1720－0005430　普05302　史部/地理類/方志之屬/郡縣志

永嘉志料不分卷　(清)王棻輯　清光緒稿本　一册

330000－1720－0005431　普05303　史部/政書類/邦計之屬/鹽法

欽定重修兩浙鹽法志節録一卷　(清)王棻輯　清同治八年(1869)稿本　一册

330000－1720－0005432　普05304　經部/群經總義類/文字音義之屬

十三經難字音註一卷　清刻本　一册

330000－1720－0005433　普05305　集部/總集類/郡邑之屬

列朝詩集台詩一卷　(清)王棻輯　清同治九年(1870)稿本　一册

330000－1720－0005434　普05306　史部/地理類/輿圖之屬/水圖

荷蘭坑龍穴沙水圖説草不分卷　清抄本　一册

330000－1720－0005437　普05309　子部/儒家類/儒學之屬/蒙學

小學千家詩人生必讀二卷　(清)余晦齋輯　清咸豐七年(1857)刻本　一册

330000－1720－0005439　普05311　史部/地理類/方志之屬/郡縣志

志料不分卷　(清)王棻輯　稿本　二册

330000－1720－0005440　普05312　子部/宗教類/道教之屬/經文

太上洞玄靈寶昇玄濟度血湖真經二卷附太乙救苦天尊説拔罪酆都血湖妙經一卷　清宣統元年(1909)元陽子抄本　華生氏題簽並記　一册

330000－1720－0005443　普05315　子部/雜著類

鈔鈔集六卷　(清)王棻撰　稿本　清黄瑞校　王舟瑤批校　六册

330000－1720－0005444　普05316　子部/雜著類/雜纂之屬

赤城筆記三卷　(清)王棻撰　清咸豐十一年(1861)稿本　一册

330000－1720－0005445　普05317　經部/叢編

皇清經解一千四百八卷首一卷　(清)阮元輯　清道光九年(1829)廣東學海堂刻咸豐十一年(1861)補刻本　一册　存三卷(二百九十至二百九十二)

330000－1720－0005446　普05318　經部/小學類

古文故不分卷　(清)王棻撰　稿本　一册

330000－1720－0005447　普05319　集部/別集類/清別集

彝經堂詩鈔□□卷詩續鈔一卷文續鈔一卷　(清)王維翰撰　稿本　二册　存三卷(二、詩續鈔、文續鈔)

330000－1720－0005448　普 05320　集部/別集類/清別集

稻香齋詩鈔□□卷　(清)王維翰撰　稿本　清西橋、清王棻批　二冊　存四卷(一、壬子、癸丑、甲寅)

330000－1720－0005449　普 05321　集部/別集類/清別集

半繭園初稾□□卷　(清)王維翰撰　稿本　一冊　存二卷(丁丑、戊寅)

330000－1720－0005450　普 05322　集部/別集類/清別集

秝花老屋吟稾不分卷　稿本　清王棻、王詠霓校　一冊

330000－1720－0005451　普 05323　集部/總集類/選集之屬

補陔草堂稾不分卷　清抄本　二冊

330000－1720－0005452　普 05324　集部/總集類/課藝之屬

會墨雜訂不分卷　清刻本　二十四冊

330000－1720－0005453　普 05325　經部/小學類

澤存堂五種　(清)張士俊輯　清康熙吳郡張士俊澤存堂刻本　三冊　存一種

330000－1720－0005455　普 05327　經部/群經總義類/文字音義之屬

十三經集字摹本不分卷分畫便查一卷韻有經無各字摘錄一卷　(清)彭玉雯撰　清道光二十九年(1849)江右彭玉雯刻本　八冊

330000－1720－0005456　普 05328　史部/目録類/總録之屬/私撰

書目答問五卷別錄一卷國朝箸述諸家姓名略一卷　(清)張之洞撰　清光緒五年(1879)刻本　一冊　存五卷(子部、集部、叢書,別錄,國朝箸述諸家姓名略)

330000－1720－0005457　普 05329　經部/叢編

古經解彙函十六種附小學彙函十四種　(清)鍾謙鈞等輯　清刻本　三冊　存小學彙函一種

330000－1720－0005458　普 05330　經部/小學類/文字之屬/字書/字體

隸辨八卷　(清)顧藹吉撰　清乾隆八年(1743)天都黄晟刻本　王詠霓校　十一冊

330000－1720－0005460　普 05332　集部/總集類

詩鈔不分卷　清抄本　一冊

書名筆畫字頭索引

一畫

二畫

三畫

四畫

五畫

六畫

七畫

八畫

九畫

十畫

十一畫

十二畫

十三畫

十四畫

十五畫

十六畫

十七畫

十八畫

十九畫

二十畫

二十一畫

二十二畫

二十三畫

二十四畫

書名筆畫索引

一畫

二畫

三畫

四畫

五畫

六畫

七畫

八畫

九畫

十畫

十一畫

十二畫

十三畫

十四畫

十五畫

十六畫

十七畫

十八畫

十九畫

二十畫

二十一畫

二十二畫

二十三畫

二十四畫